PM+P

PM+P

2022년 4월
PMBOK 지침서 7판에 맞추어 예측형 개발방식과 적응형 개발방식을 통합하여 체계적이고 쉽게 설명한 **PM+P** 해설서 출간. 한번에 합격하는 데 초점을 맞추었습니다.

2018년 7월
PMBOK 지침서 6판 출간에 맞추어 전면 개편한 **PM+P** 출간. 핵심에 집중, 효율적 학습! 이란 모토로 합격을 최우선 목표로 한 **PM+P 해설서**와 **PM+P 문제집**. 중심으로 돌이기 국내 최소, 최나 수험생이 선택한 전통과 역사에 걸맞는 형식과 내용을 갖추었습니다.

2013년 7월
PMBOK 지침서 5판 출간에 맞추어 전면 개편한 **PM+P** 제6판. A4 대형판형. **PM+P 해설서**, **PM+P 최종 마무리집**, 최신의 시험경향을 반영한 **PM+P 문제집**으로 구성.
표지 문구 : PM+P, The Shortest Path to PMP

2011년 2월
PM+P 2011 문제집 출간! 2011년 최신 시험경향을 반영한 문제집!

2009년 6월
PMBOK 지침서의 ITO 중심으로 책을 구성한 **PM+P 개정5판** 발행, 시험장에 갈 때 '이것 한 권만' 있으면 되도록 **PM+P 최종 마무리집**의 내용을 대폭 보완!

2008년 3월
프로젝트 현장의 흐름을 최대한 반영하여 새로이 기획, 구성한 **PM+P 개정4판** 등장! **PM+P 수험서+최종마무리집**, **PM+P 문제집** 총 3권 세트로 구성.

2005년 9월
수험서와 문제집을 묶어서 **PM+P 2005**가 나왔습니다. 구성과 내용을 전면 개정하여 더욱 이해가기 쉽고 체계적으로 엮었습니다.
표지 문구 : PM+P is Beyond PMP

2003년 5월
많은 수험생들이 기다리던 **PM+P 문제집**이 나왔습니다.
표지 문구 : 이 책은 수험자들이 PMP 시험에 꼭 합격할 수 있게 하려는 목적으로 저술되었다.

2002년 2월
국내 최초의 PMP 수험서인 **PM+P**가 세상에 나왔습니다.
PMP 자격 시험을 준비하는 사람들에게 도움을 주고, 아울러 프로젝트를 많이 경험해보지 못한 독자들도 《PMBOK 지침서 》의 내용을 쉽게 이해하도록 기획, 구성했습니다.
표지 문구 : PMP 자격취득은 주먹구구식 프로젝트 관리에서 벗어날 수 있는 첫 걸음입니다.

**PM+P는 앞으로도 PMP 수험준비의 더 쉽고 재미나는 길을 안내하고,
PMP 수험서의 새로운 길을 열도록 노력하겠습니다.**

PM+P 해설서

PMP 합격을 위한 PMBOK 지침서 7판 해설서

소동

한번에 합격하는 PMP 수험준비

AI, 빅데이터로 무장한 4차 산업혁명은 기업 전반에 디지털 전환을 확산시키고 있습니다. 그 결과 업종에 상관없이 모든 기업에서 소프트웨어가 차지하는 비중이 증가하고 있습니다. 로봇이 서빙하는 음식점이 생겼고, 2021년 상상넌 카카오 뱅크는 기존 은행들을 제치고 은행 중 시가총액 1위를 차지했습니다. PMI도 이러한 사회적 변화를 읽고《PMBOK 지침서》7판에서는 소프트웨어 프로젝트 관리 방법론인 애자일을 전면에 부각시켰습니다.

《PMBOK 지침서》7판으로 학습하는 수험생들은 이전보다 수험준비가 힘들어졌습니다. 구체적인 내용은 다음과 같습니다.

첫째, 학습할 내용이 많아졌습니다.

《PMBOK 지침서》의 페이지는 절반으로 줄었지만 다루는 내용은 두 배가 되었습니다. 그 결과 《PMBOK 지침서》의 내용은 함축적으로 작성되어《PMBOK 지침서》만 학습해서는 그 내용을 온전하게 이해하기 어렵게 되었습니다.

둘째, 애자일 방법론 이해에 시간을 투자해야 합니다.

소프트웨어 프로젝트 수행 경험이 없는 수험생들은 애자일 방법론을 경험할 기회가 거의 없습니다. 실제 학습할 내용의 비중만 보면 애자일의 내용이 절반을 넘지는 않지만 시험문제의 비중은 최소 절반은 됩니다. 건설과 같이 소프트웨어 프로젝트와 전혀 다른 특성의 프로젝트만 경험한 수험생은 애자일 방법론 이해에 시간을 투자해야 합니다. 프로젝트 경험이 없다면 시중에 출간된 애자일 관련 도서를 읽어 보길 권합니다.

셋째,《PMBOK 지침서》의 구조가 어려워졌습니다.

이전의《PMBOK 지침서》는 프로젝트 관리 주제별로 관련된 프로세스, 입력물, 기법, 산출물을 한꺼번에 설명하였습니다. 그러나《PMBOK 지침서》7판은 원칙, 성과영역, 조정, 모델/방법/결과물을 따로 설명하고 있습니다. 요리에 비유하자면 이전의《PMBOK 지침서》는 요리 주제별로 요리 재료와 요리 방법을 한꺼번에 설명했다면,《PMBOK 지침서》7판은 '요리사의 마인드셋' '한식/일식/중식 요리의 특징' '요리 재료의 보관 및 손질 방법' '상황에 맞는 요리 주제 선정 방법'을 따로 설명하고 있습니다. 내용을 숙지한 사람에게는 이러한 가이드가 다양한 상황 대응에 도움이 됩니다. 다만 그 수준에 오르기 전의 초보자에게는 내용 이해가 어려워진

것은 분명합니다.

필자가 삼성SDS에 입사한지 30년이 지났습니다. 그동안 필자는 SI 프로젝트, 중동의 건설 (EPC) 프로젝트, 솔루션 개발 프로젝트, 하드웨어 제품(도어록) 개발 프로젝트를 경험했습니다. 《PMBOK 지침서》에서 다루는 주요 프로젝트인 소프트웨어, 건설, 하드웨어 프로젝트를 모두 경험한 셈입니다. 고객 관점에서도 B2B 상품개발과 B2C 상품개발을 모두 경험했습니다. 필자는 이러한 경험을 바탕으로 다양한 업종에서 PMP 수험을 준비하는 수험생들이 학습하기 쉬운 해설서를 만들고자 노력했습니다. 수험생들의 애로사항을 고려하여 중요한 주제는 본문과 심화학습 코너에서 상세한 설명을 했고, 《PMBOK 지침서》의 분리된 내용들은 성과영역을 중심으로 통합하여 구성했습니다. 모쪼록 《PM+P 해설서》로 시험을 준비하는 수험생들이 한 번에 좋은 결과를 얻길 바랍니다.

마지막으로 《PM+P 해설서》를 집필할 때 많은 아이디어를 제공해 준 주재천 프로에게 고마운 마음을 전합니다.

김병호

변화를 담은 PMP 수험서

시간이 흘러감에 따라 많은 것들이 변합니다. 인터넷과 휴대폰의 경우처럼 기술이 발전하고 변화하면 이에 따라 사람들의 생활 양식도 변하고, 생활 양식의 변화는 궁극적으로 사람들의 일하는 방식과 생각까지도 변하게 만듭니다. 최근, 이러한 변화의 속도가 점점 더 빨라지고 있습니다. 빨라지는 변화는 경제의 주체인 기업과 사람에 의해서 발생합니다. 이것을 더 자세히 들여다보면 기업과 사람들에 의해 수행되는 수많은 프로젝트들이 변화를 발생시키는 것입니다. 변화가 프로젝트 수행방식까지 바꾸는 것은 당연한 현상으로 보입니다.

이번 《PMBOK 지침서》 7판은 이전보다 많은 변화를 수용하여 공부하기가 더 어려워졌습니다. 이 책의 목표는 넓게는 많은 분들에게 정확한 프로젝트 관리 개념을 전달하는 것이며, 좁게는 PMP나 CAPM 시험에서 쉽게 합격할 수 있도록 도와드리는 것입니다. 그 목표를 달성하기 위해 필자들은 최선을 다했습니다.

    PMP 시험에서 합격하거나 고득점을 받기 위해서는 《PMBOK 지침서》를 완벽하게 이해하는 것이 중요합니다. 그러나, 수험생들 대부분이 현업에 종사하고 계셔 《PMBOK 지침서》를 몇 번씩 읽고 핵심 내용을 파악할 수 있는 시간을 빼내기가 쉽지 않습니다. 《PMBOK 지침서》 자체가 몇 번 읽어보는 것만으로 이해할 수 있을 만큼 친절하게 기술되어 있지도 않습니다. 이 같은 이유로 필자들은 《PM+P 해설서》에 더욱 많은 내용을 보완하고 채워 넣어, 수험생들이 《PMBOK 지침서》의 전체적인 틀(framework)과 세부적인 내용을 쉽게 이해하도록 했습니다. 따라서 이책은 PMP 수험 준비뿐 아니라, 프로젝트 관리 개념을 정립하는 데도 도움이 될 것입니다. 시리즈인 《PM+P 문제집》은 PMP 시험문제 유형에 익숙하게 해서 최소한의 노력으로 합격하는 데 도움을 주고자 했으니 함께 공부하면 시너지 효과가 날 것입니다.

    본 수험서는 필자들의 25년 내공이 담긴 책입니다. 이 책으로 공부하시는 모든 분들이 프로젝트 관리에 대한 관심과 이해가 높아지고, PMP 자격증 취득까지 할 수 있으면 좋겠습니다.

이 책이 나오기까지 필자에게 수업을 들으셨던 모든 교육생분들과 항상 많은 도움을 주고 계신 소동출판사, 한국생산성본부 이종서 위원에게 고맙다는 인사를 드립니다.

유정근

2부 PMBOK 가이드

0

Tips

PMP 학습 가이드

학습 TIP
PMI-isms
《PMBOK 지침서》 한글판의 유의할 번역

TIP

학습 TIP

■ 《PMBOK 지침서》와 참고도서 《PM+P 해설서》를 함께 학습한다.

《PMBOK 지침서》 7판은 6판보다 절반 가까이 페이지가 줄어들었지만 다루는 내용은 애자일의 내용이 내폭 포함되어 두 배로 늘어났다. 학습할 양은 두 배가 되었는데 책의 양을 절반으로 줄이기 위해서는 함축적으로 설명할 수밖에 없다. 애자일을 포함한 프로젝트 관리 경험이 많고 이론에 익숙한 수험생이 아니면 《PMBOK 지침서》만으로는 수험준비가 어려워졌다. 따라서 《PMBOK 지침서》의 내용 이해를 도와줄 해설서를 같이 학습하길 권한다.

■ 프로젝트 관리 원칙을 피상적으로 이해해서는 안 된다.

《PMBOK 지침서》 7판은 12개의 프로젝트 관리 원칙을 소개한다. 일상의 프로젝트 관리 활동이 땅에서 벌어지는 일이라면 프로젝트 관리 원칙은 구름 위에서 땅을 조망하는 것과 유사하다. 가치, 시스템적 사고, 복잡성, 적응성, 복원력 등을 설명하는 프로젝트 관리 원칙은 추상적인 개념이기 때문에 피상적인 이해만 하고 넘어가기 쉽다.

프로젝트 관리 원칙을 제대로 이해하면 《PMBOK 지침서》의 핵심을 이해할 수 있다. 관리 원칙을 효과적으로 이해하기 위해서는 관리 원칙을 학습한 뒤 성과영역을 학습하고 다시 관리 원칙을 학습하길 권한다. 또한 수험생들이 경험했던 상황에 대입하여 이해한다면 프로젝트 관리 원칙을 수험생 자신의 지식으로 내재화하는 데 효과적이다. 이를테면 시스템적 사고를 설명하는 관리 원칙의 내용을 본인이 경험했던 프로젝트를 대입하여 정리해 보는 것이다.

프로젝트 관리 원칙은 피상적인 'reading'에 머무르기 쉽다. 구체적인 'understanding'이 중요하다.

■ 원칙, 성과영역, 모델/방법/결과물을 종합적으로 이해해야 한다.

《PMBOK 지침서》는 원칙, 성과영역, 모델·방법·결과물, 조정(tailoring)을 별도로 정리하였다. 이는 야구에서 선수들에게 던지고 치고 달리는 것을 각각 가르친 뒤에, 이를 실전 경기에서 적용하는 일은 선수들에게 맡기는 것과 유사하다. 프로젝트 관리 활동을 학습하기 위해서는 프로젝트 관리 활동별로 관리 원칙, 성과영역, 모델·방법·결과물, 조정을 종합적으로 이해하는 것이 중요하다. 실제 시험에서도 이를 종합적으로 이해해야 풀

이할 수 있는 상황문제가 많이 출제된다.

필자가 권하는 학습방법은 성과영역을 중심으로 관련된 관리 원칙, 모델·방법·결과물, 조정을 학습하는 것이다. 《PM+P 해설서》는 각 성과영역에 관리 원칙을 제외하고 나머지 내용들을 통합하였다.

■ 애자일을 적용할 상황과 아닌 상황을 구분한다.

애자일이 전통적인 프로젝트 관리 이론을 모두 부정한다고 오해해서는 안 된다. 애자일(적용형 개발방식)은 전통적인 프로젝트 관리(예측형 개발방식) 이론의 기반 위에 탄생하였다. 많은 이론들이 개발방식에 상관없이 적용할 수 있다. 시험에서는 애자일 프로젝트를 진행중이라고 설명하면서 애자일 프랙티스가 아닌 전통적인 프로젝트 관리의 프랙티스를 물어볼 수도 있다. 각 성과영역별로 예측형 개발방식과 적용형 개발방식의 차이는 〈부록 1〉을 참조하기 바란다.

■ 나만의 학습노트를 만든다.

자신이 직접 요약한 노트가 시험 준비에 도움이 되는 것은 이미 다른 시험에서 경험했을 것이다. PMP 시험 준비도 예외가 아니다. 관리 원칙, 성과영역, 모델·방법·결과물, 조정 등의 내용을 본인이 이해하는 방식으로 직접 정리한 노트는 인쇄된 책보다 10배 이상의 학습효과가 있다. 본인의 손으로 정리한 노트에는 각자의 고민과 이해방식이 스며들어 있기 때문이다.

■ 핵심용어는 가급적 영어로 공부한다.

PMI는 한국어 시험의 번역 적정성에 관해 사전에 국내 전문기관의 감수를 받지 않는다. 따라서 시험문제에서 상황을 설명하는 문장의 번역에 비해, 전문용어의 번역은 《PMBOK 지침서》 한국어판의 번역과 달라 생소할 수 있다. 예들 들어 'contingency reserve'를 《PMBOK 지침서》 한국어판에서 사용하는 '우발사태 예비'가 아닌 '비상 예약'으로 번역할 수 있다. 또 다른 예로 'self-organizing team'은 많은 책에서 '자기조직화 팀'으로 번역하지만 《PMBOK 지침서》 한국어판에서는 '자율구성 팀'으로 번역하고 있다. 전문 용어는 반드시 영어로 기억하고 시험에서 한국어 문항이 이상한 경우 영문을 확인해야 한다. 실제로 'fish bone chart'가 '어골도'로 번역되어 출제된 적이 있다.

■ 문제 중심으로 공부하지 않는다.

PMI는 PMP 시험의 권위를 유지하기 위해서 문제와 답을 외워서 시험에 응시하는 수험생들을 떨어뜨리려고 한다. 그리고 이를 위해서 문제를 수시로 업데이트한다. 새로운 유형의 문제를 출제하거나, 유사한 문제라도 보기를 바꿔서 출제를 하거나, 아니면 문제의 유형은 비슷하지만 조건을 살짝 바꿔서 정답이 달라지게 출제한다. 따라서, 문제와 정답을 외우는 방식으로는 합격할 수 없다. 여러 문제집을 사서 공부하면 합격할 것이라고 생각하는 수험생들이 의외로 많다. 시간 낭비이며, 오히려 시험에 떨어질 확률이 높다. 문제를 풀어보지 말라는 것은 아니다. 《PMBOK 지침서》 내용 이해를 기반으로 문제를 풀어야 합격할 수 있다는 의미이다.

■ 경험을 기반으로 《PMBOK 지침서》를 이해하되, PMI의 관점을 확인한다.

프로젝트 관리자 경험이 많을수록 《PMBOK 지침서》의 내용을 이해하기는 쉬워진다. 각자가 경험했던 프로세스나 산출물을 연상하면 《PMBOK 지침서》의 내용이 훨씬 구체적으로 와닿기 때문이다. 그러나 책의 내용을 이해하는 것과 정답을 고르는 관점을 이해하는 것은 다르다. PMP 시험 준비를 효율적으로 하기 위해서는 PMI-isms(PMI가 정답을 선택하는 관점들)을 빨리 파악해야 한다. 예를 들어, "계약범위 외의 요구사항을 고객이 요청하는 경우 프로젝트 관리자의 올바른 대응방안"을 물어보는 문제에서 PMI가 요구하는 접근방법은 각자가 현실에서 경험했거나 옳다고 믿는 접근방법과 다를 수 있다. 각자의 경험을 기반으로 《PMBOK 지침서》의 내용을 이해하되, 정답을 선택할 때에는 개인의 경험이나 판단을 버려야 한다. 프로젝트 관리 경험이 많은 사람일수록 매우 쉽게 합격하거나 아니면 매우 어렵게 합격하는 이유가 이 때문이다.

PMI-isms

PMP 시험에서는 '주어진 상황에서 어떻게 할 것인가'와 같은 가치판단에 관한 문제가 많이 출제된다. 가치판단 문제의 정답에는 이견이 있을 수 있지만, 시험문제의 정답은 PMI가 정하기 때문에 수험생은 PMI가 정답을 정하는 관점을 이해해야 한다. 이를 PMI-ims이라 하는데 《PMBOK 지침서》에 명시적으로 언급하지 않은 내용들도 많다. 수험생들은 각자 고유한 경험을 바탕으로 프로젝트 관리에 대한 나름의 관점을 가지고 있을 텐데 PMI-ims과 다를 경우 큰 애로사항이 된다.

이하는 기출문제를 분석하여 정리한 PMI-isms 이다.

① 프로젝트 수행 환경

■ 프로젝트 관리를 위한 방법론, 도구, 정책, 템플릿을 조직에서 제공한다.

- **포인트** 개인의 경험이나 역량에 의존하지 않고, 조직 내 축적된 경험과 역량을 참조하여 프로젝트 관리 프로세스를 정의한다.

- **유의사항** 조직의 도움을 받지 않고 개인의 경험이나 판단에 의존하여 프로젝트를 관리해온 수험생은 조직의 지식과 경험을 활용할 때의 장점을 이해해야 한다. 프로젝트 착수시에는 조직의 프로세스 자산을 확보하여 프로젝트 계획수립에 참조한다. 애자일을 적용한다고 해도 조직의 프로젝트 거버넌스 체계를 준수해야 한다.

■ 합리적인 사람들이, 합리적인 판단을 하는 상황에서 프로젝트를 수행한다.

- **포인트** 이해관계자들은 논리적이고 합리적인 근거에 기반을 둔 의사결정을 수용한다.

- **유의사항** 무리한 계획 수용을 강요하는 조직문화에 익숙한 수험생은 상황문제에서 오답을 고르기 쉽다. 이해관계자와 프로젝트 관리자의 관계는 합리성에 기반을 둔 파트너적인 관계라 생각해야 한다.

■ 역량 있는 PMO가 프로젝트 관리자를 지원한다.

- **포인트** 프로젝트 관리자는 프로젝트 계획수립, 감시 및 통제시 PMO를 활용한다. 특히 프로젝트 관리자의 관리범위를 벗어나는 리스크나 이슈는 반드시 PMO에게 에스컬레이션한다.

- **유의사항** PMO를 운영하지 않거나 역할이 미흡한 조직에 속한 수험생들은 PMO 활용에 소극적일 수 있다. 실력 있고 적극적인 PMO가 있다고 가정하고 PMO의 도움을 받

아 프로젝트 계획을 수립하고 이슈를 해결한다.

■ 준비되지 않은 상황에서 애자일을 적용하지 않는다.

- **포인트** 조직 내 애자일 적용 경험이 없거나 이전에 실패한 경험이 있다면 프로젝트 관리자는 애자일 적용을 신중하게 결정해야 한다. 경영층을 포함한 이해관계자의 지원, 프로젝트 팀원의 의지, 애자일 방법론에 대한 팀원의 이해는 애자일 도입의 필요조건이다.
- **유의사항** 경영층의 지시나 프로젝트 관리자의 의지로 애자일을 도입해서는 안 된다.

② 프로젝트 관리자의 역할, 역량

■ 프로젝트 관리자는 슈퍼맨이다.

- **포인트** 프로젝트 관리자는 리더십, 프로젝트 관리지식, 업종지식 등을 모두 갖춘 사람이다.
- **유의사항** 현실에서 슈퍼맨 프로젝트 관리자는 거의 없지만 시험문제의 정답을 고를 때는 프로젝트 관리자가 모든 문제에 대해 합리적인 의사결정을 할 수 있다고 가정한다.

■ 조직의 이익뿐 아니라 지역사회와 지구환경의 이익도 함께 고려한다.

- **포인트** 조직의 이익을 위해 지역사회나 환경에 피해를 주지 않는다.
- **유의사항** 이제 ESG(친환경, 사회적 책임 존중, 지배구조 개선) 경영은 선택이 아니라 필수이다.

■ 계획수립이나 의사결정시 팀원을 최대한 참여시킨다.

- **포인트** 의사결정 과정에 팀원을 많이 참여시킬수록 의사결정의 품질이 높아지고, 팀원의 커미트먼트(commitment) 수준도 높아진다.
- **유의사항** 신중한 의사결정을 내린 뒤 팀원에게 설명하는 것이 프로젝트 관리자의 역할이라고 생각하는 사람도 많다.

③ 프로젝트관리 계획수립

■ 프로젝트 상황과 업무에 적합한 최적의 개발방식은 존재한다.

- **포인트** 프로젝트 상황과 업무에 적합한 개발방식을 적용해야 한다. 여러 업무가 혼합되어 있는 프로젝트에서는 업무별로 개발방식을 달리 적용할 수 있다.
- **유의사항** 현실에서는 하나의 프로젝트에 여러 가지 개발방식을 적용하면 혼란스러울

수 있지만 시험에서는 필요할 경우 N개의 개발방식을 적용하는 것이 정답이다.

■ **프로젝트 계획 항목 중 일부는 개발방식에 따라 내용이 달라진다.**
- **포인트** 개발방식에 따라 산정방식, 일정계획 수립, 요구사항 정의의 방법과 기법은 달라진다.
- **유의사항** 프로젝트 계획의 내용 중 개발방식에 따라 달라지는 것과 아닌 것을 구분한다. 상세 내용은 472쪽 〈부록 1〉을 참조하기 바란다.

■ **기간, 원가, 자원 산정시 유사 프로젝트의 실적 데이터를 활용한다**
- **포인트** 사내 시스템에 신뢰도 높은 과거 프로젝트의 실적 데이터가 축적되어 있어, 각종 산정을 할 때 유용하게 활용한다. 애자일을 적용할 때에도 실적 데이터를 산정에 활용해야 한다. 다만 스토리 점수를 산정할 때에는 실적 데이터가 아닌 개인의 주관적인 의견을 반영한다.
- **유의사항** 예측형 프로젝트에서 직관이나 주관적 판단에 의존하여 규모, 기간, 공수를 산정하는 관행은 잊어야 한다.

④ 프로젝트 변경관리
■ **범위변경은 일정, 원가, 리스크, 자원 중 하나 이상의 변경을 초래한다.**
- **포인트** 범위가 변경되면 영향력을 분석하여 프로젝트 계획의 정합성을 유지할 수 있도록 다른 부분을 변경한다.
- **유의사항** 범위변경만 수용할 수 있는 상황은 없다. 품질목표는 범위변경과 상관없이 준수해야 한다.

■ **예측형 개발방식에서 바람직하지 못한 변경 또는 이슈를 예방하기 위해서는 계획수립을 잘해야 한다.**
- **포인트** '범위변경' 또는 '이해관계자 불만족'과 같은 상황을 예방하기 위해서는 범위를 명확하게 정의하고, 의사소통관리 계획수립 또는 이해관계자 참여계획 수립을 제대로 해야 한다.
- **유의사항** 변경이나 이슈를 예방하는 계획수립은 쉽지 않다. 그럼에도 예측형 개발방식에서 변경이나 이슈를 예방하는 방법은 계획을 제대로 수립하는 것이다.

■ **모든 변경요청은 변경통제 절차를 따라야 한다.**
- **포인트** 변경을 통제하는 프로세스는 프로젝트관리 계획서에 반영해야 한다. 변경을 통제하는 위원회로는 변경통제 위원회(CCB, Change Control Board)가 대표적이다.

- **유의사항** 변경요청에 대해 프로젝트 관리자가 단독으로 거절하거나 수용하는 의사결정을 내려서는 안 된다. 거절하거나 수용하는 의사결정은 팀원과 함께 영향력을 분석한 후 결정해야 한다. 애자일을 적용한다고 해서 변경통제 절차가 없는 것은 아니다. 예측형 개발방식보다 변경통제 절차가 간단할 뿐이다.

⑤ 프로젝트 실행

■ **동시에 수행하는 작업(WIP, Work In Progress)이 많아지면 생산성이 낮아진다.**
- **포인트** 동시에 수행하는 작업이 증가할수록 작업교체를 할 때 비용이 발생하여 작업 수행을 위한 시간이 증가하고 그 결과 리드타임이 늘어난다.
- **유의사항** 이는 칸반시스템의 핵심 사상이기도 하지만 예측형 개발방식에서도 동시에 적용된다.

■ **적용조건을 갖춘 상태에서 애자일을 적용하면 기대했던 목표를 달성한다.**
- **포인트** 현실에서는 애자일 도입의 필요조건을 갖추었다고 해도 자율구성 팀, 짧은 주기 개발 등은 목표했던 성과를 달성하기 쉽지 않지만 시험에서는 달성 가능하다고 가정한다.
- **유의사항** 애자일 적용을 통해 부정적인 경험을 한 수험생들은 그것을 잊어버리고 시험에 임해야 한다.

■ **성악설보다 성선설에 기반하여 팀원을 관리한다.**
- **포인트** 팀원은 합리적으로 토의하면 설득 가능하며, 불필요한 갈등도 해결 가능하다. 또한 업무를 위임해도 잘 수행할 수 있다.
- **유의사항** 평소 팀원들을 믿지 못해 업무를 꼼꼼하게 챙기고 확인하는 방식으로 관리했던 수험생은 성선설에 기반하여 상황문제를 풀어야 한다.

■ **프로젝트 관리자는 팀원의 성과에 대해 보상할 수 있다.**
- **포인트** 프로젝트 관리자는 프로젝트 수행 도중 팀원의 성과에 대해 공정하게 보상한다. 보상에는 금전적, 비금전적 보상이 모두 포함된다. 프로젝트 관리자가 직접 보상을 결정하지 않더라도, 보상 수준의 결정에 프로젝트 관리자는 결정적인 영향력을 행사할 수 있다.
- **유의사항** 비금전적(내재적) 보상도 금전적 보상 못지않게 효과적이다.

■ **대부분의 프로젝트 조직구조는 매트릭스 조직이다.**

- **포인트** 팀원들의 소속부서장(자원관리자)과 프로젝트 관리자 사이에는 많은 갈등이 있을 수 있다. 프로젝트 관리자는 자원관리자를 대상으로 영향력 행사, 사전 협상 등을 적극적으로 수행해야 한다.

- **유의사항** 프로젝트 팀원들이 모두 전담 인력인 프로젝트 조직구조에 익숙한 프로젝트 관리자는 매트릭스 조직에서 발생하는 문제점을 잘 모를 수 있다. 한 명의 팀원에게 두 관리자가 작업을 지시하고, 팀원에 대한 프로젝트 관리자의 권한이 낮은 상황을 염두에 두고 학습한다.

■ **조달관리(계약)는 구매자의 입장에서 학습한다.**

- **포인트** 조달관리의 모든 내용은 구매자의 입장에서 파악해야 한다. 이를테면, 대규모 사업을 발주하는 정부의 사업관리자 입장에서 학습한다.

- **유의사항** 평소 판매자 역할만 수행했던 수험생들은 조달관리의 내용을 이해하기 어려울 수 있다.

■ **조직의 프로세스 개선사항을 도출한다.**

- **포인트** 프로젝트 실행 도중 조직 프로세스 개선사항을 도출하고 PMO에 개선을 요청하거나 자체적으로 개선한다. 이러한 활동은 교훈도출 또는 회고의 결과이다.

- **유의사항** 대부분의 조직은 프로젝트 팀에게 프로세스 개선내용을 제안하라고 요구하지 않는다. 조직의 프로세스를 조정(tailoring)하여 프로젝트에 적용하고, 적용과정에서 파악된 문제는 지속적으로 개선하는 이상적인 조직에서 프로젝트를 수행한다고 가정한다.

■ **품질, 구매, 계약 관리 등은 조직 내 담당 부서의 도움을 받는다.**

- **포인트** 품질, 구매, 계약 관리에 대한 전문 부서의 역할은 조직에 따라 다르지만 프로젝트 팀은 관련 내용을 숙지하고 적극적인 의견을 개진해야 한다.

- **유의사항** 품질, 구매, 계약 수행을 전문 부서에 위임해서는 안 된다. 프로젝트 팀에서 해야 하는 일을 전문 부서가 지원한다고 생각해야 한다.

《PMBOK 지침서》한글판의 유의할 번역

《PMBOK 지침서》7판의 한글판의 용어 중 유의할 내용을 정리하였다. PMP 시험에서는 《PMBOK 지침서》와 다른 용어를 사용하기도 하고 번역도 한글판과 다르게 나올 수 있기 때문에 다양한 우리말 용어를 이해해 두는 것이 좋다.

■ Artifact (결과물)

Artifact는 사람이 만든 가공품, 인공물을 뜻하지만 《PMBOK 지침서》에서는 템플릿, 산출물, 인도물 등을 포괄하는 의미로 사용한다. 《PMBOK 지침서》 한글판에서는 프로젝트 수행으로 만들어지는 모든 결과물을 의미한다는 의미에서 Artifact를 '결과물'로 번역하였다. 그러나 《PMBOK 지침서》 한글판의 많은 곳에서 '가공품'으로도 번역하고 있어 유의해야 한다. 주로 '모델/방법/가공품'과 같이 모델/방법과 함께 사용할 때는 '가공품'으로 번역하고, 따로 설명할 때는 결과물로 번역하였다. 《PM+P 해설서》에서는 '결과물'로 통일했다. '인도물(deliverable)'은 프로젝트 결과물 중 하나이다.

■ Deliverable (인도물)

Deliverable은 프로젝트 단계 또는 프로젝트를 완료하기 위해 공식적으로 만들어야 하는 산출물이다. 《PMBOK 지침서》 한글판에서는 '인도물'이라고 번역하였다. 그러나 '결과물' '산출물' '인도물'은 같은 의미라고 이해해도 된다. 《PM+P 해설서》에서는 문맥에 따라 결과물과 인도물을 함께 사용했다.

■ Outcome (성과)

Outcome은 《PMBOK 지침서》 한글판에서 성과로 번역되며 프로젝트의 최종 결과물을 의미한다. 한글판에서는 intended outcome을 '의도한 성과'와 '의도한 결과'를 같이 사용하지만 맥락 이해에 큰 혼란을 주지는 않는다. 다만 performance도 성과로 번역되는데, 차이를 이해할 필요가 있다. performance는 프로젝트 수행 도중의 중간성과를 의미할 때도 사용되지만, outcome은 최종 결과에 대한 성과를 의미하는 용어로만 사용된다.

■ Delivery (인도)

Delivery는 《PMBOK 지침서》에서 많이 사용되는 용어로 성과영역 중 하나이기도 하다. 사용되는 예를 보면 value delivery, delivery cadence, delivery approach, delivery performance domain, product delivery 등이다. 《PMBOK 지침서》한글판에서는 명사의 의미로는 '인도'를 사용하지만 동사의 의미로는 '제공한다'는 표현도 사용한다. 《PM+P 해설서》도 주로 '인도'를 사용했다.

■ Change (변경, 변화)

《PMBOK 지침서》에서 change는 변경 또는 변화의 의미로 사용된다. 영어는 같지만 한글의 변경과 변화는 의미가 다르다. 범위/요구사항/일정/원가/우선순위는 변경하는 것이고, 이해관계자/조직문화는 변화하는 것이다. 사람을 포함하는 조직, 이해관계자, 팀을 대상으로는 변경관리가 아닌 변화관리를 적용해야 한다. 그러나 《PMBOK 지침서》한글판에는 '변화'를 사용할 곳에 '변경'을 사용하는 곳도 있어 유의해야 한다. 특히 프로젝트 관리원칙 중 하나인 '미래목표 달성을 위한 변화'에서 한글판의 오역이 많다. 그 예는 다음과 같다.

> "이해관계자가 <u>변경</u>(→변화)하도록 하는 것은 필요한 인도물과 의도한 성과를 제공하도록 프로젝트를 촉진하는 과정의 일부이다"
>
> "프로젝트 팀원 및 프로젝트 관리자는 관련 이해관계자와 협력하여 저항, 피로 및 <u>변경</u>(→변화) 수용 문제를 해결해 고객 또는 프로젝트 인도물의 인수자가 변화에 성공적으로 적응하거나 변화를 수용할 가능성을 높일 수 있다. 여기에는 <u>변경</u>(→변화)에 대한 동의를 얻기 위해 프로젝트 초기에 <u>변경</u>(→변화)과 관련된 비전과 목표를 전달하는 것이 포함된다. <u>변경</u>(→변화)의 편익과 작업 프로세스에 미치는 영향은 프로젝트 전반에 걸쳐 조직의 모든 수준으로 전달되어야 한다."

■ 스프린트 vs. 이터레이션

스프린트와 이터레이션은 영어도 한글도 다르지만 둘 다 반복주기를 의미한다. 스프린트는 스크럼에서 사용하는 용어이고 이터레이션은 XP에서 사용하는 용어이다. 《PMBOK 지침서》에서는 이터레이션을 사용하지만 현실에서는 스프린트를 더 많이 사용한다. 《PM+P 해설서》에서는 이터레이션을 주로 사용하고 스프린트도 몇 군데서 사용했다. 시험에서도 반복주기를 의미할 때는 주로 스프린트로 출제된다.

■ Minimum Viable Product (MVP, 최소기능제품)

《PMBOK 지침서》한글판에서는 MVP를 최소기능제품으로 번역하였다. 국내에서 MVP는 최소존속제품으로 번역하기도 한다. '기능'보다 '존속'이 viable의 의미를 잘 표현하지만, 낯설지 않는 용어인 최소기능제품을 많이 사용하는 편이다. 《PM+P 해설서》에서는 최소기능제품을 사용했다.

■ Vanity metric (허무지표)

《PMBOK 지침서》한글판에서는 vanity metric 를 '허영지표'로 번역했다. 이 용어는 에릭리스가 출간한《린 스타트업》에서 처음 사용했기 때문에《PM+P 해설서》는《린 스타트업》번역서에서 사용한 '허무지표'를 따랐다.

■ Self-organizing team (자율구성 팀)

Self-organizing team은 '자기조직화 팀'으로 많이 번역되지만《PMBOK 지침서》한글판에서는 자율구성 팀으로 번역했다.《PM+P 해설서》에서는 한글판의 번역을 따랐다.

■ 상품책임자 vs. 상품관리자

상품관리자(product manager)와 상품책임자(product owner)는 같은 의미이다. 《PMBOK 지침서》에서는 애자일의 상품책임자를 사용하지만 일반적으로는 상품관리자를 더 많이 사용한다.《PM+P 해설서》에서는 상품관리자와 상품책임자를 문맥에 따라 사용했다.

Part 1

The Standard for Project Management
프로젝트 관리 표준서

프로젝트 관리 원칙은 피상적인 'reading'에 머무르기 쉽다.
구체적인 'understanding'이 중요하다

1

Introdution
개요

1 | Introdution
개요

1.1《PMBOK 지침서》제7판 구성체계

PMI(Project Management Institute)는 1996년《PMBOK 지침서》(PMBOK® Guide, A Guide to the Project Management Body of Knowledge)》를 처음 발간한 이후 4년마다 개정판을 내고 있다.《PMBOK 지침서》는 여러 산업의 리더들이 프로젝트 목표 달성을 위해 효과적이라고 인정하는 프로젝트 관리 원칙, 활동, 기법 들을 정리한 것으로 2021년에는《PMBOK 지침서》7판을 출간하였다.

《PMBOK 지침서》7판은 다시 〈프로젝트 관리 표준서(The Standard for Project Management)〉와 〈PMBOK 가이드(A Guide to the Project Management Body Of Knowledge)〉로 구성된다. '지침서'와 '가이드'는 실제로 같은 의미이지만(원서에서도 영문이 같다), 이 책에서는 7판 전체를 말할 때는《PMBOK 지침서》, 표준과 가이드를 구분하여 설명할 때는 〈PMBOK 가이드〉로 표기하겠다.《PMBOK 지침서》의 구성체계를 정리하면 다음과 같다(그림 1.1).

❶《PMBOK 지침서》의 내용을 확정하는 기준은 무엇인가?
《PMBOK 지침서》의 내용을 확정하는 기준은 다음과 같다.
- 다양한 업종의 프로젝트에 대부분 적용 가능해야 한다.
- 실제 프로젝트에 적용했을 때 프로젝트가 성공할 가능성이 높아야 한다.

❷ 〈프로젝트 관리표준서〉와 〈PMBOK 가이드〉의 차이는 무엇인가?
〈프로젝트 관리 표준서〉는 〈PMBOK 가이드〉의 내용 이해를 위한 기반이 된다. 〈프로젝트 관리 표준서〉의 내용은 다음과 같다.
- 프로젝트 내부 및 외부 환경, 프로젝트 관리의 기능, 상품관리와 프로젝트 관리
- 12가지 프로젝트 관리 원칙
  〈PMBOK 가이드〉의 내용은 다음과 같다.
- 프로젝트 관리활동을 설명하는 8개 성과영역
- 8개 프로젝트 성과영역 적용을 지원하는 조정(tailoring), 모델/방법/결과물

❸ PMIstandards+™ 은 무엇인가?

PMIstandards+™은 최신의 프로젝트 관리 이론과 사례를 공유하는 디지털 플랫폼이다.

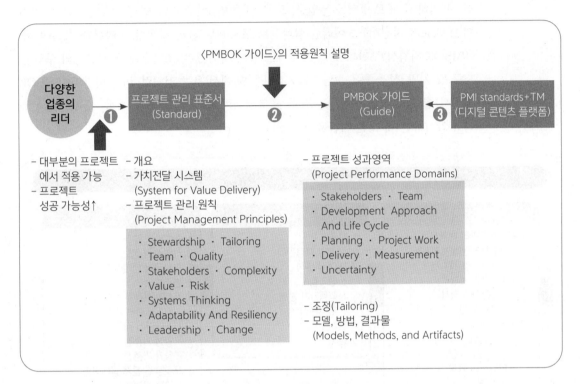

〈PMBOK 가이드〉의 적용원칙 설명

다양한 업종의 리더
❶ → 프로젝트 관리 표준서 (Standard)
❷ → PMBOK 가이드 (Guide)
❸ ← PMI standards+™ (디지털 콘텐츠 플랫폼)

– 대부분의 프로젝트 에서 적용 가능
– 프로젝트 성공 가능성↑

– 개요
– 가치전달 시스템 (System for Value Delivery)
– 프로젝트 관리 원칙 (Project Management Principles)

· Stewardship · Tailoring
· Team · Quality
· Stakeholders · Complexity
· Value · Risk
· Systems Thinking
· Adaptability And Resiliency
· Leadership · Change

– 프로젝트 성과영역 (Project Performance Domains)

· Stakeholders · Team
· Development Approach And Life Cycle
· Planning · Project Work
· Delivery · Measurement
· Uncertainty

– 조정(Tailoring)
– 모델, 방법, 결과물 (Models, Methods, and Artifacts)

그림 1.1 《PMBOK 지침서》의 구성체계

2021년 8월에 발간된 《PMBOK 지침서》 7판은 이전 버전과 비교해 볼 때 내용과 형식이 혁신적으로 바뀌었다. 이하에서는 《PMBOK 지침서》 7판의 변경 내용을 '애자일 선언'의 형식으로 설명한다. 애자일 선언의 각 내용은 2개의 문구로 구성되며, 왼쪽의 문구보다 오른쪽의 문구가 중요하다는 형식을 취하고 있다. 아래 내용도 마찬가지다. 왼쪽 문구는 이전 《PMBOK 지침서》를 설명하고, 오른쪽 문구는 금번에 개정된 《PMBOK 지침서》 7판을 설명한다. PMI가 어떤 의도나 관점을 가지고 《PMBOK 지침서》 7판을 집필했는지를 생각하면서 읽어보기 바란다. 저자의 의도를 알아야 학습이 쉬울 뿐 아니라 시험에서 정답을 선택할 가능성이 높아진다.

① 프로세스를 분석하는 것보다, 원칙을 이해하는 것을 중요하게 생각한다.
《PMBOK 지침서》 6판은 10개의 지식영역, 49개의 프로세스로 구성되었으며, 각 프로세스는 다시 투입물, 도구 및 기법, 산출물로 정리했다. 6판에서 프로젝트 관리 활동을 프로세스 형태로 정리한 이유는 다음과 같다.

■ **이해하기 쉽고 익숙한 형식이다.**

대부분의 조직에서 사용하는 프로세스(업무) 매뉴얼은 프로세스를 계층적으로 정리한 뒤 최하위 프로세스를 투입물, 도구 및 기법, 산출물의 형식으로 정리한다. 이전의 《PMBOK 지침서》는 이러한 형식으로 프로젝트 관리 활동을 설명했다. 예를 들어, 《PMBOK 지침서》 6판의 49개 프로세스 중의 하나였던 '조달통제' 프로세스의 투입물, 도구 및 기법, 산출물은 그림 1.2와 같다. 그림에서 보는 것처럼, 이전 버전의 《PMBOK 지침서》를 학습했던 수험생들은 각 프로세스의 투입물, 도구 및 기법, 산출물을 이해하고 암기하는 데 많은 시간을 소모했다.

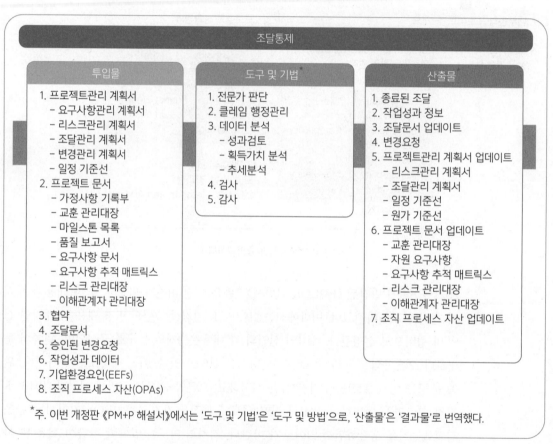

그림 1.2 프로세스 체계를 강조한 이전의 《PMBOK 지침서》

■ **프로젝트 관리 활동의 순서를 설명하기 쉽다.**

초보 프로젝트 관리자에게 프로젝트 관리 활동을 설명하기 위해서는 '어떤 활동을 어떤 순서로 수행하라'는 형식이 직관적이다. 프로젝트 관리 활동도 흐름도(flow chart) 형식으로 프로세스 순서를 정의할 수 있다. 프로젝트 계획수립의 예들 들면 '프로젝트 범위정의 → 활동정의 → 활동순서 정의 → 활동수행을 위한 자원 정의→활동수행을 위한 예산 정의'와 같이 프로세스 수행 순서를 정의한다.

《PMBOK 지침서》7판은 유사한 프로젝트 관리 활동을 성과영역으로 정리하였지만 모델, 방법(기법), 결과물(산출물)의 상세 내용은 별도의 챕터에서 정리하였다. 12가지 원칙과 8개 성과영역의 내용을 먼저 이해한 다음 이에 맞는 모델, 방법, 결과물을 적용하라는 메시지다. 뿐만 아니라 일부 모델을 제외하고는 모델, 방법, 결과물의 내용도 2줄 정도로만 요약되어 수험생이 내용을 온전히 이해하기 힘들다.

PMI가 《PMBOK 지침서》7판에서 설명하기도 쉽고 학습하기에도 용이한 프로세스 형식을 버리고, '원칙'이나 '마인드셋'을 강조하는 형식을 채택한 이유는 무엇일까? 그것은 현실에서 접하는 프로젝트 상황(조직문화, 프로젝트 관리 성숙도, 프로젝트 중요도, 리스크에 대한 수용도, 이해관계자의 참여 형태, 기술의 복잡도 등)이 프로젝트마다 모두 달라 하나의 프로젝트 관리 프로세스로 설명하기 힘들기 때문이다.

프로젝트 상황에 따라 적합한 개발전략, 프로세스, 결과물은 다르다. 예를 들어 대규모 데이터센터를 구축하는 프로젝트와 작은 규모의 온라인 쇼핑몰을 구축하는 프로젝트의 관리방식은 달라야 한다. 이 둘을 동시에 설명할 수 있는 하나의 프로세스는 없다.

사람들은 '내가 수행할 구체적인 프랙티스'를 원하지만, '모든 상황에 적용할 수 있는 구체적인 프랙티스'는 없다. 원칙이나 원리를 이해해야 상황에 적합한 프로세스를 정의할 수 있다. '어떻게 하면 프로젝트를 성공할까?'라는 질문의 답은 '어떻게 살면 행복해질까?'라는 질문의 답만큼이나 다양하다. 사람마다 행복의 방정식이 다르듯이 프로젝트마다 성공의 방정식이 다르다.

그러나 철학자들이 행복한 사람들의 삶에서 공통적인 가치를 찾아내듯이 성공하는 프로젝트에서도 공통적인 원칙은 있다. 원칙이나 마인드셋을 정확하게 이해해야 다양하고 급변하는 프로젝트 상황에서 정답에 가까운 프로세스를 결정할 수 있다. 예전의 《PMBOK 지침서》가 구체적인 프로세스를 제시하려고 노력했다면, 《PMBOK 지침서》7판은 프로젝트에 적용할 프로세스 선택을 독자에게 넘긴다. PMI는 복잡하고 다양한 프로젝트 상황을 하나의 프로세스로 설명해야 하는 부담에서 벗어났지만, 수험생은 원칙 기반의 《PMBOK 지침서》를 이해하여 PMP 시험에서 제시되는 상황에서 정답을 선택해야 하는 부담이 생겼다. 《PMBOK 지침서》를 처음 읽고 나면 다음과 같은 느낌이 들 수 있다.

'다 좋은 이야기인데 그래서 뭘 어떻게 해야 하나?'

본 수험서에서는 수험생의 이러한 고충을 줄이고자 프로젝트 관리 성과영역에서 관련된 모델, 방법, 결과물을《PMBOK 지침서》보다 상세하게 설명하였다.

② 인도물(deliverables)보다, 가치(value)를 중요시한다.

모든 프로젝트는 이전에 없던 가치를 창출하기 위해 수행한다. 따라서 프로젝트 관리는 더 많은 가치를, 더 적은 비용으로, 더 빨리 제공하는 것에 집중해야 한다. 목표로 한 인도물을 일정 내에, 예산 내에 만든다고 프로젝트가 성공하는 것이 아니다. 목표로 하는 가치를 이해관계자들에게 제공해야 성공한다. 아무리 잘 개발해도 팔리지 않는 상품을 개발한 프로젝트는 실패한 것이다.《PMBOK 지침서》 7판에서는 가치창출을 강조하기 위해 PMO(Project Management Office)를 VDO(Value Delivery Office)로 부르기도 한다.

프로젝트가 제공하는 가치는 3가지로 구분할 수 있다. 아래 3가지 가치는《PMBOK 지침서》 전반에 걸쳐 매우 중요하게 강조되는 개념이다.

■ 고객에게 제공하는 가치(Customer value)
기업이 고객에게 제공하는 제품이나 서비스에 내재된 유용성 또는 쓸모를 의미한다.

■ 기업에게 제공하는 비즈니스 가치(Business value)
프로젝트 수행 결과 얻는 원가 절감, 매출 증가, 이익 증가와 같은 비즈니스 성과를 의미한다.

■ 환경, 지역사회, 커뮤니티에 제공하는 사회적 가치(Social value)
프로젝트 수행 결과 친환경 또는 지역사회와 커뮤니티에 기여하는 가치를 의미한다.

③ 유형의 제품(예: 건축물)을 개발하는 프로젝트보다, 무형의 소프트웨어를 개발하는 프로젝트를 전형적인 프로젝트로 설정한다.

본 수험서에서는 '상품'은 '유형의 제품'과 '무형의 서비스'를 포함하는 용어로 사용한다. 건설, 영화, 게임, 의약, 온라인 쇼핑몰, 국가행정 서비스, 가전제품, 자동차 등 모든 업종의 제품과 서비스는 프로젝트 수행의 결과물이다. 그러나 업종에 따라 프로젝트를 수행하는 방식, 사용하는 용어는 다르다.《PMBOK 지침서》는 가장 일반화된 업종의 프로젝트 관리 용어나 개념을 선택할 수밖에 없다(물론,《PMBOK 지침서》의 내용은 모든 업종의 모든 프로젝트에 적용 가능하다). 건설은 인류에게 가장 익숙한 업종 중 하나로 고대 피라미드부터 시작하여 현대의 초고층 빌딩까지 지속되고 있다. 그 결과《PMBOK 지침서》의 발간 초기(1990년대)에는 건설업종의 프로젝트 관리 내용을 주로 반영했고, PMP 자격취득도 건설사 직원들이 중심이었다. 건설 프로젝트 관리의 특징은 복잡한 활동을 순차적으로 수행하는 계획을 수립하고 통제하는 것이다. 그 내용을 반영하다 보니《PMBOK 지침서》의 프레임워크(framework)도 프로세스 중심이었다.

2010년대 후반 이후에는 AI, 빅데이터, 클라우드 기술을 기반으로 4차 산업혁명이 많은 업종에 영향을 끼쳤고 이러한 추세는 디지털 전환(digital transformation)으로 이어져 거의 모든 업종에 확산되고 있다. 그 결과 자동차, 가전제품, 유통, 의료 등 거의 모든 업종의 제품과 서비스에서 소프트웨어가 차지하는 비중이 높아지고 있다. PMI도《PMBOK 지침서》6판(2017년)에서 소프트웨어 개발에서 사용하는 애자일 방법론의 내용을 반영하기 시작했고, 《PMBOK 지침서》7판(2021년)에서는 애자일 방법론의 원칙과 프랙티스가 책 내용의 중심이 되었다. 따라서 《PMBOK 지침서》를 학습하는 수험생들은 본인이 경험했던 프로젝트의 내용보다 앱 개발, 온라인 쇼핑몰 개발, 기업의 전산시스템 구축과 같은 소프트웨어 기반의 제품이나 서비스 개발을 염두에 두고 《PMBOK 지침서》를 학습하는 것이 효과적이다.

《PMBOK 지침서》7판에서 다루는 전형적 프로젝트인 소프트웨어 상품개발의 특징은 다음과 같다.

■ 잦은 출시로 개발주기가 짧아져 전통적인 계획과 통제 프로세스 적용이 어렵다.

《PMBOK 지침서》7판 이전에는 착수시점에 계획을 수립하고, 진행과정에 변경을 통제하고, 종료시점에 인도물을 제공하는 방식으로 프로세스를 설명했다. 이러한 방식은 하드웨어 상품개발이나 건설에서는 적합했다. 프로젝트 계획수립의 예를 들면 다음과 같은 방식이었다.

– 프로젝트 팀원이 수행할 업무범위를 명확히 정의한다.

– 업무범위 이행을 위한 상세 작업을 정의한다.

– 작업 순서와 작업을 수행할 자원을 정의한다.

– 자원 유형별 투입규모를 산정하여 프로젝트 예산을 수립한다.

– 작업의 내용과 자원의 생산성을 고려하여 작업기간을 산정한다.

– 작업기간과 작업순서를 고려하여 개발계획을 수립한다.

– 범위, 일정, 원가를 종합적으로 검토한 뒤 프로젝트 계획을 확정한다.

위와 같은 계획수립은 프로젝트 종료시점에 인도물을 한 번 제공하는 일정 규모 이상의 프로젝트에서는 적합하다. 그러나 소프트웨어는 2주, 1개월 단위로 새로운 기능을 출시하는 경우가 많다. 2주 단위로 출시하는 프로젝트에 위와 같이 범위관리, 일정관리, 원가관리를 상세하게 순차적으로 수행하는 것이 노력 대비 효율적일까? 《PMBOK 지침서》7판의 성과영역에서 범위, 일정, 예산을 별도 주제로 다루지 않고 통합적 관점(holistic view)을 강조하는 이유가 여기에 있다.

■ 프로젝트와 운영의 경계가 모호한 상품개발 팀에 적용할 수 있는 새로운 프레임워크(framework)가 필요했다.

전통적인 프로젝트에서는 확정된 업무범위 이행을 위한 신규 팀을 구성하여 중앙집중

방식으로 상세한 계획을 수립하고 통제했다. 프로젝트가 끝나면 운영조직으로 업무를 이관한 뒤 프로젝트 팀은 해체했다. 그러나 소프트웨어 개발은 데브옵스(devops)라는 용어가 생길 정도로 프로젝트와 운영의 경계가 모호하여 개발과 운영을 통합하여 관리하는 경우가 많다.

소프트웨어 상품은 정해진 사람들이 지속적인 개발을 하는 경우가 많으며 이를 안정적 팀(stable team)이라 한다. 안정적인 팀에게는 중앙집중 방식의 계획과 통제 대신에, 업무수행 방식과 의사결정을 팀원에게 위임하는 것이 바람직하기 때문에 프로젝트 관리 방식도 날라져야 한다. 안정적인 팀에게는 상세한 규정보다 모두가 공유할 원칙만 제공하면 된다. 대부분의 일은 팀이 알아서 한다.

상품이 추구하는 가치를 이해하는 안정적인 팀은 다음과 같은 이유로 아주 높은 성과를 달성할 수 있다.

- 상품개발 팀이 유지되기 때문에 품질수준이 높고 유지보수 생산성이 높아진다.

상품출시 후 다른 사람이 운영할 때와 본인이 지속적으로 운영할 때는 품질에 대한 마인드가 달라질 수밖에 없다. 오늘 나의 행동이 미래의 나에게 영향을 미치기 때문이다.

- 암묵적 지식의 유실이 없어 생산성이 높아진다.

프로젝트 팀이 운영 팀에게 업무를 문서로 이관하면 많은 지식들이 유실되고 그 결과 시행착오를 겪는다. 안정적인 팀은 지식 이관과정이 없기 때문에 생산성이 갈수록 높아진다.

- 고객지향적(customer centric)으로 사고하고 행동한다.

특정 제품이나 서비스를 오래 개발하면 사용자들에 대한 공감능력이 높아진다. 상품개발 팀은 사용자들이 무엇을 필요로 하고, 무엇이 불편한지 잘 알게 되어 고객가치를 확보한 상품을 개발할 가능성이 높아진다.

《PMBOK 지침서》 7판은 프로젝트마다 새로운 팀을 구성하고 종료시점에 해체하는 프로젝트와, 안정적인 팀을 지속적으로 유지하는 프로젝트 모두를 설명할 수 있는 프레임워크를 제시한다. 안정적인 팀의 프로젝트 관리를 대표하는 이론이 '흐름'을 중시하는 칸반 프로세스이다.

1.2 핵심 용어

《PMBOK 지침서》7판에 공통적으로 사용되는 용어는 다음과 같다.《PMBOK 지침서》한글판에서의 유의할 번역 용어는 〈부록2〉를 참조하기 바란다.

■ 성과(Outcome)

성과는 프로세스 또는 프로젝트의 최종 결과를 의미한다. 성과(outcome)는 인도물(deliverables)과 구분해야 한다. 인도물이 수단이라면 성과는 목적이나 가치에 해당한다. 대부분의 프로젝트는 목표했던 인도물은 만들지만, 목표했던 성과는 만들지 못하는 경우가 많다. 예를 들어 새로운 개발 협업도구 도입(인도물)에는 성공하지만 생산성 향상(성과)에는 실패하는 경우가 많다.《PMBOK 지침서》에서는 의도한 성과(intended outcome)라는 표현을 자주 사용하는데 이는 프로젝트가 추구하는 가치와 동일한 의미이다.

■ 가치(Value)

가치는 어떤 것의 쓸모, 중요성 또는 유용성을 의미한다. 고객이 대가를 지불하고 구매한 제품이나 서비스가 고객에게 제공하는 것이 가치이다.《PMBOK 지침서》에서 이해하기 어려운 용어 중 하나가 '가치'이다. 프로젝트 관리자를 포함한 이해관계자에게도 프로젝트는 가치를 제공한다. 이해관계자들에게 제공하는 가치는 프로젝트 결과가 이해관계자들에게 미치는 영향력에 가깝다. 예를 들어 어려운 프로젝트를 성공적으로 완료했을 때 프로젝트 관리자가 승진할 수 있다는 기대를 한다면 '승진'은 프로젝트 관리자에게 중요한 가치가 된다. 조직 내부 프로세스 개선을 위한 프로젝트는 조직원들에게 생산성 향상과 같은 가치를 제공한다. 기업에서 프로젝트 수행을 통해 기대하는 가치는 대개 재무적 가치이다. 그러나 최근에는 기업의 지속적 성장을 위해 재무적 가치 외에 기업이 사회의 구성원들에게 제공하는 사회적·환경적 가치가 부각되면서 이에 대한 고려나 평가도 중요해졌다. 가치는 프로젝트를 착수하는 이유이기도 하고, 성공 여부를 평가할 수 있는 기준이기도 하다.

■ 가치 인도 시스템(System for value delivery)

가치 인도 시스템은 조직을 구축, 유지, 발전시키기 위한 비즈니스 활동의 모음을 의미한다. 기업은 고객에게 지속적으로 가치를 제공해야 생존하고 성장할 수 있다. 프로젝트는 기업이 고객에게 전달할 가치를 개발하는 대표적인 활동이다. 가치를 개발하는 수단은 프로젝트뿐만 아니라 프로그램, 포트폴리오도 포함한다. 개발된 가치를 고객에게 전달하기 위해서는 운영(생산 및 서비스)이 필요하다.

■ 프로젝트(Project)

프로젝트는 고유한 제품, 서비스 또는 결과물을 창출하기 위해 한시적으로 투입하는 노력을 의미한다. 제품이란 '유형의 완성품 또는 부품'으로 무형의 서비스와는 구분된다. 프로젝트가 가지는 공통적인 특성은 다음과 같다.

- **고유한 제품, 서비스, 결과물**

프로젝트의 결과물은 모두 다르다. 제품 생산과 같이 동일한 결과물을 만드는 것은 운영업무다.

- **한시적 기간**

프로젝트는 시작과 끝이 있다. 프로젝트는 끝내기 위해 시작한다. 프로젝트의 '끝'은 프로섹트 수행 도중 중단하는 것도 포함한다.

- **변화를 수반**

프로젝트는 현재의 어떤 상태를 개선하거나 바꾸기 위해 수행한다. 대표적인 예가 신규 상품개발이나 프로세스 개선이다.

- **가치**

프로젝트는 가치를 창출하기 위해 수행한다. 프로젝트 팀은 재무적 가치, 사회적 가치, 환경적 가치를 고려해야 한다.

■ **프로젝트 관리(Project management)**

프로젝트 관리는 프로젝트를 성공적으로 끝마치기 위해 프로젝트 관리자가 수행하는 활동이다. 지식, 기술, 도구, 기법 등을 프로젝트 활동에 적용하여 프로젝트 요구사항을 충족시킨다.

■ **프로젝트 관리자(Project manager)**

프로젝트 관리자는 프로젝트 팀을 리딩하고 프로젝트 목표 달성을 책임지는 사람이다.

2

A System for Value Delivery

가치인도 시스템

2

A System for Value Delivery

가치인도 시스템

모든 조직(정부기관, 기업 등)은 해당 조직의 고객에게 가치를 제공하고 대가를 받는다. 조직이 제공하는 가치의 예는 다음과 같다.

- 고객에게 유용한 쓸모가 있는 제품 또는 서비스 제공
- 지역사회를 위한 기여 또는 지구 환경의 보호
- 이해관계자가 수행하는 업무의 효율성, 생산성, 효과성 향상
- 조직이 꿈꾸는 미래의 모습으로 전환하는 것을 지원(예: 디지털 전환)

2.1 가치창출 수단

가치를 개발하는 수단은 프로젝트, 프로그램, 포트폴리오이고 고객에게 가치를 제공하는 수단은 기업의 비즈니스 운영이다.

프로젝트에 대한 정의는 앞서 살펴보았고 프로그램과 포트폴리오의 개념은 다음과 같다.

■ 프로그램(Program)

프로그램이란, 상호 관련된 프로젝트 그룹이다. 통합 관점에서 프로그램을 관리하면 좋은 효과를 볼 수 있다. 프로그램의 예로는 체육관 건설, 교통체계 개선, 방송 준비 등의 개별 프로젝트를 통합된 관점에서 진행하는 '올림픽 개최 준비'를 들 수 있다. 프로그램의 다른 예는 스마트폰 개발이다. 스마트폰 개발 프로그램에 속하는 프로젝트는 스마트폰 하드웨어 개발(기구, 회로, 디자인), OS(운영체계) 업데이트, 펌웨어(firmware) 개발, 필수 앱 개발 등이 있다. 올림픽은 하위 프로젝트들이 제대로 통합되어야 성공적 올림픽이라는 가치를 달성할 수 있고, 스마트폰은 모든 하위 프로젝트들이 잘 통합되어야 상품 기획시 계획했던 가치를 고객에게 제공할 수 있다.

프로젝트는 프로그램에 속하지 않을 수 있지만, 프로그램은 반드시 프로젝트를 포함한다. 프로그램 관리의 핵심은 프로그램의 목표를 달성하기 위해 프로젝트 간 상호 연관성(project interdependencies)을 관리하는 것이다. 그 예는 다음과 같다.

– 상호 연관된 프로젝트들의 자원제약과 갈등 해결

- 다른 프로젝트 작업과 연관된 작업의 일정관리 A 프로젝트의 특정 작업을 종료한 후 B 프로젝트의 특정 작업을 착수
- 여러 프로젝트와 관련된 리스크 관리 같은 프로그램에 속한 특정 프로젝트의 리스크가 다른 프로젝트에 미치는 영향력을 관리
- 프로그램 내 프로젝트들을 대상으로 통일된 관리체계 적용
- 프로그램 목표 달성을 위한 프로젝트 목표 조정

■ 포트폴리오(Portfolio)

포트폴리오는 달걀을 여러 바구니에 나누어 담는 분산투자를 설명할 때 사용하는 용어이기도 하다. 프로젝트 관리에서 사용하는 포트폴리오도 그 본질적 의미는 같다. 포트폴리오는 조직의 전략적 목표를 달성하기 위해 하나의 그룹으로 관리되는 프로젝트, 프로그램, 하위 포트폴리오, 운영업무 들이다. 포트폴리오의 프로그램이나 프로젝트들이 서로 의존관계에 있거나 직접 연관될 필요는 없다.

포트폴리오 관리란, 조직의 목표 달성을 위해 프로젝트 혹은 프로그램 실행의 우선순위를 결정하고 조직의 전략적 관점에서 리스크와 기회를 관리하는 것이다. 프로젝트 관리의 목적이 프로젝트를 올바르게 하는 것(do the project rightly)이라면, 포트폴리오 관리의 목적은 올바른 프로젝트를 하는 것(do the right project)이다.

가치인도 시스템을 구성하는 요소를 정리하면 그림 2.1과 같다. 가치인도 시스템은 2개의 포트폴리오와 개별 프로그램, 프로젝트들로 구성된다.

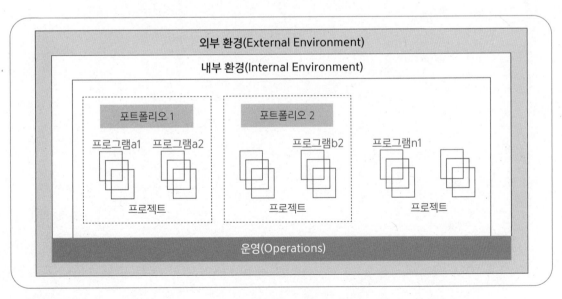

그림 2.1 가치인도 시스템의 구성요소(출처: 《PMBOK 지침서》 7판)

고객에게 전달하는 가치를 최대화하기 위해서는 가치인도 시스템의 구성요소들이 조직의 전략을 따라야 하고 환경변화에 잘 대응해야 한다. 전략은 상부에서 하부(포트폴리오에서 운영)로 전달되고 전략의 실행성과는 하부에서 상부(운영에서 포트폴리오)로 전달된다. 그래야 전략을 제대로 이행하고, 이행성과를 모니터링하여 필요시 전략을 수정할 수 있다. (그림 2.2)

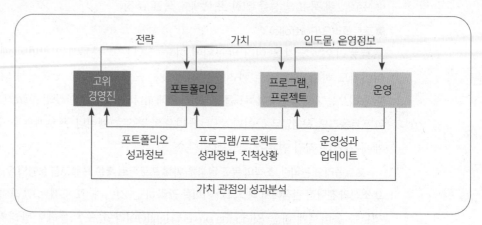

그림 2.2 가치인도 시스템의 정보 흐름 예(출처:《PMBOK 지침서》 7판)

2.2 가치창출 활동의 거버넌스 시스템(Governance System)

가치창출 활동을 관리하기 위해서는 가치창출 수단인 프로젝트, 프로그램, 포트폴리오를 관리해야 한다. 3가지 활동의 차이를 정리하면 표 2.1과 같다.

	프로젝트 관리	프로그램 관리	포트폴리오 관리
책임자	프로젝트 관리자	프로그램 관리자	포트폴리오 관리자
계획 및 통제	프로젝트 제약조건 밸런싱	관련된 프로젝트들의 상호 의존성 관점에서 계획 및 통제	포트폴리오 목표를 반영한 프로젝트와 프로그램 선정 및 성과 모니터링
변경관리	범위, 일정, 예산, 품질 등의 통합변경통제	프로그램 목표 달성 관점에서 개별 프로젝트의 목표 조정	포트폴리오 목표 달성 관점에서 프로그램, 프로젝트 변경(중단 포함)
예산관리	프로젝트 착수시 일괄 예산투자 후 프로젝트 수행 시 업데이트	프로그램이 창출하는 가치에 따라 투자예산 조정	포트폴리오가 창출하는 가치에 따라 투자예산 조정
인적 자원관리	조직도 구성, 책임과 역할 정의, 팀원 확보, 동기부여	프로젝트 간 공유자원 (Shared Resource) 관리	자원제약을 반영한 포트폴리오 구성 최적화

표 2.1 프로젝트 관리, 프로그램 관리, 포트폴리오 관리의 차이

가치인도 시스템을 거버넌스하기 위해서는 프로젝트, 프로그램, 포트폴리오를 통합하여 관리해야 한다. 상품개발과 관련된 거버넌스 활동의 예는 다음과 같다.

- 조직의 예산편성
- 상품개발 승인
- 프로젝트 단계별 품질보증 프로세스
- 프로젝트 변경통제
- 포트폴리오 성과검토 협의회 운영
- 프로젝트 리스크 관리

하위 활동의 거버넌스는 상위활동의 거버넌스를 준수해야 한다. 즉, 프로젝트 관리 활동은 프로그램 또는 포트폴리오 관리 활동이나 정책과 상충되지 않아야 한다. 또한 거버넌스 활동에는 중요한 의사결정을 내릴 수 있는 권한을 포함한다.

2.3 프로젝트 가치창출을 지원하는 활동

프로젝트의 가치를 창출하기 위해서는 프로젝트 팀원과 이해관계자들이 다양한 역할을 수행해야 한다. 운영업무는 반복적으로 수행하기 때문에 프로세스가 정해져 있지만, 프로젝트 업무는 일회성으로 수행하기 때문에 프로젝트마다 상황에 적합한 프로세스를 결정해야 한다. 예를 들어 프로젝트 관리자가 많은 일을 직접 조정하는 중앙통제 방식이 적합할 수도 있고, 프로젝트 팀원에게 의사결정을 위임하는 분산 방식이 적합할 수도 있다.

프로젝트 수행을 위해 필요한 활동은 다음과 같다.

■ 프로젝트 통제 및 조정

프로젝트 관리자는 프로젝트 전체 관점에서 계획을 수립하고, 진행 현황을 모니터링하여, 필요할 경우 업무의 우선순위와 자원배분을 조정해야 한다. 프로젝트 진행 현황을 모니터링하기 위해서는 정량적인 성과분석뿐만 아니라, 주요 이해관계자와 의사소통을 해야 한다. 프로젝트 종료시점에서는 프로젝트가 의도했던 가치를 창출하는지 분석해야 한다. 이는 프로젝트 팀이 수행해야 하는 모니터링과 통제활동이다. 포트폴리오 관리자, 프로젝트 관리 오피스(PMO, Project Management Office)가 이러한 역할을 수행하기도 한다. 이러한 활동은 조직의 정책 또는 프로젝트 상황에 따라 그 방식이 달라진다.

■ 프로젝트 요구사항 정의 및 피드백 제공

프로젝트 가치를 창출하기 위해서는 인도물을 정의해야 한다. 예를 들어 상품을 개발하는 프로젝트는 상품관리자가 요구사항을 정의하여 프로젝트 팀에 전달해야 하고, 프로젝트 팀이 구현한 요구사항이 고객 관점에서 제대로 구현되었는지 검토한 결과를 프로젝트 팀에 피드백해야 한다. 《PMBOK 지침서》에서 '고객(customer)'은 요구사항을 제시하거나 프로젝트 예산을 제공하는 사람이고, '최종사용자(end user)'는 프로젝트 결과물을 사용하는 사람이다. B2B 상품 또는 B2C 상품을 개발하는 프로젝트에서 요구사항을 정의하고 피드백하는 고객과 최종사용자는 표 2.2와 같다.

구분	B2B 상품개발 프로젝트	B2C 상품개발 프로젝트
고객	- 구매부서 또는 경영층, 사용부서의 대표	- 상품관리자, 경영층, 사용자 대표
최종 사용자	- 기업 내 사용자	- 일반 사용자

표 2.2 B2B와 B2C 상품의 고객과 최종 사용자

상품을 개발하는 프로젝트는 개발 도중 고객과 사용자의 요구사항을 확인하고 피드백 받아야 낭비를 줄일 수 있다. 특히 복잡성이 높아 반복(iteration) 개발을 적용할 때에는 고객이나 사용자의 피드백 반영이 매우 중요하다.

■ 촉진(Facilitation)

촉진은 프로젝트 팀과 이해관계자들이 의사결정을 내릴 때 합의를 도출하고 갈등을 해결하는 데 도움이 된다. 프로젝트 팀은 변화를 힘들어하는 이해관계자들의 애로사항 해결도 지원해야 한다.

■ 프로젝트 인도물 개발

프로젝트 팀원 대부분은 프로젝트 인도물을 개발하는 데 투입된다. 소프트웨어 상품 개발을 위해서는 상품관리자, UX 디자이너, 개발자, QA(Quality Assurance), 아키텍트와 같은 역할자들이 필요하다. 이러한 역할자들은 프로젝트에 풀타임 또는 파트타임으로 투입되며 역할자들의 상호작용을 통해 창의적인 아이디어를 만들기도 한다. 프로젝트에 투입된 역할자 중 일부는 운영업무에 투입되기도 한다.

■ 외부 전문가 활용

프로젝트를 진행하다 보면 특정 주제에 대한 전문지식이 한시적으로 필요할 때가 있다. 법무 지식, 특정 지역 고객의 정보, 특정 최신기술 정보 등이 그 예다. 이런 전문가들은 프로젝트 팀에 없는 역할자일 가능성이 높고 조직 내부 또는 조직 외부에서 찾아야 한다. 전문가가 필요할 때는 타이밍을 놓치지 않고 활용해야 한다.

■ 개발 우선순위 정의

장기적인 관점에서 개발할 상품 기능과 출시 시점을 정의한 문서를 상품 로드맵(road map)이라 한다. 상품 로드맵은 장기적이고 상위 수준의 개발 우선순위를 결정한다. 소프트웨어 개발에서 단기적으로 개발할 기능의 우선순위는 상품 백로그(backlog) 또는 이터레이션 백로그에 정의한다. 상품개발 우선순위는 상품관리자가 결정하며, 규칙적인 개발주기(예: 2주)를 적용하는 프로젝트는 다음 이터레이션에 포함할 요구사항을 이전 이터레이션에서 확정한다.

■ 프로젝트 스폰서 역할

프로젝트 스폰서는 프로젝트 팀을 외부 위협으로부터 보호하고, 프로젝트 성과를 외부에 홍보하는 역할을 수행한다. 또한 스폰서는 프로젝트 수행을 위한 인적 자원과 예산을 확보하여 프로젝트 팀에게 제공한다.

스폰서는 고위 경영층과 프로젝트 팀의 연결고리 역할도 한다. 고위 경영층의 전략과 의도를 프로젝트 팀에 전달하고, 프로젝트 팀 또는 스폰서가 해결하기 힘든 이슈를 고위 경영층에 보고하여 해결책을 찾는다. 스폰서는 프로젝트 팀이 식별하기 힘든 기회를 포착하여 경영층을 설득하기도 한다.

2.4 프로젝트 환경

프로젝트에 영향을 미치는 환경은 조직 내부 환경과 외부 환경이 있다. 내부 및 외부 환경이 프로젝트에 미치는 영향은 긍정, 중립, 부정으로 구분할 수 있다. 내부 및 외부 환경분석은 프로젝트 불확실성 평가에 필수적이다.

■ 내부 환경

프로젝트에 영향을 미치는 내부 환경요소는 조직, 포트폴리오, 프로그램, 다른 프로젝트 또는 이들의 소합이다. 특히 조직의 정책, 프로세스, 관행, 도구, 지식은 프로젝트에 큰 영향을 미친다. 내부 환경의 예는 다음과 같다.

- **프로세스 자산(process assets)** 프로젝트 수행을 지원하기 위해 조직에서 정의한 개발 도구, 방법론, 템플릿, 기법, 프로세스
- **데이터 자산** 프로젝트 실적데이터, 프로젝트 인도물
- **지식 자산** 조직원들이 프로젝트 수행을 통해 체득한 교훈, 경험
- **조직문화, 조직구조** 조직원들이 공유하는 가치, 신념, 규범, 리더십 스타일, 조직구조, 윤리 및 행동강령
- **인프라** 통신 채널, 정보 기술 하드웨어, 정보기술 소프트웨어
- **조직원 능력** 조직원들의 전문 지식, 역량, 태도

■ 외부 환경

프로젝트에 영향을 미치는 조직 외부 환경의 예는 다음과 같다.

- **시장 상황** 경쟁 상황, 시장 점유율, 브랜드 인지도, 기술 동향
- **사회, 문화적 영향** 정치적 분위기, 지역 관습, 공휴일 및 행사, 지역의 윤리
- **규제 및 관습** 각 국가의 개인 정보 보호 정책, 비즈니스 관습, 고용, 라이선스 등
- **상용 데이터베이스** 업종별로 출간하는 통계자료(시장규모와 원가산정 목적으로 활용)
- **재무 고려사항** 환율, 이자율, 인플레이션, 세금 및 관세
- **물리적 환경** 지역별 작업조건, 날씨

2.5 프로젝트 관리와 상품관리

상품관리는 프로젝트 관리와 밀접한 관련이 있다. 상품관리는 상품을 출시하여 단종할 때까지 상품을 기획하고, 개발하는 활동이다. 대부분의 상품은 상품 생애주기 동안 여러 번의 프로젝트를 통해 신규 기능 추가, 디자인 변경, 아키텍처 변경 등을 수행한다. 애플의 아이폰처럼 매년 새로운 상품을 개발하거나, 까스활명수처럼 100년이 넘게 원래 상품 그대로 판매할 수도 있다. 또는 스마트폰의 앱처럼 거의 매달 서비스 내용을 업데이트하기도 한다. 상품관리와 프로젝트 관리의 관계는 다음과 같다.

■ **상품관리는 프로젝트 관리를 포함한다.**

상품 생애주기 동안 상품개발은 프로젝트를 통해 수행한다(그림 2.3).

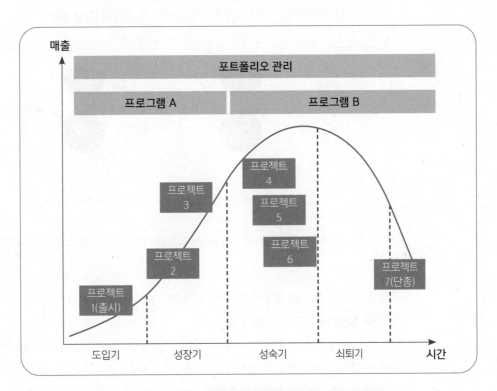

그림 2.3 상품 생애주기와 프로젝트(출처: 《PMBOK 지침서》 7판)

■ **규모가 큰 상품개발은 한 번의 개발을 프로그램으로 관리하기도 한다.**

예를 들어, 스마트폰 개발은 앱·디자인·하드웨어·펌웨어 등의 프로젝트를 통합적으로 관리하는 프로그램 관리를 적용한다.

■ **여러 번의 상품개발을 하나의 프로그램으로 관리하기도 한다.**

상품 로드맵에 따라 단계별로 신규 기능을 추가하는 상품은 그 전체를 프로그램으로 관리할 수 있다.

■ **상품 생애주기 전체를 하나의 프로그램으로 관리하기도 한다.**

상품의 최초 출시부터 단종까지 전체를 하나의 프로그램으로 관리하기도 한다.

《PMBOK 지침서》7판이 출간된 2021년 글로벌 시장의 상품관리의 특징은 다음과 같다.

■ **고객 중심**

기업 중심의 사고가 만연한 조직에서는 경영층을 기쁘게 하는 데 몰입한다. 반면 고객 중심의 사고를 실천하는 소식에서는 고객이 지갑을 기꺼이 여는 혁신상품을 지속적으로 개발한다. 지구를 중심으로 태양이 움직인다고 믿었던 천동설에서 벗어나 지구가 태양의 주위를 움직인다는 지동설을 믿기 어려웠듯이, 기업 중심의 기업이 고객 중심의 기업이 되기 위해서는 코페르니쿠스적 전환이 필요하다(그림 2.4).

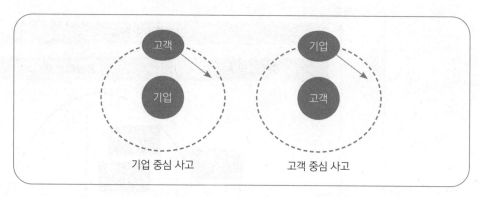

그림 2.4 기업 중심의 사고와 고객 중심의 사고(출처: 《애자일, 민첩하고 유연한 조직의 비밀》, 2019)

고객 중심의 사고를 실천하는 조직의 특징은 다음과 같다.

– **돈을 벌기보다 고객가치 창출에 집중한다.**

고객을 기쁘게 하기 위해 출시하는 상품은 성공할 가능성이 높고 돈을 벌기 위해 출시하는 상품은 실패할 가능성이 높다.

– **모든 부서가 고객가치 창출에 집중한다.**

고객을 중시하는 기업은 상품개발과 관련된 모든 부서들이 '내가 하는 활동이 고객에게 어떤 가치를 제공하는가?'를 질문하고 고객에게 가치를 제공하지 않는 활동은 중단한다. 특히 재무부서가 단기이익에 집중하면 고객가치 창출을 위한 상품기획이 어려워진다.

– **수평적 의사결정을 장려한다.**

기업 중심으로 사고하는 기업은 수직적으로 의사결정하고, 고객 중심으로 실천하는 기업은 수평적으로 의사결정한다. 고객가치에 대한 정보는 경영층에서 내려오는 것이 아니라 고객에게 다가가야 파악할 수 있기 때문이다.

– 작게 개발하고 빨리 검증한다.

고객이 원하는 것을 파악하기 위해서는 시행착오가 필수적이다. 시행착오를 최소화하기 위해서는 작게 개발하여 빨리 검증하고 수정해야 한다. 마치 여러 대의 쾌속정이 난관을 피해가며 목표지점에 빨리 도착하는 것과 같다. 반면 기업 중심으로 사고하는 기업의 상품개발은 큰 함정과 같아서 속도도 느리고 방향전환도 쉽지 않다.

■ 소프트웨어 가치 증대

4차 산업혁명과 디지털 전환의 확산으로 거의 모든 산업에 소프트웨어가 적용되고 있음은 1장에서 설명하였다.

■ 플랫폼, SaaS 사업의 확대

플랫폼, SaaS 사업이 확대되면서 1회성 구매보다 정기적으로 구독하거나 사용하는 상품이 증가하고 있다. 이는 프로젝트 관리방식에 다음과 같은 변화를 초래한다.

– 단일 인도(single delivery)에서는 프로젝트 종료 후 프로젝트 팀을 해산하지만 지속적인 서비스를 제공하기 위해서는 프로젝트와 운영의 경계가 없어져 팀도 지속적으로 유지된다.

– 기업이 지속적인 성장을 위해서는 기존 고객의 유지가 중요하다. 이를 위해서는 상품의 생애주기 전반에 걸쳐 고객가치를 지속적으로 개선해야 한다. 경쟁 상품에 고객을 뺏기는 것은 순식간이다.

– 프로그램 관점의 가치실현이 중요하다. 예를 들어 플랫폼사업은 고객을 확보하고 수익을 창출하기까지 오랜 시간이 걸린다. 단기적인 프로젝트 관점이 아닌 장기적인 프로그램 관점에서 관리해야 하는 사업의 예는 2015년에 출시한 카카오 택시 서비스 개발을 들 수 있다. 카카오 택시는 가치를 실현하기 위해 2022년 현재까지 많은 프로젝트를 수행 중이다.

지금까지 설명한 상품관리의 변화는 지속적인 가치인도로 요약할 수 있다. 지속적인 가치인도를 구현하기 위한 전략은 다음과 같다.

■ 안정적인 팀 운영

상품개발 완료 후에 팀을 해체하지 않고 지속적으로 유지하고 발전시켜야 한다. 그래야 암묵적 지식의 손실이 적을 뿐 아니라 아니라 해당 팀이 고객에 대한 통찰력과 공감대를 유지할 수 있다. 그 결과 상품의 경쟁력도 높아진다. 안정적인 팀을 유지하면 품질도 안정적으로 관리할 수 있다. 프로젝트와 운영을 분리하면 프로젝트 팀이 일정을 위해 품질을 희생할 가능성이 높아진다.

■ 점증적, 정기적 예산확보

단일 인도 방식의 상품개발에서는 큰 투자를 한번에 승인한다. 반면 안정적인 팀이 지속적으로 상품을 개선하면 한꺼번에 크게 투자할 필요가 없다. 반기나 분기 주기로 필요한 예산을 검토하여 확정하면 된다. 이러한 예산 확보는 가치기반의 투자를 가능하게 한다. 내부와 외부환경이 자주 변하기 때문에 개발기능의 고객가치를 자주 검증할수록 개발낭비가 줄어들기 때문이다.

■ 프로그램 관리

플랫폼 또는 SaaS 상품을 개발하기 위해서는 장기적 관점에서 관리해야 한다. 플랫폼 사업의 예를 들면 '초기 고객가치 검증 → 플랫폼 성능 개선 → 사용편의성 개선 → 비즈니스 모델 개선'의 단계에 따라 프로젝트 관리방식은 달라진다.

지금까지 설명한 상품관리와 프로젝트 관리의 차이점은 표 2.4와 같다.

구분	프로젝트 관리	상품관리
책임자	프로젝트 관리자	상품 관리자
기간	단기, 한시적	장기
범위	프로젝트 수행기간 동안 점진적으로 구체화	고객가치에 대해 지속적인 모니터링
변경	변경을 예측하고 변경 발생시 변경관리 프로세스 적용	고객가치를 지속적으로 검증하고 변경할 내용을 발굴
팀	프로젝트 수행을 위한 임시적인 팀	지속적 상품개발을 위한 안정적인 팀
성공 기준	프로젝트 품질, 납기, 예산, 고객만족도, 의도했던 결과물	창출된 고객가치, 지속적인 성장 엔진 확보
펀딩 (Funding)	프로젝트 착수시 전체 예산 확정 후 프로젝트를 수행할 때 업데이트	상품이 제공하는 고객가치에 기반하여 점증적/정기적으로 자금 조달

표 2.3 프로젝트 관리와 상품관리의 차이

Project Management Principles

프로젝트 관리 원칙

WATER FALL

AGILE

3

Project Management Principles

프로젝트 관리 원칙

PMI의 〈프로젝트 관리 표준서(The Standard for Project Management)〉에서는 12가지 프로젝트 관리 원칙을 제시한다. PMI가 프로젝트 관리 원칙을 정리한 배경에는 애자일의 12가지 원칙 같은 것을 만들고 싶은 동기가 있었을 것이라고 필자는 생각한다. 프로젝트 관리 원칙은 프랙티스 또는 규정이 아니라, 프로젝트 관리자가 추구해야 할 마인드셋(mind set)이다.

　프로젝트 관리 원칙의 내용은 PMI에서 발간한 《윤리 및 전문직 행동 강령(PMI Code of Ethics and Professional Conduct)》과 유사한 내용이 일부 있지만 중복은 아니며 상호 보완적이다. PMI의 《윤리 및 전문직 행동 강령》은 책임(responsibility), 존중(respect), 공정성(fairness), 정직(honesty)으로 구성되며 상세한 내용은 PMI 홈페이지에서 한국어를 다운받을 수 있다.

　12가지 프로젝트 관리 원칙은 다음과 같으며 각 원칙은 일부 중복은 있지만 서로 상충되는 내용은 없다. 아래 12가지 프로젝트 관리 원칙은 〈PMBOK 가이드〉의 '성과영역(performance domain)'에서 구체화된다. 이하 원칙에서 ( ) 안의 문구는 원칙의 내용을 줄인 것이다.

■ 성실하고 존경할 만하며 배려심 있는 관리자 되기(Be a diligent, respectful, and caring steward) (스튜어드십)
■ 협업하는 프로젝트 팀 환경 구축(Create a collaborative project team environment) (협업하는 팀)
■ 이해관계자와 효과적으로 교류하기 (Effectively engage with stakeholders) (이해관계자 교류)
■ 가치 중심(Focus on value) (가치 중심)
■ 시스템 상호작용에 대한 인식, 평가 및 대응(Recognize, evaluate, and respond to system interactions) (시스템적 사고)
■ 리더십 행동 보여주기(Demonstrate leadership behaviors) (리더십 행동)
■ 상황에 맞는 조정(Tailor based on context) (상황에 맞는 조정)
■ 프로세스 및 인도물의 품질 내재화(Build quality into processes and deliverables) (품질 내재화)
■ 복잡성 탐색(Navigate complexity) (복잡성 탐색)

- 리스크 대응 최적화(Optimize risk responses) (리스크 대응)
- 적응성 및 복원력 수용(Embrace adaptability and resiliency) (적응성 및 복원력 수용)
- 미래목표 달성을 위한 변화(Enable change to achieve the envisioned future state) (미래목표 달성을 위한 변화)

3.1 성실하고 존경할 만하며 배려심 있는 관리자 되기

〈프로젝트 관리 표준서〉의 12가지 원칙은 각 원칙을 요약하는 문장을 제시한 뒤 상세 내용을 설명한다. 원칙의 요약문장이 함축적이라 이해하기 힘들 경우에는 원문을 그대로 번역하지 않고 수험생들의 이해하기 쉽게 의역하였다.

> Stewards act responsibly to carry out activities with integrity, care, and trustworthiness while maintaining compliance with internal and external guidelines. They demonstrate a broad commitment to financial, social, and environmental impacts of the projects they support.
> 스튜어드는 내부 및 외부 지침을 준수한다. 스튜어드는 청렴성, 관심 및 신뢰성을 가지고 책임감 있게 행동한다. 스튜어드는 자신이 지원하는 프로젝트의 재무적, 사회적, 환경적 영향에 헌신한다.

① 스튜어드십은 조직 내부 및 외부에 대한 책임을 포괄한다.

스튜어드(steward)는 '남자 승무원' '청지기' '간사'를 의미하지만 〈프로젝트 관리 표준서〉에서는 프로젝트 내부와 외부의 이해관계자를 존중하고 이해관계자의 이익을 지켜주는 성실한 관리자(프로젝트 관리자)를 의미한다.

스튜어드십(stewardship)은 윤리를 준수하는 범위 내에서 조직 내부와 외부의 이해관계자의 이익을 추구하는 관리 활동을 의미한다. 국민연금이 국민의 이익을 대변하여 연금을 운영해야 하는 것이 대표적인 예다.

프로젝트 관리자는 조직 내부와 외부 규정을 준수해야 하며 성실하고, 주의 깊고, 신뢰할 수 있도록 행동해야 한다. 최근 기업의 사회적, 환경적 책임을 강조하듯이 프로젝트 관리자도 본인이 관리하는 프로젝트의 재무적 가치 외 사회적 가치, 환경적 가치를 고려해야 한다.

프로젝트 관리자가 조직 내부의 이해관계자들에게 책임질 내용은 다음과 같다.

- 조직의 전략, 비전, 미션과 연계하여 프로젝트를 수행한다.
- 프로젝트 팀원들을 공정하게 대우하고 팀원들에게 성장기회를 제공한다.
- 조직의 인적, 물리적 자원을 낭비하지 않는다.
- 프로젝트 관리자의 권한, 책임, 역할을 정확하게 이해하고 적용한다.

프로젝트 관리자가 조직 외부의 이해관계자들에게 책임질 내용은 다음과 같다.

- 친환경 사재를 사용한다.
- 프로젝트 파트너와 공정한 관계를 유지한다.
- 프로젝트 수행 결과가 지역사회에 피해가 없고 이익을 제공한다.

② 스튜어드십에는 '청렴성' '돌봄' '신뢰성' '규정 준수'가 포함된다.

프로젝트 관리자가 스튜어드십을 유지하기 위해서는 다음 4가지에 유의해야 한다.

■ 청렴성(Integrity)

프로젝트 관리자는 정직하고 윤리적으로 소통해야 한다. 프로젝트 관리자는 프로젝트를 관리하고 의사결정할 때 조직이 추구하는 비전과 가치를 준수해야 한다. 이러한 의무를 이행하기 위해 프로젝트 관리자는 이해관계자의 피드백을 오픈 마인드로 존중해야 한다.

■ 돌봄(Care)

돌봄의 대상은 조직 내부와 외부 이해관계자들이다. 프로젝트 관리자는 이해관계자들의 입장에서 본인이 관리하고 있는 프로젝트를 성실하게 모니터링하고 이슈를 해결해야 한다. 프로젝트를 진행하는 과정에서 이해관계자들이 원치 않는 변경이 발생할 수 있다. 이때 프로젝트 관리자는 이해관계자가 정확한 상황을 파악하여 의사결정할 수 있도록 지원해야 한다. 또한 이해관계자가 우려사항을 제기하는 데 불편이나 불안감을 느끼지 않도록 해야 한다. 심리적 안전감은 섹션 〈6.4 팀 개발과 고성과 팀의 특징〉의 심화학습 〈구글에서 조사한 우수한 팀의 특징〉에서 자세하게 설명한다.

■ 신뢰성(Trustworthiness)

프로젝트 관리자는 이해관계자들에게 본인의 역할, 권한, 책임을 명확하게 알려주어야 한다. 그래야 이해관계자들이 프로젝트 관리자의 조직 내 자원활용 권한과 의사결정 범위를 이해할 수 있다. 또한 프로젝트 관리자는 개인 간 또는 조직 간의 부정적인 갈등을 사전에 파악하여 이해관계자와 공유해야 한다. 부정적인 갈등이란 비윤리적, 불법적인 행동을 초래할 수 있는 갈등을 의미한다.

■ **규정준수(Compliance)**

프로젝트 관리자는 조직 내부와 외부의 법, 규정, 규칙 들을 준수해야 한다. 규정을 위반하여 조직, 이해관계자 및 일반 대중들에게 피해를 끼치지 않도록 노력해야 한다. 준수해야 할 규정들이 상충되면 프로젝트 관리자는 전문가 또는 이해관계자들과 협의하여 해결책을 찾아야 한다.

③ 스튜어드십은 '재무, 사회, 지속 가능한 환경'에 대한 기여를 종합적으로 고려한다.

세계는 어느 때보다 상호 연결되어 있다. 글로벌 상품이 많아지면서 개인 정보를 잘못 관리하면 글로벌 이슈가 되며, 환경은 더 이상 특정 지역만의 문제가 아니라 지구 전체의 문제가 되었다. 이제 상품이 고객에게 제공하는 가치뿐만 아니라 사회적 가치, 환경적 가치를 통합적으로 고려해야 한다.

'스튜어드십' 원칙을 정리하면 그림 3.1과 같다.

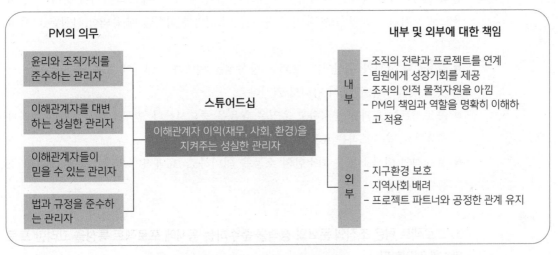

그림 3.1 스튜어드십 원칙 요약

성과영역과의 관계

12가지 프로젝트 관리 원칙이 〈PMBOK 가이드〉의 8개 성과영역과 어떤 관련이 있는지를 이해하면 《PMBOK 지침서》를 종합적으로 이해하는 데 도움이 된다. '스튜어드십' 원칙과 관련된 성과영역은 다음과 같다.

■ **이해관계자 성과영역** 스튜어드십을 기반으로 이해관계자의 참여를 유도한다.

■ **팀 성과영역** 팀원을 동기부여하고 팀 빌딩을 위해 위에서 설명한 스튜어드십을 이해해야 한다.

■ **인도 성과영역** 프로젝트가 창출한 가치를 이해관계자들에게 확인받는다.

3.2 협업하는 프로젝트 팀 환경 구축

Project teams are made up of individuals who wield diverse skills, knowledge, and experience. Project teams that work collaboratively can accomplish a shared objective more effectively and efficiently than individuals working on their own.
프로젝트 팀은 다양한 기술, 지식 및 경험을 갖춘 개인으로 구성된다. 협업하는 프로젝트 팀은 독립적으로 작업하는 프로젝트 팀보다 프로젝트 목표를 더 효과적이고 효율적으로 달성할 수 있다.

《PMBOK 지침서》에서 '효율적(efficient)'과 '효과적(effective)'은 거의 함께 사용된다. 간단히 설명하자면 정확한 목적지에 도착하는 것이 '효과적'이고 목적지에 빨리 적은 비용으로 도착하는 것이 '효율적'이다. 두 단어의 의미를 이해할 때 유의할 사항은 다음과 같다.

- 효율보다 효과가 우선이다. 효과는 방향성을 의미하기 때문에 효과 없는 효율은 잘못된 일을 아주 잘해서 낭비도 커진다.
- 프로젝트는 효과를 중시하고 운영은 효율을 중요시한다. 연구소는 효율보다 효과가 중요하고, 운영조직은 효율이 중요하다.
- 효율적인 의사소통은 최소한의 소통을 의미하고, 효과적인 의사소통은 정확한 소통을 의미한다.

① 프로젝트 팀은 조직의 문화와 정책을 준수하는 동시에 프로젝트 특성을 고려한 프로세스를 정의한다.

협업하는 프로젝트 팀을 만들기 위해 프로세스 관점에서 고려할 사항은 다음과 같다.

■ **프로젝트 팀이 프로세스를 정의한다.**

협업하는 프로젝트 팀을 만들기 위해서는 프로젝트 팀이 프로세스를 정의하도록 재량권을 부여해야 한다. 프로젝트 팀이 팀에서 수행할 프로세스를 정의할 권한이 없다면 협업을 촉진하는 환경 구축은 힘들다. 프로젝트 팀원들이 스스로 정의한 프로세스는 불필요한 문서를 최소화하고 상호 협업을 촉진할 가능성이 높다.

■ **단순하고 반복되는 업무는 표준화한다.**

협업하는 팀을 만들기 전에 팀 효율성을 저해하는 요인을 제거해야 한다. 다양한 배경의 사람들이 모인 프로젝트에서는 프로젝트 착수 초기에 프로젝트 팀원들이 준수해야 할 규정을 정의해야 한다. 이를 '팀 협약서(team agreements)'라고 하며 '그라운드 룰' '프로젝트 팀 업무규정'이라고도 한다. 팀 협약서에 포함되는 내용의 예는 출퇴근 시간, 형상관리 도구 활용 기준, 빌드 기준, 파일 명명규칙, 변경관리 절차 등이다. 팀 협약서의 내용은 프로젝트를 진행하면서 추가, 변경할 수 있다. 프로젝트 팀원들이 준수해야 할 기본적인 규정을 정해두지 않으면 책임과 역할 또는 업무수행 기준이 애매한 상황이 많아져 생산성이 낮아지거나 팀원 간에 갈등이 발생할 수 있다. 팀 협약서는 표준화해야 할 업무를 표준화하는 것이며 협업하는 팀을 만들기 위한 기본이다.

■ **지속적으로 프로세스를 개선한다.**

프로젝트 팀이 협업하는 과정에서 프로세스 개선사항을 식별하고 지속적으로 개선할 때 협업의 효과는 높아진다.

② 협업하는 프로젝트 팀은 개인뿐만 아니라 팀도 학습한다.

협업을 촉진하는 프로젝트 팀은 각자의 경험, 의견, 지식을 존중하여 프로젝트 이슈를 빨리 식별하고 최적의 대안을 찾는다. 협업을 촉진하는 팀은 개인뿐만 아니라 팀 차원의 학습능력이 뛰어나다. 스포츠 경기에서 팀 플레이를 강조하여 팀워크를 높은 수준으로 유지하는 것도 이에 해당한다. 협업문화가 잘 구축된 프로젝트에서는 개인의 책임보다 프로젝트 팀의 책임을 강조한다. 협업하는 프로젝트 팀은 서로 다른 조직의 문화를 통합하여 긍정적이고 새로운 조직문화를 만들 수 있다. 이를 잘 활용하면 서로 다른 기업의 구성원들이 참여하는 프로젝트를 수행할 때 각 조직의 장점을 융합한 팀을 만들 수 있다.

③ 협업을 촉진하는 조직구조를 구축한다.

협업을 촉진하는 조직구조 구축시 고려할 사항은 다음과 같다.

■ **협업하는(collaborative) 프로젝트 팀과 협력하는(cooperative) 프로젝트 팀은 다르다.**

프로젝트 팀은 혼자가 아니라 여러 개인들이 함께 업무를 수행한다. 여러 사람들이 프로젝트를 수행하는 방식은 협력과 협업으로 구분할 수 있다.

　프로젝트에서 협력은 업무를 분업화하여 순차적으로 수행하는 사일로(silo) 방식이다. 사일로는 한 종류의 곡물만 저장하는 원통형의 큰 창고를 뜻하며, 부서간 업무단절 또는 부서 이기주의를 설명할 때 사용한다. 상품관리자는 요구사항을 정의하고, 디자이너는 화면을 설계하고, 개발자는 코딩을 하고, QA(품질보증인력)는 테스트를 한다. 협력하는 방식에서는 각 역할자들이 독립적이고 순차적으로 업무를 수행한다. 반면, 협업하는 방식은 역할자들이 동시에 상호작용하여 긍정적인 시너지를 창출한다. 애자일에서는 이러한 팀을 홀 팀(whole team)이라고 한다. 협력은 정해진 프로세스에 따라 수행하면 되지만, 협업은 팀과 조직의 문화가 뒷받침되어야 가능하다. 협력과 협업을 정리하면 그림 3.2와 같다.

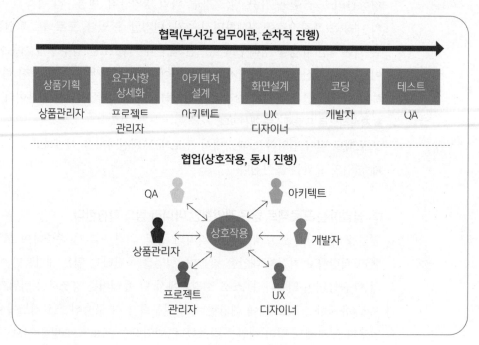

그림 3.2 협력과 협업

■ 협업을 촉진하는 협의체를 운영한다.

모든 사람들이 한 장소에 근무하기 힘든 경우에는 유관부서들과 프로젝트 현황과 이슈를 정기적으로 토의하는 협의체를 운영하는 것도 협업환경 구축에 도움이 된다.

■ 책임과 역할을 명확히 정의한다.

협업을 위한 책임과 역할을 명확하게 정의하는 것도 불필요한 갈등을 최소화할 수 있다. 다음은 책임과 역할 정의와 관련된 개념들이다.

- **권한(Authority)** 의사결정을 내릴 수 있는 권리를 의미한다. 예산 집행, 업무 할당, 프로세스 정의와 관련된 의사결정이 대표적이다.
- **책무(Accountability)** 프로젝트 결과에 대한 책임을 의미한다. 프로젝트 결과에 대한 총괄적인 책무는 프로젝트 관리자에게 있으며 하위 결과는 다른 사람의 책무다. 책무는 공유될 수 없고 한 사람에게만 주어진다.
- **책임(Responsibility)** 책임은 업무 수행에 대한 책임(역할)을 의미하며 책무와 달리 여러 사람이 나누어 가질 수 있다. 책임이 과정에 대한 것이라면 책무는 결과에 대한 것에 가깝다. 일을 수행하는 사람과 결과를 책임지는 사람은 다를 수 있다. 보통 문제

가 생겼을 때 경영층이 '모든 건 제가 책임지겠습니다'라고 말하는 것은 책무이다.

'협업하는 팀' 원칙을 정리하면 그림 3.3과 같다.

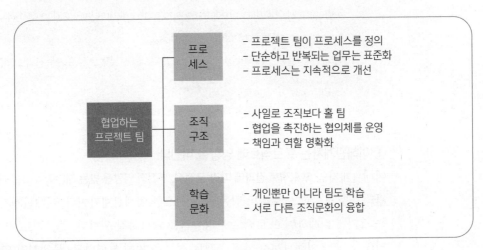

그림 3.3 협업하는 팀 원칙 요약

성과영역과의 관계

'협업하는 팀' 원칙과 관련된 성과영역은 다음과 같다.

- **팀 성과영역** 협업은 고성과를 창출하는 팀의 특징이다.
- **기획 성과영역** 협업을 촉진하는 조직구조를 설계한다.
- **프로젝트 작업 성과영역** 낭비가 없는 프로젝트 프로세스를 정의하고, 지속적 학습을 통해 팀 역량을 향상시킨다.

3.3 이해관계자와 효과적으로 교류하기(Effectively Engage with Stakeholders)

Engage stakeholders proactively and to the degree needed to contribute to project success and customer satisfaction.

이해관계자들을 프로젝트에 적극적으로 참여시켜 프로젝트 성공 가능성과 고객만족도를 높인다.

① 이해관계자는 프로젝트에 영향을 미친다.

이해관계자는 프로젝트 결과에 따라 긍정적, 부정적 영향을 받는 개인이나 그룹이다. 프로젝트 관리자를 포함한 프로젝트 팀은 가장 중요한 이해관계자이다. 이해관계자는 영향을 받는 크기에 비례하여 프로젝트에 영향력을 행사하길 원한다. 프로젝트 결과에 긍정적인 영향을 받는 이해관계자는 프로젝트 성공을 위해 노력하고, 부정적인 영향을 받는 이해관계자는 프로젝트가 성공하지 않도록 방해할 것이다. 따라서 이해관계자는 프로젝트 성공과 실패에 중요한 역할을 한다. 프로젝트 관리자가 다양한 이해관계를 조율하고 조정하는 것은 정치에 비유할 수 있다.

이해관계자가 프로젝트에 영향을 미치는 내용은 다음과 같다.

- 요구사항의 추가, 삭제, 변경을 요청
- 프로젝트 일정단축을 요청
- 프로젝트 예산 삭감을 요청
- 프로젝트 팀원 투입을 반대하거나 교체를 요청
- 프로젝트 성과에 영향을 미치는 정보를 제공하거나 누락
- 프로젝트가 달성해야 할 목표를 정의
- 프로젝트가 달성해야 할 품질 요구사항 정의 또는 인도물(deliverables) 검수
- 프로젝트 성과 평가

② 이해관계자들의 적극적인 참여를 통해 인도물의 가치를 향상시킨다.

이해관계자 참여의 본질은 이해관계자와 의사소통을 통해 의견을 교환하고 의사결정을 하는 것이다. 이해관계자들의 참여도를 높이기 위해서는 다음에 유의해야 한다.

■ 부정적인 이해관계자 관리

부정적인 이해관계자가 프로젝트에 미치는 영향력은 크기 때문에 잘 관리해야 한다. 이해관계자들이 프로젝트를 성공시키기는 힘들지만 프로젝트가 성공하지 못하게 하는

것은 쉽다. 반대로 프로젝트에 긍정적인 이해관계자의 영향력은 최대화해야 한다. 중요한 이해관계자가 프로젝트 관리자를 대변하여 다른 이해관계자를 설득한다면 프로젝트 팀은 강력한 스폰서를 확보한 것이다.

■ 정보 공유

이해관계자의 긍정적인 참여를 유도하려면 이해관계자가 원하는 정보를, 원하는 시점에, 원하는 형태로 제공해야 한다. 이해관계자 참여 관리의 핵심은 빈번하고 효과적인 쌍방 의사소통에 있다.

■ 지속적인 이해관계 모니터링

이해관계자의 이해관계는 고정되어 있는 것이 아니라 프로젝트 수행 도중 변경된다. 따라서 프로젝트 수행기간 동안 이해관계자들의 관심사항과 프로젝트 참여 수준을 지속적으로 모니터링해야 한다.

■ 프로젝트 팀의 리더십 향상

프로젝트 관리자뿐만 아니라 프로젝트 팀원들의 리더십이 뛰어날수록 이해관계자들의 참여를 유도할 수 있다.

③ 이해관계자의 적극적인 참여는 프로젝트 가치를 향상시킨다.

이해관계자의 적극적인 참여가 프로젝트의 가치를 향상시키는 이유는 다음과 같다.

■ 요구사항 변경 조기 식별

이해관계자들의 요구사항 변경을 조기에 식별할 수 있다. 요구사항을 뒤늦게 변경할수록 대응비용은 커진다.

■ 프로젝트 목표에 대한 공감대 형성

이해관계자들의 열린 의사소통을 통해 프로젝트 목표에 대한 공감대를 형성하면 자원과 시간을 목표 달성에 집중할 수 있다. 그 결과 목표 달성의 가능성은 높아진다.

■ 문제해결을 위한 창의적인 아이디어 도출

프로젝트를 진행하는 도중 이슈에 직면했을 때 이해관계자들의 토의를 통해 창의적인 아이디어를 도출할 수 있다.

'이해관계자 교류'원칙을 정리하면 그림 3.4와 같다.

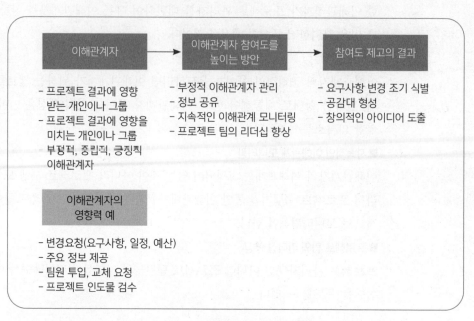

그림 3.4 '이해관계자 교류' 원칙 요약

'이해관계자 교류' 원칙과 관련된 성과영역은 다음과 같다.

■ **이해관계자 성과영역** 이해관계자 참여를 관리하는 5단계의 내용을 포괄하는 원칙을
제공한다.

본 원칙은 이해관계자 성과영역과 동일한 주제를 다룬다. 따라서 본 원칙과 성과영역과
의 관계는 이해관계자 성과영역과 다른 성과영역과의 상호작용과 동일하다.

3.4 가치 중점

Continually evaluate and adjust project alignment to business objectives and intended benefits and value.

비즈니스 목표 및 의도한 편익과 가치에 맞게 프로젝트를 수행하는지 지속적으로 평가하고 조정한다.

① 가치는 프로젝트 성공의 궁극적인 지표이다.

프로젝트 관리자 입장에서는 프로젝트를 잘 끝내는 것이 목표이지만, 조직의 입장에서는 프로젝트가 의도했던 가치를 달성해야 한다. 예를 들어 품질, 예산, 기간을 준수하여 상품개발 프로젝트를 완료했다면 프로젝트 관리자 입장에서는 주어진 목표를 달성했다고 볼 수 있다. 하지만 조직의 입장에서는 상품개발은 수단이지 목표가 아니다. 상품개발을 통해 기대했던 가치를 달성하지 못한다면 '상품개발'은 실패이다. '궁극적'이라는 단어를 사용한 이유가 여기에 있다.

② 프로젝트의 가치는 3P(Profit, People, Planet)를 고려하여 결정해야 한다.

ESG는 기업의 비재무적 요소인 '환경(Environment)' '사회(Social)' '지배구조(Governance)'의 머릿글자를 딴 것이다. 지속 가능한 기업 운영을 위해 ESG 경영이 중요해지고 있다. ESG 경영에서는 다음을 중요하게 생각한다.

- **환경(Environment)** 기후변화 대응, 탄소배출 저감, 친환경 소재 활용
- **사회(Social)** 사회적 약자 보호, 고용평등, 노동환경 개선
- **지배구조(Governance)** 투명한 기업운영, 법과 윤리준수

이제 프로젝트도 재무지표(bottom line이라고도 한다)만을 목표로 해서는 안 된다. 조직은 투명한 지배구조를 가치로 추구해야 하고, 프로젝트를 계획할 때는 환경과 사회적 가치를 고려해야 한다. 따라서 프로젝트는 재무적 가치(Profit), 사회적 가치(People), 환경적 가치(Planet)를 동시에 추구해야 한다. 이를 3P 또는 TBL(Triple Bottom Line)이라고도 한다. 이제 환경과 사회에 대한 기여는 상품의 옵션이 아니라 필수다. 환경과 사회에 좋지 않은 영향을 주는 기업이나 상품은 고객이 외면한다.

③ 대부분의 프로젝트 가치는 프로젝트 완료 이후에 실현된다. 프로젝트 진행 도중에는 가치의 실현 가능성을 지속적으로 확인해야 한다.

프로젝트의 가치는 대부분 프로젝트 완료 이후 운영단계에서 실현된다. 상품개발 프로젝트, 프로세스 개선 프로젝트가 대표적인 예다. 프로젝트 완료시점에 가치를 실현하는 프로젝트의 예는 토목, 건설 프로젝트이다. 프로젝트 완료 이후에 가치가 실현된다고 해도, 프로젝트 수행 도중 프로젝트가 창출할 예상 가치를 지속적으로 평가해야 한다.

프로젝트 착수를 승인하는 문서인 '비즈니스 케이스' 또는 '프로젝트 헌장'에는 프로젝트가 실현할 가치를 담고 있다. 상세 내용은 섹션 〈10.2.1 프로젝트 가치정의〉를 참고하기 바란다. 프로젝트 수행 도중에는 비즈니스 케이스를 기준으로 프로젝트 진행 상황을 지속적으로 평가하여 프로젝트가 목표하는 가치를 실현할 수 있는지 확인해야 한다. 프로젝트가 의도한 가치를 실현할 가능성이 낮다면 프로젝트 중단도 고려해야 한다.

④ 인도물은 가치전달의 수단이다.

인도물은 가치를 전달하는 수단이다. 프로젝트 팀이 가치보다 인도물에 집중하면 낭비가 발생한다. 이러한 낭비는 프로젝트가 창출할 가치에 대해 충분한 검증 없이 프로젝트를 시작할 때 발생한다. 프로젝트를 착수하기 전에 프로젝트 인도물이 어떤 고객들의 어떤 문제를 해결하는지 명확하게 정의하고 검토해야 한다. 프로젝트 진행 도중 가치가 변경된다면 당연히 인도물도 변경되어야 한다. 그러나 많은 프로젝트들이 목표한 인도물 전달에만 집착한다. 인도물에 집착하면 전투에서는 이기고 전쟁에서는 질 수도 있다.

상품을 개발하는 프로젝트는 상품이 고객에게 제공하는 가치에 집중해야 한다. 고객가치는 '상품이 고객에게 제공하는 가격 대비 쓸모'이다. 고객이 드릴을 구매하는 이유는 무언가를 벽에 걸기 위한 구멍이 필요했기 때문이다. 만약 벽이 아닌 나무나 스티로폼에 무언가를 고정하기 위해서는 수단이 달라진다. 상품관리자와 프로젝트 관리자가 집중해야 하는 것은 가치충족 수단이 아니라 가치이다.

휠 얼라인먼트(wheel alignment)가 바로 잡히지 않은 차량은 타이어 마모가 빠를 뿐만 아니라 도로에서 치명적인 사고를 유발할 수 있다. 프로젝트도 마찬가지다. 프로젝트가 추구하는 가치가 조직이 추구하는 가치(전략, 비전, 목표)에 연계(align)되지 않으면 프로젝트에 투입되는 조직의 인적 물리적 자원은 낭비가 된다. 나아가 잘못된 프로젝트는 조직에 큰 피해를 끼칠 수도 있다.

'가치 중점'원칙을 정리하면 그림 3.5와 같다.

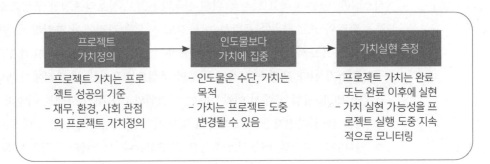

그림 3.5 '가치 중점' 원칙 요약

성과영역과의 관계

'가치 중점' 원칙과 관련된 성과영역은 다음과 같다.

- **이해관계자 성과영역** 프로젝트의 가치는 이해관계자가 정의하고, 가치실현도 이해관계자가 확인한다.
- **기획 성과영역** 프로젝트 착수문서를 참조하여 프로젝트 가치 실현을 위한 계획을 수립한다.
- **인도 성과영역** 프로젝트 가치 정의, 요구사항 정의, 인도물 품질관리를 통해 이해관계자에게 가치를 포함한 인도물을 제공한다.
- **측정 성과영역** 실현된 가치를 프로젝트 전 단계에 걸쳐 측정해야 한다.
- **불확실성 성과영역** 가치실현 상태에 따라 리스크를 식별하고 관리한다.

3.5 시스템 상호작용에 대한 인식, 평가 및 대응

Recognize, evaluate, and respond to the dynamic circumstances within and surrounding the project in a holistic way to positively affect project performance.
프로젝트 성과에 긍정적인 영향을 미치기 위해 프로젝트 내부 및 외부의 동적 상황을 종합적으로 인식하고 평가하고 대응한다.

① 프로젝트는 상호의존적이고 상호작용하는 시스템의 구성요소다.

시스템은 '공동의 목표 달성을 위해 상호작용하고 상호의존적인 구성요소의 집합'이다. 프로젝트와 프로젝트를 포함하는 환경도 시스템 관점에서 파악할 수 있다. 플랫폼을 구축하는 프로젝트라면 플랫폼을 이용하는 다양한 공급자와 수요자 모두가 시스템의 구성요소가 된다. 또한 프로젝트 내부의 구성요소도 시스템 관점에서 파악할 수 있다.

《PMBOK 지침서》에서 이야기하는 시스템의 대표적인 사례는 기업의 정보시스템이다. 예를 들어 가전제품 제조회사의 정보시스템은 영업시스템, 구매시스템, 생산시스템, 인사관리 시스템, 재무시스템 등으로 구성된다. 시스템의 특징은 다음과 같다.

■ 시스템은 계층을 가진다.

특정 기업의 정보시스템은 여러 개의 하위 시스템으로 구성된다. 정보시스템도 기업경영을 위한 시스템 중 하나다. 구매시스템은 물류시스템, 재고관리 시스템, 벤더관리 시스템 등의 하위 시스템으로 구분될 수 있다.

■ 시스템은 상호작용한다.

특정 시스템의 결과를 다른 시스템이 활용하거나, 특정 시스템이 다른 시스템의 진행에 영향을 미칠 수 있다. 다른 시스템과 인터페이스가 없는 폐쇄 시스템은 드물다. 대부분 개방 시스템으로 특정 시스템의 변경은 다른 시스템의 변경을 초래한다. 이러한 상호작용은 전체 시스템의 역동성(dynamics) 또는 불확실성을 증가시킨다.

■ 시스템의 범위에 조직 외부도 포함한다.

특정 시스템이 조직 내 다른 시스템과 상호작용하듯이 특정 기업도 외부의 다른 기업, 정부, 커뮤니티 등과 상호작용한다. 따라서 조직에 속한 프로젝트는 조직 외부와 상호작용한다.

② 프로젝트를 구성하는 각 부분이 서로 간에 그리고 외부 시스템과 어떻게 상호작용하는지 통합적으로 분석하는 것이 시스템적 사고(system thinking)이다.

프로젝트 관리자는 시스템적으로 사고해야 한다. 시스템적 사고의 핵심은 부문 최적화가 아니라 전체 최적화다. 예를 들어 여러 가지 질병이 있는 환자를 치료할 때 질병치료의 방법과 우선순위를 특정 질병이 아닌 환자의 관점에서 결정하는 것이 전체 최적화의 개념이다. 전체 최적화를 위해 유의할 사항은 다음과 같다.

■ 통합적으로 사고해야 한다.

개인의 역할, 직책에 따라 관리해야 할 통합의 범위는 달라진다. 프로젝트 관리자와 CEO가 생각하는 통합의 범위는 다르다. 그런데 통합의 범위는 달라도 통합의 관점은 같다. 통합적 관점의 핵심은 특정 시스템의 이익보다 전체 이익을 고려하는 것이다. 국가경제를 위해 경영이 부실한 은행을 영업정지시키거나, 개인의 생명을 위해 신체의 일부를 제거하는 것도 같은 상황이다.

■ 프로젝트 종료 이후도 고려한다.

모든 프로젝트는 종료 이후 운영으로 이관된다. 프로젝트를 잘 끝내도 운영에 실패하면 프로젝트의 가치창출은 실패한다. 운영을 고려하여 프로젝트를 수행해야 한다. 예를 들어 기업의 정보시스템을 개발할 때 시스템 운영 인력을 참여시키는 것도 운영을 고려한 개발전략이다. 소프트웨어 상품을 개발할 때 개발 도구와 아키텍처도 운영조직의 역량을 고려하여 결정해야 한다.

③ 시스템은 계속해서 변하기 때문에 내부와 외부 상황을 지속적으로 모니터링해야 한다.

시스템은 기본적으로 역동적이다. 따라서 프로젝트 관리자는 프로젝트를 구성하는 하위 시스템과 외부 시스템의 변화가 프로젝트에 미치는 영향력을 지속적으로 파악해야 한다. 프로젝트에 영향을 미치는 변화에 대해서는 타이밍을 놓치지 않고 대응해야 한다.

④ 상호 이질적인 조직이 함께 프로젝트를 할 때에는 새로운 문화를 만들어야 한다.

예를 들어 국내 SI(Systems Integration) 프로젝트는 발주기업 또는 국가기관과 SI기업이 함께 프로젝트를 수행한다. 이때 어느 한 조직의 문화나 도구를 강조하면 부작용이 생긴다. 각 조직의 다른 시스템과 문화를 통합하고 상호작용하면 보다 나은 가치를 창출할 가능성이 높다.

⑤ 시스템적 사고를 가지고 시스템 간 상호작용을 분석하고 대응하면 다음과 같은 긍정적인 효과를 기대할 수 있다.

■ 프로젝트에 영향을 미치는 불확실성과 리스크 및 대응방안의 조기 식별
■ 외부 상황에 맞게 프로젝트 계획을 조정
■ 프로젝트 계획 및 실행을 위한 중요한 정보 또는 통찰력 제공
■ 프로젝트 이해관계자에게 계획, 진행 상황 및 전망을 명확하게 전달
■ 프로젝트 목표와 목적을 조직의 목표, 목적, 비전에 연계
■ 최종 사용자, 스폰서, 기타 이해관계자의 변화하는 요구에 적기 대응
■ 상호 연계된 프로젝트 간의 시너지 효과 창출
■ 다른 프로젝트에 의해 제기된 위협을 줄이거나 기회를 활용
■ 전체 최적화를 측정할 수 있는 평가기준 정의

'시스템적 사고'원칙을 정리하면 그림 3.6과 같다.

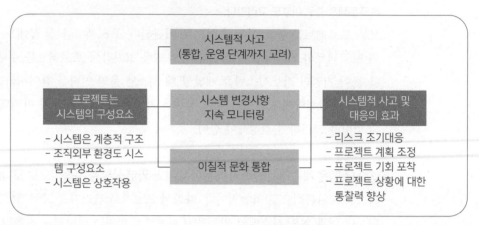

그림 3.6 '시스템적 사고' 원칙 요약

'시스템적 사고' 원칙과 관련된 성과영역은 다음과 같다.

- **이해관계자 성과영역** 이해관계자의 이해관계를 통합적으로 분석한다.
- **기획 성과영역** 시스템적 사고로 프로젝트 환경을 분석하여 프로젝트 계획을 수립한다.
- **측정 성과영역** 프로젝트 상황을 종합적으로 평가할 수 있는 지표를 정의하고 측정한다.
- **불확실성 성과영역** 시스템적 사고에 기반하여 리스크를 식별하고 대응한다.

3.6 리더십 행동 보여주기

Demonstrate and adapt leadership behaviors to support individual and team needs.

개인 및 팀의 욕구충족을 지원하기 위해 리더십 행동을 보여주고 조정한다.

① **효과적인 리더십은 프로젝트 성공을 촉진한다.**

리더십은 다른 사람들의 행동이나 심리에 영향을 미치는 힘이다. 프로젝트는 여러 조직에서 다양한 배경을 가진 개인들로 구성되고, 상황도 자주 변하고, 상충되는 이해관계도 많아 갈등이 자주 발생한다. 갈등의 강도도 높다. 따라서 일상의 운영업무보다 프로젝트에서 리더십이 미치는 영향력이 크다. 장교의 리더십이 휴전 상태일 때보다 전쟁 상황에서 훨씬 중요한 것과 같다.

② 프로젝트 팀 모두가 리더십을 발휘할 수 있다.

리더십은 특정 역할, 특정 직위에 한정되는 것이 아니다. 프로젝트 팀원 누구든지 프로젝트 팀원과 이해관계자를 대상으로 긍정적인 영향력을 미칠 수 있다. 물론 신입사원보다 프로젝트 관리자가 리더십을 발휘할 여건은 좋다. 리더십은 특정 개인에게 몰려 있는 것보다 여러 사람들에게 위임되고 공유될 때 효과가 높아진다.

③ 권력(power)을 행사하는 권한(authority)과 리더십은 다르다.

권력은 다른 사람들에게 특정 행동을 요구하거나 지시할 수 있고, 특정 상황에서 의사결정을 내릴 수 있는 힘이 있다. 리더십 없는 권한은 실패하기 쉽지만, 권한 없는 리더십은 성공할 수 있다. 권한만으로는 사람들의 마음을 움직일 수 없다. 사람들의 마음을 움직이는 것은 리더십이다.

④ 효과적인 리더십은 상황에 따라 달라진다.

다양한 유형의 리더십이 알려져 있지만 프로젝트의 모든 상황에 적합한 하나의 리더십은 없다. 일반적으로 독재형 리더십은 민주형 리더십보다 효과가 낮다고 하지만 긴급한 상황에서는 독재형 리더십이 효과가 높을 수 있다. 권한을 많이 위임할 상황도 있고 중앙통제를 강화할 상황도 있다. 리더십 유형에 대한 상세 내용은 섹션 〈6.2 프로젝트 관리와 리더십〉을 참고하기 바란다.

⑤ 리더십 발휘를 위해서는 팀원의 동기부여 요인을 이해해야 한다.

동기 부여된 팀원은 자발적으로 업무를 수행하기 때문에 리더십을 발휘하기 위해서는 팀원을 동기부여시키는 요인을 이해해야 한다. 동기부여 요인은 개인마다 다르지만 성장이나 성취와 관련된 동기부여가 금전적인 동기부여보다는 효과적이라고 알려져 있다.

⑥ 스튜어드십은 리더십 발휘를 위한 기본요건이다.

정직하고, 투명하고, 성실하고, 팀원을 존중해야 리더십을 발휘할 수 있다. 특히 팀원을 존중하는 리더십을 섬김 리더십(servant leadership)이라 한다.

⑦ 리더십 기술은 실전 적용을 통해 발전한다.

프로젝트 팀원의 리더십은 다양한 상황에서 문제를 해결하면서 발전한다. 프로젝트 관리자는 프로젝트 팀원의 리더십을 향상시킬 수 있는 기회를 제공해야 한다. 프로젝트 관리자를 포함한 프로젝트 팀원이 리더십을 향상시킬 수 있는 상황은 다음과 같다.

- 프로젝트 목표 달성과 개인의 동기부여 연계
- 프로젝트 이슈 해결을 위한 합의 도출
- 프로젝트 팀과 외부조직 또는 이해관계자와 대립되는 상황 해결
- 회의 특성, 참석자를 고려한 의사소통 역량 향상
- 프로젝트 팀원 코칭 및 멘토링
- 요구사항 변경요청에 대한 대응
- 협력적인 의사결정 촉진

'리더십 행동'원칙을 정리하면 그림 3.7과 같다.

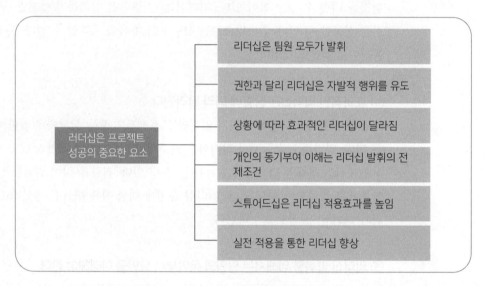

그림 3.7 '리더십 행동' 원칙 요약

성과영역과의 관계

'리더십 행동' 원칙과 관련된 성과영역은 다음과 같다.

- 팀 성과영역 리더십 적용과 관련된 내용을 상세하게 설명한다.

본 원칙은 팀 성과영역과 동일한 주제를 다룬다. 따라서 본 원칙과 성과영역과의 관계는 팀 성과영역과 다른 성과영역과의 상호작용과 동일하다.

3.7 상황에 맞는 조정(Tailor based on context)

> Design the project development approach based on the context of the project, its objectives, stakeholders, governance, and the environment using "just enough" process to achieve the desired outcome while maximizing value, managing cost, and enhancing speed.
>
> 프로젝트 상황(프로젝트 목표, 이해관계자, 외부 환경)에 적합한 개발방식과 프로세스를 정의하여 프로젝트 목표(가치 극대화, 예산절감, 일정단축)를 달성한다.

프로젝트 상황을 고려하여 프로젝트에 적용할 방법론, 프로세스를 정의하는 활동을 조정(tailoring)이라고 한다. 《PMBOK 지침서》 7판에서는 조정을 설명하는 내용이 많다. 〈프로젝트 관리 표준서〉에서는 '상황을 고려한 조정'을 별도의 원칙으로 정의했고, 〈PMBOK 가이드〉에서는 8개 성과영역 중 하나로 '개발방식과 생애주기'를 설명한다. '개방방식 및 생애주기'의 핵심내용이 프로젝트 상황을 고려한 개발방법론 조정이다. 또한 성과영역이 아닌 별도의 챕터에서도 조정 대상과 조정 프로세스를 상세하게 설명한다.

① 모든 프로젝트는 유니크하기 때문에 조정이 필요하다.

모든 프로젝트는 유니크(unique)하다. 프로젝트 팀원, 이해관계자, 프로젝트 인도물, 적용 도구 등 모든 것이 동일한 프로젝트는 존재하지 않는다. 상황이 다른 프로젝트에는 다른 프로세스를 적용해야 한다. 프로세스를 정의할 때 고려할 대표적인 항목은 프로젝트 규모와 중요도, 팀원의 역량, 이해관계자의 리스크 허용수준 등이다.

② 프로젝트 상황에 적합한 조정은 성공을 위한 기반이 된다.

어떤 방법론과, 프로세스를 어떻게 적용하느냐에 따라 프로젝트 성공과 실패가 달라진다. 프로젝트 상황에 적합하지 않는 방법론이나 프로세스를 적용하면 고객이 외면하는 기능을, 비용을 초과하고, 일정도 지연되어 개발할 수 있다. 조정을 위한 중요한 고려사항은 다음과 같다.

■ 조직의 프로세스와 조정 가이드를 참조한다.

프로젝트 팀은 조직이 제공하는 방법론, 프로세스, 도구, 조정 가이드에 따라 프로젝트 팀 방법론과 프로세스를 조정해야 한다. 프로젝트 팀에 적합한 방법론과 프로세스를 정의하기 위해 너무 많은 시간을 투자하는 것은 바람직하지 않다. 대부분의 조직은 프로젝트 관리 오피스(PMO, Project Management Office)에서 조직에 적용할 방법론, 표준 프로세스, 도구를 정의한다. 프로젝트 팀에서는 프로젝트 관리 오피스의 도움을 받아 프로젝트 특성에 맞게 방법론과 프로세스를 조정해야 한다. 프로젝트 팀에 적용할 방법론을 선정할 때 고려할 요인은 개발 규모, 프로젝트의 중요성, 조직의 프로세스 성숙도다. 개발 규모가 크고, 프로젝트가 중요하고, 프로세스 성숙도가 낮을수록 계획기반의 통제를 강조하는 프로세스가 적합하다.

■ 완벽보다는 적정 수준의 완성도를 추구한다.

완벽한 조정을 추구하는 것은 바람직하지 않다. 조정은 1회성으로 끝나는 것이 아니라 프로젝트를 진행하면서 반복적으로 보완하는 것이 바람직하다. 적당한 수준의(just enough) 조정이면 충분하다. 그 이상의 시간과 노력 투입은 조정의 완성도를 높이는 데 효과적이지 않다.

잘 수행한 프로세스 조정은 프로젝트의 성공 가능성을 높일 뿐만 아니라 다음과 같은 이점을 제공한다.

- 팀원들이 프로젝트 수행방식을 정의하는 데 참여하면 프로젝트에 대한 헌신(commitment)이 높아진다.
- 가치를 창출하지 않는 프로세스나 자원의 낭비를 줄인다.
- 조직 내부 통제를 위한 프로세스는 최소화하고 고객 중심의 프로세스를 정의한다.
- 프로젝트 팀 프로세스를 조정하는 과정에서 조직의 방법론과 조정 가이드를 개선할 수 있다.
- 프로젝트에 투입되는 팀원들의 업무 수행방법이나 모범적 실무관행을 통합하는 과정에서 새로운 방법론을 발견할 수 있다

《PMBOK 지침서》의 별도 챕터에서 설명하는 조정 대상과 조정 프로세스의 내용은 다음과 같다.

① 조정 대상

■ 생애주기 및 개발방식

생애주기와 개발방식은 7장에서 자세하게 설명한다. 생애주기, 인도방법, 개발방식은 프로젝트 계획을 수립할 때 핵심요소이다.

■ 프로세스

생애주기와 개발방식이 상위 수준의 개발전략에 해당한다면, 프로세스는 프로젝트 팀원이 수행할 상세 작업에 해당한다. 일반적으로 조직에서 제공하는 프로젝트 수행 프

로세스를 프로젝트 상황에 맞게 조정한다. 프로세스의 조정의 예는 다음과 같다.

- **추가** 기존 프로세스에 없는 내용을 추가(예: 성능 검증을 위한 QA 추가)
- **수정** 기존 프로세스 내용을 프로젝트 상황에 맞게 변경
- **제거** 기존 프로세스 내용을 삭제(예: 소규모 프로젝트에서 주간회의록 작성 삭제)
- **혼합** 서로 다른 프로세스를 혼합(예: 애자일 회고 기법을 폭포수 프로젝트의 교훈 도출 프로세스에 접목)

■ **참여**

프로젝트에 참여하는 사람들의 역할, 권한, 통합과 관련된 내용으로 프로젝트 상황에 맞게 조직을 설계한다.

- **사람** 프로젝트가 중요하고 리스크가 높을수록 역량이 높고 경험이 많은 팀원을 투입한다.
- **권한** 프로젝트 팀원의 역량이 높고 팀워크가 좋은 프로젝트는 팀원에게 많은 권한을 부여한다.
- **통합** 조직 내부의 지원조직, 외부의 파트너들의 통합이 중요한 프로젝트는 해당 조직의 대표자들이 프로젝트에 투입될 수 있다.

■ **도구**

프로젝트에 적용할 개발 및 협업도구는 팀원과 협의하여 선정해야 한다. 팀원이 익숙한 도구를 적용하는 것이 바람직하다.

■ **방법(methods) 및 템플릿**

방법은 프로젝트에 적용할 기법을 의미한다. 조직에서 제공하는 기법이나 템플릿도 프로세스와 마찬가지로 프로젝트 팀원과 협의하여 조정해야 한다. 방법이나 결과물의 조정은 프로세스 조정과 같이 하는 것이 일반적이다.

② 조정 프로세스

앞서 설명한 조정 대상들을 조정하는 프로세스는 다음의 순서로 진행한다.

초기 개발방식 선택 → 조직에 맞게 조정 → 프로젝트에 맞게 조정 → 지속적 개선

❶ 초기 개발방식 선택

개발방식의 유형과 선택 기준에 대해선 7장에서 상세하게 설명한다. 대표적인 개발방식이 예측형(폭포수), 적응형(애자일)이다.

❷ 조직에 맞게 조정

프로젝트 팀은 조직의 가이드에 따라 조직에서 제공하는 여러 유형의 개발방식과 프로세스 중 프로젝트에 적합한 것을 선정해야 한다. 조직 내 PMO가 프로젝트 팀의 조정작업을 지원한다. 조직에서 사용하지 않는 개발방식을 선택하면 프로젝트 팀이 PMO에게

타당성을 설명해야 할 수도 있다.

❸ 프로젝트에 맞게 조정

개발방식, 프로세스는 프로젝트에 맞게 조정하면서 구체화되고 확정된다. 프로젝트 차원에서 조정할 때 고려할 사항은 다음과 같다.

■ 상품/인도물

- **규정 준수/중요성** 필요한 품질보증, 외부 규격, 컴플라이언스가 많을수록 예측형 개발방식 적용

- **상품/인도물의 유형** 소규모 소프트웨어는 적응형 개발방식 적용, 대규모 건축은 예측형 개발방식 적용

- **시장** 경쟁사간 경쟁이 심할수록 적응형 개발방식 적용

- **기술** 기술의 발전 속도가 빨라 변경 가능성이 높을수록 적응형 개발방식 적용

- **기간** 프로젝트 기간이 짧을수록 적응형 개발방식 적용

- **요구사항의 안정성** 요구사항이 불안정할수록 적응형 개발방식 적용

- **인도 케이던스(Delivery cadence)** 인도 케이던스가 많을수록 적응형 개발방식 적용 (인도 케이던스란 프로젝트 기간 동안 이해관계자가 사용 가능한 인도물을 제공하는 횟수를 의미한다. 인도 케이던스는 '중간 릴리즈' 또는 '단계별 오픈'과 같은 개념이다. 상세 내용은 섹션 〈7.2 인도 케이던스〉를 참고하기 바란다)

■ 프로젝트 팀

- **프로젝트 팀 규모** 팀 규모가 작을 때 적응형 개발방식이 잘 적용된다.

- **프로젝트 팀의 지리적 위치** 팀원이 한곳에 모일 수 있을 때 적응형 개발방식이 적합하다.

- **프로젝트 팀 경험** 프로젝트 팀원이 협업한 경험이 있다면 적응형 개발방식이 잘 적용될 수 있다.

- **고객의 피드백 확보** 고객으로부터 적시에 빈번하게 피드백 받는 것이 가능하면 적응형 개발방식의 적용효과가 높다.

■ 문화

- **신뢰** 적응형 개발방식은 팀에게 의사결정 권한을 많이 위임하기 때문에 팀원이 프로젝트에 헌신할 것이라는 신뢰가 중요하다.

- **조직문화** 조직의 문화가 중앙통제를 중시하면 적응형 개발방식의 적용이 힘들다.

'상황에 맞는 조정'원칙을 정리하면 그림 3.8과 같다.

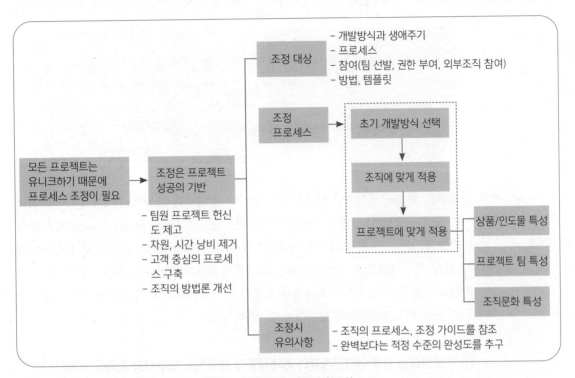

그림 3.8 '상황에 맞는 조정' 원칙 요약

성과영역과의 관계

'상황에 맞는 조정' 원칙과 관련된 성과영역은 다음과 같다.

- **개발방식과 생애주기 성과영역** 개발방식을 3가지 유형으로 정의하고 상세 특징을 설명한다.

본 원칙은 '개발방식과 생애주기'성과영역과 동일한 주제를 다룬다. 따라서 본 원칙과 성과영역과의 관계는 '개발방식과 생애주기' 성과영역과 다른 성과영역과의 상호작용과 동일하다.

3.8 프로세스 및 인도물의 품질 내재화(Build quality into processes and deliverables)

Maintain a focus on quality that produces deliverables that meet project objectives and align to the needs, uses, and acceptance requirements set forth by relevant stakeholders.
이해관계자가 요청하는 인수 요구사항, 사용성, 인도물의 품질을 유지한다.

프로젝트 품질은 명시적인 인수조건의 충족뿐만 아니라 암묵적인 이해관계자의 기대 사항 충족도 포함한다. 품질을 평가하는 관점은 인수기준(acceptance criteria)에 부합하는지를 평가하는 방법과 실제로 사용하기에 적합한지(fitness for use)를 평가하는 방법이 있다. 인수기준은 만족하지만 사용하기에 불편하거나 반대의 경우도 있을 수 있다. 또한 품질활동 프로세스의 효과성과 효율성도 지속적으로 모니터링해야 한다. 품질활동은 프로젝트 개발방식에 상관없이 중요하다.

① 프로젝트 품질은 이해관계자의 기대사항과 프로젝트 요구사항 충족을 포함한다.

품질은 제품, 서비스의 특성들이 요구사항을 충족하는 정도이다. 요구사항은 명시적으로 문서화할 수 있는 것과 문서화하기 힘든 암묵적 요구사항이 있다. 사용성이나 디자인은 문서화하기 힘든 요구사항의 대표적인 예다. 고품질은 '요구사항 정의서(또는 상품 백로그)'에 정의된 기능들이 '잘'작동하는 상태를 의미한다. 품질을 평가하는 특성의 예는 다음과 같다.

- **성능(Performance)** 인도물이 프로젝트 팀과 이해관계자가 의도한 대로 기능
- **적합성(Conformity)** 인도물이 사용하기에 적합하고 사양(specification)을 충족
- **신뢰성(Reliability)** 인도물의 품질수준이 일관된 수준을 유지
- **복원력(Resilience)** 예상치 못한 실패에 신속하게 대처하고 복구
- **만족(Satisfaction)** 인도물에 대해 고객이 만족하는 정도. 사용편의성(usability)와 사용자 경험(user experience)을 포함
- **균일성(Uniformity)** 동일한 방식으로 생산된 결과물은 균일한 품질을 유지
- **효율성(Efficiency)** 최소한의 투입과 노력으로 최대의 산출물을 생산
- **지속 가능성(Sustainability)** 인도물이 사회, 환경에 미치는 영향력

② 프로젝트 인도물은 인수기준을 충족해야 한다.

프로젝트의 요구사항을 정의할 때 인수기준도 함께 정의한다. 인수기준은 프로젝트 인도물이 요구사항을 충족한다는 것을 확인하는 방법과 달성해야 할 목표를 포함한다. 인수기준은 이해관계자가 작성하는 것이 바람직하다. 인도물의 레벨에 따라 인수기준을 별도로 작성할 수도 있다. 예를 들어 프로젝트 레벨의 인수기준도 있고, 코드 레벨의 인수기준도 있다. 인수기준에는 앞서 설명한 품질 특성 중 중요한 특성을 선별하여 포함시킨다. 인수기준은 품질의 충족 여부를 측정하는 기본이 된다.

③ 프로젝트 품질활동의 효과성과 효율성을 확인해야 한다.

품질활동을 수행할 때 낭비나 비용을 최소화해야 한다. 품질활동에 투입되는 비용을 품질비용이라고 하는데 품질비용을 줄이기 위해서는 인도물을 만든 후 사후에 테스트하는 것보다 인도물을 만드는 과정에서 결함을 제거하여 품질을 확보하는 것이 중요하다. 품질비용에 대한 자세한 내용은 섹션 〈10.4 품질관리〉를 참조하기 바란다.

　인도물뿐만 아니라 인도물을 만드는 프로세스도 품질평가 대상이 된다. 프로세스 품질을 평가하기 위해서는 품질시스템을 주로 평가한다. 인도물에 대한 품질평가는 품질통제(QC, Quality Control)활동이고, 품질시스템에 대한 평가는 품질보증(QA, Quality Assurance)활동이다. 인도물의 품질평가는 검사(inspection)와 테스트를 통해 이루어지지만, 프로세스에 대한 품질평가는 검토(review)와 감사(audit)을 통해 이루어진다.

프로세스와 인도물에 대한 품질관리를 잘하면 다음과 같은 효과를 기대할 수 있다.
- 이해관계자의 기대와 비즈니스 목표를 충족시키는 프로젝트 인도물 제공
- 결함이 적거나 없는 프로젝트 인도물 제공
- 개발 스피드 제고 (개발 후 검사 및 오류 수정은 개발 스피드를 저하시킴)
- 재작업 및 스크랩(scrap) 감소로 개발원가 절감 (스크랩은 상품의 제조 중 또는 가공 후에 발생하는 원재료의 쓰레기)
- 프로젝트 팀의 사기와 만족도 향상 (품질문제는 개발자의 자존감을 낮춤)
- 지속적으로 개선되는 프로세스

'품질 내재화' 원칙을 정리하면 그림 3.9와 같다.

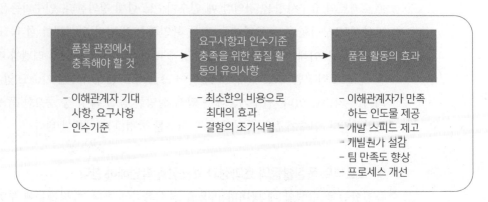

그림 3.9 '품질 내재화' 원칙 요약

성과영역과의 관계

'품질 내재화' 원칙과 관련된 성과영역은 다음과 같다.

- **프로젝트 작업 성과영역** 품질활동 대상이 되는 인도물을 개발한다.
- **인도 성과영역** 품질비용과 변경비용을 관리한다.
- **측정 성과영역** 품질수준을 측정한다.

3.9 복잡성 탐색(Navigate complexity)

Continually evaluate and navigate project complexity so that approaches and plans enable the project team to successfully navigate the project life cycle.

프로젝트 수행 도중 복잡성을 지속적으로 평가하고, 복잡성의 평가결과는 프로젝트 접근방식과 계획에 반영한다.

지금부터 설명할 3가지의 원칙, '복잡성 탐색' '리스크 대응' '적응성과 복원력 수용'은 상호 관련되어 있다. 3가지 원칙을 관통하는 키워드는 '불확실성'이다. PMI가 불확실성과 관련된 원칙을 3가지나 배치했다는 것은 불확실성 이해와 관리의 중요성을 그만큼 강조하는 것이다. 이는 또한 적응형 개발방식의 중요성을 강조하는 것이기도 하다.

① 복잡성은 프로젝트 진행 도중 언제든지 증가할 수 있으며, 프로젝트 성과에 영향을 미친다.

〈프로젝트 관리 표준서〉는 복잡성을 다음과 같이 정의한다.

> 프로젝트 관리를 힘들게 만드는 프로젝트 또는 환경 특성으로, 복잡성을 결정짓는 요인은 상호작용 (interaction)의 개수와 내용이다.

복잡성이 프로젝트 관리를 힘들게 만드는 이유는 다음과 같다.
- 프로젝트가 복잡할수록 프로젝트 계획수립이 어려워진다.
- 프로젝트가 복잡할수록 성과예측이 어려워진다.
- 프로젝트가 복잡할수록 변경 가능성이 높아진다.
- 프로젝트가 복잡할수록 변경에 대한 대응이 어려워진다.

　　복잡성에 영향을 미치는 상호작용을 정확하게 이해하려면 앞서 설명한 시스템적 사고가 필요하다. 프로젝트 내부 하위 시스템 간의 상호작용, 다른 프로젝트와의 상호작용, 다른 시스템과 해당 프로젝트의 상호작용으로 복잡성이 높아질 수 있다.

② 복잡성은 인간의 행동, 시스템 상호작용, 불확실성 및 모호성으로 인해 발생한다.

■ 인간의 행동(Human behavior)

인간의 행동은 개인의 태도, 경험, 주관 등에 영향을 받는다. 프로젝트 복잡성을 증가시키는 인간 행동의 예는 특정 이해관계자가 프로젝트 검토회의시 프로젝트 목표에 심각한 영향을 미치는 안건을 상정하는 것이다. 그러한 안건은 프로젝트 범위, 일정, 예산, 품질 전반에 걸쳐 영향을 미쳐 복잡성을 높인다.

　　이해관계자들이 정치적으로 행동하거나 서로 다른 문화를 가진 국가의 사람들이 함께 프로젝트를 수행할 때 이해관계자들로 인한 프로젝트 복잡성은 증가한다.

■ 시스템 행동(System behavior)

프로젝트와 관련된 시스템(기술, 프로세스, 자원 등)이 복잡하게 연관될수록 시스템을 구성하는 작은 부문의 문제가 전체의 문제로 확대될 가능성이 높다. 2008년 발생한 국제 금융위기도 미국의 금융시스템이 다른 국가의 금융시스템과 복잡하게 연관되어 있기 때문에 미국의 주택가격 붕괴가 글로벌 금융위기를 초래한 것이었다. 프로젝트와 관련된 시스템의 리스크들이 상호 연결될수록 복잡성이 증가할 가능성이 높다.

■ 불확실성과 모호성(Uncertainty and ambiguity)

불확실성과 관련된 유사한 용어들은 그 차이를 구분하기 힘들다. 자세한 구분은 성과 12장에서 살펴보기로 하고, 불확실성(uncertainty)은 변동성, 모호성, 복잡성을 포괄하는 의미로 이해하자.

- **변동성(Volatility)** 급격하고 예측 불가능한 변화 가능성
- **모호성(Ambiguity)** 발생 가능한 이벤트와 영향력을 인지하기 힘든 상태
- **복잡성(Complexity)** 불확실성을 초래하는 원인 (불확실하면 복잡해지는 것이 아니고, 복잡하면 불확실해지는 것으로 기억하자)

■ **기술혁신(Technological innovation)**

기술혁신은 기존 제품, 서비스, 프로세스, 도구 등에 변화를 초래할 수 있다. 스마트폰의 출현이 사회 문화, 다른 제품, 프로세스에 끼친 영향을 생각해 보면 알 수 있다.

최근에는 기술혁신뿐만 아니라 비즈니스 모델혁신도 기술혁신 못지않게 사회에 큰 영향을 끼친다. 에어비엔비, 우버, 배달의민족, 아마존 등은 기술기반의 혁신이 아니라 비즈니스 모델의 혁신으로 기업의 생태계를 변화시키고 있다.

③ **복잡성의 증가는 예측하기 힘들다.**

복잡성은 위에서 설명한 것과 같이 다양한 원인으로 발생할 수 있고 다양한 원인들은 상호작용하기 때문에 예측하기 힘들다. 뿐만아니라 복잡성이 증가해도 근본원인을 파악하기 힘들 수 있다. 복잡성이 초래하는 불확실성은 사전에 대비하기 힘들기 때문에 복잡성에 적응하는 능력과 원래대로 복원하는 능력이 중요하다.

'복잡성 탐색' 원칙을 정리하면 그림 3.10과 같다.

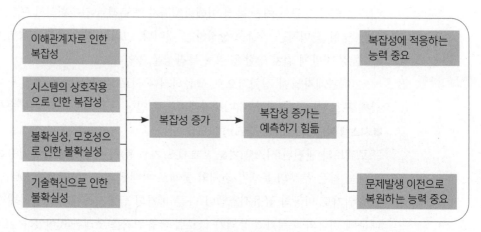

그림 3.10 '복잡성 탐색' 원칙 요약

성과영역과의 관계

'복잡성 탐색'원칙과 관련된 성과영역은 다음과 같다.
■ **개발방식과 생애주기 성과영역** 프로젝트 복잡성을 고려하여 개발방식을 결정한다.

- **기획 성과영역** 프로젝트 복잡성을 관리할 수 있는 계획을 수립한다.
- **불확실성 성과영역** 복잡성을 불확실성을 초래하는 원인 중 하나로 파악한다. 불확실성 성과영역에서는 복잡성에 대응하는 방안들을 설명한다.

3.10 리스크 대응 최적화

> Continually evaluate exposure to risk, both opportunities and threats, to maximize positive impacts and minimize negative impacts to the project and its outcomes.
> 리스크가 프로젝트에 미치는 긍정적인 영향을 극대화하고 부정적인 영향은 최소화하기 위해 기회와 위협을 지속적으로 평가한다.

리스크 대응 최적화 원칙의 내용은 12장에서 상세하게 설명한다. 내용 중복을 피하고자 이번 원칙은 간략히 설명한다.

① 리스크는 긍정적 기회와 부정적 위협으로 구분한다.

리스크를 초래하는 불확실성은 기회가 될 수도 있고, 위협이 될 수도 있다.

② 프로젝트 리스크는 개별적인 리스크와 전체 리스크로 구분한다.

리스크란 1가지 이상의 프로젝트 목표에 긍정적 또는 부정적인 영향을 미치는 불확실한 사건이나 조건을 의미한다. 프로젝트 팀의 리스크는 1개 이상이기 때문에 이를 종합적으로 고려해야 하며 이를 '전체 프로젝트 리스크 (overall project risk)'라 한다. 프로젝트 리스크 대응을 위해서는 전체 리스크가 상호작용하여 프로젝트에 미치는 긍정, 부정적 영향력을 분석해야 한다.

③ 프로젝트 전반에 걸쳐 리스크를 모니터링하고 대응해야 한다.

프로젝트 불확실성은 프로젝트 전반에 걸쳐 변화하기 때문에 리스크도 프로젝트 전반에 걸쳐 모니터링하고 대응해야 한다.

④ 리스크를 대하는 조직의 리스크 선호도(risk thresholds)와 리스크 한계선(risk appetite)은 리스크 대응 방식에 영향을 미친다.

리스크 추구를 선호하는 조직도 있고, 리스크 회피를 선호하는 조직도 있다. 리스크 한계선과 선호도의 개념은 다음과 같다.

■ 리스크 한계선

프로젝트 팀이 수용할 수 있는 리스크 노출도의 수준으로, 이해관계자의 리스크에 대한 태도를 반영한다. 리스크 한계선을 명확하게 정의하여 이해관계자와 의사소통 해야 한다. 리스크 한계선은 리스크 식별을 위한 한계 혹은 경곗값이다. 예를 들어 "원가변동률이 5% 이상이면 심각한 리스크가 있는 것으로 인식하지"라고 사전에 정의하면, 원가변동률 5%가 리스크 한계선이 된다. 리스크 한계선은 리스크 대응계획을 가동하기 위한 기준이며, 트리거(trigger)는 실제로 그 한계선을 넘어선 값을 의미한다. (예를 들어, 사전에 정의한 원가변동률 5%는 한계선이지만 실제로 측정된 6%는 트리거)

■ 리스크 선호도

조직이나 이해관계자가 리스크를 추구하거나 리스크를 회피하는 정도를 의미한다. 리스크 회피, 리스크 중립, 리스크 추구의 3가지 유형으로 구분한다.

⑤ 식별된 리스크에 대한 대응계획을 수립할 때 유의할 사항은 다음과 같다.

■ 비용 대비 효율적이어야 한다.

리스크 노출도를 고려하여 대응계획을 수립하고 모니터링 활동에 자원(예산, 일정)을 할당해야 한다. 리스크 관리를 수행한다고 더 큰 리스크를 만들면 안된다. 리스크 관리는 프로젝트 목표 달성의 수단이다.

■ 대응계획수립 시기를 놓쳐서는 안된다.

프로젝트 리스크 노출도가 높아지기 전에 대응계획을 수립하고 조치를 취해야 한다

■ 실현할 수 있는 현실적인 계획이어야 한다.

그럴듯한 계획보다 실제로 실행 가능한 계획을 수립해야 한다.

■ 대응계획에 대해서 이해관계자들의 합의를 얻어야 한다.

대응계획의 실행력을 높이기 위해서는 리스크를 식별·분석할 때뿐 아니라 대응계획을 수립할 때에도 이해관계자들을 참여시켜 공감대를 높여야 한다

■ 책임을 질 수 있는 사람이 리스크를 관리해야 한다.

리스크에 따라 책임지는 사람이 다르다. 경영층이 관리할 리스크가 있고, 외부 전문가가 관리할 리스크가 있다.

리스크는 조직, 포트폴리오, 프로그램, 프로젝트 어디서나 존재할 수 있다. 프로그램 또는 포트폴리오 리스크 대응을 위해 프로젝트를 수행하기도 한다.

'리스크 대응'원칙을 정리하면 그림 3.11과 같다.

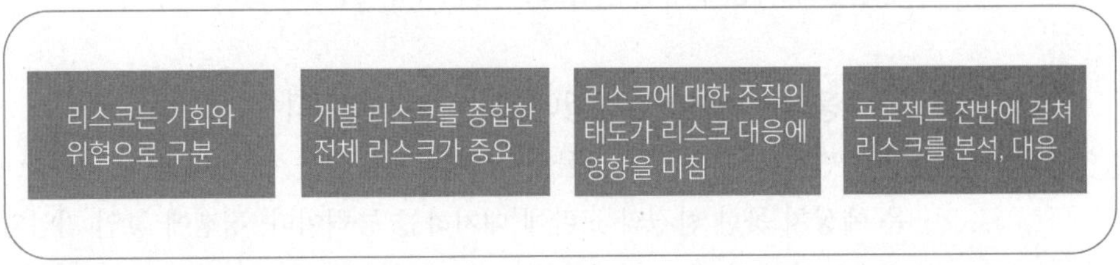

| 리스크는 기회와 위협으로 구분 | 개별 리스크를 종합한 전체 리스크가 중요 | 리스크에 대한 조직의 태도가 리스크 대응에 영향을 미침 | 프로젝트 전반에 걸쳐 리스크를 분석, 대응 |

그림 3.11 '리스크 대응' 원칙 요약

성과영역과의 관계

'리스크 대응'원칙과 관련된 성과영역은 다음과 같다.

■ **이해관계자 성과영역** 이해관계자들과 함께 리스크를 식별한다.

■ **개발방식과 생애주기 성과영역** 프로젝트 리스크를 관리하기에 적합한 개발방식을 선정한다.

■ **기획 성과영역** 리스크 대응전략을 프로젝트 관리 계획서에 반영한다.

■ **불확실성 성과영역** 프로젝트에 적용할 수 있는 리스크 관리 프로세스를 설명한다.

3.11 적응성 및 복원력 수용(Embrace adaptability and resiliency)

Build adaptability and resiliency into the organization's and project team's approaches to help the project accommodate change, recover from setbacks, and advance the work of the project.

조직과 프로젝트 팀의 업무수행 방식에 적응성과 복원력을 적용하면 프로젝트가 변경을 수용하고, 위기를 극복하며, 프로젝트 수행 작업을 개선시킬 수 있다.

프로젝트를 수행하다 보면 예상하지 못했던 도전이나 장애물에 직면한다. '적응성 (adaptability)'과 '복원력(resiliency)'은 프로젝트 팀이 외부의 상황 변화에 대응하여 프로젝트의 성공 가능성을 높인다. 복원력은 회복탄력성이라는 용어로도 사용한다. 적응성은 변화하는 상황에 대응하는 능력을 의미한다. 복원력은 충격을 흡수하는 능력과 실패로부터 빠르게 회복하는 능력이다. 적응은 외부의 변화에 나를 바꾸는 개념이고 복원은 나를 바꾸지 않고 비상계획을 준비하는 개념이다. 적응성과 복원력은 변동성이 높은 프로젝트 수행환경에 적응하기 위한 중요한 역량이다.

① 적응성은 변화하는 상황에 대응하는 능력이다

환경 변화에 대응하는 생물의 진화는 적응성을 잘 설명한다. 생태학 관점에서 적응성은 예상치 못한 환경의 교란에 대처하는 능력이다. 경쟁에 놓인 기업의 환경도 자연 생태계와 유사하다. 노키아와 코닥은 변화하는 시장 상황을 잘못 파악해 도태된 대표적인 기업이다.

프로젝트는 시스템의 구성요소이기 때문에 외부 시스템의 변경에 대응해야 한다. 복잡성 증가에 대응하기 위해 개발방식과 프로젝트 계획을 변경하고, 불확실성에 대응하여 리스크 대응전략을 수립하는 것이 적응성의 예다. 프로젝트 관리 원칙의 내용 중 프로젝트 전반에 걸쳐 XXX(예: 위험노출도, 팀워크 등)를 모니터링하고 변화에 대해 대응하는 것은 대부분 적응성과 관련되어 있다.

복잡성을 초래하는 요인들(이해관계자, 시스템, 모호성, 기술혁신)은 프로젝트의 내부 및 외부 상황을 변화시켜 프로젝트에 영향을 미친다. 예를 들어 정부의 개인 정보 관리 정책이 변경되기도 하고, 내 프로젝트와 관련된 다른 프로젝트가 실패하여 이슈가 되기도 한다. 이런 모든 상황에 대해 프로젝트 팀은 대응해야 한다. 어떤 경우에는 초기에 이해관계자들과 약속한 목표를 변경해야 한다. 프로젝트 목표를 변경해야 하는 경우에는 변경통제 프로세스(change control process)를 적용해야 한다.

② 복원력은 충격을 흡수하고 좌절 또는 실패로부터 신속하게 회복하는 능력이다.

복원력은 리스크를 예방하기보다 리스크가 실제로 발생했을 때 빠르게 원래대로 복구하는 역량을 의미한다(심리학에서는 개인이 역경을 이겨내는 긍정적인 힘을 회복탄력성으로 정의한다). 복잡성이 높은 시스템은 리스크가 발생하지 않도록 완벽하게 구축하기 힘들다. 복잡한 시스템에서 리스크 발생은 시간의 문제일 뿐 반드시 발생한다. 따라서 리스크가 발생했을 때 원래대로 빨리 복구할 수 있는 역량이 중요하다.

'정전, 지진 등에도 정상적인 가동을 보장하는 장애복구 시스템(DRS, Disaster Recovery System)'구축이 대표적인 예이다. 클라우드 서비스를 제공하는 기업들이 서버에 장애가 발생하면 최대한 빨리 다른 서버에서 서비스하도록 설계한 것도 복원력을 고려한 시스템 운영이다.

프로젝트 팀의 적응성과 복원력을 제고하기 위한 활동은 다음과 같다.
- 빠른 적응을 위한 신속한 피드백과 의사결정

- 지속적인 학습과 개선
- 전문가를 포함하는 프로젝트 팀 구성
- 내부 및 외부 이해관계자를 참여시키는 개방적이고 투명한 계획수립 활동
- 적은 비용으로 신속하게 아이디어를 검증하기 위한 프로토타입 및 실험
- 작업 속도와 품질이 균형을 이루는 프로세스 설계
- 과거 유사활동에서 교훈을 학습
- 여러 가지 잠재 시나리오를 예상하고 대비
- 돌이키기 힘든 의사결정은 최대한 마지막 순간에 결정

③ 인도물보다 목표에 중점을 두면 적응성을 높일 수 있다.

프로젝트가 해결하고자 하는 문제(또는 추구하는 가치)에 집중하여 적응성과 복원력을 적용해야 한다. 그래야 프로젝트 인도물보다 프로젝트가 제공하는 가치에 집중할 수 있다. 프로젝트 진행 도중 상황은 변경될 수 있으며 이에 적응하여 다른 해결방법을 정의하면 더 나은 결과를 얻을 수도 있다. 현재까지의 진행방식이나 목표했던 인도물에 집착하지 않고 미래의 가치에 집중해야 한다. 예를 들어 문제해결을 위해 정보시스템을 자체 개발하기로 했다가 상황 변화에 대응하기 위해 외부 솔루션을 도입하면 자체 개발보다 높은 성과를 달성할 수도 있다. 프로젝트 진행 도중 이러한 기회는 언제든지 나타날 수 있으며 프로젝트 팀은 이해관계자, 상품관리자(또는 프로덕트 오너)와 즉시 협의하여 프로젝트 계획을 조정해야 한다. 계약체결 형태로 프로젝트를 수행하는 경우 이러한 적응은 계약변경을 수반하기도 한다.

④ 상황 변화에 적응하는 과정에서 기회를 포착하기도 한다.

프로젝트 상황의 예기치 않은 변화는 리스크와 마찬가지로 프로젝트에 긍정 또는 부정적인 영향을 초래한다. 보통 프로젝트 팀은 상황 변화를 달갑게 생각하지 않아 긍정적인 측면을 간과하기 쉽다. 하지만 전체 관점(holistic view)에서 상황 변화를 분석하여 예기치 않은 변화가 제공하는 기회를 놓치지 않아야 한다. 위기를 기회로 전환시킬 수 있어야 한다. 부정적인 상황이라도 이를 빨리 분석해서 대안을 검토하면 이해관계자에게 신뢰를 얻는 긍정적인 결과를 얻을 수 있다. 상품개발 후반부에 발생하는 기능변경은 경쟁 상품에는 없는 기능을 시장에 먼저 출시하는 기회가 될 수도 있다.

프로젝트의 적응성과 복원력이 높을수록 팀이 실패에 좌절할 리스크가 줄어들고 팀의 학습능력이 높아진다.

'적응성 및 복원력 수용'원칙을 정리하면 그림 3.12와 같다.

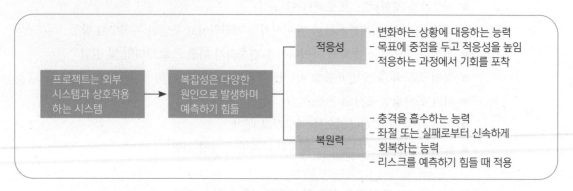

그림 3.12 '적응성 및 복원력 수용' 원칙 요약

성과영역과의 관계

'적응성 및 복원력 수용'원칙과 관련된 성과영역은 다음과 같다.

■ 프로젝트 전반에 걸쳐 상황을 모니터링하고 대응하는 것은 모든 성과영역의 공통된 사항이다.

■ **불확실성 성과영역** 위협과 기회의 대응전략의 상세 내용을 설명한다. 그 중 하나가 복원력과 관련된다. 보험이 대표적인 예이다.

3.12 미래목표 달성을 위한 변화(Enable change to achieve the envisioned future state)

> Prepare those impacted for the adoption and sustainment of new and different behaviors and processes required for the transition from the current state to the intended future state created by the project outcomes.
>
> 프로젝트가 의도하는 목표를 달성하기 위해서는 현재 상태를 변화시켜야 할 수 있다. 이때 변화의 부작용을 최소화하기 위해서는 변화에 영향을 받는 사람들을 배려하는 방안과 프로세스를 준비해야 한다.

① 모든 이해관계자가 변화를 수용하는 것은 아니기 때문에 변화관리는 힘들다.

프로젝트는 변화를 창출하는 수단이다. 정도의 차이가 있지만 프로젝트가 초래하는 변화를 싫어하는 개인이나 그룹들이 있다. 예를 들어, 정보시스템을 구축하는 프로젝트는 프로세스 변화가 필연적이다. 프로세스 개선과 관련된 사용자들은 기존의 익숙한 프로세스를 버리고 새로운 프로세스를 적용해야 하기 때문에 불편을 느낀다. 장기적으로 새롭게 구축하는 정보시스템이 조직에 큰 도움을 준다고 해도 이해관계자들이 변화를 처음 겪는 시점에서는 장점보다는 단점이 돋보인다. 프로세스 개선 결과로 업무량이 늘어나는 개인이나 그룹은 불편을 넘어 피해를 볼 수 있다.

변화의 정도가 많은 프로젝트일수록 변화관리에 실패하면 프로젝트가 성공하기 힘들다. SAP사의 ERP(Enterprise Resource Planning, 전사적 자원관리) 프로젝트 적용이 대표적인 예이다. ERP 프로젝트를 할 때 패키지 프로세스에 조직의 프로세스를 맞추느냐, 조직의 프로세스에 맞게 패키지를 개선할 것인가는 항상 큰 이슈이다. 어떤 경우이든 프로젝트 수행에 따라 단기간에 불편을 겪는 개인이나 그룹은 다수 발생한다. 프로젝트 변화관리는 이해관계자 참여 관리 관점에서 파악할 수 있다.

② 변화에 대한 체계적인 접근방식은 개인, 그룹, 조직이 현재 상태에서 미래 지향적 상태로 전환하는 데 도움이 된다.

변화를 촉발하는 상황 변화는 조직 내부에서 생길 수도 있고, 조직 외부에서 생길 수도 있다. 상황 변화에 대응하는 변화의 동기는 조직의 생존일수도 있고, 더 나은 기회를 잡기 위한 것일 수도 있다. 어떤 유형의 변화이든 변화에 영향을 받는 이해관계자들의 공감은 프로젝트 목표 달성을 위한 필요조건이다. 그러나 어떤 이해관계자 또는 그룹은 변화에 적극적으로 반대할 수 있다. 효과적인 변화관리를 위해서는 강제적인 힘을 구사하는 것 보다 개인이나 그룹 들에게 변화의 필요성을 논리적으로 설명하고 동기부여하는 것이 좋다. 전사적으로 애자일을 적용하는 것도 마찬가지이다. 경영층의 지시에 따라 톱다운 방식으로 추진하는 변화관리는, 단기간에는 성공하는 것처럼 보여도 장기적으로는 실패하기 쉽다.

이해관계자들이 논리적으로는 변화의 필요성에 공감해도 실제 변화에 직면하면 마음이 달라질 수 있다. 따라서 변화에 따른 조직원들의 저항, 피로감을 최소화할 수 있는 대책을 수립해야 한다. 예를 들어 변화관리를 추진하기 전에 변화추진에 대한 직원의 의견을 수렴하거나, 일부 조직을 대상으로 변화 프로그램을 파일럿으로 운영하여 문제점을 사전에 파악하는 것도 방안이다. 프로젝트 수행 전반에 걸쳐 변화에 대한 조직원들의 인식, 애로사항을 모니터링하여 변화의 이점을 전달해야 한다.

또 변화 이전 상태로 원상복구하는 것을 막기 위해서는 변화를 적용한 이후에 지속적으로 변화를 관리해야 한다. 변화관리를 추진하는 전 단계에 걸쳐 조직원들의 불편사항을 청취하고 해결하는 것이 중요하다.

③ 짧은 시간 내에 너무 많은 변화를 시도하면 변화에 대한 피로감이 저항으로 이어질 수 있다.

변화를 추진할 때는 조직원들의 변화에 대한 태도, 변화를 위한 비용, 변화의 필요성 등을 종합적으로 고려하여 변화의 속도를 결정해야 한다. 짧은 기간 내에 경영층의 지시로 밀어붙이기식 변화를 추진하면 조직 내에 변화에 대한 저항이나 반감이 응축되어 어느 순간 폭발할 수도 있다. 10명이 10걸음 움직이는 변화는 쉽지 않다. 10명이 1걸음 움직이거나 1명이 10걸음을 움직이는 변화가 실패 가능성이 낮다. 10명이 10걸음 움직이는 변화를 추진하기 위해서는 최고 경영자의 적극적인 지원 아래 치밀하게 준비하고 끈질기게 추진해야 한다.

'미래목표 달성을 위한 변화' 원칙을 정리하면 그림 3.13과 같다.

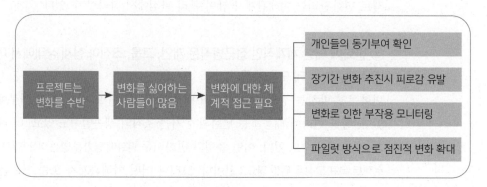

그림 3.13 '미래목표 달성을 위한 변화' 원칙 요약

성과영역과의 관계

'미래목표 달성을 위한 변화' 원칙과 관련된 성과영역은 다음과 같다.

- 이해관계자 성과영역 변화관리의 핵심은 이해관계자의 참여 관리다. 이해관계자 성과영역에서 변화관리의 다양한 모델들을 설명한다.
- **팀 성과영역** 변화를 리딩하기 위한 리더십 기술을 설명한다.

3.13 12가지 프로젝트 관리 원칙 종합정리

지금까지 12가지 프로젝트 관리의 원칙을 설명했다. 프로젝트 관리의 원칙을 온전하게 이해하기 위해서는 8개 성과영역의 내용을 학습해야 한다. 처음 학습하는 수험생들은 12가지 원칙들이 당연한 이야기처럼 들리고 머릿속에 남는 것이 별로 없을 수 있지만 욕심내지 말고 이어 설명하는 〈PMBOK 가이드〉를 학습하고 다시 한번 원칙을 읽어 보길 권한다. 만일 그때도 프로젝트 관리 원칙들이 처음 읽을 때와 같은 느낌이라면 시험 칠 준비가 되지 않은 상태이다.

12가지 프로젝트 관리 원칙에 대한 종합적인 이해를 돕기 위해 몇 가지 키워드를 정리해보았다(그림 3.14).

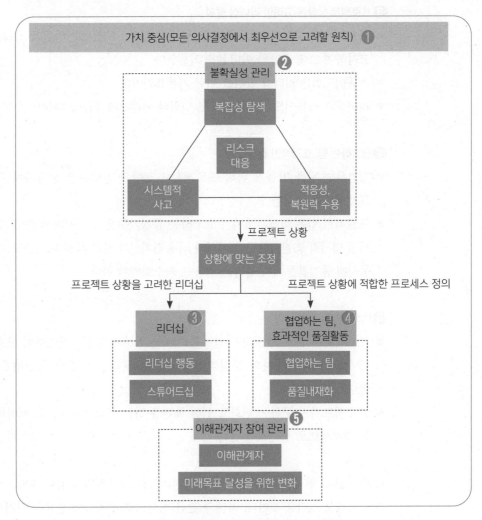

그림 3.14 12가지 프로젝트 관리 원칙의 그룹핑

❶ 가치 중심(모든 의사결정에서 최우선으로 고려할 원칙)

프로젝트는 가치창출을 위해 수행한다. 누구에게 무슨 가치를 제공하는지 파악하고 이를 실현할 수 있도록 해야 한다.

❷ 불확실성 관리

불확실성 관리의 핵심은 리스크 대응을 최적화하는 것이다.

- **복잡성**을 초래하는 프로젝트 상황을 파악하고 변경사항을 모니터링해야 한다.
- **시스템 적 사고**를 통해 상황을 복합적으로 판단해야 한다.
- 프로젝트에 이슈가 발생해도 회복 가능하거나 변화에 적응해야 한다.

❸ 프로젝트 상황을 고려한 리더십 발휘

- 프로젝트의 중요성, 프로젝트 규모, 불확실성, 조직문화, 팀원의 성숙도, 경험 등을 고려하여 그에 적합한 리더십을 적용한다.
- 스튜어드십은 리더십 발휘를 위한 기본요건이다.
- 리더십과 스튜어드십은 프로젝트 팀원과 이해관계자들을 대상으로 적용한다.

❹ 협업하는 팀, 효과적인 품질활동

- 협업하는 팀을 만들기 위해 프로젝트에 적합한 방법론을 선정하여 프로젝트 수행 프로세스를 조정한다.
- 프로젝트 팀은 이해관계자가 요구하는 품질기준을 충족시켜야 한다. 인수기준에 정의된 명시적 품질기준뿐만 아니라 사용편의성과 같은 묵시적 기준도 고려해야 한다. 동시에 품질활동에 투입되는 비용은 최소화해야 한다.

❺ 이해관계자 참여 관리

- 프로젝트에 긍정, 부정적인 영향을 미치는 이해관계자를 식별하여 프로젝트 수행기간 동안 이해관계자의 긍정적인 참여를 유도하고 부정적인 영향은 최소화해야 한다.
- 프로젝트가 추구하는 변화로 인해 불편을 겪는 이해관계자들을 배려하고 변화관리는 체계적으로 접근해야 한다.

12가지 관리 원칙들 간의 상호작용을 정리하면 그림 3.15와 같다. 아래 상호작용은 필자의 이해를 정리한 것이다. 아래와 같은 형식으로 원칙들의 관계를 정리해보면 원칙을 포괄적으로 이해하는 데 도움이 될 것이다.

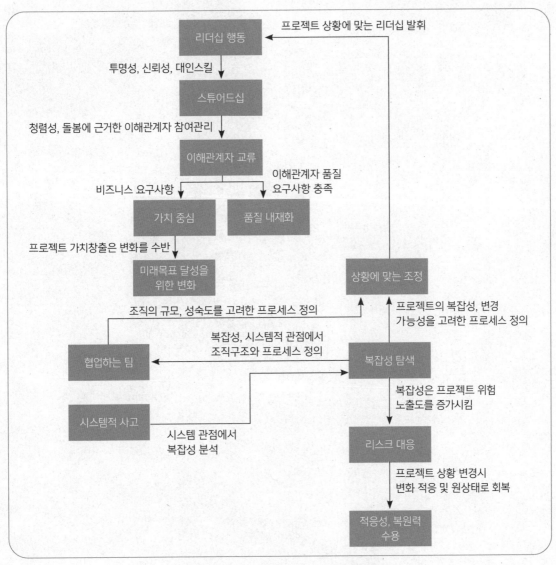

리더십 행동 ← 프로젝트 상황에 맞는 리더십 발휘

투명성, 신뢰성, 대인스킬

스튜어드십

청렴성, 돌봄에 근거한 이해관계자 참여관리

이해관계자 교류

비즈니스 요구사항 / 이해관계자 품질 요구사항 충족

가치 중심   품질 내재화

프로젝트 가치창출은 변화를 수반

미래목표 달성을 위한 변화   상황에 맞는 조정

조직의 규모, 성숙도를 고려한 프로세스 정의   프로젝트의 복잡성, 변경 가능성을 고려한 프로세스 정의

복잡성, 시스템적 관점에서 조직구조와 프로세스 정의

협업하는 팀 ← 복잡성 탐색

복잡성은 프로젝트 위험 노출도를 증가시킴

시스템적 사고   리스크 대응

시스템 관점에서 복잡성 분석

프로젝트 상황 변경시 변화 적응 및 원상태로 회복

적응성, 복원력 수용

그림 3.15 12가지 프로젝트 관리 원칙들의 상호작용

Part 2

A Guide to the Project Management Body of Knowledge

PMBOK® 가이드

〈PMBOK 가이드〉는 프로젝트를 성공적으로 수행하기 위한
활동들을 8개의 성과영역으로 정의했다.
개별 성과영역의 내용 이해는 기본이고 성과영역 간의 관계,
순서를 종합하여 판단해야 한다.

Introdution

프로젝트 성과영역 개요

4 프로젝트 성과영역(performance domain)개요

〈PMBOK 가이드〉는 프로젝트를 성공적으로 수행하기 위한 활동들을 8개의 성과영역으로 정의했다. 8개 성과영역은 서로 영향을 주기도 하고, 활동의 선후 관계가 있기도 하다. 예를 들어 '이해관계자'들의 요구사항 변경은 '불확실성' '기획' '측정' '프로젝트 작업' 등에 영향을 미친다. 또한 '개발방식과 생애주기 → 기획 → 프로젝트 작업 → 인도'처럼 활동의 순서가 있기도 하다. 〈PMBOK 가이드〉를 학습할 때에는 개별 성과영역의 내용 이해는 기본이고 성과영역 간의 관계, 순서를 종합하여 판단해야 한다.

PMP 시험에서 가장 많이 출제되는 유형은 "○○ 상황에서 어떤 선택을 해야 하나요?"이다. 그 정답을 찾는 프레임워크를 성과영역이 제공한다. 성과영역의 내용은 프로젝트 관리 원칙의 내용과 일부 중복되기도 하지만 성과영역에서는 구체적인 활동을 설명한다.

8개 성과영역은 다음과 같다.

- 이해관계자(Stakeholders)
- 팀(Team)
- 개발방식과 생애주기(Development approach and life cycle)
- 기획(Planning)
- 프로젝트 작업(Project work)
- 인도(Delivery)
- 측정(Measurement)
- 불확실성(Uncertainty)

프로젝트 관리 원칙과 성과영역의 관계는 그림 4.1과 같다. 모든 관계를 모두 표현하기엔 너무 복잡하여 가장 대표적인 관계를 중심으로 정리하였다.

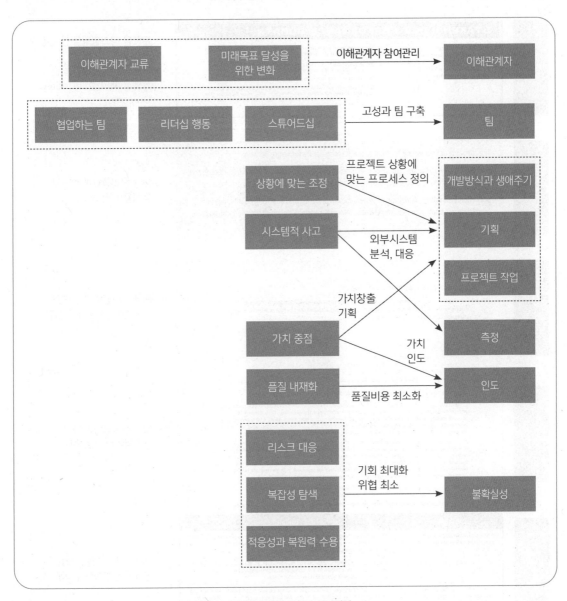

그림 4.1 프로젝트 관리 원칙과 성과영역

〈PMBOK 가이드〉의 8개 성과영역의 구성체계는 동일하며 그림 4.2와 같다.

| 요약 | **STAKEHOLDER PERFORMANCE DOMAIN**

The Stakeholder Performance Domain addresses activities and functions associated with stakeholders. | Effective execution of this performance domain results in the following desired outcomes:
▶ A productive working relationship with stakeholders throughout the project.
▶ Stakeholder agreement with project objectives.
▶ Stakeholders who are project beneficiaries are supportive and satisfied while stakeholders who may oppose the project or its deliverables do not negatively impact project outcomes. | - 왼쪽은 성과영역을 한 문장으로 요약한 것이고
- 오른쪽은 성과영역을 잘 수행했을 때의 결과(Desired Outcome) |

| 용어 정의 | The following definitions are relevant to the Stakeholder Performance Domain:

Stakeholder. An individual, group, or organization that may affect, be affected by, or perceive itself to be affected by a decision, activity, or outcome of a project, program, or portfolio.

Stakeholder Analysis. A method of systematically gathering and analyzing quantitative and qualitative information to determine whose interests should be taken into account throughout the project. | - 해당 성과영역과 관련된 핵심용어 정의 |

| 상세 내용 | **2.1.1 STAKEHOLDER ENGAGEMENT**

Stakeholder engagement includes implementing strategies and actions to promote productive involvement of stakeholders. Stakeholder engagement activities start before or when the project starts and continue throughout the project. | - 해당 성과영역과 관련된 주요 활동, 이론, 유의사항 |

| 상호 작용 | **2.1.2 INTERACTIONS WITH OTHER PERFORMANCE DOMAINS**

Stakeholders permeate all aspects of the project. They define and prioritize the requirements and scope for the project team. They participate in and shape the planning. They determine acceptance and quality criteria for the project deliverables and outcomes. Much of the project work is around engaging and communicating with stakeholders. Throughout the project or at its closure, they use the project deliverables and influence the realization of project outcomes.

Some stakeholders can assist in lowering the amount of uncertainty present on a project while others may cause an increase in uncertainty. Stakeholders such as customers, senior management, project management office leads, or program managers will focus on measures of performance for the project and its deliverables. These interactions are samples of how the Stakeholder Performance Domain integrates and interweaves with other performance domains, though they are not inclusive of all the ways stakeholder concerns interact throughout the performance domains. | - 해당 성과영역과 다른 성과영역의 상호작용 |

Table 2-2. Checking Outcomes—Stakeholder Performance Domain

결과 체크	Outcome	Check	
	A productive working relationship with stakeholders throughout the project	Productive working relationships with stakeholders can be observed. However, the movement of stakeholders along a continuum of engagement can indicate the relative level of satisfaction with the project.	- 성과영역의 수행결과를 체크하는 방법(오른쪽)
	Stakeholder agreement with project objectives	A significant number of changes or modifications to the project and product requirements in addition to the scope may indicate stakeholders are not engaged or aligned with the project objectives.	
	Stakeholders who are project beneficiaries are supportive and satisfied; stakeholders who may oppose the project or its deliverables do not negatively impact project results	Stakeholder behavior can indicate whether project beneficiaries are satisfied and supportive of the project or whether they oppose it. Surveys, interviews, and focus groups are also effective ways to determine if stakeholders are satisfied and supportive or if they oppose the project and its deliverables. A review of the project issue register and risk register can identify challenges associated with individual stakeholders.	

그림 4.2 〈PMBOK 가이드〉의 성과영역 구성체계

〈PMBOK 가이드〉는 성과영역과, 모델, 방법, 결과물을 별도 섹션으로 정리했지만 《PM+P 해설서》에서는 모델, 방법, 결과물을 관련성이 높은 성과영역에서 정리하여 수험생들이 내용을 쉽게 이해할 수 있도록 구성했다.

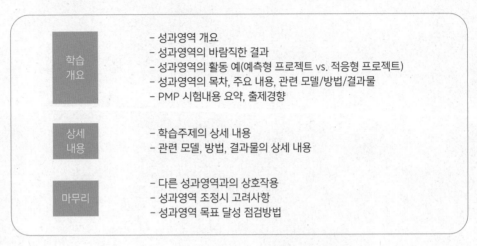

학습
개요

- 성과영역 개요
- 성과영역의 바람직한 결과
- 성과영역의 활동 예(예측형 프로젝트 vs. 적응형 프로젝트)
- 성과영역의 목차, 주요 내용, 관련 모델/방법/결과물
- PMP 시험내용 요약, 출제경향

상세
내용

- 학습주제의 상세 내용
- 관련 모델, 방법, 결과물의 상세 내용

마무리

- 다른 성과영역과의 상호작용
- 성과영역 조정시 고려사항
- 성과영역 목표 달성 점검방법

그림4.3 《PM+P 해설서》의 성과영역 구성체계

프로젝트는 이해관계자의 요구사항에서 시작해서
이해관계자의 승인이 있어야 종료할 수 있다.
프로젝트 팀은 다양한 이해관계자들이 프로젝트를 지지하게 만들고,
최소한 프로젝트를 적대하지 않도록 만들어야 한다.

Stakeholder Performance Domain

이해관계자 성과영역

WATER FALL

AGILE

5

Stakeholder Performance Domain

이해관계자 성과영역

5.1 이해관계자 성과영역 개요

이해관계자 관리는 이해관계자와 소통하여 이해관계자의 참여수준과 긍정적인 영향력을 높이는 활동이다. 프로젝트는 이해관계자의 요구사항에서 시작해서 이해관계자의 승인이 있어야 종료할 수 있다. PMI도 성과영역 중 이해관계자를 첫 번째로 배치할 만큼 이해관계자의 중요성을 강조한다.

프로젝트 이해관계자란, 프로젝트 결과에 영향을 받기 때문에 프로젝트에 영향을 미치려고 하는 개인이나 그룹이다. 프로젝트 관리자는 다양한 이해관계자의 이해관계를 조율하여 프로젝트를 관리해야 한다. 규모가 크고 복잡한 프로젝트는 이해관계자 관리가 프로젝트 성공과 실패를 결정한다고 해도 과언이 아니다.

이해관계자들의 프로젝트에 대한 이해관계는 프로젝트 진행 시점에 따라, 이해관계자의 유형에 따라 다르다. 따라서 이해관계자 관리는 프로젝트 진행 도중 지속적으로 수행해야 하며, 중요한 이해관계자가 프로젝트 진행방식에 관해 불만을 가지면 프로젝트가 정상 궤도에서 이탈하기 쉽다. 이해관계자를 관리하는 목적은 프로젝트 진행 도중 이해관계자가 만족하는 상태를 유지하는 것이고, 이를 위해 프로젝트 관리자는 이해관계자가 필요로 하는 정보를 제공하고 이해관계자가 프로젝트 의사결정 과정에 적극적으로 참여하도록 유도해야 한다.

이해관계자 성과영역의 목차와 관련 모델, 방법, 결과물은 표 5.1과 같다.

목차	내용	모델/방법/결과물
5.2 이해관계자 참여관리	– 이해관계자 참여관리의 핵심내용	
5.2.1 이해관계자 식별	– 이해관계자 식별 가능성과 분석 가능성	– 이해관계자 관리대장 [결과물] – 프로젝트 스폰서 [심화학습] – 프로젝트관리오피스(PMO) [심화학습]
5.2.2 이해관계자 분석	– 이해관계자 분석시 고려할 사항	– 현저성 모델 [방법]
5.2.3 이해관계자 대응 우선순위 결정	– 이해관계자 대응 우선순위 결정방법	– 우선순위 결정 스키마 [방법]
5.2.4 이해관계자 참여	– 의사소통 채널의 유형별 특징 – 의사소통 방법 – 다문화 의사소통시 유의사항 – 조직과 이해관계자의 변화를 관리하는 다양한 모델	– 다문화 의사소통 [모델] · 브로이스와 프라이스의 다문화 관리 · 거트 호프스테드의 국가와 문화 – 의사소통 채널의 효과성 [모델] – '실행차'와 '평가차' [모델] – 조직의 변화관리 [모델] – ADKAR® 모델 [모델] – 변화를 리딩하기 위한 8단계 프로세스 [모델] – 버지니아 사티어의 변화모델 [모델] – 전환모델 [모델] – 이해관계자 참여 계획서 [결과물]
5.2.5 이해관계자 모니터링	– 신규 이해관계자 식별, 이해관계 변경 모니터링	– 이해관계자 참여 평가 매트릭스 [결과물]

※ 각 성과영역에서 공동으로 적용되는 다음 내용은 목차에서 제외하였다:
  개요, 다른 성과와의 상호작용, 성과영역 조정, 목표 달성 점검방법.

표 5.1 이해관계자 성과영역의 학습 주제 관련 모델, 방법, 결과물

바람직한 결과

- 프로젝트 팀과 이해관계자들은 서로에게 도움이 되는 생산적인 업무관계를 유지한다.
- 이해관계자들은 프로젝트가 추구하는 목적과 가치에 공감한다.
- 프로젝트에 긍정적인 이해관계자는 프로젝트를 지원하고 결과에 만족한다. 프로젝트에 부정적인 이해관계자가 프로젝트에 부정적인 영향을 미치지 않는다.

활동 예

이 코너는 각 성과영역의 내용 이해를 돕기 위해 현실에서 수행하는 프로젝트 관리 활동의 예를 설명한다. 프로젝트 관리 활동의 예는 '적응형(애자일) 프로젝트'와 '예측형(폭포수) 프로젝트'로 구분하여 설명하겠다. 적응형 프로젝트의 예는 협업 소프트웨어 개발 프로젝트(프로젝트 명 '컬래버')를 가정했고, 예측형 프로젝트의 예는 은행의 차세대

시스템을 구축하는 SI프로젝트(프로젝트 명 '디지털 뱅킹')를 가정했다.

컬래버 프로젝트, 적응형 개발

- 프로젝트 착수 전에 프로젝트 관리자는 팀원과 함께 컬래버 개발과 관련된 이해관계자 목록과 그들의 관심사항을 정리한다. (개발 팀장, 사업 부장, 마케팅 팀장, CFO, CEO)
- 프로젝트 진행단계별로 이해관계자들의 관심사항, 영향력을 정리하고 대응 우선순위를 결정한다.
- 이해관계자들이 필요로 하는 정보를 분석하고 이해관계자별 소통전략을 수립한다.
- 이해관계자의 프로젝트 참여 수준을 정기적으로 평가한다.
- 이해관계자와 관련된 이슈, 리스크를 별도로 정리하여 스폰서인 개발 팀장에게 보고한다.

디지털 뱅킹 프로젝트, 예측형 개발

이해관계자를 식별하고 분석하고 참여 수준을 관리하는 활동의 본질은 적응형과 예측형 프로젝트가 다르지 않다. 다만 프로젝트 상황이 다르기 때문에 다음에 유의한다.

- 고객사 이해관계자에 대한 정보가 부족하기 때문에 프로젝트 착수 전에 이해관계자들의 관심사항을 직접 청취하는 것이 바람직하다. 특히 고객사와 다양한 현업부서들의 이해관계는 복잡한 경우가 많다.
- 프로젝트 진행단계별로 이해관계자의 영향력이 명확하게 구분된다. 계약시점에서는 '구매부서', 진행 중에는 '정보전략 부서', 종료시점에서는 '현업부서'의 영향력이 높다.
- 이해관계자와 조직의 변화관리가 중요하다. 특히 시스템 구축결과에 많은 영향을 받는 부서의 변화관리 전략은 프로젝트 초기부터 고민해야 한다.

시험문제 출제경향

PMI는 PMP 시험내용 요약(PMP, Examination Content Outline)을 홈페이지에 올린다. 시험문제는 사람(people) 42%, 프로세스(process) 50%, 비즈니스 환경(business environment) 8% 비율로 출제된다. 이하는 이해관계자 성과영역 관련 내용이다. 이 책에서 소개하는 시험내용 요약은 2021년 1월 업데이트된 내용이다. 수험생들은 수험준비에 앞서 PMI 홈페이지에서 시험내용 요약을 확인하기 바란다. (구글에서 'Examination Content Outline'으로 검색하면 PDF를 다운받을 수 있다)

구분	주제	내용
사람	이해관계자와 협업	이해관계자의 참여 요구사항 평가
		이해관계자의 요구사항, 기대사항, 프로젝트 목표를 최적으로 조율
		신뢰를 형성하고 이해관계자에게 영향을 미쳐 프로젝트 목표 달성
	공감대 형성	상황을 분석하여 오해의 원인 파악
		필요한 모든 당사자의 의견을 듣고 합의에 도달
		당사자의 동의에 대한 결과 지원
		잠재적 오해 조사
프로세스	의사소통관리	이해관계자의 의사소통 요구사항 분석
		이해관계자를 위한 의사소통 방법, 채널, 빈도, 세부적 수준 결정
		프로젝트 정보와 업데이트를 효과적으로 전달
		전달 내용을 이해하고 피드백을 받았는지 확인
	이해관계자 참여	이해관계자 분석(예: 권력-관심 그리드)
		이해관계자 범주 분류
		범주별로 이해관계자 참여
		이해관계자 참여를 위한 전략을 개발, 실행, 검증
비즈니스 환경	조직의 변화 지원	조직의 문화 평가
		조직의 변화가 프로젝트에 미치는 영향을 평가하고 필요한 조치를 결정
		프로젝트가 조직에 미치는 영향을 평가하고 필요한 조치를 결정

표 5.2 이해관계자 성과영역의 PMP 시험내용 요약

출제 가능한 시험문제의 유형은 다음과 같다.

문제 유형

Q. 프로젝트에 신규로 합류한 이해관계자가 제품 품질에 문제가 있다는 이유로 프로젝트를 중단하자고 한다. 어떻게 대응해야 하는가?

A. 이해관계자의 불만사항을 파악하여 정확한 내용을 설명하고 필요시 개선계획을 수립하여 해당 이해관계자와 공유한다.

Q. 프로젝트 이슈 해결을 위한 회의를 진행할 예정인데 이슈와 관련된 중요한 이해관계자가 참석하지 않는다고 한다. 어떻게 해야 하는가?

A. 먼저 해당 이해관계자를 개별적으로 만나서 회의 불참 사유를 들어보고

가능하면 이해관계자가 회의에 참석할 수 있도록 일정을 조정한다. 조정이 여의치 않다면 해당 이해관계자의 의견을 파악하여 회의 때 다른 이해관계자들에게 설명한다. 만일 이해관계자에게 프로젝트 관리자가 해결하기 힘든 큰 불만이 있는 상황이라면 스폰서의 지원을 요청한다.

Q. 이해관계자들의 이해관계가 상충되어 프로젝트 일정이 지연되고 있다. 프로젝트 관리자는 어떻게 대응해야 하는가?
A. 상충되는 이해관계의 내용을 정확하게 파악하여, 객관적이고 합리적인 입장에서 이해관계 조정을 위한 노력을 한다. 그래도 해결되지 않으면 스폰서에게 지원을 요청한다.

Q. ○○○ 시설물을 건설 중인데 지역주민들이 반대하여 시장에게 프로젝트를 취소해 달라고 요청했다. 어떻게 대응해야 하는가?
A. ○○○ 시설물이 지역주민들에게 제공하는 편익(benefit)을 충분히 홍보하는 활동을 먼저 실행한다. 그 다음은 스폰서나 경영층에게 에스컬레이션해야 한다.

Q. 새해를 맞이하여 이해관계자들의 직급과 업무 변동이 발생하였다. 무엇을 해야 하는가? 또는 이해관계자 변동이 발생하였다. 무엇을 해야 하는가?
A. 이해관계자 관리대장(stakeholder register)을 업데이트해야 한다.

Q. 이해관계자가 프로젝트 진행 현황을 알고 싶어한다. 어떻게 대응해야 하는가?
A. 의사소통 계획서의 내용을 먼저 확인한다. 해당 이해관계자에게 어떤 정보를 어떻게 제공하는지 파악한 뒤 수정이 필요하면 의사소통 계획서를 갱신한다.

5.2 이해관계자 참여 관리

프로젝트 특성에 따라 이해관계자의 유형은 다르지만 이해관계자의 범위는 일반적으로 '프로젝트 팀 관련 이해관계자 → 조직 내부 이해관계자 → 지역 이해관계자'로 확대된다. 상품개발 프로젝트의 이해관계자 예는 그림 5.1과 같다.

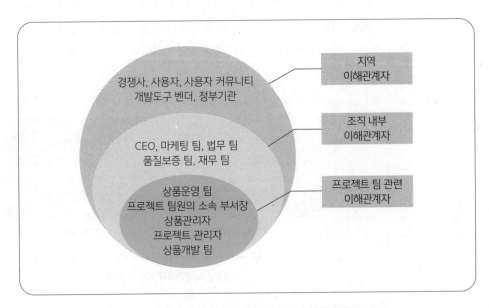

그림 5.1 소프트웨어 상품개발의 이해관계자 예시

프로젝트 팀은 다양한 이해관계자들이 프로젝트를 지지하게 만들고, 최소한 프로젝트를 적대하지 않도록 만들어야 한다. 이해관계자 참여 관리의 핵심내용은 다음과 같다.

■ **모든 유형의 이해관계자들을 식별하고 분석한다.**

프로젝트 착수시점에 우호적인 이해관계자, 중립적인 이해관계자, 적대적인 이해관계자 등 모든 유형의 이해관계자들을 빠짐없이 식별하고 이해관계를 분석해야 한다.

■ **이해관계자들의 모든 요구사항을 파악한다.**

이해관계자별로 다음과 같은 사항을 파악해야 한다.

– 제공받고 싶은 프로젝트 진행 정보, 프로젝트에 대한 기대사항, 기대수준

– 프로젝트 진행 단계별로 달라지는 요구정보, 기대사항

■ **프로젝트 상황에 따라 달라지는 이해관계자와 이해관계를 지속적으로 모니터링해야 한다.**

프로젝트를 진행하다 보면 조직 내부 및 외부 환경 변화가 발생할 수 있다. 그 결과 기존에 없던 이해관계자가 발생하거나, 기존 이해관계자들의 이해관계가 변경될 수 있다.

5.2.1 이해관계자 식별

프로젝트 착수 전부터 이해관계자를 식별하는 것이 바람직하다. 예를 들어 상품개발 프로젝트에서는 상품기획 단계부터 상품관리자와 프로젝트 관리자가 함께 이해관계자의 유형과 관심사항을 협의해야 한다. 그러나 프로젝트 착수시점에 프로젝트에 영향을 미칠 이해관계자들을 모두 식별하고 분석하기는 힘들다. 이해관계자 식별 및 분석 가능성은 그림 5.2와 같이 4가지 유형으로 구분할 수 있다. 앞의 Known은 이해관계자 식별이고, 뒤의 Known은 이해관계자의 분석이다.

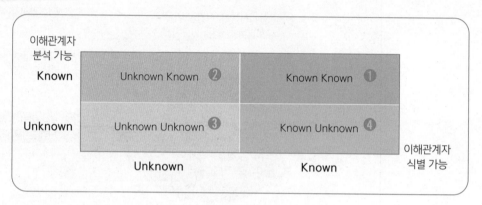

그림 5.2 이해관계자 식별 및 분석 가능성

❶ Known Known

이해관계자 식별 및 분석이 가능한 경우이다. 핵심 이해관계자에 대해서는 착수시점에 분석까지 수행해야 한다.

❷ Unknown Known

착수시점에 식별 가능한 이해관계자를 놓친 경우이다(분석 가능한 이해관계자를 식별하지 못함).

❸ Unknown Unknown

착수시점에 식별하기 힘든 이해관계자이다. 이런 이해관계자는 프로젝트 수행 도중 식별 가능한 이해관계자이다. 예상하지 못했던 이슈와 관련된 이해관계자는 사전에 식별하기 힘들다.

❹ Known Unknown

이해관계자는 식별했지만 이해관계 분석은 하지 못한 경우이다. 프로젝트 초기에 중요하지 않은 이해관계자의 이해관계는 명확히 파악하지 못할 수 있다. 법무, 품질, 구매 등 프로젝트 지원부서의 이해관계자는 대부분 여기에 해당한다.

결과물 | 이해관계자 관리대장(Stakeholder register)

이해관계자 관리대장은 이해관계자에 대한 분석정보를 정리한 문서로 프로젝트 진행 도중 지속적으로 업데이트해야 하며 구성내용은 다음과 같다(그림 5.3). 이해관계자 관리대장은 민감한 정보를 포함하기에 보안에 유의해야 한다.

- **기본 정보** 성명, 직위, 부서, 역할, 연락처
- **평가 정보** 주요 관심사항과 기대수준, 잠재적 영향력
- **유형 정보** 프로젝트 팀에서 정의한 이해관계자 유형(중립, 지지, 반대 등)

성명	김고객 팀장
이해관계자 유형	고객 경영층
역할	- 프로젝트 최종 검수 - 요구사항 확정
핵심 관심사항	- 유지보수 비용 절감에 관심이 많음 - 새로운 방법론 적용에 대한 관심
참여 시점 및 참여 내용	단계별 주요 산출물 검토시 승인 여부를 결정
영향력	프로젝트 검수에 결정적 영향을 미침
비고	당사 ○○○팀장과 이전에 프로젝트를 같이 한 경험이 있음

그림 5.3 이해관계자 관리대장 예시

5.2.1
이해관계자 식별

프로젝트 스폰서

프로젝트 스폰서는 다양한 이해관계자들로부터 프로젝트 입장을 대변하고 프로젝트를 지켜주는 후견인의 역할을 수행한다. 스폰서는 프로젝트 팀을 대표하여 경영층 또는 CEO와 의사소통하며 다음의 역할을 주로 수행한다.

- 프로젝트 팀에 경영층이 바라는 비전과 목표를 전달한다.
- 프로젝트 이슈 해결을 위해 경영층이 의사결정할 내용을 알려주고 신속한 의사결정을 지원한다.
- 변화하는 비즈니스 목표를 반영하여 프로젝트 계획이나 추진전략을 조정한다.
- 경영층이 관리할 리스크를 전달하고 모니터링한다.
- 기회로 활용할 수 있는 불확실성을 경영층에 공유하여 의사결정을 지원한다.
- 프로젝트가 창출하는 가치를 조직 내부에 홍보한다.
- 다양한 이해관계자 요구사항의 우선순위를 판단하고 상충되는 이해관계를 조정한다.
- 프로젝트 팀과 조직 내 다른 부서와의 갈등 해결을 지원한다.

스폰서의 역할이 없거나 참여가 부족하면 다음의 부작용이 발생한다.
- 경영층의 생각이나 전략이 프로젝트 팀에 전달되지 않거나 왜곡된다.
- 프로젝트 이슈 해결을 위한 의사결정 기간이 길어진다.
- 상충되는 이해관계의 조정이 지연된다.
- 프로젝트 수행을 위해 필요한 인적 자원 확보가 어렵다.

5.2.1
이해관계자 식별

프로젝트 관리오피스(PMO)

PMO는 프로젝트 거버넌스 프로세스를 표준화하여 자원, 방법론, 도구, 기법의 공유를 촉진하는 조직이다. 조직에서 PMO를 운영하는 목적은 프로젝트 성공 가능성을 높이기 위함이다. 프로젝트 관리자가 특정 프로젝트에 스튜어드십을 가지고 이해관계자들의 이해관계를 대변했다면, PMO는 조직 내 모든 프로젝트에 대해 스튜어드십을 가진다고 이해해도 무방하다. PMO는 프로젝트들의 가치실현을 위해 이해관계자와의 소통 및 협력, 인력 양성, 프로세스 개선 등의 역할을 수행한다.

① PMO의 유형

PMO의 책임과 역할, 조직구조는 조직의 여건에 따라 프로젝트를 지원하는 것에서부터 프로젝트를 직접 통제하는 것까지 다양하다. 조직에 따라 한 부서에서 이런 역할을 모두 수행하기도 하지만, 여러 부서에서 나누어 수행하기도 한다. PMO의 역할과 조직구조는 조직의 필요, 조직의 문화, 조직의 발전단계에 따라 변경된다. 예를 들어 조직의 관리방식이 중앙 집중에서 분산형으로 바뀌면 PMO의 유형도 바뀌어야 한다. PMO의 유형은 다음과 같다.

■ **지원형(Supportive): 프로젝트 거버넌스 체계 구축에 집중**

지원형 PMO는 조직 내 프로젝트 관리 프로세스를 정비한다. 프로젝트 관리를 위한 지침, 템플릿, 실무사례 등을 만들고 프로젝트 팀원들을 교육시킨다. 지원형 PMO는 프로젝트 관리 기능을 막 개선하기 시작한 조직에 적합하다.

■ **통제형(Controlling): 지원과 함께 프로젝트 관리자에게 전사 표준 프로세스 준수를 요구**

통제형 PMO는 기획 활동, 리스크 관리, 프로젝트 성과 추적 등을 위한 프로젝트 지원 서비스를 제공한다. 통제형 PMO는 프로젝트를 보다 직접적으로 통제하면서 지원하는 독립적 사업부 또는 다양한 사업부를 보유한 조직에 적합하다

■ **지시형(Directive): 주요 의사결정을 내리고 프로젝트를 직접 통제**

지시형 PMO는 특정 사업부에 속한 프로젝트 포트폴리오 전반을 감독한다. 감독이란 프로젝트 착수를 위한 비즈니스 케이스 요구, 프로젝트 수행을 위한 예산 및 자원 승인, 프로젝트 변경승인 등의 역할을 수행하는 것이다. 지시형 PMO는 중앙집중식으로 프로젝트를 관리한다. 신제품 개발과 같은 중요한 프로젝트를 다수 수행하는 조직에 지시형 PMO가 적합하다.

■ **전사형 PMO(EPMO): 전사 포트폴리오 관리**

사업부 조직이 아닌 전사 차원의 PMO를 운영할 수 있으며 이를 EPMO(Enterprise PMO)라고 한다. PMO는 계층을 이룰 수 있다. 예를 들어 EPMO는 하위 사업부의 PMO를 통제할 수 있다. 이러한 계층화를 통해 EPMO는 전사의 전략이 사업부 전

략에 반영되었는지 확인하고 사업부 PMO 역할 수행을 지원하기도 한다. 프로젝트가 조직의 전략에서 중요한 역할을 수행하고 프로젝트 관리 역량이 잘 확립된 조직에 EPMO가 존재한다.

■ VDO(Value Delivery Office, 애자일 프로젝트의 PMO)

위에서 설명한 PMO는 수직적으로 의사결정과 보고를 하는 조직에 적합하다. 반면 고객 중심의 수평적 의사결정을 추구하는 조직의 PMO는 보다 적응력이 높은 조직구조가 필요하다. 이를 ACoE(Agile Center of Excellence), VDO(Value Delivery Office), 또는 VMO(Value Management Office)라 한다. 이러한 유형의 PMO는 관리 또는 감독 기능보다는 조력자 역할을 수행한다.

② PMO의 역할

PMO는 전사자원 활용에 관한 의사결정을 하거나 프로젝트 관리자에게 코칭을 하기도 한다. 경우에 따라 프로젝트 중단을 결정하기도 한다. 전사 차원의 PMO가 필요한 이유는 개별 프로젝트가 전사의 표준 프로세스에 따라 프로젝트를 수행하고, 전사 표준 프로세스는 개별 프로젝트들의 수행실적, 리스크, 교훈들을 반영하여 갱신되기 때문이다.

전사 차원의 PMO 기능은 조직의 환경이나 전략에 따라 달라지나 일반적인 역할은 다음과 같다

■ 프로젝트 거버넌스 체계 구축

- 프로젝트 관리와 관련된 전사 표준 프로세스(방법론, 표준, 도구) 구축 및 지속적 개선 정의와 개선
- 프로젝트 특성과 리스크를 고려한 관리수준 결정 (관리 레벨과 상세화 수준)
- 조직의 지식저장소(프로젝트 정보관리 시스템) 구축 및 유지관리
- 프로젝트 진척상황에 대한 보고 절차와 양식 표준화

■ 프로젝트 모니터링 및 리스크 관리

- 프로젝트 평가 (착수, 중간, 종료)
- 감사활동을 통해 프로젝트에서 정의한 표준, 절차, 양식을 준수하는지 모니터링
- 프로젝트 리스크 상황을 공유하고 대응방안 협의

■ 프로젝트 팀 역량강화

- 모범적 실무관행(best practice) 문서화, 교육 및 공유

- 프로젝트에서 습득한 지식을 조직 전체에 공유
- 프로젝트 관리자 멘토링, 컨설팅
- 프로젝트 실적 데이터 제공을 통한 산정의 신뢰도 제고
- 조직의 프로젝트 관리성숙도 평가
- 프로젝트 관리자 양성, 선발, 역량 평가

■ **프로그램 및 포트폴리오 관리**
- 개별 프로젝트의 성공이 아닌 조직목표 달성을 위한 프로젝트 관리
- 경영층의 의사결정 지원을 위한 정보제공
- 조직의 인적, 물적 자원 관리
- 프로젝트, 프로그램 착수 혹은 중단에 대한 의사결정

③ PMO 역할의 진화

프로젝트 수행환경의 불확실성 증대, 기술발전의 가속화, 경쟁 심화는 프로젝트 가치 실현을 어렵게 만들고 있다. 급변하는 환경에서는 PMO도 프로젝트 가치 실현에 기여하는 것을 입증하지 않으면 조직에서 존재하기 어렵다. 예전처럼 톱다운 방식의 관리만으로는 PMO가 유지되기 힘들다. PMO의 역할도 진화되어 다음과 같은 과제를 수행하고 있다.

■ **중요한 이니셔티브(initiative)에 집중**

이니셔티브는 시험에서 자주 사용되는 용어이기 때문에 정확하게 이해해야 한다. 첫째 '중요한 문제 해결을 위한 계획 또는 프로젝트'를 의미한다[예: △△그룹은 ESG 이슈를 빠르게 파악하고, 이를 적극적으로 이행하기 위해 다양한 이니셔티브(프로젝트)에 참여하고 있습니다]. 둘째는 '솔선, 주도, 선도'를 의미한다. 무언가를 처음 시작(initiation)하는 것과 관련하여 이해하면 된다(예: ○○프로젝트는 우리 부서가 이니셔티브를 가지고 합시다). 시험에서는 위와 같이 다른 의미로 이니셔티브를 사용할 수 있다.

PMO는 조직이 전략적으로 결정한 중요한 이니셔티브에 집중해야 한다. 또는 상향식(bottom up)으로 의사소통하는 과정에서 중요한 이니셔티브를 발견할 수도 있다. PMO는 사업부의 경영진, 사업부 책임자, 상품책임자(PO)와 협의하는 과정을 통해 이러한 통찰력을 얻거나 제공할 수 있다.

■ **비효율적 프로세스 제거**

개별 프로젝트 입장에서는 PMO가 불필요한 관리 단계를 추가하거나 가치를 창출

하지 않는 문서를 요청하는 조직으로 인식되기 쉽다. PMO는 프로젝트 가치창출에 도움되지 않는 프로세스는 지속적으로 효율화해야 한다.

■ 인재 및 역량 육성

PMO는 유능한 팀원 채용과 유지에 보다 적극적인 역할을 해야 한다. 조직 전체의 기술, 관리 스킬, 리더십 기술 역량을 증진시켜야 한다.

■ 변화관리 지원

PMO는 조직가치 극대화 관점에서 변화관리를 선도한다. PMO가 예측형 개발에서 애자일 개발로 전환을 주도하는 것이 대표적인 예다.

5.2.2 이해관계자 분석

이해관계자를 식별한 다음에는 이해관계자를 분석해야 한다. 이해관계자 분석의 내용은 다음과 같다.

- **이해관계자의 권력** 이해관계자의 의사결정 권한 중 프로젝트와 관련된 내용
- **관심사항과 기대수준** 이해관계자가 프로젝트에 원하는 정보 요구사항과 기대수준
- **참여 형태** 이해관계자의 프로젝트 참여 시점, 역할
- **영향력** 이해관계자가 프로젝트에 직접, 간접적으로 영향을 미치는 정도
- **이해관계자 상호작용** 유사한 이해관계자들의 연대 가능성 (정치와 비슷)

5.2.2
이해관계자 분석 **모델 | 현저성 모델(Salience model)**

현저성 모델은 3가지 속성(권력, 적합성, 긴급성)을 벤(venn) 다이어그램의 형태로 정리하여 이해관계자 유형을 7가지로 구분한다(그림 5.4). 벤 다이어그램의 3가지 속성은 다음과 같다.

■ 권력(Power)

권력은 프로젝트에 미칠 수 있는 이해관계자의 권한 또는 영향력을 의미한다. 조직 내부 보고체계에 있는 상급자들이 높은 권력을 가진다. 품질, 법무, 구매 등 지원부서의 관리자도 프로젝트 성격에 따라 높은 권력을 가질 수 있다. 계약에 의한 프로젝트는 고객을 대표하는 프로젝트 책임자와 그의 상급자가 높은 권력을 가진다.

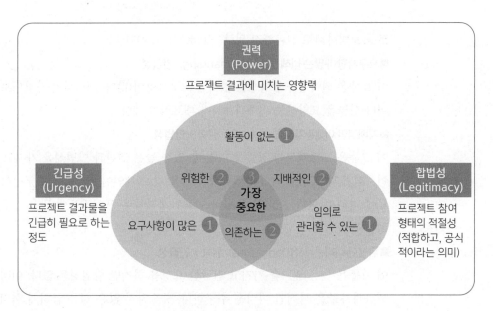

그림 5.4 현저성 모델을 활용한 이해관계자 유형

■합법성(Legitimacy)

합법성은 이해관계자가 프로젝트에 참여하는 형태가 적합하고 공식적인 정도를 의미한다. 공식적인 이해관계자가 공식적으로 요청하는 것은 합법성에 문제가 없다. 정당하지 않고 비공식적인 요청을 하는 이해관계자에게 시간을 낭비해서는 안된다.

■긴급성(Urgency)

긴급성은 이해관계자의 요구사항이 즉각적인 대응을 해야 하는 정도를 의미한다. 시간의 긴급성과 요구사항의 중요도가 높을수록 긴급성은 높아진다. 단순한 업무의 이행이 시급한 경우와 긴급하지는 않지만 중요한 요구사항은 구분해야 한다.

현저성 모델에서 정의하는 이해관계자의 유형은 다음과 같다.

　속성들의 교집합이 많을수록 이해관계자의 중요도는 높아진다. 교집합이 없는 ❶의 유형은 이해관계자의 중요도가 낮고, ❷❸의 순서로 이해관계자 중요도가 높아진다.

■가장 중요한 이해관계자(Definitive): 권력 + 합법성 + 긴급성

이 그룹은 현저성에 대한 모든 기준을 충족한다. 그들은 높은 권력을 가지고, 프로젝트에 정당하고 긴급하게 대응해야 할 요구를 한다.

■의존하는 이해관계자(Dependent): 합법성 + 긴급성

이 그룹은 합법성과 긴급성을 가지고 있지만 프로젝트 방향에 영향을 미칠 권력이 부족하다. 프로젝트의 결과물을 기다리는 사람들로 공공 프로젝트의 지역주민이 대표적인 예다. 이러한 유형의 이해관계자는 조직 내부에서도 발생할 수 있는데 특정 프로젝트를 모범사례로 전파하길 원하는 PMO가 그 예다.

■ 요구사항이 많은 이해관계자(Demanding): 긴급성

이 그룹은 권력이나 합법성은 없지만 요구사항이 많다. 개인적인 자격으로 상품의 기능이나 성능을 요청하는 이해관계자가 대표적인 예다.

■ 지배적인 이해관계자(Dominant): 권력 + 합법성

이 그룹은 프로젝트에 영향을 미칠 수 있는 높은 권한과 합법성을 가지고 있다. 회사의 이사회가 대표적인 예다. 권력과 합법성을 갖춘 개인이나 그룹의 요구사항은 그들의 의도에 따라야 한다. 이러한 유형의 이해관계자들은 프로젝트에 많은 시간을 할애하지 않는다.

■ 위험한 이해관계자(Dangerous): 권력 + 긴급성

이 그룹은 높은 권력을 가지고 긴급한 요청을 하지만 합법성은 없다. 이러한 유형의 이해관계자들은 사적인 이익을 추구한다. 중요하지 않은 일을 급하게 한다면 프로젝트 팀에는 치명적이다. 그래서 위험한 이해관계자이다. 주로 조직의 내부 정치 과정에서 등장하는데, 외형상으로는 그럴듯한 논리로 이해관계를 포장한다. 특정 도구, 특정 아키텍처를 조직 내에 확산하여 본인의 입지를 넓히고자 하는 경영층이 대표적인 예다.

■ 활동이 없는 이해관계자(Dormant): 권력

이 그룹은 높은 권력은 있지만 프로젝트에 기대하거나 요청하는 것이 없다. 법무 이슈가 없는 프로젝트에서 법무팀장이 대표적인 예다.

■ 임의로 관리할 수 있는 이해관계자(Discretionary): 합법성

이 그룹은 적합한 요청은 하지만 권력이 없고 요청사항이 긴급하지도 않다. 프로젝트와 관련하여 요구사항을 제시하는 일반 사용자가 대표적인 예다.

5.2.3 이해관계자 대응 우선순위 결정

모든 이해관계자들의 관심사항을 충족시키는 것은 불가능하다. 프로젝트 관리자가 이해관계자와 대면 의사소통 할 수 있는 시간도 한정되어 있는 것이 현실이다. 따라서 프로젝트 팀에서 우선적으로 대응할 이해관계자를 결정해야 한다.

이해관계자 대응 우선순위를 결정하기 위해서는 다음에 유의해야 한다.

■ 이해관계자의 요구사항이 상충될 때 우선적으로 고려할 이해관계자를 검토한다

■ 이해관계자와 대면소통을 위해 시간을 아끼지 않는다.

■ 이해관계자가 만족하고 있는지, 프로젝트 참여는 잘하는지 정기적으로 모니터링한다.

방법 | 우선순위 결정 스키마(Prioritization schema)

프로젝트와 관련된 중요한 의사결정을 할 수 있는 '권력(power)', 프로젝트 결과에 대한 '관심(interest)', 프로젝트 결과에 미칠 수 있는 '영향력(influence)' 중 2가지를 골라서 이해관계자 유형을 그림 5.5와 같이 격자 형태로 정리할 수 있다.

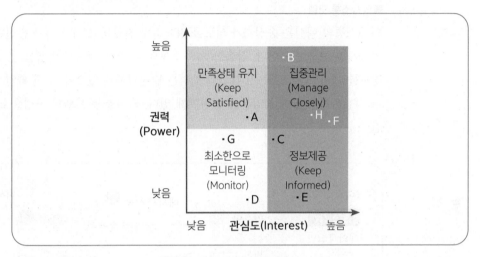

그림 5.5 이해관계자 대응 우선순위 결정 예시

프로젝트 초반에 정의한 이해관계자 우선순위는 고정된 것이 아니다. 프로젝트를 진행하면서 변화하는 프로젝트 상황을 고려하여 이해관계자 우선순위를 조정해야 한다.

5.2.4 이해관계자 참여

이해관계자 참여란 이해관계자와 협업하는 활동 전반을 의미한다. 예를 들어 이해관계자와 함께 요구사항을 구체화하고, 식별된 리스크의 해결방안을 토의하고, 프로젝트의 중간 인도물을 검토하는 활동이 이해관계자 참여활동의 예다.

이해관계자의 긍정적인 참여를 촉진하기 위한 방안은 무엇일까? 대인관계를 통해 좋은 관계를 맺는 것은 기본이고 이해관계자를 합리적, 논리적으로 설득할 수 있어야 한다. 이를 위해서는 이해관계자의 관심사항을 파악하고 이해관계자가 원하는 정보를 제때 정확하게 공유하여, 적시에 적절한 참여를 유도해야 한다.

이해관계자가 원하는 정보를 파악하고 제공하는 활동은 의사소통이다. 의사소통이란 상대방(개인이나 그룹)의 행위를 변화시킬 의도를 가지고, 두 사람 이상이 정보를 표현하고 이해하는 과정이다. 프로젝트 의사소통은 정보를 주고받는 협의의 개념이 아니라, 프로젝트 수행 도중 어떤 정보를 어떻게 생성, 취합, 분류, 보관, 배포할지 등을 결정하고 실행하는 광의의 개념이다.

의사소통 관련하여 숙지할 개념은 다음과 같다.

■ **의사소통 모델**

의사소통의 핵심은 송신자가 의도를 정확하게 전달하고, 수신자가 송신자의 의도를 정확하게 이해하는 것이다. 잡음은 의사소통의 전(全)과정에서 발생할 수 있다. 수신자가 정보를 올바로 이해했는지 확인할 책임은 발신자에게 있으며, 수신 확인 알림을 보내거나 적절하게 회답할 책임은 수신자에게 있다. 의사소통 모델의 구성요소는 그림 5.6과 같다.

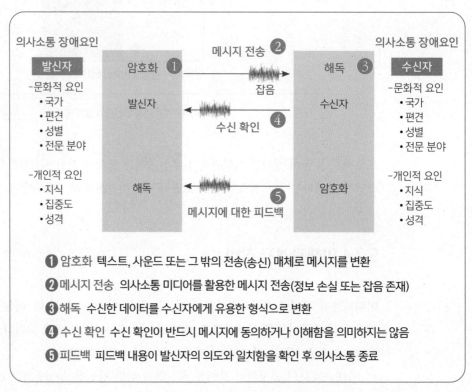

그림 5.6 의사소통 모델

■ **의사소통 유형**

– **공식/문서(Formal written)** 프로젝트 관리계획서, 월간 성과보고서, 비즈니스 케이스

– **공식/구두(Formal verbal)** 프레젠테이션, 상품 시연, 진척 검토, 이슈 토의

– **비공식/문서(Informal written)** 메신저, 이메일

– **비공식/구두(Informal verbal)** 회의, 일상 대화

■ **의사소통 방식**

– **전달식 의사소통(Push communication)**

정보공유가 필요한 이해관계자에게 정보를 일방적으로 제공하는 방식으로 이메일, 협업 도구를 활용한 공지가 예이다. 전달식 의사소통은 상대방의 이해 수준, 공감 여부를 알 수 없기 때문에 유의하여 사용해야 한다.

– **유인식 의사소통(Pull communication)**

수신자들이 필요한 정보를 찾는 방식으로 지라(jira), 컨플루언스(confluence)와 같은 프로젝트 협업도구 활용이 대표적인 예이다.

– **대화식 의사소통(Interactive communication)**

이해관계자 참여를 유도하기 위해 가장 효과적인 방법으로 회의, 전화통화, 화상 회의, 메신저 등이 포함된다. 대화식 의사소통의 유형에 따라 의사소통의 효과도 달라진다. 대면소통이 가장 효과가 높다. COVID-19 이후 화상회의에 대한 거부감이 줄어들어 화상회의가 대면소통의 대안이 되는 추세이다.

대화식 의사소통에서는 다음을 확인할 수 있다.

· 의사소통 내용의 정확한 이해 여부

· 의사소통 내용에 대한 동의하는 정도 (의사소통 내용의 '이해'와 '동의'는 다름)

· 발신자의 의도와 다른 의미로 전달될 수 있는 메시지 확인

· 의사소통 과정에서 얻게 되는 아이디어 (대화식 의사소통의 가장 큰 장점)

5.2.4
이해관계자 참여

 모델 | 다문화 의사소통(Cross-cultural communication)

글로벌 인력들이 함께 프로젝트를 수행하는 경우가 많아지고 있다. 글로벌 인력이 함께 프로젝트를 수행할 때, 각 나라의 문화적 차이, 다양성, 특성을 잘 이해해야 팀원끼리 불필요한 갈등이 발생하지 않는다. 문제가 없다고 여긴 행동이 특정 나라에서는 문제가 되기도 하기 때문이다. 또한 각 나라의 문화적 특성을 잘 이해해야 의사소통을 제대로 할 수 있다.

　일반적인 의사소통의 오류 유형과 발생 원인은 다음과 같다. 다문화 의사소통에서

는 국적, 전문 분야, 민족성, 인종 또는 성별 차이로 인해 의사소통의 오류가 발생할 가능성이 높다.

- **내용 해석의 오류** 잘못된 용어 혹은 불명확한 용어를 사용할 때 발생
- **송신자와 수신자의 관계** 상대방에 대한 불신이 있을 때는 소통이 힘듦
- **정보의 여과(필터링)** 의도적으로 특정 정보를 여과해 전달할 때 발생
- **선택적 지각** 자신에게 유리한 쪽으로 정보를 지각하는 것으로 개인의 경험이 영향을 미침
- **감정 상태** 수신자와 발신자의 감정 상태에 따라 정보 해석이 달라짐
- **시간과 정보량** 급박한 상황에서는 정보 해석이 달라짐
- **상대방의 지식 수준** 발신자, 수신자의 지식 수준에 따라 소통 오류 발생
- **문화·민족성** 문화의 차이에 따라 의사소통 오류 발생

브로이스와 프라이스(Browaeys & Price)의 《다문화 관리》

브로이스와 프라이스가 2011년 발간한 《다문화 관리(Understanding Cross-Cultural Management 2nd)》에서는 글로벌 관리자의 의사소통과 행동에 영향을 미치는 8개 항목을 다음과 같이 정의했다.

■ **시간집중(time focus)에 대한 인식: 단일시간(Monochromic) vs. 복합시간(Polychromic)**
단일시간 문화에서는 한 번에 하나씩 처리하고 복합시간 문화에서는 한 번에 여러 일을 처리한다. 단일시간 문화와 복합시간 문화의 차이는 표 5.3과 같다. 단일시간 문화는 예측형 개발방식, 복합시간 문화는 적응형 개발방식이 적합하다.

단일시간 문화	복합시간 문화
일정계획을 중시	협력적인 관계를 중시
단편적이고 과업지행	종합적이고 인간관계 지향
단기 중시	장기중시
구체적이고 상세한 정보 제공	종합적이고 암묵적 지식 제공
엄격한 일정준수	유연한 통제

표 5.3 단일시간 문화와 복합시간 문화의 차이

■ **시간 지향성(time orientation)에 대한 인식: 과거, 현재, 미래**
과거 지향 문화는 전통의 유지를 중요시하고, 미래 지향 문화는 미래의 가치창출, 변화를 중요시한다.

■ 권력(power)에 대한 인식: 위계(Hierarchy) vs. 평등(Equality)

위계문화에서는 공식 지위가 영향을 많이 미친다. 위계문화와 평등문화의 차이는 표 5.4와 같다.

위계 문화	평등 문화
중앙집중형 계획수립	참여, 분산형 계획수립
엄격히 통제되는 조직구조	개인의 자율을 중시
직원들은 관리자의 지시를 선호	직원들은 관리자와 협의하여 업무수행

표 5.4 위계문화와 평등문화의 차이

■ 경쟁에 대한 인식: 경쟁(Competition) vs. 협력(Cooperation)

경쟁문화에서는 승진, 재산 획득을 중요시하며 협력문화에서는 삶의 질, 업무 성취를 중요시한다.

■ 활동에 대한 인식: 실행(Doing) vs. 존재(Being)

실행문화에서는 과업의 성취를 중요시하며, 존재문화에서는 개인의 성장과 비전을 중요시한다.

■ 공간에 대한 인식: 개인(Private) vs. 공공(Public)

개인문화에서는 개인의 공간을 중시하여 개인별로 분리된 공간을 선호하고, 공공문화에서는 오픈된 광장을 선호한다. 개인문화는 계획을 중시하고 과업 지향적인 반면, 공공문화는 관계지향적이다.

■ 의사소통에 대한 인식: 고맥락(High context) vs. 저맥락(Low context)

고맥락 문화는 종합적이고 비전 중심의 정보공유를 선호하고, 저맥락 문화에서는 명확한 작업지시를 선호한다.

■ 구조에 대한 인식: 개인(Individual) vs. 집단(Collectivism)

개인문화는 우리보다는 나를 선호하고, 집단문화는 반대이다.

호프스테더의 국가와 문화

네덜란드의 헤이르트 호프스테더(Geert Hofstede)는 1970년대에 72개국에 흩어진 IBM의 관리자 116,000명을 대상으로 국가 혹은 지역적인 문화의 특성을 수년간에 걸쳐 연구했다. 여기에 본드(Michael.Hariss.Bond)가 1980년대 5개국 22개 나라의 연구 결과를 추가하여 국가 혹은 지역의 문화가 개인의 행동에 영향을 미친다는 결론을 내렸다. 호프스테더는 국가의 문화를 5가지 관점에서 분류했다.

■ **권력의 격차 거리(Low power distance vs. High power distance)**

조직 구성원이 권력이 균등하게 분포되어 있다고 생각하고 인정하는지를 판단하는 관점이다. 권력의 격차 거리가 작은 문화에서는 권력이 균등하여 민주적이라고 생각하며 소수의견도 존중한다.

■ **개인주의 vs. 집단주의**

집단의 이해관계와 개인의 이해관계 중 어느 것이 우선인지 판단하는 관점이다. 개인주의 문화에서는 자신을 중시하여 개인의 동기와 성취에 가치를 둔다. 집단주의 문화에서는 가족이나 종교나 학연, 지연 등 집단을 중시하는 행동을 하기 때문에 개인은 집단을 위해 희생할 수 있다고 생각한다.

■ **남성적 vs. 여성적**

남성성과 여성성의 가치에 입각하여 문화를 판단하는 관점이다. 남성적인 문화에서는 경쟁, 소유, 재산 증식 등에 높은 가치를 부여한다. 여성적인 문화에서는 보살핌, 평등, 생활 환경, 인간관계와 삶의 질 등에 높은 가치를 부여한다.

■ **불확실성 회피**

불확실하거나 미지의 상황에서 위협을 느끼는 정도에 대한 관점이다. 불확실성에 대해 회피가 강한 문화의 사람들은, 예측할 수 있고 확실한 것, 명시적인 규칙, 구조화된 행동 등을 선호한다. 불확실성에 대해 회피가 약한 문화의 사람들은 유연한 규칙, 신상품, 혁신, 새로운 일을 선호한다.

■ **단기 지향 vs. 장기 지향**

현재나 과거에 중점을 두느냐, 미래에 중점을 두느냐에 대한 관점이다. 장기 지향 문화를 가진 사회에서는 결과가 천천히 나와도 끈기와 절약, 인내를 보인다. 단기 지향 문화를 가진 사회에서는 규범, 현재의 안정성, 전통 등 과거나 현재에 영향을 주는 행동에 가치를 둔다.

모델 | 의사소통 채널의 효과성(Effectiveness of communication channels)

알리스테어 콕크번(Alistair Cockburn)은 의사소통의 풍부함(richness)를 X축으로, 의사소통의 효과성을 Y축으로 정의하여 다양한 의사소통 채널을 설명했다. 그림 5.7에서 가장 많은 정보를 신속하게 소통하고 암묵적인 지식까지 협의할 수 있는 수단은 화이트보드를 활용하는 대면소통이다.

이해관계자들과 소통할 때 문서나 이메일은 단순한 사실 공유(예: 주간회의 일정)에 국한해야 한다. 설득을 목표로 하거나 복잡한 내용은 이메일 소통을 하더라도 전화를 걸거나 직접 찾아가 내용을 다시 설명하고 이해관계자의 의견을 청취해야 한다. 프로젝트 관리자가 이해관계자를 찾아가는 노력을 아끼지 않을수록 프로젝트 성공은 한 걸음 더 가까워진다.

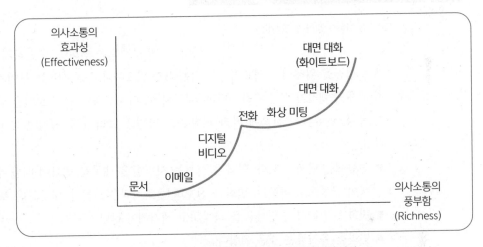

그림 5.7 의사소통 채널별 의사소통의 풍부함과 효과성

 모델 | '실행격차'와 '평가격차(Gulf of execution and evaluation)'

도널드 노먼(Donald Norman)이 개발한 '실행격차'와 '평가격차'의 개념은 사람 간의 의사소통이 아니라 상품과 사람 간의 의사소통 즉 디자인을 설명하며 UX(User Experience, 사용자 경험) 이론에 가깝다. 무선 이어폰을 처음 구매하거나 새로운 무선 이어폰을 구매했을 때 '음악소리 크게 하기' '음악 중단' '전원 끄기' '다음 곡 듣기'와 같은 작동법 때문에 불편했던 경험을 떠올리면 된다.

'실행격차'는 사용자가 상품에 기대한 기능대로 수행하지 않을 경우 발생한다. 상품 디자인이나 UX 방식이 사용자의 직관에 가까울수록 '실행격차'는 줄어든다. 예를 들어 무선 이어폰 사용 중 오른쪽 이어폰을 한번 터치하여 음악 재생의 일시 중지를 기대했는데 다른 기능을 수행하면 '실행격차'가 발생한 상태다. 집 거실의 전원 버튼을 눌렀을 때 의도하지 않은 전등의 불이 켜지는 것이 '실행격차'의 대표적인 예다. '실행격차'는 사용자에 따라 달라진다.

그림 5.8 자동차 앞 좌석 조정 버튼

'평가격차'는 사용자가 특정 기능을 수행하기 위해 기울여야 하는 노력을 의미한다. 무선 이어폰에서 '음악소리 크게 하기' 기능을 쉽게 찾을 수 있고, 그 절차가 간단할수록 '평가격차'는 작다. 그림 5.8에서 자동차 앞 좌석의 특정한 배치를 1번에 저장하고자 할 때 어떻게 하면 될까? 많은 사용자들이 한 번에 간편하게 성공할수록 '평가격차'는 작아진다.

프로젝트는 변화를 수반하기 때문에 프로젝트 성공을 위해서는 체계적인 변화관리가 필요하다. 프로젝트는 무언가를 변화시키기 위해 수행하기 때문에 《PMBOK 지침서》에 다양한 변화관리 모델을 설명한다. 변화의 유형, 변화관리 전략에 따라 변화관리 방법은 달라질 수 있지만 공통점은 다음과 같다.

- 변화에는 단계가 있다. 변화를 접하는 사람들은 대부분 변화에 대한 부정에서 시작하여 긍정으로 바뀐다. 변화를 선호하는 조직원은 드물다. 대부분은 부정적이다.
- 변화를 방해하는 장애물을 파악하고 제거해야 한다.
- 변화를 유지하는 것은 어렵다.

《PMBOK 지침서》에 소개된 변화관리 모델은 다음과 같다. 애자일을 조직에 도입하기 위해서도 변화관리 모델을 적용해야 한다. 상세 내용은 〈부록1〉을 참고하기 바란다.

5.2.4
이해관계자 참여 모델 | 조직의 변화관리(Managing Change in organizations)

PMI에서 발간한 《조직의 변화관리(Managing Change in Organizations)》는 다양한 변화관리 모델의 공통 요소를 5단계로 정리하였다. 여러 가지 변화관리 모델의 특징을 잘 정리했기 때문에 변화관리 이론을 종합적으로 이해하는 데 도움이 된다.

❶ 변화 공식화(Formulate change)
변화의 필요성과 변화될 미래의 모습을 이해관계자들에게 명확하게 설명하여 공감대

를 형성한다.

- 지속성장, 경쟁우위 확보 등 변화가 필요한 이유를 명확하게 정의한다.
- 외부 상황과 내부 상황을 종합하여 변화를 추진할 준비가 되었는지 평가한다.
- 변화관리의 범위를 정의하고 변화의 예상 결과를 명확히 한다.

❷ 변화를 위한 계획수립(Plan change)

현재 상태를 미래의 원하는 상태로 변경하기 위한 계획을 수립한다. 변화의 규모가 큰 경우 프로젝트, 프로그램, 포트폴리오 전반에 걸쳐 일관된 변화관리 계획을 수립해야 한다.

- 조직의 특성과 현 상황을 고려하여 변화관리 전략을 결정한다. 대표적인 전략이 단 기간에 급진적으로 변화할지, 장기간에 걸쳐 점진적으로 변화할지에 관한 것이다.
- 이해관계자 참여를 유도할 계획을 수립한다. 변화관리에 영향을 받는 모든 이해관계 자를 식별하고 긍정적이고 지속적인 참여를 유도할 계획을 수립한다.
- 프로젝트 완료 후 운영으로 전환하기 위한 계획을 수립한다.

❸ 변화 실행(Implement change)

처음에 생각했던 대로 한 번에 끝나는 변화관리는 드물다. 만일 한 번에 변화관리가 성 공적인 것처럼 보이면 그것은 강압적 분위기에 의한 일시적인 현상일 가능성이 높다. 그런 현상은 경영층의 지원 하에 강력하게 추진하는 변화관리 프로그램에서 자주 볼 수 있다. 변화관리 과정에서 발생하는 부작용을 반복적, 지속적으로 개선해야 한다.

- 조직의 변화관리를 위해 지원이 필요한 영역을 확인한다.
- 이해관계자들을 조직의 변화관리 활동에 적극 참여시킨다.
- 이해관계자들에게 프로젝트 결과물을 제공한다.

❹ 전환관리(Manage transition)

프로젝트를 종료하면 장기적 운영으로 정착될 수 있도록 관리해야 한다.

- 운영과정에서 발생하는 이슈를 해결하고 계획을 조정한다.

❺ 변화 지속(Sustain change)

변화 프로그램의 성공은 조직과 이해관계자에게 제공하는 변화의 가치에 달려있다.

- 이해관계자와 지속적으로 소통하고 협의한다.
- 변화 프로그램을 적용하는 동안 발생하는 상황을 모니터링한다
- 운영성과를 지속적으로 측정하고 홍보한다.

모델 | ADKAR® 모델

제프 히아트(Jeff Hiatt)는 개인이 변화의 과정에 적응하는 단계를 설명하는 애드카(ADKAR®) 모델을 개발했다.

❶ 인식(Awareness)

변화가 필요한 이유를 인식한다.

❷ 욕구(Desire)

변화가 필요한 이유를 안 뒤에는 변화에 참여하고 지지하는 마음이 생겨야 한다.

❸ 지식(Knowledge)

변화와 관련된 이해관계자들이 새롭게 바뀌는 책임과 역할, 새로운 프로세스, 새로운 시스템을 이해해야 한다. 이러한 지식을 전달하기 위해서는 교육과 훈련이 필요할 수 있다.

❹ 능력(Ability)

이해관계자들이 변화를 적용하는 데 필요한 사항을 지원한다.

❺ 강화(Reinforcement).

보상, 인정, 피드백, 측정을 통해 변화가 정착될 수 있도록 한다.

M 모델 | 변화를 리딩하기 위한 8단계 프로세스

존 코터(John Kotter)는 경영층이 주도하여 하향식으로 추진하는 8단계 프로세스를 개발했다.

❶ 위기감 조성(Create urgency)

잠재적 위협과 기회를 식별하여 조직원들에게 변화의 필요성을 인지시킨다.

❷ 강력한 연합체 형성(Form a powerful coalition)

변화를 주도할 리더들을 선정한다. 리더들은 다양한 분야에서 실질적인 영향력이 있는 사람들을 선정한다. 직위는 중요하지 않다.

❸ 변화를 위한 비전 창출(Create a vision for change)

변화의 핵심가치를 선정한 뒤 조직원들에게 변화를 설명할 간단한 비전 선언문을 작성한다. 다음으로, 비전을 실현하기 위한 전략을 수립한다.

❹ 비전 의사소통(Communicate the vision)

변화관리를 수행하는 전반에 걸쳐 반복적으로 비전을 전달한다. 조직의 모든 활동에 비전을 적용한다. 고위 경영층과 변화리더들은 지속적으로 비전을 전달하고 변화의 긴급성과 혜택을 입증해야 한다.

❺ 장애물 제거(Remove obstacles)

모든 변화에는 장애물이 있다. 예전의 프로세스를 버리지 못하거나, 조직 내 부서 간 정치활동일 수도 있고, 변화를 불편해 하는 사람들일 수도 있다. 모든 장애물은 빨리 제거해야 한다.

❻ 단기간의 성공경험 창출(Create short-term wins)

작더라도 짧은 시간 내에 조직원들이 성공 경험을 체험할 수 있도록 한다. 그래야 조직원들이 변화에 대한 피로감을 덜 느끼고 변화를 지원할 수 있다. 조직원들의 성공경험은 변화관리를 위한 추진력을 제공한다.

❼ 지속적인 변화기반 구축(Build on the change)

단기 성공 이후에는 변화를 지속할 수 있는 목표와 계획을 수립한다.

❽ 변화를 기업문화로 정착(Anchor the changes in corporate culture)

조직문화는 조직원들의 가치, 행동, 규정, 프로세스 등을 포함한다. 변화가 조직문화에 스며들 수 있도록 한다 그러기 위해서는 변화의 비전을 지속적으로 전달하고, 성공사례를 공유하고, 변화를 추진하는 사람들을 보상하고 지원해야 한다.

5.2.4
이해관계자 참여

Ⓜ 모델 | 버지니아 사티어의 변화모델(Virginia Satir change model)

버지니아 사티어(Virginia Satir)는 가족을 통한 개인의 심리치료에 평생을 바친 사람이다. 버지니아 사티어의 변화관리 모델은 사람들이 변화를 경험하고 대처하는 방법을 6단계로 나누어 설명한다. 이 모델은 변화를 겪는 사람들의 감정을 이해하여 효율적인 변화관리를 지원한다.

❶ 기존 상태(Late status quo)

대부분의 사람들이 현 상태가 익숙하고 예측 가능해서 현 상태에 대한 불만이 없다. 그러나 일부 사람들은 현 상태를 개선할 욕구가 생기기도 한다.

❷ 외부요소(The foreign element)

현 상태 변경을 촉발하는 외부요인이 나타난다. 기존의 프로세스를 변경하는 정보시스템 구축을 예로 들 수 있다. 이러한 변화는 사람들의 반발 또는 단기간 성과 저하를 초래할 수도 있다. 많은 사람들이 변화를 무시한다.

❸ 혼란(Chaos)

외부요인들의 영향력이 확대되어 좀 더 많은 사람들이 불편을 느낀다. 성과는 최저 수준으로 떨어지고 사람들의 감정과 행동은 예측하기 힘들어진다. 불안을 느끼는 사람, 마음의 문을 닫는 사람, 흥분하는 사람 등 다양한 유형의 사람들이 나타난다. 그러나 혼돈은 사람들을 창의적으로 만들어 긍정적인 결과를 만들기 위한 다양한 생각과 행동을 시도하게 하기도 한다.

❹ 발상의 전환(The transforming idea)

혼돈의 시기가 지나면 많은 사람들이 현 상황을 다르게 인식하고 달라진 상황에 대처하는 방법을 찾는다. 그 결과 업무성과가 향상하기 시작한다.

❺ 실천과 통합(Practice and integration)

많은 사람들이 새로운 아이디어나 행동을 실천하기 시작한다. 일정시간 동안 시행착오를 겪기도 하지만, 혼란에서 벗어나는 방법을 학습한다. 업무성과가 본격적으로 향상된다.

❻ 새로운 상태(New status quo)

사람들은 새로운 환경에 익숙해지고 성과향상은 유지된다. 새로운 상태가 정상적인 작업 방식이 된다.

 모델 | 전환모델(Transition model)

윌리엄 브리지스(William Bridges)의 전환 모델은 조직 내 변화가 개인의 심리에 미치는 영향을 설명한다. 변화는 새로운 비즈니스 전략, 경영층 변경, 합병 또는 신제품 개발과 같이 이벤트에 가깝다. 반면, 전환은 사람들이 변화가 가져오는 새로운 상황을 내면화하고 받아들일 때 겪는 심리적 과정이다.

❶ 종결, 상실, 포기(Ending, losing, and letting go)

이 단계에서 변화 프로그램이 도입된다. 사람들은 변화에 대한 두려움, 분노, 불확실성을 느끼고 변화를 부정하고 변화에 저항한다. 예를 들어 기존 정보시스템을 버리고 신규 시스템 도입을 결정하고 구축하는 단계에서 많은 사람들이 반대한다.

❷ 중립 구역(The neutral zone)

변화를 실행하는 단계이다. 변화를 실행하는 단계에서는 많은 사람들이 좌절하고 혼란스러워한다. 새로운 작업 방식을 적용하는 초기에는 생산성도 낮아진다. 일부 사람들은 새로운 작업 방식을 적극적으로 수용한다. 새로운 정보시스템을 구축하고 오픈하는 시점에서 혼란은 극대화되지만 일부 사용자들은 새로운 정보시스템에서 장점을 발견한다.

❸ 새로운 시작(The new beginning)

이 단계에서는 더 많은 사람들이 변화를 인정하고 수용한다. 사람들은 새로운 기술과 새로운 작업 방식에 점점 더 익숙해진다. 그 결과 많은 사람들이 변화를 지지한다. 새로운 정보시스템에 대부분의 사람들이 익숙해지고 이전보다 좋아진 점을 느낀다.

전환모델의 각 단계에 속한 사람들의 비율은 그림 5.9와 같다.

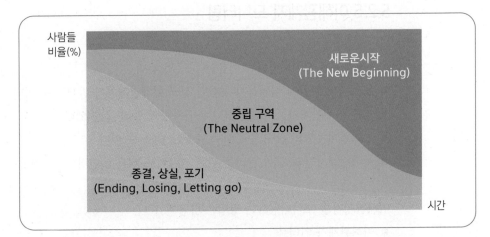

그림 5.9 전환 모델

5.2.4
이해관계자 참여

◎ 결과물 | 이해관계자 참여 계획서(Stakeholder engagement plan)

이해관계자 참여 관리를 위해서는 이해관계자 참여 계획을 수립해야 한다. 이해관계자 참여 계획서는 이해관계자 관점에서는 민감한 정보가 명시된 경우가 많기 때문에(그림 5.10), 이해관계자에게 배포되지 않도록 유의해야 한다.

이해관계자 참여 계획서의 구성내용은 다음과 같다.

- 이해관계자의 관심사항
- 핵심 이해관계자 참여 형태의 목표 대비 현수준
- 이해관계자 참여도를 높이는 방안
- 이해관계자들 간의 업무상 의존관계, 정치적 이해관계 등

이해 관계자	역할	태도	관심사항	단계별 영향력	참여도 제고 방안
홍길동	영업팀장	중립	영업 프로세스 간소화, 등록 데이터 최소화	모든 단계 중요	월 프로젝트 성과 공유, 화면 사전검토
김길동	정보전략 팀장	주도	모바일 프로젝트 성공을 통한 성과 창출	모든 단계 중요	프로젝트 주간보고, 이슈 에스컬레이션
박길동	재무책임자 (CFO)	저항	투자 대비 생산성 향상	착수시 중요	단계별 프로젝트 현황 보고

그림 5.10 이해관계자 참여 계획서 예시

5.2.5 이해관계자 모니터링

이해관계자를 모니터링하는 이유는 다음과 같다.
- 프로젝트 초반에 식별하지 못했던 신규 이해관계자가 발생할 수 있다.
- 기존 이해관계자들의 영향력과 관심사항이 달라질 수 있다.
- 이해관계자들의 참여 수준이 목표보다 낮을 수 있다.
- 이해관계자들의 참여 관리를 위한 전략이나 계획을 변경할 수 있다.

이해관계자를 모니터링하는 방법은 다음과 같다.
- 이해관계자 인터뷰
- 프로젝트 결과물에 대한 이해관계자의 평가 의견 취합
- 프로젝트 검토회의에서 이해관계자 의견 취합

이해관계자 모니터링을 통해 파악된 중요한 이해관계자들의 불만은 만족 상태로 바꿔야 한다. 이를 위해서는 이해관계자를 설득하여 생각을 바꾸도록 하거나, 이해관계자가 원하는 방향으로 프로젝트 진행방식을 변경해야 한다. 물론 2가지를 절충한 방안도 있을 수 있다.

◎ 결과물 | 이해관계자 참여 평가 매트릭스(Stakeholder engagement assessment matrix)

각 이해관계자의 기대 참여 수준과 현 참여 수준을 분석하여 차이가 있을 경우, 소통을 통해 차이를 줄이는 활동을 수행해야 한다. 이러한 차이 분석을 위해 이해관계자들의 참여 수준을 다음과 같이 5가지로 구분한다.
- **비인지(Unaware)** 프로젝트의 영향력을 인식하지 못함
- **저항(Resistant)** 프로젝트를 인식하나 영향력에 반대하여 변화에 저항을 하는 상황
- **중립(Neutral)** 프로젝트를 인식하고 있고 저항도 지원도 하지 않는 중립적인 상황
- **지원(Supportive)** 프로젝트를 인식하고 있고 변화를 지지하고 지원하는 상황
- **주도(Leading)** 프로젝트를 인식하고 있고 프로젝트 성공을 위해 적극적으로 참여하는 상황

5가지 수준을 활용하여 이해관계자 참여 수준을 평가하는 결과물의 예는 그림 5.11과 같다.

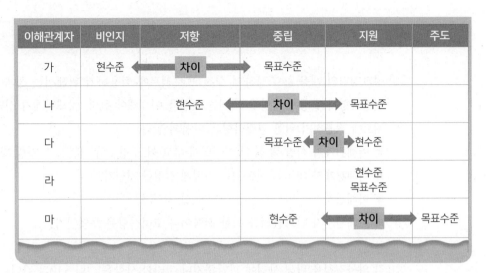

그림 5.11 이해관계자 참여 수준 평가 매트릭스 예시

5.3 다른 성과영역과의 상호작용

이해관계자 성과영역과 다른 성과영역의 대표적인 상호작용은 표 5.5와 같다.

성과영역	이해관계자 성과영역과의 상호작용
팀	– 이해관계자는 프로젝트 팀의 평가, 보상 결정에 영향을 미침 – 이해관계자는 팀 빌딩에 영향을 미침
개발방식과 생애주기	– PMO는 프로젝트 개발방식 결정에 영향을 미침
기획	– 이해관계자는 프로젝트 계획수립시 참여하여 요구사항, 제약조건을 제시 – 이해관계자는 프로젝트 계획 승인
프로젝트 작업	– 프로젝트 작업결과를 이해관계자와 의사소통 – 이해관계자는 변경요청의 주체
인도	– 이해관계자가 요구사항, 프로젝트 범위, 우선순위를 정의함 – 이해관계자가 프로젝트 인도물에 대한 승인기준을 정의하고 완성된 인도물을 확인함
측정	– 고위 경영층, 포트폴리오 관리자, 프로그램 관리자는 프로젝트 성과지표에 관심이 많음
불확실성	– 이해관계자는 불확실성을 줄이기도 하지만, 불확실성을 만들기도 함

표 5.5 이해관계자 성과영역과 다른 성과영역의 상호작용

5.4 이해관계자 성과영역 조정

성과영역의 내용을 조정하여 실전 프로젝트에 적용하기 위해서는 성과영역의 중요한 결정사항과 결정에 영향을 미치는 요인을 이해해야 한다. 이해관계자 성과영역을 프로젝트에 적용하기 위한 결정사항은 다음과 같다.

- 이해관계자 식별 및 분석은 어떻게 하고 어느 정도의 시간을 투자할 것인가?
- 이해관계자 대응 우선순위는 어떻게 결정한 것인가?
- 이해관계자와 의사소통은 어떻게 할 것인가?
- 이해관계자 변화관리를 위한 전략이나 고려사항은 무엇인가?

각 의사결정을 위해 사전에 파악하거나 고려할 사항은 그림 5.12와 같다.

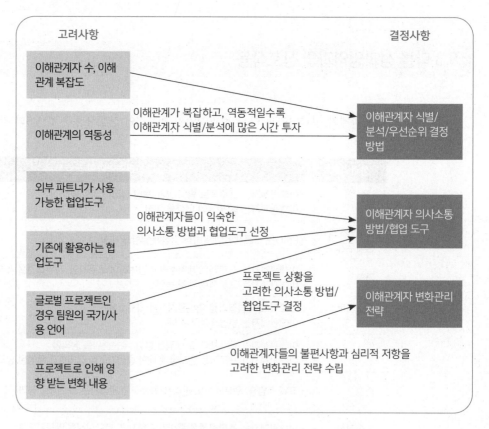

그림 5.12 이해관계자 성과영역 조정을 위한 고려사항

5.5 이해관계자 성과영역의 목표 달성 점검방법

이해관계자 성과영역의 목표와 목표 달성을 점검하는 방법은 표 5.6과 같다.

목표	목표 달성 점검방법
프로젝트 팀과 이해관계자들은 서로에게 도움이 되는 생산적인 업무관계를 유지	– 이해관계자 참여수준 평가 매트릭스를 활용한 평가
이해관계자들은 프로젝트가 추구하는 목적과 가치에 공감	– 이해관계자들이 많은 변경을 요청한다면 목적이나 가치에 공감하지 않는 상황임 ※ 프로젝트 수행 도중 이해관계자들이 무관심하여 변경을 요청하지 않을 수도 있음
긍정적 이해관계자의 영향력 극대화, 부정적 이해관계자의 영향력 최소화	– 이해관계자 대상 인터뷰를 통한 이해관계자 입장 파악 – 설문을 통한 이해관계자의 만족도 측정 – 이해관계자 때문에 발생하는 프로젝트 리스크 분석

표 5.6 이해관계자 성과영역의 목표 달성 점검방법

리더십 없는 권한은 실패하기 쉽지만, 권한 없는 리더십은 성공할 수 있다.
권한만으로는 사람들의 마음을 움직일 수 없다.
사람들의 마음을 움직이는 것은 리더십이다.

6

Team Performance Domain

팀 성과영역

WATER FALL   AGILE

6

Team Performance Domain

팀 성과영역

6.1 팀 성과영역 개요

PMP 시험문제 42%가 사람(people)과 관련된다. 8개 성과영역 중 사람과 관련된 성과영역은 '이해관계자'와 '팀' 성과영역인데, 그중에서도 팀 성과영역에서 많은 문제가 출제된다.

팀 성과영역은 프로젝트 팀원들의 리더십 역량을 높이고 높은 성과를 창출하는 프로젝트 팀을 만들기 위한 활동들을 설명한다. 리더십 이론, 동기부여 이론, 팀 개발 방법, 감성지능, 팀 의사결정, 갈등관리 방안이 팀 성과영역에 포함된다.

팀 성과영역의 주요 학습내용은 다음과 같다.

■ 프로젝트 리더십 이론

- 섬김(servant) 리더십의 특징

- 상황 리더십 모델(situational leadership models)의 내용

- 리더십 스타일을 결정할 때 고려사항

■ 프로젝트 팀 개발

- 프로젝트 팀 개발시 유의사항

- 터크만의 팀 개발 5단계의 특징

- 프로젝트 팀의 우수한 문화를 만들 때 고려사항

- 고성과 프로젝트 팀의 특징

■ 동기부여 이론

- 매슬로(Maslow)의 욕구 5단계

- 허즈버그(Herzberg)의 2요인 이론(two factor theory)

- 매클렐런드(David C. McClelland)의 욕구이론

- 맥그리거(McGregor)의 Y이론

■ 감성지능(emotional intelligence)을 구성하는 4가지 요인

■ 프로젝트 갈등의 순기능과 역기능, 갈등의 발생 원인, 갈등 해결 방안

팀 성과영역의 목차와 관련 모델, 방법, 결과물은 표 6.1과 같다.

목차	내용	모델/방법/결과물
6.2 프로젝트 관리와 리더십	– 프로젝트 관리방식과 리더십 – 섬김형 리더십의 특징 – 프로젝트 상황에 맞게 리더십 스타일 조정	– 상황 리더십 [모델] – OSCAR 모델 [모델] – 변혁적 리더십 [심화학습]
6.3 프로젝트 팀 문화 구축	– 프로젝트 팀 문화의 특성 – 우수한 팀 문화 구축방안	
6.4 팀 개발과 고성과 팀의 특징		
6.4.1 팀 개발	– 팀 개발을 위한 고려사항	
6.4.2 고성과 팀의 특징	– 고성과 팀의 특징	– 터크만의 팀 개발 단계 [모델] – 팀 성과 모델 [모델] – 프로젝트 팀 헌장 [결과물] – 구글에서 조사한 우수한 팀의 특징 [심화학습] – 프로젝트 킥 오프 [심화학습]
6.5 리더십 기술		
6.5.1 비전 수립 및 유지	– 좋은 프로젝트 비전의 특징	
6.5.2 비판적 사고	– 비판적 사고역량을 높이는 방안	
6.5.3 동기 부여	– 내재적 동기와 외재적 동기 – 다양한 동기부여 이론의 특징	– 매슬로의 욕구 5단계 이론 [심화학습] – 2 요인 이론: 위생요인, 동기부여 요인 [모델] – 내재적 동기와 외재적 동기 [모델] – 욕구이론(theory of needs) [모델] – X, Y 이론 [모델] – Z 이론 [모델] – 브룸의 기대이론 [심화학습]
6.5.4 대인관계 기술		
6.5.4 1 감성지능	– 감성지능의 4대 영역	
6.5.4 2 프로젝트 팀 의사결정	– 프로젝트 팀 의사결정시 유의사항	
6.5.4 3 갈등관리	– 갈등의 순기능과 역기능 – 갈등의 발생원인과 해결방안	– 갈등모델 [모델] – 협상 [모델] – MBTI 성격유형 [심화학습]

표 6.1 팀 성과영역의 학습 주제 관련 모델, 방법, 결과물

- 프로젝트 팀원 모두가 프로젝트 결과에 책임감을 공유한다.
- 팀원 모두가 훌륭한 리더십을 발휘하고 대인관계를 잘 유지한다.
- 프로젝트 팀은 높은 성과를 창출한다.

활동 예

프로젝트 팀 성과영역의 활동은 바람직한 팀 문화의 팀 분위기를 만들기 위해서 수행
한다. 팀 성과영역의 활동도 이해관계자 성과영역의 활동과 마찬가지로 적응형 프로젝
트와 예측형 프로젝트에 따라 크게 다르지 않다.

- 프로젝트에 적용할 리더십 스타일을 결정하기 위해 프로젝트 특성을 분석한다. (팀
  원 성숙도, 업무 난이도 등)
- 프로젝트에 적용할 동기부여 방안을 결정한다.
- 프로젝트 팀원의 동기부여 요인을 모니터링한다.
- 상품개발을 위한 교차기능 팀(cross functional team)을 정의한다.
- 상품개발과 관련된 프로젝트 팀 외부 담당자의 역할을 확인한다.
- 프로젝트 팀의 기본규칙(ground rule)을 정의한다. (스크럼 미팅, 회고, 개발 도구)
- 역량이 미흡한 팀원들의 교육계획을 수립한다.
- 성과가 미흡한 팀원들의 역량향상 방안을 협의한다.
- 프로젝트 초기에 발생하는 팀원들 사이의 갈등을 모니터링하고 해결한다.
- 합의된 목표에 프로젝트 팀을 집중시킨다.
- 의사결정 결과에 대한 공감대를 형성한다.
- 프로젝트 팀원에게 권한을 부여하고 책임을 위임한다.
- 빨리 실패하고/빨리 학습(fail fast/learn fast)하는 마인드를 촉진한다.

시험문제 출제경향

팀과 관련된 PMI의 시험내용 요약은 다음과 같다.

주제	내용
갈등관리	– 갈등의 원인 및 단계 해석
	– 갈등의 상황 분석
	– 적절한 갈등 해결책 평가/권유/조정
팀 선도	– 분명한 비전과 임무 설정
	– 다양성과 포용성 지원(예: 행동 유형, 사고 프로세스)
	– 섬김형 리더십 존중(예: 섬김형 리더십의 원칙을 팀에게 불어넣기)
	– 적절한 리더십 스타일 결정(예: 지시적, 협력적)
	– 팀 구성원/이해관계자에게 영감을 주고 동기를 부여하고 영향을 끼침 (예: 팀 계약, 사회적 계약, 보상 체계)
	– 팀 구성원 및 이해관계자의 영향 분석
	– 다양한 팀 구성원 및 이해관계자를 선도하기 위한 다양한 선택 사항 구분
팀 성과 지원	– 핵심 성과지표를 기준으로 팀 구성원의 성과 평가
	– 팀 구성원의 발전과 성장을 지원하고 인정
	– 적절한 피드백 방식 결정
	– 성과 개선 검증
팀 구성원 및 이해관계자의 역량 강화	– 팀의 강점을 바탕으로 조직화
	– 팀의 과제 책임 지원
	– 과제 책임 설명 평가
	– 의사결정 권한 수준결정 및 부여
팀 구성원, 이해관계자에 대한 적절한 교육 제공	– 필요한 능력과 교육 요소 결정
	– 교육 요구사항에 따라 교육 옵션 결정
	– 교육을 위한 자원 할당
	– 교육 결과 측정
팀 구축	– 이해관계자의 스킬 평가
	– 프로젝트 자원 요구사항 추정
	– 프로젝트 요구사항을 충족하기 위해 지속적으로 팀의 스킬을 평가 및 개선
	– 팀 및 지식 전달 관리

	- 팀에 대한 중대한 방해 요소, 장애물, 차단 요인을 파악
팀에 대한 방해 요소, 장애물, 차단 요인을 해결 및 제거	- 팀에 대한 중대한 방해 요소, 장애물, 차단 요인의 우선순위 지정
	- 팀에 대한 방해 요소, 장애물, 차단 요인을 네트워크를 활용하여 제거하기 위한 솔루션 실행
	- 팀에 대한 방해 요소, 장애물, 차단 요인을 해결하도록 지속적으로 재평가 작업 실시
가상 팀의 참여 및 지원	- 가상 팀 구성원의 요구사항 파악(예: 환경, 지리, 문화, 글로벌 등)
	- 가상 팀 구성원의 참여를 위한 대안적 방법 파악(예: 커뮤니케이션 도구, 동일장소 배치)
	- 가상 팀 구성원의 참여를 위한 옵션 실행
	- 가상 팀 구성원 참여의 효율성을 지속적으로 평가
팀의 기본규칙 정의	- 팀 및 외부 이해관계자에게 조직의 원칙 전달
	- 기본규칙 준수를 장려하는 환경 조성
	- 기본규칙 위반 사례관리 및 정정
관련된 이해관계자 멘토링	- 멘토링을 위한 시간 할당
	- 멘토링 기회를 인식하고 실천
감성지능을 적용하여 팀 성과 높이기	- 성격 지표를 사용하여 행동 평가
	- 성격 지표 분석 및 중요한 이해관계자의 감성적 요구사항 조정

표 6.2 팀 성과영역의 PMP 시험내용 요약

출제 가능한 시험문제의 유형은 다음과 같다.

문제 유형

Q. 특정 이해관계자가 프로젝트 관리자를 통하지 않고 프로젝트 팀원에게 작업을 지시한다. 프로젝트 관리자는 어떻게 대응해야 하는가?

A. 프로젝트에 요청사항이 있을 경우 이해관계자가 어떻게 해야 하는지를 정의한 문서를 보여주고 설명한다. 의사소통 계획서, 팀 헌장에 이러한 내용을 포함시킬 수 있다. 이해관계자와 함께 사용하는 협업도구에 이해관계자가 요청사항을 등록하게 하는 것도 좋은 방안이다.

Q. 프로젝트 팀원 중 1명이 프로젝트 업무와 무관한 뒷담화를 소속 부서장에게 전달한 것을 파악했다. 프로젝트 관리자는 어떻게 대응해야 하는가?
A. 해당 팀원에게 프로젝트 헌장에 있는 내용을 설명한다.

Q. 팀원들이 시간대가 다른 3개의 국가에 나뉘어 있어 근무시간이 달라 회의를 하기 힘들다. 어떻게 해야 하는가?
A. 주어진 제약조건에서 최대한 회의를 진행한다. 정기적인 회의는 2개 국가만이라도 충분히 진행하는 것이 좋다. 이메일로 협의하기 힘든 이슈가 있다면, 어느 한 국가의 시간이 새벽 또는 늦은 시간이라도 3개 국가의 팀원들이 참여하는 회의를 진행해야 한다.

Q. 프로젝트 팀의 업무규칙을 정의하는 것은 팀 개발의 어떤 단계에 해당하는가?
A. 팀 개발단계의 특징을 서술한 문장과 터크만의 팀 개발단계를 서로 연결하는(drag & drop) 문제로 출제될 수 있다.

Q. 프로젝트 팀 회의에서 지속적으로 본인의 의견을 강력하게 주장하는 팀원은 MBTI에서 어떤 성격인가?
A. MBTI의 성격으로는 '외향(extroversion)' '판단(judging)'에 가까운 팀원이다.

Q. 청력에 문제가 있는 프로젝트 팀원이 있음을 발견했다. 프로젝트 관리자는 어떻게 해야 하는가?
A. 프로젝트 관리자는 팀원의 입장을 배려하고 공감하는 노력을 해야 한다. 청력이 나쁜 팀원이 불이익이나 차별을 받지 않도록 해야 한다. 팀원이 심리적으로 힘든 상태에 있다면 심리치료를 권장하는 것도 방법이다.

Q. 프로젝트에서 좋은 성과를 보인 팀원이 있다. 그러나 그 팀원은 조직에서 이전에 좋지 못한 평가를 받고 있었다. 프로젝트 관리자는 어떻게 해야 하는가?
A. 해당 팀원의 성과를 객관적인 데이터로 정리하여 팀원의 소속 부서장에게 전달한다.

Q. 프로젝트 팀원들이 과다한 문서작업 때문에 힘들어한다. 어떻게 대응해야 하는가?

A. 어떤 문서작업인지 파악하여 문서작업을 효율화하는 방안을 찾는다. 조직의 내부 프로세스로 인한 문서작업이라면 PMO에 문제점을 설명하고 개선을 요청한다.

Q. 팀의 생산성이 낮아져 일정이 지연되고 있다. 프로젝트 관리자는 어떻게 해야 하는가?

A. 문제의 원인을 파악하여 외부 문제가 아니라 프로젝트 내부 문제라면 성과를 향상시킬 수 있는 팀 빌딩을 실시해야 한다. 역량이 미흡한 팀원이 있다면 코칭, 교육을 실시해야 한다.

Q. 스크럼 마스터가 주의해서 모니터링 해야 할 상황은 무엇인가?

A. 스크럼 마스터는 애자일 방법론의 적용을 방해하는 상황에 관심을 가져야 한다. 예를 들어 사용자 스토리에 없는 내용을 이야기하거나, 애자일 적용에 도움이 되지 않는 기술이나 도구, 내부 팀워크를 망치는 팀원, 일정을 이유로 애자일 방법론을 형식적으로 적용하는 상황 등이다.

Q. 팀원 중 1명이 프로젝트 진행 도중 다른 팀으로 옮기고 싶어한다. 프로젝트 관리자는 어떻게 대응해야 하는가?

A. 팀원과 협의하여 설득이 되지 않으면 원하는 팀으로 갈 수 있도록 도와준다.

Q. 당신이 관리하고 있는 프로젝트와 같은 프로그램에 속한 다른 프로젝트의 지연 때문에 당신 프로젝트에 발령난 인력이 투입되지 않고 있다. 어떻게 해야 하는가?

A. 프로그램 관리를 책임지고 있는 PMO 또는 경영층에게 보고(에스컬레이션)한다.

6.2 프로젝트 관리와 리더십

'리더십'은 개인과 집단에 영향력을 발휘하여 목표 달성을 위한 자발적인 동기부여를 유도한다. 반면, '관리'는 계획, 지시, 통제를 중요시한다(표 6.3). 프로젝트를 관리하기 위해서는 이 둘 모두가 중요하다.

관리	리더십
직위, 권력을 사용하여 지시	권력이 아닌 개인적 역량으로 영향력을 행사
계획수립과 통제에 집중	인간적 관계와 혁신에 집중
단기목표 집중	장기목표 집중
조직원에게 방법과 시기를 질문	조직원에게 대상과 이유를 질문
현 상황 유지	현 상황 도전
운영 이슈의 문제해결에 집중	비전, 변화, 혁신에 집중
올바르게 일하는 것(Do Things Right)	올바른 일을 하는 것(Do the Right Things)

표 6.3 관리와 리더십의 차이

프로젝트 관리방식은 중앙집중형 또는 분산형으로 나눌 수 있다. 중앙집중형 프로젝트 관리는 프로젝트 관리자 중심으로 계획과 통제를 하는 반면, 분산형 프로젝트 관리는 팀원에게 계획 및 통제를 많이 위임한다. 이러한 조직을 자율구성 팀(self-organizing teams)이라고도 한다. 자율구성 팀에서는 별도의 프로젝트 관리자 없이 팀원들이 함께 프로젝트 관리자 역할을 수행한다. 리더십은 프로젝트 관리방식과 상관 없이 프로젝트 팀원에게 최대한 분산되어 팀원 모두가 서로 좋은 영향을 미치는 것이 바람직하다. 많은 프로젝트 팀원이 리더십을 발휘할수록 프로젝트 팀의 성과는 좋아진다.

① 섬김형 리더십(Servant leadership)의 중요성
〈PMBOK 가이드〉는 섬김형 리더십의 중요성을 강조한다. 섬김형 리더십은 로버트 그린리프(Robert K. Greenleaf)가 1977년 제안한 개념이다. 섬김형 리더십은 말 그대로 조직원들을 존중하고 섬겨 팀원들의 잠재력을 끌어올리는 데 집중한다. 리더가 팀원을 섬길 때 팀원이 리더처럼 행동한다.

섬김형 리더십의 아이디어는 헤르만 헤세의 저서 《동방 순례》에 나오는 레오라는 종의 이야기에서 비롯되었다. 주인공은 충실한 하인이었던 레오가 사라진 뒤 다른 종들이 평소와 같이 행동하지 않는 것을 보고 레오가 모든 사람들을 도와준 리더였다는 것을 깨닫는다.

수험생 개인의 경험에 따라 섬김형 리더십에 대해 부정적인 의견이 있을 수 있다(학계에서도 섬김형 리더십의 효과에 대한 실증적인 연구는 부족하다). 하지만 PMP 시험에서는 거의 모든 상황에서 '섬김형 리더십이 효과적'이라는 것을 기억하자. 섬김형 리더십은 불확실한 상황에서 유연하고 신속한 대응이 필요한 적응형(애자일) 프로젝트에서 효과적이다.

팀의 자율적인 의사결정을 장려하는 섬김형 리더는 다음과 같은 행동에 집중한다.

■ 장애물 제거
프로젝트 진행에 방해가 되는 요소를 신속하게 파악하고 제거한다. 이러한 활동은 섬김형 리더십뿐만 아니라 모든 리더십에 공통으로 중요하다. 프로젝트 장애물의 예는 해결되지 않은 논쟁, 프로젝트 팀 생산성을 저하시키는 프로세스, 필요 인력 확보 지연 등이다. 프로젝트 팀의 장애물을 빨리 제거할수록 프로젝트 팀은 더 많은 가치를 더 빠르게 제공할 수 있다.

■ 외부 업무로부터 프로젝트 팀 보호
섬김형 리더는 외부의 불필요한 업무로부터 프로젝트 팀을 보호하여, 프로젝트 팀이 본연의 업무에 집중할 수 있도록 한다. 불필요한 문서, 보고서가 대표적인 예이다. 불필요한 외부 업무는 제거하는 것이 가장 좋겠지만, 불가피하면 외부 업무가 팀원에게 미치는 영향력을 줄여야 한다. 외부의 불필요한 업무는 프로젝트 팀의 시간을 훔쳐간다는 의미에서 시간도둑(time robber)이라고도 한다.

■ 팀원 격려 및 동기부여
섬김형 리더는 프로젝트 팀을 만족시키고 생산적인 상태를 유지하기 위해 노력한다. 프로젝트 팀원들이 무엇에 동기부여되는지 확인하고, 그 일을 제대로 했을 때 제대로 된 보상을 한다면 팀원들이 만족한 상태를 유지할 가능성이 높아진다.

② 리더십 스타일을 결정할 때 고려사항
프로젝트 방법론, 개발전략과 마찬가지로 리더십 스타일도 프로젝트 상황에 적합해야 한다. 리더십 스타일을 결정할 때 고려할 사항은 다음과 같다.

■ 유사 프로젝트 경험
프로젝트 팀에게 익숙한 프로젝트 유형일수록 업무위임형 리더십을 발휘할 수 있다. 반대로 프로젝트 팀에게 생소한 유형의 프로젝트일수록 프로젝트 관리자가 주도하는 지시형 리더십이 적합하다.

■ 프로젝트 팀원의 성숙도
프로젝트 수행을 위해 필요한 업종지식, 기술지식을 팀원들이 많이 보유할수록 프로젝트 팀원에게 업무를 많이 위임할 수 있다. 팀원의 성숙도가 낮을 때 위임형 리더십은 위험하다.

■ 조직의 거버넌스 구조

조직문화가 통제와 관리를 중요시할수록 프로젝트 리더십도 지시형 리더십일 가능성이 높다. 반대로 조직문화가 수평적이고 자율적인 의사결정을 장려한다면 프로젝트 리더십 스타일도 위임형 리더십을 적용할 가능성이 높다.

■ 분산된 프로젝트 팀

글로벌 프로젝트 팀은 지역적으로 분산된 환경에서 프로젝트를 수행한다. 분산된 팀에 의사소통 문제가 발생하면 프로젝트에 미치는 부정적인 영향력은 높아진다. 분산된 프로젝트 팀에 적용할 리더십은 같은 장소에서 프로젝트를 수행할 때와는 다르다. 프로젝트 협업도구의 발달로 의사소통의 애로사항이 줄어들었지만, 대면소통에 비할 바는 아니다. COVID-19로 인해 재택근무가 확산되면서 화상회의에 익숙해진 것은 분산된 프로젝트 팀에게는 이점이 된다. 분산된 프로젝트 팀은 가상 팀(virtual team)이라고도 한다. 가상 팀의 상세 내용은 섹션 〈8.7 의사소통 계획수립〉을 참조하기 바란다.

6.2
프로젝트 관리와
리더십

Ⓜ 모델 | 상황 리더십(Situational leadership® II)

허시(Paul Hersey)와 블랜차드(Kenneth H. Blanchard)는 팀원의 성숙도 단계에 따라 4가지 리더십을 그림 6.1과 같이 정의했다. 허시-블랜차드의 리더십에서 착안할 내용은 다음과 같다.

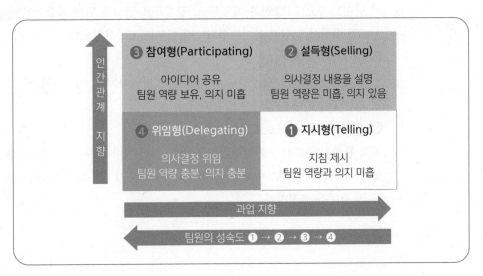

그림 6.1 허시-블랜차드의 팀원 성숙도 수준에 따라 적합한 리더십 유형

- 프로젝트 진행 단계별로 적합한 리더십을 달리 적용한다
- 프로젝트 초반에는 프로젝트 관리자가 명확한 지침과 가이드를 해주는 것이 좋다.
- 프로젝트 중반 이전에는 설득형 리더십이, 중반 이후에는 참여형 리더십이, 후반부에는 위임형 리더십이 바람직하다. 물론, 프로젝트 상황에 따라 후반부에도 지시형이 바람직할 수도 있다. 개인에 따라 성숙도(의지, 역량)가 다르기 때문에 팀원들의 상황에 맞게 리더십을 달리 적용하는 것이 바람직하다.

**6.2
프로젝트 관리와
리더십**

모델 | OSCAR 모델

OSCAR는 휘틀월스(Karen Whittleworth)와 길버트(Andrew Gilbert)가 개발한 코칭 모델로 코칭을 위한 5가지 순서를 제시한다.

❶ 장기, 단기 목표 결정(Outcome)

첫째, 코치와 팀원은 당면한 문제를 파악하고 팀원의 장기목표와 장기목표 달성을 위해 필요한 단기목표를 식별한다.

❷ 팀원의 현 상황 분석(Situation)

둘째, 팀원의 기술, 능력, 지식 수준을 확인하고 그들이 그 수준에 있는 이유에 관해 토론한다. 토론의 목적은 팀원이 자신의 상황에 대한 이해와 인식을 높이는 것이다.

❸ 실행 가능한 방안 선택(Choices/Consequences)

셋째, 코치는 팀원과 함께 선택 가능한 잠재적인 방안(예: 교육, 자격증 취득)을 선택하고 그로 인한 예상 결과를 분석한다. 토의를 통해 도출된 잠재적인 방안 중 실효성이 낮거나 난이도가 높은 방안은 제외하고, 장기목표 달성을 위해 현실적인 방안을 선택한다. 선택한 방안에 팀원이 동기부여되는지 여부도 고려사항이다.

❹ 결정사항 이행(Actions)

넷째, 선택한 결정을 실행한다. 실행방안은 팀원이 즉각 실천 가능하고, 진척상황이 측정 가능해야 하며 마감일이 명확해야 한다

❺ 진행상황 검토 및 목표 조정(Review)

주요 활동의 종료시점에 성과검토를 하는 것이 바람직하다. 협의를 통해 도출한 결정사항을 제대로 이행했는지 행동이 성과로 이어지는지 검토하고, 문제가 있을 경우 단기목표 및 활동을 조정한다.

OSCAR 모델을 요약하면 그림 6.2와 같다.

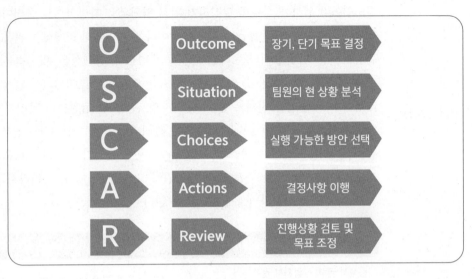

그림 6.2 OSCAR 모델 요약

6.2
프로젝트 관리와
리더십

변혁적(Transformational) 리더십

전통적인 리더십 이론들은 대부분 거래적 리더십(transactional leadership)이다. 리더는 팀원에게 목표를 부여하고 팀원은 개인적인 이익 달성을 위해 노력한다는 측면에서 '거래'라는 용어를 사용했다. 허쉬와 블랜차드 연구도 거래적 리더십의 대표적 유형이다. 반면 변혁적 리더십은 개인적 이익보다는 좀 더 높은 도덕적 가치를 추구한다. 따라서 변혁적 리더십을 성공적으로 적용하는 경우, 그 효과는 매우 높다. 변혁적 리더십과 거래적 리더십의 차이를 정리하면 표 6.4와 같다.

거래적 리더십	변혁적 리더십
노력에 대한 보상을 계약하고 성과를 인정	비전과 사명감을 제시하고 자부심을 심어줌
예외에 의한 관리 - 적극적으로는 기준준수를 관찰하고 수정 조치를 취함 - 소극적으로는 기준 미충족시에만 개입	- 영감에 의한 동기유발: 목표를 단순화하고, 상징을 사용 - 지성, 합리적 문제 해결을 장려 - 직원들을 개별적으로 대하고 코치, 조언

표 6.4 거래적 리더십과 변화적 리더십의 차이

리더십이란 원하는 성과를 달성하기 위해 팀원들을 자발적으로 움직이게 만드는 힘이나 과정이다. 사람들을 움직이는 힘이라는 측면에서 리더십은 권력(power)과 유사하지만 '자발성'이라는 측면에서 둘은 다르다. 강제성을 띤 권력은 즉각적으로 다른 사람을 움직일 수 있는 힘이 있지만, 리더십은 조직원의 자발적인 추종과 리더에 대한 몰입을 전제로 한다. 관리자의 권력이란 팀원들이 관리자가 원하는 일을 수행하도록 하는 능력을 의미한다. 관리자가 가지는 권력의 원천은 표 6.5와 같이 구분할 수 있다. 직위권력(position power)은 관리자의 지리가 보장하는 권력으로 타인에게 양도할 수 있지만, 개인권력(personal power)은 관리자 개인이 가지고 있는 권력으로 타인에게 양도할 수 없다.

직위권력(Position power)	개인권력(Personnel power)
공식적 권력: 작업지시 권한 보상 권력: 작업수행 결과에 대한 보상 페널티 권력: 작업수행 결과에 대한 페널티	전문가 권력: 프로젝트 관리자가 보유한 전문지식 준거 권력: 프로젝트 관리자의 인간미

표 6.5 권력의 원천

관리자가 조직원들을 움직일 수 있는 권력(파워)에는 작업지시 권한과 같은 직위 권력과 관리자 개인의 인성이 조직원들의 마음을 움직이는 개인권력이 있다.

프로젝트 관리자가 가지는 5가지 권력은 다음과 같다. 보상이나 페널티 권력은 조직에 따라 관리자에게 주어지지 않을 수 있다.

❶ 공식적 권력(Formal/Legitimate power)

권위(authority)와 같은 말로 공식적인 지위로부터 나오는 권력을 의미하며 조직으로부터 부여 받는다. 이는 조직에서 관리자에게 부여하는 권력이며 관리자들이 가장 많이 활용하는 권력이다. 상품관리자는 상품 요구사항 개발의 우선순위와 요구사항을 정의할 권한이 있고, 프로젝트 관리자는 팀원에게 업무를 부여할 권한이 있다.

❷ 보상 권력(Reward power)

승진, 급여 인상, 특별 휴가 등 팀원에게 보상을 기대하게 하여 통솔하는 방법으로, 프로젝트를 종료한 후 프로젝트 팀원을 평가하는 권한이 이에 해당한다. 프로젝트 관리자가 팀원을 평가할 권한이 없으면 힘 빠진 관리자가 되기 쉽다.

❸ 페널티 권력(Penalty/Coercive power)

팀원에게 불이익을 당할 수 있다는 암시를 주어 통제하는 방법이다. 일반적으로 가장 좋지 않은 방법으로 알려져 있다. 그러나 조직의 기강을 잡기 위해서는 불가피하게 사용해야 하는 경우가 있다.

❹ 전문가 권력(Expert power)

관리자가 전문가의 역량을 보임으로써 팀원에게서 얻는 권력이다. 프로젝트 관리자의 경우 업종 지식, 기술 지식, 프로젝트 관리 지식 등이 대표적인 전문가 지식이다. 전문기술이 특히 중요한 프로젝트에서 프로젝트 관리자의 전문성은 높은 권력을 가지게 한다.

❺ 준거 권력(Referent power)

준거 권력은 인간적인 매력으로 정의할 수 있다. 한마디로 어떤 프로젝트든 같이 하고 싶은 인생의 선배 같은 프로젝트 관리자가 가진 권력이다. 다섯 가지 권력 유형 중에서 가장 영향력이 크다.

6.3 프로젝트 팀 문화 구축

모든 조직은 고유의 문화가 있다. 프로젝트도 예외가 아니다. 상품개발 팀과 같이 팀원의 변경이 거의 없는 프로젝트일수록 팀 문화의 색깔은 명확해진다. 모든 프로젝트가 유니크하듯이 프로젝트 팀 문화도 유니크하다.

프로젝트 팀은 조직에 속해 있기 때문에 조직문화의 영향을 받는다. 따라서 계획과 통제를 중시하는 조직문화에서 자율적 의사결정을 중시하는 프로젝트 팀의 문화를 구축하기는 매우 힘들다.

프로젝트 관리자는 프로젝트 성과창출에 도움이 되는 프로젝트 팀 문화를 구축하기 위해 노력해야 한다. 예를 들어 적응형 프로젝트에 적합한 조직문화는 수평적 의사결정과 자율을 중시하고 회의석상에서 개인 의견을 자유롭게 주장할 수 있어야 한다.

프로젝트 팀원들이 개인의 가치관을 투명하게 드러내고 서로 다름을 인정할 때 신뢰의 문화가 형성된다. 프로젝트 팀에는 다양한 역할자들이 있기 때문에, 상대방에 대한 신뢰(주로 품질과 일정에 관련됨)는 매우 중요하다. 정치나 예술과 같이 사적인 영역은 개인의 가치관이 존중되어야 하지만, 업무방식에 대한 가치관의 차이는 투명하게 공개하고 토의하여 해결책을 찾아야 한다. 업무방식에 대한 가치관의 차이 예는 다음과 같다.

- 과정에 대한 공유를 중시 vs. 결과에 대한 보고를 중시
- 일정관리 도구를 활용한 상세한 계획을 신뢰 vs. 그러한 계획은 현실적이지 않다고 부정
- 가능한 많은 상품기능을 조기에 확정하는 것을 선호 vs. 중요한 상품기능을 먼저 확정하는 것을 선호

프로젝트 관리자가 바람직한 프로젝트 팀 문화를 구축하기 위해 고려할 사항은 다음과 같다.

■투명성

의사결정 기준과 과정을 투명하게 공유한다. 투명성 확보는 프로젝트 내부뿐만 아니라 이해관계자에게도 중요하다. 예를 들어 상품개발 기능의 우선순위를 어떻게 결정했는지, 프로젝트 팀원의 책임과 역할이 왜 변경되었는지, 특정 도구나 방법론을 선정한 이유는 무엇인지 등에 관해 프로젝트 팀원 또는 이해해관계자가 궁금해하거나 추측하게 해서는 안된다.

■정직함과 윤리의식

정직함과 윤리의식은 투명성과도 관련된다. 정직함의 예는 프로젝트의 나쁜 소식을 이해관계자들에게 신속하고 정확하게 알려주는 것이다. 윤리의식의 예는 제품설계의 잠재적 리스크, 환경에 미치는 부정적 영향 등을 정확하게 공개하는 것이다.

■팀원에 대한 존중

프로젝트 팀원들은 개인의 생각, 전문성, 기술을 존중받는다고 느껴야 한다. 팀원들이 존중받는다고 느끼지 못하는 프로젝트 팀에서는 관료적인 문화가 팽배하기 쉽다.

■건전한 토의

하나의 사안에 대해 프로젝트 팀원들이 다르게 생각하는 것은 프로젝트를 진행하는 동안 얼마든지 발생할 수 있다. 건전한 토의를 통해 프로젝트 팀원들이 수용할 수 있는 해결책을 도출하면 된다. 건전하지 못한 토의에는 상대방의 의견에는 관심이 없고, 토의에서 이기고자 하는 마음만 있다. 건전한 토의는 개방된 조직문화 형성에 중요하다.

■지원

새로운 변화를 추구하는 프로젝트를 수행하다 보면 기술적, 감정적인 이슈에 자주 직면한다. 프로젝트 관리자나 이해관계자들이 이러한 이슈 해결을 지원한다면 신뢰하고 협력하는 팀 문화를 형성할 수 있다. 이슈 해결에 직접적으로 기여하지 않더라도 공감

하고 격려만 해도 크게 도움된다.

■ 용기

문제해결을 위한 새로운 시도는 실패에 대한 책임문제 때문에 두려움을 수반한다. 실패를 두려워하는 팀 문화에서는 잘하려고 하는 사람은 없고 잘못하지 않으려는 사람만 있다. 이런 팀 문화에서 기존의 프로세스를 개선하기는 매우 힘들다. 새로운 접근 방법과 시도를 장려하고 결과는 같이 책임지는 팀 문화를 구축해야 한다.

■ 성공에 대한 축하

프로젝트 팀이 정의한 마일스톤을 성공적으로 달성하면 프로젝트 수행 도중이라도 팀원들을 격려하고 보상해주어야 한다. 큰 보상이 아니라 작은 선물이라도 상관없다. 작은 성공에 대한 격려를 미루지 않고 즉각적으로 제공하면 긍정적인 팀 문화를 구축하는 데 도움이 된다.

6.4 팀 개발과 고성과 팀의 특징

6.4.1 팀 개발

동계올림픽 쇼트트랙 계주에서 금메달을 따기 위해서는 실력 있는 개인만 모아서는 안되고 실력 있는 팀을 만들어야 한다. 그것이 팀 개발이다. 팀 개발은 개인의 역량 향상에서 나아가 팀워크를 향상시키는 활동이다. 프로젝트 팀 개발을 위해 고려할 사항은 다음과 같다.

■ 비전과 목표 공감

프로젝트 팀원 모두가, 프로젝트가 추구하는 목표와 가치에 관해 공감해야 한다. 단순히 비전과 목표를 아는 것만으로는 부족하다. 프로젝트 팀원들이 의사결정하고 행동하는 기준은 프로젝트의 비전 또는 가치에 부합해야 한다

■ 책임과 역할 명확화

프로젝트 팀원들의 책임과 역할을 명확하게 정의하고 이를 수행할 수 있는 역량을 확보해야 한다. 팀원에게 부여된 책임과 역할 대비 역량이 미흡하다면 교육, 코칭을 통해 부족한 부분을 보완해야 한다.

■ 프로젝트 팀 규칙 정의

프로젝트 팀이 일상의 활동을 수행하기 위해 필요한 기본적인 업무규칙을 정의하여 불필요한 갈등을 예방한다.

■ 업무수행 방법 가이드

프로젝트 팀원들이 작업을 수행하기 위해 필요한 가이드를 문서 또는 구두로 제공
한다.

■ 팀과 개인의 성장

개선이 필요한 영역을 식별하면 프로젝트 팀이 성장하는 데 도움된다. 프로젝트 팀은
개선할 목표를 설정하고 목표 달성을 위한 실행항목을 결정한다. 이러한 성장은 팀원들
에게도 적용된다. 팀원도 특정 기술, 특정 업무의 역량을 키우고 싶어할 수 있고 프로젝
트 관리자가 판단하여 이를 지원할 수 있다.

6.4.2 고성과 팀의 특징

높은 성과를 창출하는 프로젝트 팀을 만들고 유지하는 것은 모든 프로젝트 관리자의
꿈이다. 고성과 팀의 특징은 다음과 같다.

■ 열린 소통

열린 소통이란 개인들이 의견을 피력하는 데 불편함이 없는 상태를 의미한다. 필요한
정보를 투명하게 공유하고 소통에 대한 심리적인 부담감을 없애야 프로젝트 팀의 창의
적인 문제해결을 촉진한다. 열린 소통은 신뢰하고 협업하는 프로젝트 팀을 만드는 데
도움된다.

■ 오너십 공유

프로젝트 팀원들이 프로젝트 결과물에 공동의 책임감을 느낄수록 팀원들이 업무에 더
욱 집중한다.

■ 신뢰

프로젝트는 여러 역할자들이 협업해야 결과물을 만들 수 있다. 각 역할자들이 신뢰를
바탕으로 협업하려면 각자에게 기대되는 품질과 일정목표를 준수해야 한다.

■ 협업

협업은 각 역할자들의 상호작용을 통해 각자의 작업에 영향을 주고 긍정적인 시너지를
만들어내게 한다.(프로젝트 관리 원칙 '3.2 협업하는 팀' 참조)

■ 적응성

프로젝트의 환경과 상황 변화에 적응할 수 있는 프로젝트 팀이 더 효과적이다.(프로젝
트 관리 원칙 '3.11 적응성 및 복원력 수용' 참조)

■ 복원력

고성과 프로젝트 팀은 문제나 장애가 발생하면 빨리 복구한다.(프로젝트 관리 원칙 '3.11

적응성 및 복원력 수용'참조)

■ 권한 위임

일반적으로 의사결정 권한이 있다고 느끼는 팀원은 그렇지 않은 팀원보다 동기부여가
잘 된다.

■ 인정

프로젝트 팀원들이 달성한 성과에 대해 보상과 인정을 해주어야 한다. 보상에는 금전적
보상과 같은 외재적 보상뿐만 아니라 성과에 대해 프로젝트 팀원들을 격려해주는 내재
적 보상이 있다. 거창한 보상이 아니라 간단한 격려만으로 프로젝트 팀원들의 긍정적인
행동을 강화할 수 있다.

6.4.2
고성과 팀의
특징

Ⓜ **모델 | 터크먼의 팀 개발단계(Tuckman ladder)**

브루스 터크먼(Bruce Tuckman)의 팀 개발 모델을 사다리 모델(ladder model)이라고 하
는 이유는 각 단계에서 다음 단계로 전환하는 경우도 있지만, 실패하는 경우도 있기 때
문이다. 팀 개발의 5단계는 차례대로 진행되지만, 팀이 특정 단계에 오랫동안 머무르거
나 이전 단계로 내려가는 상황이 발생하기도 한다. 과거에 함께 프로젝트를 수행해서
호흡이 맞는 팀원들이라면 특정 단계를 건너뛸 수도 있다. 특정 단계에서 머무르는 기
간은 팀워크, 팀 규모, 팀 리더십에 따라 달라진다. 팀 개발의 5단계는 다음과 같다.

❶ 형성(Forming)

프로젝트 팀워크를 구축하는 단계로, 서로의 인성과 프로젝트 업무를 탐색하는 단계
다. 마치 신혼부부가 서로에게 조심하는 시기와 유사하다. 프로젝트 문서는 어떻게 작
성해야 하는지, 프로젝트 주간보고는 어떻게 진행하는지, 관리자의 스타일은 어떤지 등
모든 것이 궁금하고 조심스러운 단계이다. 상대방이나 프로젝트 수행 프로세스가 마음
에 들지 않더라도 내색하지 않는다. 이 시점은 새로운 사람과 새로운 업무에 대한 기대
또한 높다. 또 이해관계자들도 프로젝트 관리자를 존중해주는 시기로 일종의 밀월기이
다. 일부 의욕적인 사람이 자기를 과시하는 시점이기도 하고, 마음고생 하다가 팀에 회
의를 품는 팀원이 생기기도 한다. 프로젝트 관리자의 입장에서는 형성단계를 짧게 가
져가는 것이 좋다. 프로젝트 관리자에게는 팀원의 성향을 빨리 파악하여 다음 단계인
스토밍 단계에서 표면화되는 부정적 갈등을 줄여야 하는 시기이다.

❷ 스토밍(Storming)

형성단계 다음에는 스토밍 단계를 거친다. 서로 다른 생활환경과 조직문화에서 성장한
성인들이 프로젝트 목표 달성 방법에 대한 의견 차이를 표면화시키는 시기이다. 프로젝
트 목표를 어떻게 성취할 것인가에 관해 다른 의견이 생기는 시기이기도 하다. 이 시기

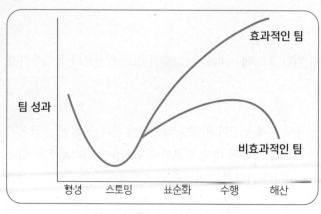

그림 6.3 팀 개발시 스토밍 단계의 중요성

의 갈등을 지혜롭게 다루지 못하면 업무방식과 다른 팀원에 대한 갈등이 깊어져 팀워크 형성에 돌이킬 수 없는 상처가 된다. 프로젝트 내부에는 파벌이 생겨 서로를 질시하고 반목할 수 있다. 스토밍 단계를 잘 넘기지 못하면 비효과적인 팀이 된다(그림 6.3). 스토밍 단계의 기간이니 영향력을 줄이기 위해서는 불필요한 갈등을 최소화하는 것이 중요하다. 대표적인 예가 기본규칙(ground rule, 팀헌장)을 명확하게 정의하는 것이다.

스토밍 단계에서 명확하게 해야 할 업무 표준 내용은 다음과 같다.

- **프로젝트 관리 활동과 관련된 표준** 변경관리, 인력관리, 주간보고, 일정관리, 구매관리, 외주관리 등과 관련된 양식, 작성 가이드, 샘플
- **프로젝트 품질활동과 관련된 표준** 이터레이션 리뷰, 테스트 등과 관련된 양식, 작성 가이드, 샘플
- **프로젝트 엔지니어링 활동과 관련된 표준** 분석, 설계, 빌드 등과 관련된 도구사용 기준

❸ 표준화(Norming)

스토밍 단계를 거친 프로젝트 팀원들이 서로의 역할과 성격을 이해하고 개인뿐 아니라 팀원으로 일하는 방법을 학습하는 단계이다. 팀은 지속적으로 더 효과적이고 효율적으로 일하고, 갈등이 발생하면 슬기롭게 처리한다. 이 단계를 거치면서 팀원들의 응집력이 높아진다. 이해관계자들도 프로젝트 관리자의 리더십을 인정한다. 팀원들은 기술, 업무에 대한 이해도가 높아져 자신감을 가지며, 프로젝트 관리자는 많은 의사결정을 팀원들에게 위임한다.

❹ 수행(Performing)

프로젝트 팀원이 일상적인 일뿐 아니라 비일상적인 일까지 조화롭게 조율함으로써, 팀이 효율적으로 업무를 수행하고 변화에 빠르게 대응하는 단계이다. 수행단계에서는 팀원들 대부분이 문제를 분석하고 해결하며 의사결정 능력을 지닌 존재가 된다. 팀원들 사이에 강한 신뢰감이 형성되어서, 프로젝트 팀 고유의 문화가 확고해지는 시기이기도 하다. 팀원 각자의 개성을 유지하면서도 그 개성이 전체 팀 색깔 속에 융화되어 어려운 문제도 해결한다.

❺ 해산(Adjourning)

프로젝트 업무를 완성하고 팀을 해체하는 단계이다. 좋은 팀워크를 유지한 프로젝트

팀은 조직을 위해서, 개인을 위해서 핵심 팀원들을 그대로 다음 프로젝트에 투입하는 것이 바람직하다. 수행단계에서 좋은 경험을 한 프로젝트 팀원들은 프로젝트가 종료된 뒤에도 자발적인 커뮤니티를 계속 유지하는 경우가 많다.

팀 개발 5단계 중 해산단계를 제외하고 요약하면 표 6.6과 같다.

구 분	형성(Forming)	스토밍(Storming)	표준(Norming)	수행(Performing)
주요 테마	서로에 대한 인식	갈등 처리	협업체계 구축	생산성 향상
필요한 리더십	지시(Direct)	지도(Coach)	참여(Participate)	위임(Delegate)
필요한 행동	팀 방향성 정립	계획 및 역할 명료화	업무 및 역할 몰입	수행관리 및 평가

표 6.6 팀 개발단계 요약

6.4.2 고성과 팀의 특징

(M) 모델 | 팀 성과 모델(Drexler/Sibbet team performance)

알란 드렉슬러(Allan Drexler)와 데이비드 시베트(David Sibbet)는 터크만의 팀 개발 5단계와 유사한 V자 모양의 팀 성과 7단계 모델을 개발했다. V자 모양의 왼쪽에 해당하는 1~4단계는 프로젝트 팀을 개발하는 단계를 설명하고, V자 모양의 오른쪽에 해당하는 5~7단계는 지속 가능한 팀 성과를 유지하는 단계를 설명한다. 팀 성과 모델의 각 단계에서 목표수준을 달성하지 못하면 이전 단계로 돌아가기도 한다. 이 모델은 프로젝트 팀을 개발하는 초기단계에서는 생산성이 낮아지다가 어느 시점 이후로 제약조건을 극복하고 창의성과 생산성이 높아지는 현상을 설명한다.

❶ 오리엔테이션(Orientation, 내가 프로젝트에 투입된 이유는?)

프로젝트의 목적, 결과물이 이해관계자들에게 제공하는 가치에 관해 학습한다. 프로젝트 목적과 가치는 프로젝트를 승인하는 비스니스 케이스, 프로젝트 헌장에 정의되고 각종 미팅을 통해 팀원과 공유한다(섹션 〈10.2.1〉, 프로젝트 가치정의' 참조).

❷ 신뢰 구축(Trust building, 프로젝트 팀원은 어떤 사람일까?)

팀원들이 어떤 기술과 역량을 가졌는지 이해한다.

❸ 목표 명확화(Goal clarification, 무엇을 해야 할까?)

프로젝트 수행을 위한 상세정보를 파악한다. 상세정보는 이해관계자의 기대수준, 요구사항, 가정, 인수기준 등을 포함한다.

❹ 헌신(Commitment, 어떻게 할까?)

목표 달성을 위한 상위 수준의 계획을 수립한다. 계획에는 마일스톤 일정, 릴리즈 계획, 상위 수준의 예산, 자원 요구사항 등을 포함한다.

❺ 구현(Implementation, 누가, 언제, 무엇을, 어디에서?)

상위 수준의 계획을 실행 가능한 수준으로 상세화하고, 프로젝트 팀원들은 결과물을 만들기 위해 계획에 따라 서로 협업한다.

❻ 고성과(High performance, 와우!)

이전 단계를 잘 수행한 프로젝트 팀이 일정시간 함께 작업하면 높은 수준의 성과를 달성할 수 있다. 이 상태의 프로젝트 팀원은 팀워크가 좋기 때문에 관리자의 감독이 필요하지 않으며 팀원들은 협업을 통한 시너지 효과를 경험한다.

❼ 갱신(Renewal, 현 상태 유지?)

프로젝트를 진행하는 도중 결과물, 이해관계자, 환경, 프로젝트 팀 리더십 또는 팀원이 변경될 수 있다. 이때 과거의 행동방식, 팀 문화, 팀 프로세스가 여전히 유효한지 검토하고 필요하면 개선해야 한다.

이상을 요약하면 그림 6.4와 같다.

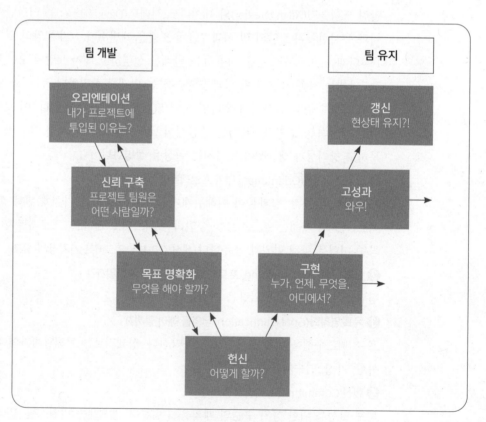

표 6.4 드렉슬러와 시베트의 팀 성과 모델

모델 | 프로젝트 팀 헌장(Project team charter)

프로젝트 팀 헌장은 팀원들이 알아야 할 프로젝트 목표, 프로젝트 운영방식, 팀원들이 준수해야 할 기본규칙(ground rule)을 정의한 문서로 다음과 같은 내용을 포함한다.

- 프로젝트가 창출하고자 하는 가치
- 의사결정 기준과 의사결정 프로세스
- 갈등 해결 프로세스
- 프로젝트 팀원들의 책임과 역할
- 팀원 성과평가 기준
- 의사소통 기준(보고서 양식, 회의체 운영)
- 개발도구 사용표준

프로젝트 초반에 팀 헌장을 정하면 불필요한 오해나 갈등을 줄일 수 있다. 팀 헌장을 만들 때 팀원이 참여해야 헌장에 대한 수용도가 높아진다. 팀 헌장은 신규 팀원의 오리엔테이션 자료로도 활용할 수 있다.

심화학습

구글에서 조사한 우수한 팀의 특징

구글은 2012년부터 2016년까지 4년에 걸쳐 우수한 팀의 특징을 분석하는 '아리스토텔레스' 프로젝트를 수행했다. 프로젝트 결과 도출된 5가지 특징은 '심리적 안전감' '신뢰성' '조직 구조와 투명성' '일의 의미' '일의 영향력'이다.

■ 심리적 안전감(Psychological safety)

아리스토텔레스 프로젝트에서 도출된 5가지 특징 중 생소하지만 중요한 개념이 심리적 안전감이다. '심리적 안전감'이란 팀원이 본인의 발언이나 행동으로 본인이나 다른 사람들이 피해를 보지 않을 것이란 믿음이 있는 상태를 의미한다. 심리적 안전감을 확보하지 않으면 회의시 수직적 지시사항만 전달되고 팀원은 침묵한다. 침묵하지 않는 경우는 본인을 방어하는 발언을 할 때뿐이다. 조직의 전반적 문화가 심리적 안전감을 제공하지 않는다면, 프로젝트 팀의 리더들은 팀원들의 심리적 안전감이 손상되지 않도록 더 배려해야 한다.

■ 신뢰성(Dependability)

신뢰성은 상대방이 주어진 업무를 제 시간에 정확하게 해낼 수 있다고 믿는 것이다. 상대방에 대한 신뢰 없이는 협업하기 힘들다. 상대방을 신뢰하지 않는 상황에서는 내가 상대방에게 신뢰감을 주기 위해 최선을 다할 가능성이 낮기 때문이다. 야구의 더블 플레이, 축구의 패스와 같이 상대를 믿는 플레이를 해야 한다.

■ 조직구조와 투명성(Structure & Clarity)

조직구조와 투명성은 팀원이나 각 부서가 명확한 책임과 역할을 가진다는 것을 의미한다. 이는 신뢰성과도 관련된 개념이다. 프로젝트 팀원뿐만 아니라 이해관계자들이 팀원들의 책임과 역할을 명확하게 이해해야 한다.

■ 일의 의미(Meaning)

일의 의미는 내가 수행하는 일이 다른 팀원 누군가에게 필요한 일이라고 믿는 것이다. 내가 수행하는 일이 다른 사람들에게 필요하다는 믿음이 없다면 그 일에 정성을 다하기 힘들다. 내가 진 짐이 가장 무겁게 느껴지듯이 나의 일이 다른 사람의 일보다 중요하고 우선순위가 높다는 생각을 하기 쉽다. 그런데 나의 일만큼 다른 사람의 일도 중요하다고 믿고 행동할 때 상호작용의 수준이 높아진다. 일종의 업무 공감능력이라고 할 수 있다.

'일의 의미'는 조직 내부 팀원을 기쁘게 하는 일을 의미하고, 다음에 설명하는 '일의 영향력'은 조직 외부 즉 고객을 기쁘게 하는 일을 의미한다.

■ 일의 영향력(Impact)

프로젝트 팀원이 만든 결과물이 사회나 고객을 기쁘게 만든다면 좋은 영향력을 가지고 있는 것이다. 프로젝트 팀원에게 일의 영향력은 프로젝트(또는 상품)의 비전이다. 프로젝트 관리자는 프로젝트 팀원에게 프로젝트의 비전을 명확하게 설명하고 납득시킬 수 있어야 한다. 경영층이 지시했다는 이유로는 프로젝트 팀의 마음을 설레게 할 수 없다.

6.5 리더십 기술

리더십을 발휘하기 위해서는 여러 가지 기술들이 필요하다. 리더십 기술에서 설명할 내용은 비전 수립 및 유지, 비판적 사고, 동기부여 이론을 설명한다.

6.5.1 비전 수립 및 유지

보통 비전(vision)은 조직 차원에서 정의한다. 예를 들어 구글은 '세상의 정보를 체계화해 누구나 쉽게 접근하고 사용할 수 있도록 함(Organize the world's information and make it universally accessible and useful)'과 같은 비전을 정의했다. 조직의 비전은 조직의 존재 이유에 가깝기 때문에 거의 변경되지 않는다. 조직의 비전을 달성하기 위해 전략을 수립하고, 전략 이행을 위해 프로젝트를 수행한다. 관점에 따라서 프로젝트에 '비전'이라는 용어를 사용하는 것이 부적절하다고 생각할 수 있다. 《PMBOK 지침서》에서 이야기하는 프로젝트 비전은 **프로젝트가 추구하는 가치, 프로젝트를 수행하는 이유** 정도로 이해해도 무방하다. 대부분 프로젝트의 비전은 프로젝트 팀이 '만드는' 것이 아니라 프로젝트 팀에게 주어진다. 예를 들어 상품개발 프로젝트에서 상품의 비전은 상품관리자나 상품관리자의 상급자가 만든다. 프로젝트 관리자는 프로젝트 착수 전에 프로젝트 팀원들과 함께 프로젝트 비전을 공유하고 공감해야 한다.

여러 번 강조했지만 프로젝트 팀원들은 프로젝트를 수행하는 목적, 프로젝트가 이해관계자들에게 제공할 가치에 관해 정확하게 이해하고 공감해야 한다. 그래야 프로젝트 팀원들의 노력이 올바른 곳에 사용된다. 프로젝트 비전은 프로젝트의 목적을 명확하고 간결하게 요약하며, 프로젝트 수행 결과로 달라질 미래의 모습을 구체적으로 설명한다. 프로젝트 비전은 프로젝트 헌장, 비즈니스 케이스, 프로젝트 관리계획서에 포함된다.

프로젝트의 비전은 조직의 비전에 상충되지 않아야 한다. 프로젝트의 비전은 북극성과 같아서 프로젝트 팀원들이 모두 같은 곳을 바라보고 나아가게 한다. 동일한 비전을 공유하면 빠른 사람, 늦은 사람은 있어도 다른 방향으로 가는 사람은 없다. 프로젝트 팀원들이 비전을 잘못 이해하면 엉뚱한 방향으로 빨리 달려갈 수도 있다. 상품개발 프로젝트의 비전은 '○○ 상품은 XX 고객의 YY 불편을 해결한다'와 같이 상품이 고객에게 제공하는 가치를 명확하고 간결하게 정의한다. 좋은 비전은 프로젝트 팀원들의 공감을 넘어 마음을 설레게 한다. 문서에 담긴 무미건조한 비전이 아니라 사람들의 마음속에서 살아 움직이는 비전이 되기 위해서는 비전에 대해 토의하고 공감하는 활동이 중요하다.

좋은 비전의 특징은 다음과 같다.

- 강력한 문구나 짧은 설명으로 프로젝트 목표를 요약한다.
- 달성 가능한 최상의 결과를 구체화한다.
- 프로젝트 팀원들이 공감하고 열정을 가지게 한다.

6.5.2 비판적 사고(Critical thinking)

프로젝트 관리자는 수시로 프로젝트 상황을 분석하고 크고 작은 의사결정을 내린다. 프로젝트 관리자가 상황을 분석하고 의사결정하는 프레임워크는 매우 중요하다. 프로젝트 관리자는 시스템 관점에서 종합적으로 상황을 분석하고 합리적·논리적으로 판단하고 의사결정해야 한다.

네이버 지식백과는 비판적 사고를 다음과 같이 정의한다.

> 어떤 사태에 처했을 때 감정 또는 편견에 사로잡히거나 권위에 맹종하지 않고 합리적이고 논리적으로
> 분석·평가·분류하는 사고과정. 즉, 객관적 증거에 비추어 사태를 비교·검토하고 인과관계를 명백히 하
> 여 여기서 얻어진 판단에 따라 결론을 맺거나 행동하는 과정.

프로젝트 팀은 데이터에 근거하여 논리적으로 소통해야 이해관계자를 설득할 가능성이 높아진다. 비판적 사고를 향상하기 위해 유의할 사항은 다음과 같다.

■ **편향되지 않은 관점에서 데이터를 취합하고 의사결정 한다.**

과거의 경험이나 처음 접한 정보에 현혹되어 본인의 의견을 계속 고집하는 것을 '확증편향(confirmation bias)'이라고 한다. 확증편향에 빠지면 본인의 의견을 관철시키기 위해 정보를 의도적, 선택적으로 선별한다. 의사결정을 할 때 과거의 경험으로부터 자유로울 수도 없고 그것을 무시해서도 안 되지만, 그것에 너무 집착해서도 안된다.

■ **명시되지 않은 가정과 요구사항을 파악한다.**

당연하다고 여기는 것은 이해관계자들이 오히려 명시적으로 말하지 않을 수 있다. 특히 다른 기업을 상대로 수행하는 B2B 프로젝트에서는 기업문화가 달라 이 문제가 발생할 가능성이 높다. 상품관리자든 프로젝트 팀이든 명시되지 않은 중요한 가정이나 요구사항을 누락하지 않도록 유의해야 한다.

■ **데이터에 근거하여 분석하고 의사결정한다.**

데이터는 이해관계자를 설득할 수 있는 강력한 도구다. 프로젝트 팀은 확보 가능한 데이터를 최대한 활용해야 한다. 완벽한 데이터를 확보하기 힘들 때에는 데이터 출처, 고려사항, 제약사항 등을 이해관계자와 팀원들에게 설명해야 한다. 데이터를 분석하다 보면 팀 성과와 관련된 특정 패턴, 인과관계, 상관관계를 발견할 수도 있다.

■ **귀납적, 연역적 추론을 적절하게 사용한다.**

귀납적 추론은 데이터를 통해 결론을 유도하는 방식이고, 연역적 추론은 참이라고 알려진 명제를 활용하여 논리적으로 새로운 명제를 도출하는 방식이다.

6.5.3 동기 부여

동기(motive)란, 어떤 행동을 불러일으키고 그 행동의 방향을 유도하여 지속적으로 유지시키는 내적인 힘이라고 정의할 수 있다. 프로젝트에서 동기란 팀원들이 자신의 헌신(commitment)을 다할 뿐 아니라 나아가 다른 팀원들을 자발적으로 도와주려는 힘이다.

개인의 동기는 내재적 동기와 외재적 동기로 구분할 수 있다. 일의 성취에서 만족감을 느끼는 것은 내재적 동기이고, 승진과 보너스와 같은 외부 요인에서 만족감을 느끼는 것은 외재적 동기이다. 프로젝트 팀원들이 외재적 동기에 의존할수록 프로젝트 수행은 어려워진다. 프로젝트 관리자는 팀원들의 내재적 동기를 격려해야 한다. 내재적 동기의 예는 다음과 같다.

■ 업무목표 달성
■ 기존의 방식으로 달성하기 힘든 도전
■ 프로젝트가 제공하는 가치에 대한 공감
■ 자기 주도적인 방식으로 프로젝트를 수행
■ 개인성장에 도움이 되는 이력
■ 프로젝트 팀의 일원이 되는 것(예: 사내 핵심인력으로 구성된 중요한 프로젝트)

대부분의 사람들은 한 가지 요인에만 동기를 부여하지는 않는다. 하지만 지배적인 동기는 있다. 프로젝트 관리자는 팀원들의 지배적인 동기부여 요인을 파악해야 해당 동기를 부여할 수 있다. 예를 들어 업무추진의 자율성을 추구하는 팀원에게는 근무시간, 작업방법을 개인이 결정할 수 있도록 독립된 업무를 제공하는 것이 바람직하다. 그런 환경을 제공하지 못한다면 개인의 양해를 구하거나 프로젝트 팀에서 배제해야 한다.

심화학습

6.5.3
동기 부여

매슬로의 욕구 5단계 이론

매슬로(Abraham H. Maslow)는 인간의 욕구는 5개의 계층적인 욕구로 구성되어 있고, 하위 욕구를 충족해야 상위 욕구가 발생한다고 했다(그림 6.5). 동기로 작용하는 욕구는 충족되지 않은 욕구이며, 충족된 욕구는 동기를 작동시키는 효력을 잃게 된다.

❶ 생리적 욕구(Physiological needs)
가장 낮은 단계로 피로, 졸음, 식욕과 같은 의식주와 관련한 욕구다. 인간이 생명

을 유지하기 위한 가장 기본적이고도 강한 욕구이며, 이러한 생리적 욕구 앞에서 다른 모든 욕구는 뒤로 밀려나게 된다.

❷ **안전 욕구(Safety needs)**

안전성, 공포와 불안으로부터의 해방, 법질서 등과 같은 안전에 대한 자기보존 욕구로 생리적 욕구가 충족되면 이러한 자기보존 욕구가 새롭게 생겨난다. 일반적으로 직장에서의 고용안정이나 예금과 사회보장 강화 등이 이러한 욕구를 충족시키기 위한 것이다.

❸ **친교 욕구(Love needs)**

생리적 욕구와 안전 욕구가 만족되면 애정, 호의, 소속감과 같은 친교 욕구의 필요성을 느낀다. 사회적 욕구라고도 한다.

❹ **자아존중의 욕구(Esteem needs)**

자아존중의 욕구는 자존, 자율, 성취감, 타당성, 전문성과 적성, 자신감, 독립성과 같은 내부적인 존경요인과, 지위, 신분, 명성과 명예, 우월감, 인정과 같은 외부적인 존경요인으로 구성된다. 이 욕구가 충족되지 않을 때 인간은 열등감, 나약함, 무력감을 느끼게 된다.

❺ **자아실현의 욕구(Self-actualization needs)**

앞의 4가지 욕구가 모두 충족되더라도 자신에게 가장 적합한 일을 하지 않으면 불만과 불안이 새롭게 나타나게 된다. 인간은 자신의 본성에 충실하여 자신이 하고 싶어하는 일, 자신이 할 수 있는 일을 함으로써 자아실현의 욕구를 충족하게 된다. 자아실현의 욕구는 자신의 재능과 잠재력을 충분히 발휘하여 자기가 이룰 수 있는 모든 것을 성취하려는 성장욕구, 자기완성 욕구를 말한다

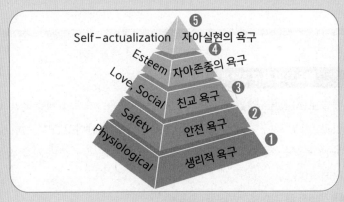

그림 6.5 매슬로 욕구 5단계

모델 | 2요인 이론: 위생요인, 동기부여 요인(Hygiene and motivation factors)

허즈버그(Frederick Herzberg)의 2요인 이론은 매슬로의 연구를 확대한 이론이다. 2가지 요인이란, 동기요인(motivator)과 위생요인(衛生要因, hygiene factor)이다. 동기요인은 조직 구성원에게 만족을 주며 동기를 유발하는 요인이고, 위생요인은 욕구가 충족되지 않을 경우 불만족을 초래하지만 그러한 욕구를 충족시켜 주더라도 직무수행 동기를 적극적으로 유발하지 않는 요인이다. 만족의 반대는 만족하지 않는 것이지, 불만이 아니라는 것이 허즈버그 이론의 핵심이다. 불만을 제거했다고 해서 팀원들이 동기부여 되길 바라서는 안된다는 것이다. 매슬로의 하위 욕구가 위생요인, 상위 욕구가 동기요인에 해당한다(그림 6.6).

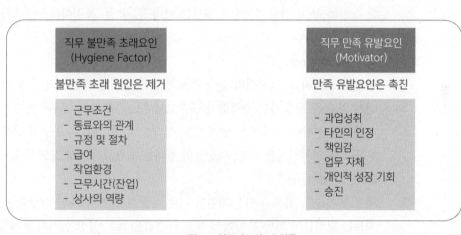

그림 6.6 허즈버그의 2요인론

■ 위생요인

급여, 기술적 감독, 회사의 정책과 행정, 인간관계, 작업조건, 개인생활 요소, 직위, 직업의 안정성 등은 동기를 부여하는 요인은 아니지만 불만족을 발생시키는 대표적인 위생요인이다. 조직에서 발생할 수 있는 여러 가지 불쾌한 상황을 제거하고 양호한 환경을 유지함으로써 팀원들의 불만족을 없애야 한다.

■ 동기요인

성취감, 남들로부터의 칭찬이나 인정, 일 자체(직무 자체가 주는 흥미), 책임감, 직무의 도전성, 성장 또는 승진 등이 대표적인 동기요인이다. 일을 통해 직접 얻을 수 있는 요인으로 자기실현을 가능케 하며, 만족요인이라고도 한다. 개인과 상황에 따라 만족요인과 불만요인이 다를 수 있고, 어떤 요인(예: 급여)은 위생요인과 만족요인의 성격을 동시에 가진다는 것은 유의한다.

모델 | 내재적 동기와 외재적 동기(Intrinsic versus extrinsic motivation)

다니엘 핑크(Daniel Pink)는 급여, 보너스와 같은 외재적 보상이 어느 정도 동기를 부여하지만 일단 일에 대한 정당한 보상을 받으면 외재적 보상은 더 이상 동기부여 요인이 되지 않는다고 말했다. 금전적 보상은 우수인력을 모을 수는 있지만 우수인력을 동기부여 하는 데는 한계가 있다. 2021년 소프트웨어 업계에 유행했던 개발자 연봉 인상 또는 보너스 지급도 개발자들의 동기부여를 위해서라기보다 인력유출을 막기 위한 것에 가까웠다.

난이도가 높고 도전적인 프로젝트를, 마음에 맞는 팀원들과 함께, 외부의 간섭이나 관료적인 프로세스 없이 자율적으로 수행할 수 있다면 금전적 보상에서는 기대하기 힘든 동기를 부여 받을 수 있다. 핑크는 자율성, 숙달, 목적이라는 3가지 유형의 내재적 동기를 강조한다.

■ 자율성(Autonomy)
일반적으로 자율은 자신의 삶을 주도적으로 살고자 하는 욕망을 의미한다. 프로젝트에서 자율은 프로젝트 수행방식(업무 프로세스, 근무장소, 근무시간, 협업도구 등)에 대한 의사결정 권한이 프로젝트 팀에 있는 상태를 의미한다. 자율구성 팀에서는 팀이 스스로 중요한 의사결정을 하고, 자신들의 한계를 초월하기 위해 노력한다.

■ 숙련도(Mastery)
새로운 기술을 적용하거나, 기업의 기존 상품과 완전히 다른 신상품을 개발하는 프로젝트는 팀원들이 해당 분야에서 새로운 경험을 하고 성장할 기회를 제공한다. 도전적인 프로젝트를 통해 개인의 역량이 높아졌다고 판단할수록 숙련에 대한 동기부여는 높아진다.

■ 목적(Purpose)
프로젝트는 누군가를 또는 무엇을 변화시키는 것을 목적으로 한다. 자신이 수행하는 프로젝트가 그러한 변화를 만들고 있다는 느낌을 받을수록 만족감은 높아진다.

  모델 | 욕구이론(Theory of needs)

데이비드 매클렐런드(David McClelland)는 매슬로의 5가지 욕구 중에서 3가지 상위 욕구만을 세 범주로 나누어 관찰했는데, 성취·친교·권력 욕구가 인간 행동의 80%를 설명한다고 한다. 각 욕구의 상대적인 강도는 개인의 경험과 문화에 따라 다르다.

■ 성취욕구(Need for achievement)
무엇을 이루고자 하는 욕구로 성취욕구가 높은 사람은 일을 시작하기 전에 높은 목표를 설정하고 그것을 달성하고자 노력한다. 이 욕구는 선전척이라기보다는 사회생활을 통해서 습득한다.

■ 친교욕구(Need for affiliation)

사람들과 사이 좋게 지내고 싶은 욕구로 친교욕구가 높은 사람은 평소 다른 사람과의 인간관계를 중요하게 생각하며, 사람들과 관계가 좋지 못하면 심한 스트레스를 받는다. 이런 사람들에게는 커뮤니케이션이 많은 집단적 과업이 적당하다.

■ 권력욕구(Need for power)

다른 사람에게 영향력을 행사하여 통제하고 싶어하는 욕구다. 권력욕구가 높은 사람은 어떤 집단에서나 리더를 하고 싶어하고 남을 설득시키거나, 대표로 남 앞에 나서기를 원한다. 일반적으로 권력욕구가 높은 사람은 성취욕구 또한 높다.

매클렐런드의 이론을 정리하면 표 6.7과 같다.

욕구 유형	내용	비고
성취	탁월한 수준의 목표를 달성하려 함	- 일을 잘하고자 하는 욕망이 높음 - 개인의 책임을 중요하게 생각
권력	다른 사람의 행동을 지배하려 함	특별한 대접을 받고, 의사결정의 권한을 가지길 원함
친교	사람들과 친밀한 관계를 형성하려 함	협력적인 상황을 선호

표 6.7 매클렐런드의 3가지 욕구

6.5.3
동기 부여
 모델 | X, Y 이론

더글라스 맥그리거(Douglas McGregor)는 직원의 동기와 및 관리 스타일을 X이론, Y이론으로 설명한다.

X이론에서는 개인이 금전적인 이유 때문에 업무를 수행한다고 가정한다. 성취나 권력에 대한 욕구는 없기 때문에 개인들에게 명확하고 구체적인 지시를 해야 한다. X이론은 노동집약적 생산환경에서 흔히 볼 수 있으며, 사람들을 다음과 같이 인식한다.

■ 보편적으로 사람들은 일을 싫어하고 할 수 있으면 피하려고 한다.

■ 조직의 목적을 달성하기 위해서는 사람들을 벌주거나 위협해야 한다.

■ 사람들은 지시를 받아야 일을 하고, 책임을 회피하려 한다.

Y이론은 개인들에게 내재적 동기가 있다고 가정한다. Y이론에 따른 관리 스타일은

팀원들이 창의적이고 지식이 풍부한 환경에서 흔히 볼 수 있다. Y이론에서는 사람들을 다음과 같이 인식한다.

■ 보편적으로 사람들은 일을 즐긴다.
■ 사람들은 외부의 통제나 위협이 없어도 조직의 목적을 위해서 자기를 통제한다.
■ 사람들은 대개 책임감을 추구하고 받아들인다.

맥그리거가 Y이론을 주장하기 전까지 관리자들은 X이론의 관점에서 조직원들을 바라보았다. 이는 동작연구와 시간연구를 통해 표준화를 추구한 테일러의 과학적 관리의 시각이기도 하다. X이론에서는 사람들을 작업수행의 수단으로 생각하기 때문에, 팀원의 사기와 생산성을 저하시킨다. 전통적 관리방식에서 벗어나 Y이론의 관점에서 조직원을 관리하면 생산성 향상, 만족도 증가, 신뢰하는 조직 문화가 형성된다는 주장도 있다. X이론, Y이론의 특성과 동기부여 방식을 정리하면 표 6.8과 같다

항목	X이론	Y이론
특성	- 사람은 일을 하기 싫어함 - 책임을 지기 싫어함 - 시키는 일만 함	- 목표달성을 위해 스스로 통제하고 노력함 - 문제해결을 위한 창의력, 지도력을 가지고 있음
동기 부여 방식	- 통제와 지시 - 감독 철저 - 물질적 보상 - 수직적 조직	- 자율에 맡김 - 자긍심과 위신을 세워줌 - 정신적 보상 - 수평적 조직

표 6.8 X, Y이론의 특성 및 동기부여 방식

6.5.3 동기 부여 Ⓜ 모델 | Z 이론

Z이론은 인간의 본성을 두 종류로 나누어 통제방식과 동기부여 방안을 선택해야 한다는 맥그리거의 X, Y이론을 발전시킨 모델이다. 1970년대 미국에서 일본의 경영방식을 배우는 열풍이 불었고, 그 결과로 탄생한 이론이다.

캘리포니아 대학의 윌리엄 오우치(William Ouchi) 교수는 미국과 일본에서 각각 12가지 업체, 모두 24개 유수 기업체를 표본으로 선정, 조사하여 그 중에서 생산성이 높은 기업조직을 Z유형 조직으로 규정했다. Z이론에서는 직원과 가족의 웰빙에 초점을 맞춘 평생 직업을 만들어 직원에게 동기를 부여한다. Z이론에 기반한 관리 스타일은 높은 생산성, 사기, 만족도를 촉진하는 것을 추구한다.

Z유형 조직의 특징은 다음과 같다.

- 장기 고용
- 집단 의사결정
- 느린 진급
- 적당히 전문화된 성장경로
- 종업원과 가정에 대한 종합적인 관심

6.5.3
동기 부여

브룸의 기대이론(Expectancy theory)

빅터 브룸(Victor Vroom)의 기대이론은 팀원들이 어떤 과정을 거쳐 동기부여 되는 가에 관한 것이다. 많은 직원들이 회사의 임원이 되기를 꿈꾼다. 그렇다고 해서 모든 직원들이 임원이 되기 위해 열심히 일을 할까? '모든 직장인이 임원이 되기 위해 열심히 일하는 것은 아니다'라는 현상을 설명하는 것이 기대이론이다. 기대이론은 개인이 동기부여를 받기 위해서는 '업무목표의 달성 가능성, 보상 가능성, 보상의 가치' 3가지 전제조건이 있어야 한다고 설명한다(그림 6.7).

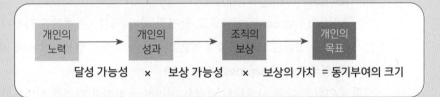

그림 6.7 기대이론의 3가지 구성요소

팀원이 특정 프로젝트에 얼마큼 동기부여 되느냐는 다음 3가지에 달려있다.

- 본인의 역량이나 노력으로 주어진 목표를 달성할 수 있어야 한다. (달성 가능성)
- 주어진 목표를 달성했을 때 팀원에게 보상을 제공해야 한다. (보상 가능성)
- 제공받는 보상이 팀원이 원하는 것(금전적 보상, 승진 등)일수록 팀원은 프로젝트 업무에 헌신적이게 된다. (보상의 가치)

기대이론의 3가지 구성항목이 곱하기로 연결되어 있기 때문에 3가지 요소 중 하나라도 0에 가까우면 전체 동기부여가 0에 가까워진다.

6.5.4 대인관계 기술(Interpersonal skills)

프로젝트에서 자주 사용되는 대인관계 기술에는 감성 지능, 의사 결정, 갈등 해결 기술이 포함된다.

6.5.4.1 감성지능(Emotional intelligence)

감성 지능은 자신과 다른 사람의 감정을 인식하는 능력이다. 감성지능 연구의 선구자인 대니얼 골먼(Daniel Goleman)은 감성지능을 자신의 감정 상태에 대한 인식과 조절을 통해 자기 자신을 동기부여하고, 타인의 감정에 대한 공감을 바탕으로 상대방과 인간관계를 맺고 관리하는 능력으로 정의했다. 이해관계자의 감정에 공감하고, 본인의 감정을 조절하는 능력은 의사소통 및 리더십의 기본이다. 이해관계자와 팀원을 관리하기 위해서는 IQ보다 EQ가 중요하다.

감성 지능과 관련된 다양한 모델의 내용은 다음 4개 영역으로 수렴한다.

■ **자기인식(Self-awareness)**

자기 인식은 자신에 대해 현실적인 평가를 할 수 있는 능력이다. 본인의 감정, 목표, 동기, 강점 및 약점을 이해하는 것을 포함한다.

■ **자기관리(Self-management)**

자기조절(self-regulation)이라고도 알려진 자기관리는 파괴적인 감정과 충동을 통제하는 능력이다. 성급한 판단과 충동적인 결정을 보류하고 행동하기 전에 생각한다.

■ **사회적 인식(Social awareness, 타인 인식)**

사회적 인식은 다른 사람들의 감정을 고려하는 공감과 이해를 의미한다. 여기에는 비언어적 신호와 신체언어를 읽는 능력을 포함한다.

■ **사회적 기술(Social skill, 타인 관리)**

사회적 기술은 프로젝트 팀을 관리하고, 소셜 네트워크를 구축하고, 다양한 이해관계자와 공통점을 찾고, 관계를 구축하는 능력이다.

감성지능의 내용을 요약하면 그림 6.8과 같다.

그림 6.8 감성지능 요약

6.5.4.2 프로젝트 팀 의사결정

의사결정이란 문제를 해결하거나 기회를 잡기 위해 선택할 수 있는 여러 가지 대안 중 한 가지를 선택하는 활동이다. 프로젝트와 관련된 의사결정을 내릴 때 유의할 사항은 다음과 같다.

■ **의사결정에 대한 팀원의 수용성을 높인다.**

의사결정 뒤에는 실행이 따르고 실행은 팀원이 한다. 따라서 의사결정 결과에 대한 팀원들의 수용성이 중요하다. 팀원들이 의사결정 과정에 참여하면 반대 의견을 냈다고 하더라도 의사결정 결과에 승복할 가능성이 높다. 따라서 개인 의사결정보다 그룹 토의를 통한 의사결정이 바람직하다.

■ **특정인의 의견이 아닌 다양한 의견을 수렴한다.**

프로젝트에 영향력이 높은 경영층이 사전에 의견을 제시하면 닻(anchor)효과가 발생하여 다양한 의견들을 수렴하기 힘들다. 닻효과란 영향력 있는 사람이 처음에 제시한 의견과 비슷한 의견들만 나오는 현상을 의미한다. 의사결정 대상이 정해지면 다양한 기법을 적용하여 많은 사람들의 의견을 수렴해야 한다. 다양한 사람의 의견을 쉽게 파악할 수 있는 대표적인 방법이 손가락 투표법(fist to five voting)이다.

손가락 투표법은 애자일 의사결정에서 많이 활용하는 방법으로 주먹(절대 반대)부터 다섯 손가락(절대 찬성)의 순서로 각자의 의견을 표현한다(그림 6.9). 손가락 3개부터는 찬성 의견이다. 더욱 간단하게 로마식 투표(Roman voting)처럼 엄지손가락 위, 아래로 찬성과 반대를 표현할 수 있다.

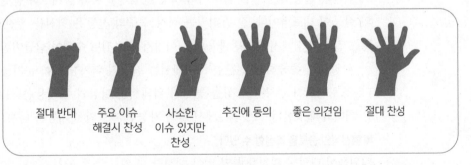

절대 반대　주요 이슈　사소한　추진에 동의　좋은 의견임　절대 찬성
　　　　　해결시 찬성　이슈 있지만
　　　　　　　　　찬성

그림 6.9 손가락 투표법

■ **의사결정에 투입되는 시간과 비용을 고려한다.**

의사결정 과정에 프로젝트 팀원을 참여시키면 팀원들의 시간을 빼앗는 부작용이 발생한다. 따라서 의사결정의 질을 크게 훼손시키지 않는 범위 내에서 신속한 의사결정 기법을 적용하는 것이 바람직하다.

■ **집단사고(group think)에 빠지지 않는다.**

'집단사고'는 동일한 목소리를 강요하는 조직의 분위기 때문에 잘못된 결정을 내리는 현상이다. 예를 들어 의사결정 회의석상에서 프로젝트 관리자가 본인의 의견을 강력하게 피력하면 프로젝트 팀원은 그 의견을 따르게 되고 다른 창의적인 아이디어는 사장된다. 집단사고를 배제하려면 분산(diverge)과 수렴(converge) 과정을 거치는 것이 바람직하다. 분산을 통해 다양한 의견을 수집한 뒤, 토의를 거쳐 몇 개의 의견으로 좁혀 의사결정해야 집단사고에 빠지는 것을 예방할 수 있다. 다양한 의견을 수렴하는 대표적인 방법이 포스트잇 또는 도구를 통해 개인의 의견을 취합하는 것이다.

■ 대책이 없는 문제도 중요시한다.

흔히 저지르기 쉬운 오류가 대책이 없는 문제제기를 나쁘게 생각하는 것이다. 특히 경영층이 대책 없는 문제제기는 하지 말라고 윽박지를 때 이런 분위기가 확산된다. 이런 분위기에서는 정작 중요한 의사결정이 외면될 수도 있다. 프로젝트 팀에서 내리기 힘든 의사결정은 상위 관리자에게 넘겨야 한다.

6.5.4.3 갈등관리

갈등(葛藤)의 어원은 갈나무와 등나무가 얽혀서 꼬였다는 것에서 유래한다. 갈등은 개인이나 집단 간에 생각이 다를 때 발생한다. 프로젝트를 수행할 때 갈등이 문제가 되는 이유는 특정 개인이나 집단이 추구하는 목표를 다른 개인이나 집단이 방해하기 때문이다. 고객의 사용성을 중시하는 디자이너와 기술 구현 용이성과 품질을 중시하는 엔지니어 간의 갈등, 출시일을 맞추어야 하는 상품관리자와 출시보다 품질이 중요한 QA와의 갈등이 대표적이다. 잘 관리되는 적정 수준의 갈등은 혁신을 촉진하지만 관리되지 않는 갈등이 심해지면 파벌싸움으로 이어져 프로젝트 수행이 힘들어진다.

다양성을 존중하는 건강한 조직에서는 갈등의 역기능 없이 순기능만 발생할 수 있다. 프로젝트의 성공 가능성을 높이기 위해서는 갈등의 부작용은 최소화하고 순기능은 최대화해야 한다. 프로젝트에서 발생 가능한 갈등의 순기능은 다음과 같다.

■ 혁신적인 풍토를 조성할 수 있다.

팀원들이 다양한 의견을 부담 없이 제시할 수 있는 조직에서는 창의적이고 혁신적인 아이디어가 나올 수 있다.

■ 품질의 문제점을 조기에 발견할 수 있다.

품질 문제에 대해서도 프로젝트 초기에 자유롭게 토의할 수 있어야 한다. 누군가가 품질에 대해 의구심이 있다면 이를 공개하여 이슈를 검증해야 한다. 품질뿐만 아니라 개발 프로세스의 문제점도 토의를 통해 개선할 수 있다.

■ 상호작용하고 협업하는 팀워크를 만들 수 있다.

갈등을 허용하는 조직에서는 누구라도 부담없이 다양한 의견을 이야기하고, 제시한 의견은 존중받는다. 이런 조직에서는 팀원 간 상호작용을 통한 협업이 증가한다.

프로젝트에서 발생 가능한 갈등의 역기능은 다음과 같다.

■ 집단 간 파벌의식을 조장한다.

프로젝트에서 흔하게 발생하는 갈등은 부서 이기주의 때문에 생긴다. 갈등이 심해지면 협업을 통해 달성해야 할 상위 목표는 사라지고 각 부서 목표 달성만 추구하게 된다.

■ 수직적 지시에 의존한다.

집단 간 갈등은 전쟁으로 발전한다. 전쟁에서 승리하기 위해서는 장수의 지휘 아래 일사불란하게 움직여야 한다. 이 경우 개인의 의견은 사라지고 집단사고와 상명하복만 남는다.

■ 팀원들을 침묵하게 만든다.

갈등의 역기능을 경험한 팀원들은 문제를 일으키기 싫어서 다른 의견이 있어도 본인이나 자기가 속한 집단에 큰 피해가 되지 않는다면 침묵한다. 심지어는 잘못되는 것을 알고 있어도 다른 집단과 관련된 것이라면 말하지 않는다.

갈등의 역기능은 최소화하고 순기능을 최대화하기 위해서는 다음에 유의해야 한다.

■ 상대를 존중하는 의사소통을 한다.

의사소통 과정에서 상대방이 심리적인 불안감을 느낀다면 의사소통을 중단해야 한다. 상대방에게 위협적이지 않는 말, 어조, 몸짓을 사용한다.

■ 사람이 아닌 문제에 집중한다.

각종 이슈를 초래한 사람에 대한 질책보다 문제 자체에 집중해야 한다. 특히 품질 이슈는 사람에 집중하면 문제가 발생한 근본원인을 찾기 힘들다. 비난 받는 사람이 문제의 근본원인을 은폐하거나 다른 곳으로 돌리기 때문이다.

■ 과거가 아닌 현재와 미래에 집중한다.

과거에 집착하는 것도 책임추궁을 하는 상황으로 위와 비슷하다. '누가 왜 그랬어?'가 아닌 '문제의 원인이 무엇이고 앞으로 어떻게 하지?'로 관점을 전환시켜야 한다.

■ 함께 대안을 모색한다

갈등을 함께 해결하는 과정에서 협업하는 관계를 만들 수 있다. 만일 파괴적인 갈등이 지속된다면 공식적으로 해결해야 한다.

갈등의 순기능과 역기능, 갈등관리시 유의사항에 관해서 살펴보았다. 갈등을 관리하기 위한 몇 가지 추가 내용을 설명한다.

갈등의 발생 원인

프로젝트에서 갈등이 발생하는 원인은 다음과 같다.

■ 업무 의존성

개인이나 집단 간에 업무 의존성이 없으면 갈등이 발생하지 않는다. 업무 의존성의 유형은 '순차적 의존성'과 '상호 의존성'이 있다. 순차적 의존성은 'A→B'의 유형으로 A업무의 인도물이 B업무의 투입물이 된다. 디자인과 코딩의 관계가 대표적이다. 주로 B업무를 수행하는 개인이나 집단이 A업무의 일정지연, 품질, 재작업 때문에 불만이 생긴다. 상호 의존성은 'A↔B'의 유형으로 A업무와 B 업무의 인도물을 서로 활용한다. 상품관리자와 UX(CX) 디자이너의 관계가 대표적이다. 상호 의존성은 높은 수준의 협업을 요구하기 때문에 갈등이 발생할 가능성도 높다.

■ 일정

일정은 외부 이해관계자와 프로젝트 팀 간 갈등의 원인도 되지만, 프로젝트 팀 내부 갈등의 원인이 되기도 한다. 일정과 관련한 갈등은 '할 수 있는 일정'과 '해야 하는 일정'의 차이 때문에 발생한다. '할 수 있는 일정'은 프로젝트 팀(원)의 일정이고 '해야 하는 일정'은 이해관계자가 원하는 일정이다. 특히, 프로젝트 팀(원)이 동의하지 않는 일정을 관리자가 일방적으로 밀어붙여 납기를 정한 뒤 프로젝트 팀(원)에게 일정지연에 대한 책임을 따질 때 갈등은 커진다.

일정과 관련된 갈등의 가장 큰 문제는 남 탓을 한다는 것이다. 관리자는 약속을 지키지 않는 팀(원)을 탓하고, 팀(원)은 무리한 일정을 밀어붙이는 관리자를 원망한다. 일정에 대한 갈등은 프로젝트 후반부로 갈수록 커진다.

■ 요구사항 변경

요구사항 변경은 이해관계자와 프로젝트 팀 간 갈등의 대표적인 원인이다. 프로젝트 수행 도중 전략고객의 요구사항을 추가하는 것이 대표적인 예이다. 요구사항 변경은 역기능의 갈등을 초래하며 대부분 일정 갈등으로 확대된다.

■ 자원배분

자원은 인적 자원과 물리적 자원 모두를 포함한다. 자원배분에 대한 갈등은 주로 프로젝트 초기에 발생한다. 조직 내부 프로젝트 간 자원배분, 프로젝트 업무와 운영업무의 자원배분, 프로젝트 팀 내부에서 업무 간 자원배분 등이 갈등의 요인이다. 자원배분의 갈등은 자원의 양 때문에 발생하기도 하고 우수 자원의 확보 때문에 발생하기도 한다.

■ 업무수행 방식

업무수행 방식은 기술문제 또는 관리 프로세스 때문에 발생하는 갈등요인이다. 기술 문제는 목표 달성 또는 문제해결을 위한 기술적 접근 방법이 다를 때 생기는 갈등이다. 관리 프로세스는 프로젝트 액티비티 또는 인도물 양식과 관련된 갈등이다. 업무수행 방식과 관련된 갈등은 교차기능 팀과 같이 한 장소에서 여러 역할자가 근무할 때 발생할 가능성이 높다. 토론할 때는 격렬한 논쟁을 하지만 토론이 끝난 후에는 깨끗하게 승복을 하고 훌훌 털어버리는 조직에서 업무수행 방식과 관련된 갈등은 순기능으로 작용한다.

■ 대인관계

대인관계의 갈등은 개인의 성격차이 또는 위에서 언급한 갈등이 장기화되면서 개인 간에 좋지 못한 감정이 고착화될 때 발생한다. 대인관계의 갈등은 초기 원인과 상관없이 특정 개인이 싫어지는 상태로 발전하기 때문에 조직생활에서 가장 견디기 힘든 갈등이되고 극복하기 힘든 마음의 상처를 남기기도 한다.

갈등 해결 방안

갈등을 해결하기 위해서는 의견차이를 없애거나 최소화해야 한다. 갈등 해결 방안에는 5가지 전략이 있다.

■ 회피(Withdrawal)

갈등 해결을 위해 아무것도 하지 않는 방안이다. 의견은 대립되나 필요한 정보가 부족하거나 해결이 매우 힘든 상황에서는 대립되는 의견을 그대로 두는 것도 갈등을 키우지 않는 방법이다. 상처가 곪을 때까지 기다리는 것과 같다. 최종 의사결정까지 시간 여유가 있을 때 적용할 수 있다. 사소한 갈등은 우선순위가 낮아 그대로 방치할 수 있다.

■ 수용(Smoothing)

상대의 주장을 받아주는 방안이다. 자신이 합리적이라는 것을 보여주고 상대의 신뢰를 얻고자 할 때 수용전략을 적용한다.

■ 타협(Compromising)

나도 양보하고 상대방도 양보하는 방안이다. 배타적인 의견을 가진 상대와 권력이 비슷하고, 시간은 없고 설득이 힘들 때 적용한다. 상품관리자와 프로젝트 팀이 협의하여 상품 릴리즈 일정을 조정하는 상황을 예로 들 수 있다.

■ 강요(Forcing)

수용의 반대로 나의 주장을 상대에게 관철시키는 방안이다. 긴급한 의사결정을 해야하거나, 나의 판단이 옳다고 판단할 근거가 명확하고 중요한 사안이라면 강요전략을 적용한다.

■ 협업(Collaborating)

나와 상대방 모두 만족할 수 있는 해결책을 찾는 방안이다. 협업을 통해 도출되는 해결책은 쌍방이 주장했던 내용과 다른 새로운 답이 되어야 한다. 매우 중요한 사안에 대해 서로의 주장이 합리적이며 타협을 통해 절충하는 것이 답이 되지 않을 때 적용한다. 타협이 제로섬(zero sum) 협상이라면 협업은 플러스섬(plus sum) 협상이다. 품질이슈 해결을 위해 설계내용을 변경하는 것이 예가 된다.

이상 5가지 갈등 해결 전략을 정리하면 그림 6.10과 같다.

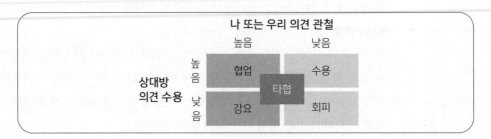

그림 6.10 갈등 해결 방안

갈등 해결 방안 5가지를 적용하는 상황을 정리하면 표 6.9와 같다.

전 략	내 용
회피	– 이슈가 사소할 때 – 자기의 의견을 관철할 가능성이 낮다고 판단할 때 – 분위기를 식힐 필요가 있을 때 – 추가 정보 수집이 필요할 때 – 다른 그룹이 더 효과적으로 갈등을 풀 수 있다고 느낄 때 – 그 이슈가 다른 이슈의 징후라고 보일 때
수용	– 자기 의견에 대한 확신이 부족할 때 – 그 이슈가 다른 그룹에게 더 중요한 사안일 때 – 나중을 위해서 신용을 얻고자 할 때 – 조화와 안정성이 매우 중요할 때 – 상대로 하여금 실패를 통해서 배우도록 할 때
타협	– 목표는 중요하나 더 이상 설득이 힘들다고 느낄 때 – 상호 배타적인 목표를 가진 집단이 비슷한 파워를 가지고 있을 때 – 복잡한 문제의 잠정적인 해결책을 도출할 때 – 위의 두 가지가 실패할 경우의 대안 – 시간이 없을 때
강요	– 긴급하게 결정해야 할 경우 – 인기가 없는 주요 정책을 집행할 때 – 옳다고 믿는 주요 안건을 집행할 때
협업	– 매우 중요한 통합된 의견을 도출할 때 – 남들의 의견을 들을 필요가 있을 때 – 공감대를 형성해서 지속적인 관계유지가 필요할 때

표 6.9 갈등 해결 방안 별 적합한 적용상황

모델 | 협상(Negotiation) 모델

프로젝트에서 수행하는 협상은 주로 갈등을 해결하기 위한 과정에서 발생한다. 협상의 모델은 많지만 《PMBOK 지침서》 7판에서는 스티븐 커비(Steven Covey)의 저서 《성공하는 사람들의 7가지 습관》의 네 번째 습관인 '승-승을 생각하라(Think win-win)'를 소개한다. 협상의 결과는 다음의 3가지가 있다.

■ **승승(Win-win)** 협상의 당사자 모두가 만족하는 최적의 결과이다.
■ **승패(Win-lose)/패승(Lose-win)** 경쟁 관점에서 누군가 이기고 지는 상황이다. 드물게 상대방에게 승리를 양보하는 상황도 있을 수 있다.
■ **패패(Lose-lose)** 승승의 결과가 가능했지만 협업보다 경쟁에 집착하여 양쪽 모두 손실을 보는 상황이다.

승승은 주로 다음의 상황에서 주로 발견된다.
■ 협상에 참여하는 사람들이 성숙하고, 청렴하고, 모두에게 도움이 되고 가치 있는 관점을 유지한다.
■ 협상에 참여하는 사람들이 서로를 신뢰하고 협상이행을 위한 구체적인 방안을 정의하고, 책임감 있게 행동한다.
■ 협상에 참여하는 사람들이 상대방의 관점에서 상황을 분석한다. 또한 협상 당사자들이 함께 협력하여 주요 문제와 우려 사항을 식별한다. 그 결과로 양쪽 모두 수용 가능한 방안을 도출한다.

심화학습

MBTI 성격유형

마이어스-브릭스 유형 지표(Myers-Briggs-Type Indicator, MBTI)는 작가 캐서린 쿡 브릭스(Katharine C. Briggs)와 그의 딸 이사벨 브릭스 마이어스(Isabel B. Myers)가 개발한 성격유형을 판단하는 지표이다. MBTI는 2개의 태도 지표(외향-내향, 판단-인식)와 2개의 기능지표(감각-직관, 사고-감정)를 조합하여 총 16개의 성격유형을 분류한다.

MBTI는 '혈액형과 성격'처럼 사람들의 흥미를 유발하여 다양한 상황에서 활용한다. 예를 들어 연인들이 궁합을 보거나 직업을 선택할 때 MBTI 유형을 참고하는 것 등이 그 예다. 학계에서는 MBTI의 과학적 근거에 대한 이견이 많지만, MBTI 유형에 적합한 상품까지 유행하고 있다. 프로젝트 관리자는 MBTI를 참고하여 팀원들의 성격유형을 판단하고 그에 적합한 업무를 배정할 수 있다. 이하 MBTI의 내용은 나무위키의 설명을 참조하여 정리했다.

■ 에너지의 방향 (외향, 내향)

- 외향(Extraversion) 자기 외부에 주의 집중

지식이나 감정 표현을 통해 에너지를 얻는다. 사교적, 활동적이며 외부 활동에 적극적이다. 폭넓은 대인관계를 가지며 글보다는 말로 표현하기를 좋아하고 경험을 통해 이해한다. 회의에서 자기 의견을 적극적으로 주장하는 사람이 이에 해당한다.

- 내향(Introversion) 자기 내부에 주의 집중

지식이나 감정에 대한 자각을 통해 에너지를 얻는다. 조용하고 신중하며 내면 활동에 집중한다. 깊이 있는 대인관계를 가지며 말보다는 글로 표현하기를 좋아하고 이해한 다음 행동한다. 프로젝트 현안에 대해 말을 아끼고 시간을 두고 고민하는 사람이 이에 해당한다.

■ 사람이나 사물을 인식하는 방식(감각, 직관)

- 감각(Sensing) 오감 및 경험에 의존

일상에서 사용하는 감각의 의미와는 다른 뉘앙스로 이해해야 한다. 여기서 '감각'은 직관의 반대 개념인 '분석'에 가까우며 개인의 경험을 중시한다. 숲보다 나무를 보려는 경향이 강하다. 전체보다 자기 업무에 집중하며, 자기 경험을 중심으로 사고하는 사람이 이에 해당한다.

- 직관(iNtuition) 직관 및 영감에 의존

아이디어와 추상적, 미래지향적인 의미를 중시한다. 대개 신속하고 비약적으로 생각하고 일을 처리한다. 나무보다 숲을 보려는 경향이 강하며 자신만의 세계가 뚜렷하다. 프로젝트 내부 회의 때 창의적인 아이디어를 많이 내는 사람이 이에 해당한다.

■ 판단의 근거(사고, 감정)

- 사고(Thinking) 업무 중심 타입

논리적, 분석적이며 객관적으로 사실을 중시하며 옳고 그름을 판단한다. 원리와 원칙을 중시한다. 감정형보다 현실적이다. 업무에 대한 성취욕구가 높은 사람이 이에 해당한다.

- 감정(Feeling) 인간관계 중심 타입

　사람과의 관계를 중시하며 좋고 나쁨을 판단한다. 상황적, 포괄적이며 주변 상황을 고려하여 판단한다. 의미, 영향, 도덕성을 중시한다. 우호적인 협조, 교감하기를 좋아한다. 친교욕구가 강한 사람이 이에 해당한다.

■ **선호하는 삶의 패턴(판단, 인식)**

- 판단(Judging) 분명한 목적과 방향 선호

　계획적이고 체계적이며 기한을 엄수한다. 뚜렷한 자기의사와 기준으로 신속하게 결론을 내린다. 계획수립과 통제를 선호하는 사람이 이에 해당한다.

- 인식(Perceiving) 유동적인 목적과 방향 선호

　자율적이고 융통성이 있으며 재량에 따라 일정을 변경한다. 상황에 따라 유연한 대응을 선호하는 사람이 이에 해당한다.

　이상을 조합한 16가지 성격 유형은 그림 6.11과 같다. PMP 시험준비를 위해서는 16가지 성격유형까지 학습할 필요는 없고 성격을 판단하는 4가지 기준의 내용만 이해하면 된다.

16가지 성격 유형				
구분		T		F	
		J	P	J	P
I	S	ISTJ	ISTP	ISFJ	ISFP
	N	INTJ	INTP	INFJ	INFP
E	S	ESTJ	ESTP	ESFJ	ESFP
	N	ENTJ	ENTP	ENFJ	ENFP

I(내향) | E(외향)　　S(감각) | N(직관)　　T(사고) | F(감정)　　J(판단) | P(인식)

그림 6.11 MBTI 16가지 성격유형

6.6 다른 성과영역과의 상호작용

팀 성과영역과 다른 성과영역의 대표적인 상호작용은 표 6.10과 같다.

성과영역	팀 성과영역과의 상호작용
이해관계자	– 이해관계자는 프로젝트 팀의 평가, 보상 결정에 영향을 미침 – 이해관계자는 팀 빌딩에 영향을 미침
기획	– 프로젝트 기획과정에서 리더십 발휘(이해 관계자에게 프로젝트 비전과 가치 설명)
프로젝트 작업	– 문제 해결을 위한 비판적 사고와 의사결정
측정	– 측정 결과를 활용하여 팀원 평가, 보상

표 6.10 팀 성과영역과 다른 성과영역의 상호작용

6.7 팀 성과영역 조정

성과영역의 내용을 조정하여 실전 프로젝트에 적용하기 위해서는 성과영역의 주요 결정사항과 결정에 영향을 미치는 요인을 이해해야 한다. 팀 성과영역을 프로젝트에 적용하기 위한 결정사항은 다음과 같다.

■ 팀원들의 리더십 역량을 어떻게 향상시킬 것인가?

■ 팀원들을 어떻게 동기부여 시킬 것인가?

■ 바람직한 프로젝트 팀 문화를 어떻게 구축할 것인가?

■ 높은 성과를 달성하기 위한 팀을 어떻게 만들 것인가?

각 의사결정을 위해 사전에 파악하거나 고려할 사항은 그림 6.12와 같다.

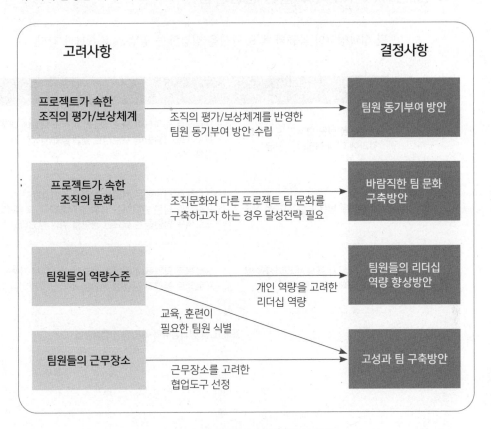

그림 6.12 팀 성과영역 조정을 위한 고려사항

6.8 팀 성과영역의 목표 달성 점검방법

팀 성과영역의 목표와 목표 달성을 점검하는 방법은 표 6.11과 같다.

목표	목표 달성 점검방법
프로젝트 팀원 모두가 프로젝트 결과에 대해 책임감을 공유	– 프로젝트 팀원들이 프로젝트의 비전과 목표에 대해 공감 – 프로젝트 팀원들이 프로젝트 결과물과 달성한 결과에 대해 책임감을 공유함
프로젝트 팀은 높은 성과를 창출	– 프로젝트 팀원들은 서로를 신뢰하고 협업함 – 프로젝트 팀은 변화하는 상황에 적응하고, 복원력이 높음 – 프로젝트 팀원들은 필요한 권한을 위임 받았다고 느낌
팀원 모두가 훌륭한 리더십을 발휘하고 대인관계를 유지	– 프로젝트 팀원들이 비판적 사고와 대인관계 기술을 업무에 적용 – 프로젝트 환경과 상황에 적합한 리더십 스타일을 적용

표 6.11 팀 성과영역의 목표 달성 점검방법

7

Development Approach and Life Cycle Team Performance Domain

개발방식과 생애주기 성과영역

WATER FALL

AGILE

7 Development Approach and Life Cycle Team Performance Domain

개발방식과 생애주기 성과영역

7.1 개발방식과 생애주기 성과영역 개요

개발방식과 생애주기 성과영역은 프로젝트 계획을 수립하기 전에 프로젝트 개발전략을 수립하는 활동이다(성과영역의 배치순서도 그렇다). 7장에서는 프로젝트 관리를 위한 개발전략(개발방식과 생애주기를 종합하여 '개발전략'으로 설명한다)을 설명한다. 프로젝트 개발전략은 나머지 7개 성과영역과 밀접하게 상호작용한다. 수험생들은 현실에서 접하는 프로젝트 수행환경, 이해관계자, 프로젝트 업무 내용을 분석하여 어떤 유형의 개발전략이 적합할지 판단할 수 있어야 한다. PMI가 이전 버전에서 중요하게 다루지 않았던 개발전략 수립을 별도의 성과영역으로 구분했다는 것은 개발전략의 중요성을 인지했기 때문이다.

프로젝트 개발전략을 구성하는 요소는 '인도 케이던스(delivery cadence)' '개발방식 (development approach)' '프로젝트 생애주기(project life cycle)이다. 7장의 내용들은 애자일의 원칙과 기법과 관련된 내용이 많기 때문에 애자일 방법론에 익숙하지 않은 수험생들에게는 어렵게 여겨질 수 있다.

개발방식과 생애주기 성과영역의 목차와 관련 모델, 방법, 결과물은 표 7.1과 같다.

목차	내용	모델/방법/결과물
7.2 인도 케이던스 (Cadence)	- 케이던스의 의미 - 인도 케이던스의 3가지 유형 　(단일 인도, 다회 인도, 정기 인도) - 인도 케이던스 유형이 프로젝트 개발 접근 　방법과 생애주기에 미치는 영향	동일주기 릴리즈 유지의 장점 [심화학습]
7.3 개발방식의 유형	- 개발방식의 3가지 유형 　(예측형, 혼합형, 적응형) - 반복형 개발과 증분형 개발의 차이 - 개발방식 결정에 영향을 미치는 요인 　(상품, 프로젝트, 조직)	애자일 방법론의 등장배경과 애자일선언 [심화학습] 애자일의 12가지 원칙 [심화학습] 스크럼 [심화학습] XP [심화학습]
7.4 개발방식을 결정할 때 고려사항	- 제품 또는 서비스의 특성 - 프로젝트 - 조직	애자일 적용 적합성 평가기준 [심화학습]
7.5 생애주기와 단계 정의	- 생애주기와 단계(Phase) - 개발 방식과 단계	
7.6 인도 케이던스, 개발방식, 생애주기의 연계	- 인도 케이던스 유형이 프로젝트 개발방식 　과 생애주기에 미치는 영향	

표 7.1 개발방식과 생애주기 성과영역의 학습 주제 관련 모델, 방법, 결과물

바람직한 결과

- 프로젝트 인도물의 인도 케이던스와 인도물의 내용에 적합한 개발방식을 적용한다.
- 프로젝트 실행 전반에 걸쳐 이해관계자에게 가치를 제공하는 생애주기를 적용한다.
- 프로젝트 인도물에 적합한 개발방식과 인도 케이던스로 구성된 생애주기를 적용한다.

활동 예

개발방식과 생애주기 성과영역의 활동은 개발전략을 고민하는 활동으로 현실에서는 프로젝트 계획수립활동과 병행해서 진행된다. 이 활동을 수행한 결과, 예측형 개발방식(predictive approach)을 적용할지 적응형 개발방식(adaptive approach)을 적용할지 결정한다. 프로젝트 유형에 상관없이 활동의 예를 정의하면 다음과 같다.

- 프로젝트 개발전략 수립을 위해 고려할 사항을 도출한다.

- 팀원들과 함께 프로젝트에 적용할 방법론을 협의한다.
- 이해관계자들에게 인도물 제공 시점, 횟수를 검토한다.
- 프로젝트 수행단계와 주요 활동을 정의한다.
- 요구사항의 변경 가능성과 기술의 불확실성을 검토한다.
- 유사 프로젝트의 WBS를 확보하여 금번 프로젝트에 적용할 수 있도록 수정, 보완한다.

시험문제 출제경향

개발방식과 생애주기와 관련된 PMI의 PMP 시험내용 요약은 표 7.2와 같다. 모두 프로세스와 관련된 내용이다.

주제	내용
비즈니스 가치 실현에 요구되는 절박함으로 프로젝트 실행	- 최소기능제품(MVP, Minimum Viable Product)를 찾기 위해 필요에 따라 프로젝트 과제를 나누도록 팀 지원
적절한 프로젝트 방법론/방법 및 실무사례 결정	- 프로젝트 요구사항, 복잡성, 규모 평가
	- 프로젝트 실행 전략 권유 (예: 계약, 자금)
	- 프로젝트 방법론/접근방식 권유 (예: 예측, 애자일, 혼합형)
	- 프로젝트 생애주기 전반에서 반복적이고 점증적 실무사례 활용 (예: 교훈, 이해관계자 참여, 리스크)

표 7.2 개발방식과 생애주기 성과영역의 PMP 시험내용 요약

출제 가능한 시험문제의 유형은 다음과 같다.

문제
유형

Q. 팀원과 함께 주어진 업무를 개발하기 위한 계획을 검토한 결과 일정이 12개월 도출되었다. 그러나 경영층은 6개월 뒤에 출시해야 한다고 한다. 프로젝트 관리자는 어떻게 대응해야 하는가?

A. 백로그 우선순위를 검토하여 6개월 뒤에 출시 가능한 백로그 목록으로 이해관계자와 협의한다. 6개월 뒤에 반드시 출시해야 하는 백로그가 있다면 추가 인력 투입이 필요한지 검토한다.

Q. 폭포수 방법론만 적용해왔던 조직에 처음으로 애자일 프로젝트를 적용할 계획이다. 조직 내 일부 부서 인원들이 신규 방법론에 대한 우려 또는 불만을 표현하고 있다. PMO는 어떻게 대응해야 하는가?

A. 애자일의 적용에 관한 문제는 변화관리 모델을 생각하고 답변한다. 변화에 따른 조직원의 불편사항을 해소하고, 변화의 가치를 공감하게 하고, 변화할 수 있는 역량을 향상시켜야 한다. 예를 들어 시범 프로젝트 수행을 통해 문제점을 보완한 뒤 적용을 확산하고, 애자일 방법론의 장단점과 내용을 교육시키고, 조직원들이 애자일 적용에 따른 문제점을 토의해야 한다.

Q. 프로젝트의 업무가 요구사항이 명확한 부문과 요구사항의 불확실성이 높은 업무로 구분된다. 개발방식은 어떻게 결정해야 하는가?

A. 프로젝트 업무에 따라 요구사항 불확실성이 크게 다르다면 다른 개발방식을 적용해야 한다.

Q. PM인 당신은 팀원이 100명인 대형 프로젝트에 애자일 프로젝트를 적용하고자 한다. 이해관계자 중 일부는 대형 프로젝트에서 애자일을 적용하는 것에 우려가 많다. 당신은 어떻게 대응해야 하는가?

A. 이해관계자의 우려를 불식시키기 위해서는 먼저, 대형 프로젝트에 애자일을 적용하기 위한 추진전략과 프로세스를 명확하게 정의해야 한다. 대형 프로젝트 애자일 적용을 전문으로 하는 SAFe 프로세스에 대한 교육을 받는 것도 좋다. 동일 업종의 대형 프로젝트 대상 애자일 적용 성공사례가 있다면 해당 프로젝트 관리자의 성공사례를 이해관계자와 함께 들어보는 것도 바람직하다. 이해관계자와 팀원이 함께 대형 프로젝트 애자일 적용을 위한 워크숍을 실시하여 문제점과 대응책을 함께 수립하는 것도 효과적이다.

Q. 애자일 스프린트 계획 미팅에서 가장 중요하게 고려해야 할 것은?

A. 해당 스프린트에서 개발할 내용의 주제, 백로그, 주요 작업을 이해하는 것이 중요하다.

Q. 일정이 매우 빠듯하고 고객 요구사항 확인이 중요한 프로젝트를 수행할 때 유의

할 사항은 무엇인가?

A. 프로젝트 초기에 프로토타입 또는 MVP를 제작하여 고객의 피드백을 받는 방식으로 프로젝트 후반부 재작업을 최소화해야 한다.

Q. 당신은 애자일 프로젝트를 책임지는 PM이다. 이해관계자 중 일부가 애자일 프로젝트는 일정준수를 확신하기 힘들다고 불평한다. 당신은 어떻게 대응해야 하는가?

A. 애자일 프로젝트에서도 업무목표와 일정에 대한 약속은 한다. 다만, 상황이 변경될 경우 최대한 우선순위가 높은 요구사항을 먼저 개발한다는 점을 설명한다. 이 모든 과정은 프로젝트 팀과 이해관계자가 협의하여 결정할 것이며, 애자일 프로젝트에서 팀원과 이해관계자의 상호신뢰가 중요하다는 것을 강조한다.

Q. ○○ 기업은 이전에 애자일을 적용하여 실패한 경험이 있다. PMO가 PM인 당신에게 이번 프로젝트는 애자일을 적용할 것을 요청하였다. 당신은 어떻게 대응해야 하는가?

A. 이전과 달라진 점이 없다면 애자일 적용을 신중하게 고려해야 한다. 이전에 실패했던 사유를 해소한 뒤에 애자일을 적용해야 한다.

Q. 당신은 다양한 개발방식을 혼합하여 적용하는 프로젝트의 PM이다. 당신이 가장 유의할 사항은 무엇인가?

A. 다양한 업무(서브시스템) 간의 연계와 통합에 유의해야 한다. 예를 들어 A 서브시스템의 변경이 B 서브시스템에 미치는 영향, 특정 서브시스템의 인도물이 다른 서브시스템의 투입물이 되는 상황 등을 통합관리해야 한다.

7.2 인도 케이던스(Delivery Cadence)

① 케이던스의 의미

케이던스(cadence)는 다음과 같은 의미를 함축하고 있다.

■ 리듬 또는 루틴

우리의 일상생활은 리듬에 따라 움직인다. 하루의 리듬, 일주일의 리듬이 대표적이다. 리듬은 루틴(routine)과 같이 반복된다. 리듬은 업무를 예측 가능하게 만들어준다. 예를 들어 매월 마지막 주 목요일에 업데이트된 소프트웨어를 릴리즈한다고 하자. 계획대로 릴리즈하기 위해서는 전월 마지막 주에 다음 달 릴리즈 기능을 확정하고, 매월 초엔 릴리즈 계획을 수립하고, 매월 마지막 주 월요일에는 릴리즈 기능에 대한 쇼케이스를 하는 등 많은 작업들의 루틴이 정해질 것이다.

■ 속도 또는 주기

인터넷에 'cadence'를 검색하면 '1분에 자전거 페달을 밟는 회수'로 많이 조회된다. 달리기에서도 케이던스 개념을 적용할 수 있는데 1분에 180스텝이 이상적이라고 한다. 프로젝트에서 케이던스와 비슷한 의미로 사용되는 것이 개발속도(릴리즈 속도)다. 일정 수준의 품질을 갖추고 일정량의 인도물을 지속적으로 제공할 수 있는 주기가 짧을수록 조직은 민첩해지고 업무 스피드는 빨라진다. 자전거나 달리기의 속도는 장비를 사용하여 1분 단위로 측정하지만 프로젝트의 속도는 특정 주기 내에 완성할 수 있는 업무의 양으로 측정한다.

릴리즈 주기와 개발주기는 구분해야 한다. 릴리즈 주기는 상품의 출시주기를 의미하고 개발주기는 이터레이션 기간을 의미한다. 릴리즈 주기는 프로젝트 팀이 결정할 수 없지만 개발주기는 프로젝트 팀이 결정할 수 있다. 대규모 애자일 적용 모델인 SAFe(Scaled Agile Framework)에서는 개발은 일정한 주기에 따라, 릴리즈는 수요에 따라(Develop on cadence, release on demand)를 표방한다. 물론 릴리즈 주기와 개발주기의 차이가 적을수록 바람직하다.

② 인도 케이던스의 유형

인도 케이던스(delivery cadence, 릴리즈 주기와 같은 의미)는 프로젝트의 인도물을 이해관계자에게 제공하는 주기를 의미한다. 인도 케이던스에 적합한 개발방식을 결정하기도 하지만, 개발방식에 따라 인도 케이던스를 결정하기도 한다. 인도 케이던스는 프로젝트 종료시에 한 번 인도하는 단일 인도, 프로젝트 진행과정에서 여러 번 인도하는 다중 인도, 정기적 주기로 인도하는 정기 인도로 구분된다.

■ 단일 인도(Single delivery)

프로젝트 종료시점에 한번 인도하는 방식으로 영화, 건설, 정보시스템 구축은 단일 인도인 경우가 많다. 단일 인도에도 N번의 반복을 적용할 수 있다. 예를 들어 앱 개발시 1회 릴리즈를 위해 N번의 반복을 수행할 수 있다. 단일 인도 프로젝트는 예측형(폭포수) 방법론을 적용하는 경우가 많다.

■ 다중 인도(Multiple deliveries)

프로젝트 수행기간 동안 N번의 릴리즈를 하는 경우이다. 이는 프로젝트 업무범위를 나누어 순차적으로 릴리즈할 때 발생한다. 예를 들어 학교의 정보시스템을 구축할 때 계절에 따라 필요한 기능을 순차적으로 오픈하는 것이다. 또는 국가를 권역으로 나누어 앱을 릴리즈 한다면 N번의 릴리즈가 발생한다. 다중 인도에는 예측형과 적응형을 혼합한 개발방식이 적합한 경우가 많다.

■ 정기 인도(Periodic deliveries)

정기 인도는 릴리즈 주기가 고정되어 있다. 소프트웨어 서비스 상품을 최초 릴리즈 후 격주로 또는 매월 소프트웨어를 업데이트하는 경우다. 정기 인도에는 적응형 방법론이 적합하다. 정기 인도의 주기를 극단적으로 줄이면 지속적 통합(continuous integration), 지속적 인도(continuous deliveries)의 개념이 된다. 지속적 통합은 변경 발생시 즉시 릴리즈하는 개념이다. 이런 상황에서는 더 이상 개발과 운영의 구분이 없어진다. 이런 배경 하에 DevOps, # Noprojects(프로젝트가 필요 없다는 것을 강조하는 해시태그)와 같은 용어들이 생겨났다.

7.2 인도 케이던스 ⓣ **방법 | 타임박스(Time box)**

타임박스는 타임박싱(time boxing)과도 같은 의미로 작업을 끝낼 시간(예: 1시간, 1일, 일주일, 1개월)을 의미한다. 타임박스는 속도 또는 주기를 의미하는 케이던스(cadence)와 의미가 같다. 케이던스가 업무의 규칙적인 리듬이라면 타임박스는 업무의 리듬을 갖게 하는 수단이다. 타임박스는 1980년대에 듀퐁이 적용되면서 널리 알려졌다. 타임박스를 적용할 때는 기한 내 업무를 완성하기 위해 품질을 희생하지 않아야 한다.

동일주기 릴리즈 유지의 장점

첫 출시는 개발 규모에 맞추어 일정과 예산을 결정하지만, 출시 후 제품이나 서비스 개선은 정해진 팀원이, 정해진 릴리즈 주기(예: 1개월)에 맞추어 릴리즈한다면 이는 동일 주기 릴리즈를 유지하는 것이다. 이러한 모델을 애자일 릴리즈 기차(ART, Agile Release Train)에 비유하기도 한다. 기차의 특징을 생각해보자. 기차는 정해진 시간에 정해진 역에 도착한다. 기차가 달리고 있는 도중에는 승객도, 승무원도 내리거나 탈 수 없고, 다음 역에 도착해야 승객이 내리고(개발 결과를 릴리즈하고) 새로운 승객이 탑승한다(개발할 요구사항을 배정한다).

제품이나 서비스의 릴리즈 주기를 동일하게 유지하면 다음과 같은 장점이 있다.

■ 예측 가능성이 높아진다.

릴리즈를 동일 주기로 유지하면 계획을 수립할 때 고려할 요소가 줄어든다. 릴리즈 주기를 유지하려면 관련 활동들도 정해진 루틴을 따라야 하기 때문이다. 업무 리듬을 유지하면 예외적인 상황이 발생할 가능성도 줄어들기 때문에 성과의 예측 가능성도 높아진다.

■ 지속 가능한 속도와 생산성을 파악한다.

동일 주기 릴리즈를 유지하려면 팀원의 업무속도나 생산성을 일정 수준으로 유지해야 한다. 생산성은 오픈을 앞두고 밤을 새워 업무를 진행할 때를 기준으로 잡으면 안된다. 팀원의 경조사와 휴가, 유관부서의 업무 요청, 팀원 교육 등 현실에서 프로젝트 생산성을 낮추는 '시간도둑'들을 반영한 업무속도와 생산성이어야 지속 가능하다.

■ 품질수준이 높아진다.

동일 주기로 릴리즈하기 위해서는 품질이 뒷받침되어야 한다. 품질수준이 낮으면 릴리즈 후 품질이슈 해결을 위한 노력 때문에 안정적인 속도를 유지하기가 힘들기 때문이다. 단기간의 속도유지는 품질 희생으로 가능하지만 장기간의 속도유지는 품질이 받쳐줄 때 가능하다.

■ 일정 준수를 위한 버퍼 확보나 학생 신드롬을 최소화시킨다.

일정 기간(2주 또는 1개월) 동안 팀이 할 수 있는 업무 규모에 대해 암묵적인 동의가 이루어진 상태이기 때문에 버퍼를 확보할 필요가 없고, 확보도 어려워진다. 또한 규칙적인 리듬에 따라 일을 하기 때문에 마감일에 임박해 일을 하는 학생 신드

롬도 줄어든다.

■ 릴리즈 주기가 짧으면 비효율적 요소를 제거할 수 있다.

호수에 물이 빠지면 바위가 드러나듯이 릴리즈 주기를 짧게 가져가면 각종 비효율(불필요 문서, 단계별 검토의 비효율 등) 요소를 제거할 수 있다. 짧은 릴리즈 주기를 유지하는 조직일수록 업무의 비효율이 줄어든다.

7.3 개발방식의 유형

소프트웨어 프로젝트에서 개발방식(development approach)은 '방법론' '생애주기 모델' 등 다양한 이름으로 불린다. 개발방식은 개념적으로는 예측형 방식, 적응형 방식, 혼합형 방식으로 구분되지만 현실에서는 무한히 많은 개발방식이 존재한다. 개발방식을 선택할 때 고려하는 대표적인 요인을 정리하면 그림 7.1과 같다.

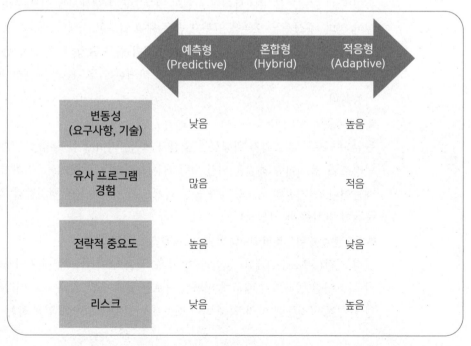

그림 7.1 개발방식의 3가지 유형

■ 예측형 방식(Predictive approach)

예측형 방식은 착수시점에 상세 계획을 수립하고 계획에 따라 프로젝트를 진행하는 방식이다. 착수시점에 프로젝트 계획을 상세하게 수립하기 위해 필요한 정보(예: 요구사항, 과거 생산성 등)가 있을 때 유용하다. 이러한 방식은 물이 위에서 아래로 흐르는 것에 비유하여 폭포수(waterfall)라고도 한다. 아래로 흘러간 물은 돌이킬 수 없기 때문에 충분한 시간을 투입하여 상세한 계획을 수립하여 프로젝트를 수행한다.

예측형 방식에서는 예측의 신뢰성이 중요하다. 따라서 유사 프로젝트 수행경험과 실적 데이터가 축적되어 있고, 외부 환경 및 이해관계자 요구사항이 안정적일 때 적용하는 것이 바람직하다. 또는 우주선 개발과 같이 투자규모가 크고 리스크가 높은 프로젝트에서 치밀한 계획수립을 위해 예측형 방식을 적용할 수 있다. 예측형 방식에서는 프로젝트 중간 검토를 통해 문제점을 보완하는 방식으로 진행한다.

■ 혼합형 방식(Hybrid approach)

혼합형 방식은 적응형 방식과 예측형 방식을 혼합한 것이다. 혼합형 방식의 적용 유형은 2가지로 구분할 수 있다.

– 프로젝트 업무 특성이 다를 경우 다른 방식을 적용

변동 가능성이 높은 업무는 적응형 방식을 적용하고, 변동 가능성이 낮은 업무는 예측형 방식을 적용한다.

– 프로젝트 단계에 따라 다른 방식을 적용

프로젝트 단계별로 서로 다른 방식을 적용할 수 있다. 예를 들어 프로젝트 계획수립과 분석까지는 예측형 방식을 적용하고, 이후 단계는 업무를 분할하여 적응형 방식을 적용하는 것이다. 혼합형 방식을 적용하는 2가지 경우를 정리하면 그림 7.2와 같다.

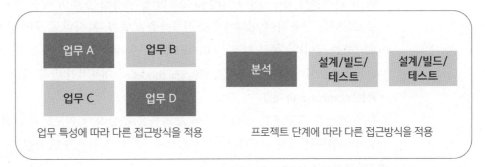

업무 특성에 따라 다른 접근방식을 적용   프로젝트 단계에 따라 다른 접근방식을 적용

그림 7.2 혼합형 방식을 적용하는 2가지 경우

혼합형 방식을 적용하는 프로젝트의 변동성은 예측형 방식보다는 높지만, 적응형 방식보다는 낮다. 예측형 방식에서의 개발모델이 폭포수 개발이라고 한다면 혼합형 방식에

서의 개발모델은 반복(iterative) 개발과 증분(incremental) 개발이 있다. 그림 7.3은 반복 개발과 증분 개발의 특징을 모나리자 그림에 비유하여 쉽게 설명한 사례다. 실제로 증분 개발과 같이 그림을 그리지는 않지만 소프트웨어 개발은 유사하게 진행하기도 한다.

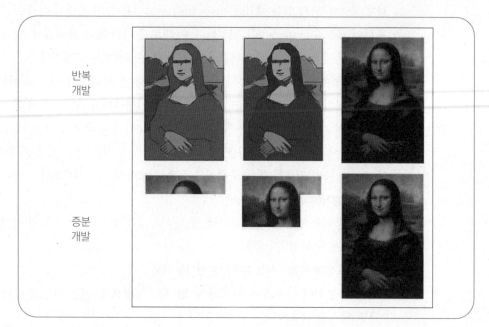

그림 7.3 반복적 개발과 점증적 개발(출처: https://www.oreilly.com/library/view/user-story-mapping/9781491904893/ch04.html)

– 반복(Iterative) 개발

반복 개발은 프로젝트 종료시점에 결과물을 한번 인도하지만, 변동성에 대응하기 위해 각 단계에서 요구사항을 검증하는 기법을 적용하는 것이 특징이다. 예를 들어 프로토타입을 활용하여 이해관계자 피드백을 도출한 후 이미 수행한 분석이나 설계를 보완하는 것이다. '목표 설정 → 리스크 분석 → 개발 및 검증 → 평가 및 다음 단계'를 반복적으로 수행하는 나선형 모델(spiral model)이 대표적인 반복 개발이다.

– 증분(Incremental) 개발

증분 개발은 프로젝트 수행 도중에 결과물을 분할하여 인도하는 것이 특징이다. 프로젝트 업무의 개발 규모를 작게 하면 실패했을 경우 리스크도 줄일 수 있다.

■ 적응형 방식(Adaptive approach)

적응형 방식은 프로젝트의 변동성이 높을 때 유용하다. 변화하는 프로젝트 상황(주로 요구사항 변경)에 맞추어 프로젝트 계획을 변경하는 방식이다. 내비게이션을 예로 들면 출발할 때 도착지까지의 운전경로를 미리 확정한다면 예측형의 방식이고, 운전하면서 최적 경로를 수시로 재검색한다면 적응형의 방식이다. 애자일 방법론은 적응형 방식을 대표한다. 이 책에서는 적응형 방식, 적응형 개발, 애자일을 같은 의미로 사용한다(애자일은 형용사인데 일반적으로 명사처럼 많이 사용한다. 애자일 방법론, 애자일 기법, 애자일 프로세스가 정확한 표현이지만 이를 종합하는 의미로 '애자일'을 사용하기도 한다).

불명확하고 변동하기 쉬운 요구사항에 대응하는 방법은 무엇일까? 불명확한 요구사항을 명확하게 만들기 위해서는 실물 또는 실물에 가까운 인도물을 이해관계자들에게 보여주고 요구사항을 검증해야 한다. 요구사항의 변동을 막기는 힘들며, 변동으로 인한 부작용을 최소화하는 것이 중요하다. 재개발과 같이 변동으로 인해 발생하는 부작용을 최소화하기 위해서는 한꺼번에 큰 규모로 개발하지 않고 작은 규모로 나누어 개발해야 한다.

적응형 방식에서는 짧은 주기로 개발을 반복한다. 이터레이션 주기가 2주인 스크럼 개발이 적응형 방식의 대표적인 예다. 각 반복의 결과물은 이해관계자에게 가치를 제공한다는 측면에서 증분이고, 각 이터레이션을 수행하면서 요구사항의 변경을 다음 이터레이션에 반영한다는 측면에서는 반복적이다.

적응형 개발은 그림 7.4와 같이 일정과 예산을 상수로 두고 범위를 변수로 생각하는 반면, 예측형 개발은 범위를 상수로 두고 일정과 예산을 변수로 생각한다. 그림 7.4의 왼쪽은 계획을 준수하기 힘들다. 범위를 상수로 두고 일정과 예산을 변수로 두는 것인데 범위가 변할 때 그에 맞게 일정을 연기하거나 예산을 추가하기 어렵기 때문이다. 반면 오른쪽은 계획 준수가 용이하다. 일정과 예산을 상수로 두고 그에 맞추어 범위를 구현하면 되기 때문이다. 오른쪽의 그림은 프로젝트 팀이 주어진 기간 내에 팀원이 최선을 다한다는 신뢰를 기반으로 할 때 가능하다. 왼쪽 그림을 계획기반의 개발, 오른쪽 그림을 가치기반의 개발이라고도 한다.

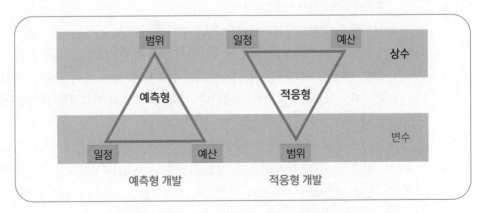

그림 7.4 계획기반의 개발과 가치기반의 개발(출처: 《Agile Practice Guide》, 2017)

애자일 방법론의 등장 배경과 애자일 선언

《PMBOK 지침서》는 예측형 방식의 대표적인 방법론인 애자일의 모델, 기법, 결과물 들을 많이 설명한다. 따라서 애자일 방법론의 등장배경과 애자일 방법론의 핵심내용을 파악하는 것이 중요하다.

① 애자일 방법론의 등장배경

애자일 방법론은 기존 소프트웨어 개발 방법론의 문제점을 개선하기 위해서 등장했다. 기존 소프트웨어 개발 방법론의 부작용에 대해 제프 서덜랜드(Jeff Sutherland)는 2012년 인터뷰에서 다음과 같이 이야기 했다. 〔《애자일 개발과 스크럼》(2014)에서 재인용〕

> 그들은 돈은 충분했지만 결코 소프트웨어를 잘 만든다고는 할 수 없었습니다. 그리고 항상 납기가 지연되었고 납품된 소프트웨어는 품질에 문제가 있었습니다. 그 결과 끊임없이 관리직에게 압력을 받으며 마치 벌레 같은 취급을 당했습니다. 그들의 삶의 질을 크게 바꾸는 작은 변화는 무엇일까요? 이 질문이 나에게 던져진 최초의 질문이었고 그것이 소프트웨어 개발 방법을 개발해야겠다고 결심한 계기가 되었습니다.

애자일 진영에서 생각하는 기존 소프트웨어 개발 방법론의 주요 문제점은 다음과 같다.

■ 갑과 을의 문화가 지배적이다.

갑과 을의 문화는 윈윈(win win)의 상생이 아니라 윈루즈(win lose)의 제로섬 게임을 유도한다. 계획을 수립할 때 최대한의 버퍼를 확보하려는 그룹(을)과 버퍼를 최대한 없애려는 그룹(갑)의 이해관계는 상충된다. 갑과 을의 문화는 기업 간뿐만 아니라, 기업 내부에서도 존재한다. 갑과 을 문화의 대표적인 부작용은 다음과 같다.

– 갑과 을의 이해는 상충된다. 갑은 '적은 예산'으로 '많은 기능'을 '빨리' 얻고자 한다. 을은 '많은 예산'으로 '적은 기능'을 '여유 있는 일정'으로 제공하길 원한다. 을의 입장에서는 일정연기 또는 예산추가 없는 요구사항 변경은 수용하기 힘들다. 따라서 갑은 계약변경이 발생하지 않도록 프로젝트 착수시점에 최대한 많은

요구사항을 계약서 또는 계획서에 명시하거나, 기능을 모호하게 표현하여 많은 기능을 포괄적으로 포함하고자 한다.

- 프로젝트 착수 이후에는 비즈니스 목표는 사라지고 프로젝트 계획서 또는 계약서 이행이 가장 중요한 목표가 된다.

착수할 때 모든 것을 정확하게 예상하여 계약하고자 하면 역설적으로 더 많은 변경이 발생할 수 있다. 그 결과 계약서나 계획서에 있다는 이유만으로 불필요한 기능을 개발하는 낭비도 발생한다

■ **문서를 중시한다.**

최종적으로 완성된 소프트웨어를 고객 또는 이해관계자에게 전달하기 전에 고객과 의사소통할 수 있는 대표적인 수단은 문서이다. 그러나 문서로 의사소통하는 것은 한계가 있다. 넥타이 매는 방법을 글로 쓴다고 생각해 보라. 글로 표현하고 소통하는 것은 한계가 있다는 것을 염두에 두어야 한다. 문서가 불필요하다는 것이 아니다. 소프트웨어 요구사항 또는 진행상황 파악을 문서에만 의존하는 것은 한계가 있다는 뜻이다. 애자일이 확대되면서 실효성 낮은 문서가 줄어들긴 했지만, SI 프로젝트에서는 중도금 지급과 같은 행정적인 이유로 여전히 활용도 낮은 문서를 작성하고 있다. 문서를 양산하는 또 다른 이유는 불안감 때문이다. 예측형 방식에서는 프로젝트 수행 도중에 프로젝트가 잘 진행되고 있는지 확인할 마땅한 방법이 없어 체계적인 문서를 요구한다.

■ **프로세스나 도구 적용을 중시한다.**

많은 사람들(특히 경영층)이 소프트웨어 개발 프로세스를 통제하면 소프트웨어 개발 결과를 통제할 수 있다고 생각한다. 좋은 프로세스 적용을 통해 고품질의 소프트웨어가 나온다고 여기기 때문이다. 이러한 인식은 테일러의 동작 연구 이후 기업 전반에 뿌리내린 사고방식이다. 좋은 프로세스를 적용하면 좋은 결과가 나오는 것에는 이견이 없지만, 좋은 프로세스는 절대적인 것이 아니라 상황에 따라 상대적이다. 조직에 맞지 않는 소프트웨어 개발 프로세스와 도구를 적용하는 일은 없어야 한다. 특정 프로세스와 도구를 마지못해 적용해야 하는 경우라면 프로젝트 팀은 이에 따른 부작용을 최소화하는 방안을 고민해야 한다.

■ **성과가 나쁜 것을 계획 또는 통제의 실패로 인식한다.**

관리에 집착하는 경영층은 프로젝트 수행 도중 예상하지 못했던 변경사항이 발생하면 계획이나 통제가 부실했기 때문이라고 인식하고 더 완벽한 계획수립과 통

제를 하고자 한다. 이런 상황을 《스크럼》(2008)에서는 다음과 같이 설명하고 있다.

분명 개발자가 방법론이 지시한 내용을 제대로 하지 않았을 거야. 진행상황을 정확하게 보고하지 않았을 수도 있고 방법론의 지시 내용을 따르지 않았을 수도 있지. 방법론 개발회사는 방법론만 따르면 예측 가능한 결과를 얻을 수 있다고 했는데, 이걸 개발자들이 제대로 완수해내지 못한 거야.

애자일 방법론의 등장배경이 되는 문제점들을 요약하면 그림 7.5와 같다.

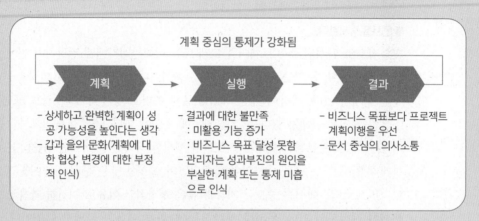

그림 7.5 애자일 방법론의 등장배경이 되는 기존 방법론의 문제점

② 애자일 선언

위에서 설명한 소프트웨어 개발의 문제점을 극복하고자 애자일 진영에서는 2001년 〈애자일 선언〉(Agile Manifesto)를 발표하였다.

프로세스나 도구에 앞서 개인과의 상호작용을

정리를 위한 포괄적인 문서에 앞서 작동하는 소프트웨어를

계약 협상에 앞서 고객과의 협력을

계획 준수에 앞서 변화에 대한 대응을

우리는 왼쪽 항목의 가치를 인정하면서도 오른쪽 항목을 더 중요하게 여긴다.

Individuals and interactions over processes and tools

Working software over comprehensive documentation

Customer collaboration over contract negotiation

Responding to change over following a plan

That is, while there is value in the items on the right, we value the items on the left more.

애자일 선언문의 의미를 상품개발 관점에서 살펴보면 다음과 같다.

■ 프로세스나 도구에 앞서 개인과의 상호작용을

프로젝트 관리 원칙에서도 설명했지만 협력(cooperation)과 협업(collaboration)은 다르다. '협력'은 각 역할자들이 작업을 독립적으로 진행하는 것이다. 반면 '협업'은 각 역할자들이 상호작용을 통해 각자의 작업에 영향을 미친다는 것을 의미한다. 협력은 업무수행 결과를 한꺼번에 통합하는 방식이 많고, 협업은 조금씩 점진적으로 통합하는 방식이 많다.

최근 협업을 지원하는 도구가 많지만, 전통적으로 협업보다는 협력을 지원하는 도구가 많았다. 프로젝트 성공을 위해서는 여러 역할자들의 긴밀한 상호작용 즉, 협업이 필요하다. 상호작용을 위해서는 도구나 프로세스보다 다른 역할자의 의견을 청취하고 신뢰해야 한다. 협업을 위한 도구로는 화이트보드면 충분하다. 협업을 통해 상호작용하는 팀에서는 문제해결을 위한 창의적인 아이디어가 나올 가능성이 높다.

■ 정리를 위한 포괄적인 문서에 앞서, 작동하는 소프트웨어를

문서를 중시하는 조직은 수직적 의사결정 또는 지시에 익숙한 관료조직일 가능성이 높다. 문서는 경영층을 설득하거나 안심시켜 주기 위해 만드는 경우가 많기 때문이다. 상품을 사용하는 고객은 문서를 필요로 하지 않는다. 프로젝트 팀이 문서를 중시할수록 고객과 현장에서 멀어진다. 고객을 중시하는 수평적 협업조직에서는 '고객가치를 반영한 작동하는 소프트웨어'가 중요하다. 물론 작동하는 소프트웨어를 만들기 위해 필요한 문서는 있다.

작동하는 소프트웨어는 고객에게 릴리즈하는 것을 전제로 하기 때문에 사용자 매뉴얼, 운영자 매뉴얼도 포함한다. 작동하는 소프트웨어는 내부 품질검증을 위해서도 중요하다. 통합 빌드를 구축하고 실행시켜야 결함을 발견할 수 있다.

■ 계약 협상에 앞서 고객과의 협업을

어느 한쪽이 손해를 보면서 협업을 하는 것은 힘들다. 주문형 소프트웨어 개발(SI)에서 협업보다 협상을 추구하다가 갈등과 앙금만 남기고 실패하는 경우도 많다. 계약에 기반한 프로젝트에서 협상보다 협업을 하려면 어느 한쪽이 손해를 보지 않는다는 전제가 필요하다. 계약이 아닌 내부 프로젝트를 진행할 때에는 고객과 협업하는 것이 아니라 내부 이해관계자와 협업해야 한다.

　　조직 내부 프로젝트는 계획서만 있을 뿐 계약은 없다. 하지만 조직 내부도 프로젝트를 요청하는 조직과 프로젝트를 수행하는 조직이 나뉘어 있다. 이 두 조직은 계획의 협상보다 비즈니스 목표 달성을 위해 상호 협업해야 한다. 협상을 중요하게 여기면 프로젝트 팀은 최소한의 범위와 최대한의 일정과 예산을 받으려 할 것이고, 요청부서 또는 경영층은 그 반대로 행동할 것이다. 뿐만 아니라 협상을 중시하는 조직은 불확실한 신상품의 성공보다 자기 조직의 이해관계를 우선한다. 조직을 평가하는 지표(KPI, Key Performance Indicator)가 복잡하고 다양한 조직에서는 이러한 현상이 심화된다. 부서 이익을 우선시하는 사일로(silo) 조직에서 프로젝트 성공을 위한 협업은 허울 좋은 구호에 불과하다.

■계획 준수에 앞서 변화에 대한 대응을

프로젝트의 계획 준수보다 프로젝트의 가치 달성이 중요하다. 계획 준수의 관점에서는 프로젝트 범위, 일정, 예산 모두가 중요하다. 그러나 프로젝트 가치 관점에서의 우선순위는 변경될 가능성이 높고, 우선순위가 바뀌면 범위·일정·예산 중하나 이상을 변경해야 한다. 특히 상품개발 프로젝트는 비즈니스 불확실성이 높기 때문에 아무리 신중하게 계획을 수립해도 프로젝트를 진행하는 도중 계획 변경을 초래하는 변수가 많이 발생한다. 계획된 기능을 모두 개발하는 것보다 주어진 기간 내에 최대한의 가치를 제공하는 것이 중요하다.

7.3
개발방식의 유형 　　애자일의 12가지 원칙

아래 12가지 애자일 원칙은 애자일 선언을 뒷받침하는 원칙이다. 애자일의 12가지 원칙은 3장의 '12가지 프로젝트 관리 원칙'과 유사한 항목들이 많다. 상품개발 관점에서 애자일 원칙을 살펴보면 다음과 같다.

■ 우리는 가치 있는 소프트웨어를 빠르고 지속적으로 전달하여 고객을 만족 시키는 것을 최우선으로 한다.

모든 기업이 알고 있는 상식과 같은 내용이다. 가치 있는 상품을 고객에게 빨리 전달하면 고객은 만족할 것이다. 그것을 지속적으로 수행할 수 있는 체계를 갖춘 기업만이 지속적인 성장을 할 수 있다.

■ 비록 개발 후반부일지라도 요구사항 변경을 기꺼이 환영한다. 애자일 방법론은 고객의 경쟁력 우위를 위해 변경을 원동력으로 사용한다.

변경을 좋아하는 사람은 기저귀가 젖은 아기밖에 없다는 말이 있다. 필자가 30년 가까이 소프트웨어 회사에 재직하는 동안 프로젝트 팀이 요구사항 변경을 환영 하는 것을 본 기억은 없다. 현실에서 프로젝트 후반부에 발생하는 요구사항 변경 은 재앙에 가깝다. 프로젝트 팀이 요구사항 변경을 꺼리는 이유는 요구사항 변경 으로 피해를 보기 때문이다. 피해의 구체적인 내용은 잔업이 늘어나는 것과 낮아 진 품질 때문에 개발자가 자긍심에 상처를 입는 것 등이다. 따라서 프로젝트 팀 은 살아남기 위해 변경을 재앙처럼 인식하고 변경 예방에 집중한다. 프로젝트 팀 이 변경을 예방하기 위해 변경에 대해 까다롭게 대응하면 고객 또는 내부 이해관 계자는 없어도 되고 있으면 좋은(nice to have) 요구사항을 계획서나 계약서에 최 대한 반영한다. 그 결과 검토가 미흡한 요구사항 때문에 요구사항 변경이 초래되 는 악순환으로 이어진다. 프로젝트 팀을 믿고 존중하는 조직문화의 구축 없이 프 로젝트 팀이 요구사항 변경을 환영할 것을 기대해서는 안된다.

■ 동작하는 소프트웨어를 2주에서 2개월 주기로, 가능한 더 짧은 주기로 인도한다.

짧은 주기는 개발주기와 릴리즈 주기로 나누어 생각할 수 있다. 개발주기와 릴리 즈 주기가 같은 것이 이상적이지만 다를 수도 있다. 예를 들어 6개월 주기의 릴리 즈를 위해 2주 개발주기의 12개 이터레이션을 수행할 수 있다. 짧은 개발주기를 적용하면 결함이나 잘못된 아키텍처를 조기에 발견하여 적은 비용으로 수정할 수 있고, 짧은 릴리즈 주기를 적용하면 고객 관점에서 잘못된 요구사항을 빨리 확 인할 수 있다.

　　짧은 개발주기는 상품개발 팀의 관점에서 개발주기 동안 추가 요구사항을 받 지 않아도 된다는 장점이 있다. 예를 들어 2주의 개발주기를 적용하고 있다면 2주 동안은 추가 요구사항을 받지 않을 수 있다. 길어야 2주이니 다음 번에 반영할 예 정이라고 이해관계자에게 기다려 달라고 요청할 수 있다.

■ 프로젝트 기간 내내 개발자들은 사업에 관련된 사람들과 매일 함께 일해야 한다.

프로젝트 팀원은 프로젝트 시작부터 끝까지 한 장소에서 근무하는 것이 좋다. 그러나 대부분의 조직에서 인력운영의 효율성 때문에 단계별로 역할자를 투입하는 것을 선호한다.

■ 동기 부여된 개인들로 프로젝트를 구성하라. 그들에게 필요한 환경과 지원을 제공해주고, 업무를 완료할 것이라 믿어라.

프로젝트 팀원이 업무를 수행할 때 장애물을 제거하고 필요한 지원을 하며 프로젝트 팀원을 동기부여시키는 것은 프로젝트 관리자의 책무이다. 과정과 절차는 신뢰하고 일임하되, 결과에 대해선 디테일하게 확인해야 한다.

■ 개발 팀 내부에서 정보를 전달하고 공유하는 가장 효율적이고 효과적인 방법은 직접 얼굴을 보면서 대화하는 것이다.

이메일과 메신저의 활용 빈도가 높아지고 있지만 의사소통의 질은 대면 대화에 비할 바가 아니다. 대면소통 없이 협업 도구에만 의존해서는 정보공유 이상을 기대하기 힘들다. 화상회의 도구를 활용하면 대면소통보다 회의가 빨리 끝나는 이유가 이 때문이다. 대면소통을 해야 마음속의 이야기를 편하게 할 수 있다. 화상회의 도구가 대면 회의만큼 편해지는 시기가 올 수 있지만 중요한 의사소통은 직접 얼굴을 보면서 해야 한다. 소통을 위한 어떤 도구도 화이트보드보다 좋을 수 없다.

■ 동작하는 소프트웨어가 진척상황을 측정하는 가장 중요한 척도이다.

문서가 아닌 동작하는 소프트웨어를 기준으로 프로젝트 진척률을 파악해야 한다. 상품관리자나 경영층이 궁금해하는 정보 중 하나가 '동작하는(품질을 확보한) 소프트웨어 기준의 진척률'이다. 동작하는 소프트웨어 기반의 진척률은 프로젝트 팀을 질책할 때 활용하는 것보다 동기부여할 때 활용하면 더 큰 효과가 있다.

■ 애자일 방법론은 지속할 수 있는 개발을 장려한다. 후원자, 개발자, 사용자는 일정한 속도를 계속 유지할 수 있어야 한다.

프로젝트 업무를 일정한 리듬에 따라 규칙적으로 수행하면, 계획수립에 대한 부담을 없애 준다. 예를 들어, 매월 마지막 주에 다음달에 릴리즈할 기능을 정의하고, 매월 첫 주에 그 달에 출시할 기능에 대한 개발계획을 수립하고, 매주 금요일 오후에 진행 현황을 리뷰하고, 매월 마지막 주에 그 달에 완료한 기능을 리뷰하는 식이다. 반복적인 업무를 정해진 시점에 수행하면 조직 내 업무 리듬 또는 루

턴이 정착된다.

일정한 속도는 프로젝트 팀과 이해관계자를 모두 만족시켜야 유지될 수 있다. 개발 팀 관점에서 일정한 속도는 일정 수준의 업무강도를 의미하고, 이해관계자 관점에서 일정한 속도는 일정한 주기로 일정 수준의 품질을 갖춘 일정량의 결과물이 나온다는 의미이다.

■ 기술적 탁월함과 좋은 설계에 대한 끊임없는 관심은 기민성을 강화시킨다.

개발자의 생산성은 사람에 따라 10배 이상 차이가 난다. 개발자 역량을 높이기 위해 짝 프로그래밍(pair programming)을 하거나 회사 내에서 코드를 개방하고 공유하기도 한다. 가치를 제공하는 것은 기술이다. 기술의 뒷받침 없이 말로만 기민할 수는 없다.

■ 안 해도 되는 일을 최대한 하지 않는 단순함이 핵심이다.

안 해도 될 일을 하지 않는 것도 중요하지만 단순한 것을 복잡하게 만들어도 안된다. 프로젝트 팀은 상품관리자와 UX 디자이너와 협의하여 요구사항이나 사용자 인터페이스를 단순하게 유지해야 한다.

■ 최고의 아키텍처, 요구사항, 설계는 자율구성 팀으로부터 나온다.

자율구성 팀은 팀이 계획하고, 의사결정하고, 실행한다. 팀이 수행하는 대부분의 일은 팀이 결정한다. 자율구성 팀이 제대로 작동하려면 팀원 각자의 역량이 높아야 할뿐만 아니라 팀원들에 대한 신뢰와 존중이 뒷받침되어야 한다. 따라서 자율구성 팀은 현실에서 구현이 매우 힘들며 프로젝트 관리자가 어떻게 할 수 있는 문제가 아니다.

■ 팀은 정기적으로 더 효과적으로 일할 수 있을지를 돌아보고, 이에 따라 행동방식을 조율하고 조정한다.

팀이 수행할 프로세스를 팀이 결정하게 하면 과거 수행했던 프로세스 경험에서 개선점을 도출한다. 개선점을 적용하여 잘되는 것은 유지하고 보완할 것은 개선한다면 선순환의 프로세스 개선체계가 정착된다.

7.3
개발방식의 유형

스크럼

애자일 방법론의 대표적인 내용으로는 스크럼과 익스트림 프로그래밍(XP)이 있다. 스크럼은 관리 프로세스에 대한 내용이라면 익스트림 프로그래밍은 개발 프로세스에 대한 내용이다. 스크럼 프로세스는 내용 이해가 쉽고 적용이 용이하기 때문에 익스트림 프로그래밍에 비해 실전에서 많이 적용되고 있다. 스크럼 프로세스의 기원과 핵심내용은 다음과 같다.

① 스크럼 프로세스의 기원

스크럼은 '미식축구나 럭비에서, 3명 이상의 선수가 공을 에워싸고 서로 어깨를 맞대어 버티는 공격 태세'이다. 애자일에서 '스크럼'이라는 용어는 1986년 《하버드 비즈니스 리뷰》에 실렸던 노나카(Nonaka Ikujiro) 교수의 논문 〈The New New Product Development Game〉에서 처음 사용되었다. 스크럼 프로세스의 창시자인 제프 서덜랜드(Jeff Sutherland)와 켄 슈와버(Ken Schwaber)는 해당 논문에서 스크럼의 핵심내용을 착안하였다. 1986년 당시만 해도 신상품 개발은 폭포수 방법론과 같이 순차적으로 진행하는 것이 일반적이었지만, 노나카 교수는 논문에서 신상품 개발방식을 그림 7.6과 같이 3가지 유형으로 분류했다.

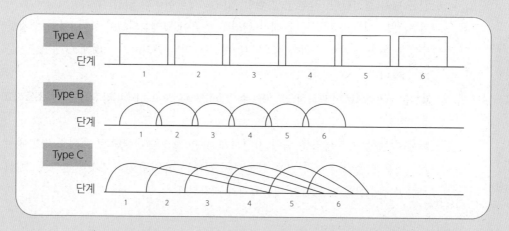

그림 7.6 신제품 개발의 3가지 방식(출처: 《하버드 비즈니스 리뷰》, 1986)

타입 A는 단계의 중복이 없이 문서로 지식이 전달된다. 타입 B는 개발공정을 중첩하며 회를 겹쳐 놓은 것과 모양이 비슷하다고 해서 사시미 개발방식이라고도 한다. 타입 C는 첫 단계의 인력이 끝까지 남는 것을 볼 수 있다. 타입 C는 문서를 통해 지식과 정보를 전달하는 것이 아니라 사람을 통해 지식과 정보를 전달하는 방식이다. 이는 스크럼 프로세스의 핵심사상이다. 노나카는 상품개발에 필요한 지식전달을 럭비공 전달방식에 비유하여 스크럼이라는 용어를 사용하였다.

노나카의 논문에서는 성공적인 신상품 개발의 특징을 6가지로 정의하고 있으며 이는 애자일 진영에게 많은 영감을 주었다.

❶ 불확실한 상태 유지(Built-in instability)

도전적인 목표를 제시하고, 수행방법은 팀원에게 맡긴다. 구체적인 요구사항을 제시하지 않기 때문에 팀원들은 상호작용을 통해 불확실성을 혁신으로 전환한다. 불확실한 상태를 유지하면 계획보다 변경을 선호하게 된다.

❷ 자율구성 팀(Self-organizing project teams)

불확실한 상황에서 좋은 성과를 도출하려면 높은 수준의 상호작용을 하는 팀이 있어야 하고, 그 팀에 권한을 위임해야 한다. 그러한 팀이 자율구성 팀이다. 자율구성 팀은 첫째, 팀이 스스로 중요한 의사결정을 하고 둘째, 자신들의 한계를 초월하기 위해 노력하고 셋째, 팀 내에서 서로 다른 지식의 교류가 일어난다.

❸ 개발단계의 중복(Overlapping development phases)

신상품 개발단계를 중복하기 위해서는 여러 단계를 수행하는 사람들이 함께 일해야 한다. 설계, 디자인, 생산, 영업, 연구소, 마케팅 부서의 직원들이 만나는 시간이 많아야 한다. 그 결과 산출물을 통해 정보를 전달하는 대신 사람을 통해 정보가 공유된다. 단점으로는 프로젝트 전체에 많은 의사소통이 필요하고 의사소통이 미흡하면 다른 분야 사람들과 의견 충돌이 잦을 수 있다.

❹ 다중학습(Multi learning)

다중학습은 '학습의 주체'와 '학습의 내용'으로 구분할 수 있다. '학습의 주체' 관점에서는 개인뿐만 아니라 팀도 학습한다는 의미다. 스포츠 경기에서 팀 플레이를 통해 팀워크를 높은 수준으로 유지하는 것에 비유할 수 있다. '학습의 내용' 관점에서는 특정 역할자가 다른 역할자의 지식을 학습하는 것을 의미한다. 프로젝트 관리자가 마케팅을 배우고, 상품관리자가 디자인을 배운다.

❺ 유연한 관리체계(Subtle control)

불확실한 상황에서 긍정적인 상호작용을 위해서는 유연한 관리가 필수적이다. 이

때 관리는 경영층의 관리가 아니라 팀의 자율적인 관리를 의미한다. 유연한 관리의 3가지 특징은 '자기관리' '상호관리' '애정에 의한 관리'이다. 잘못된 유연한 관리는 혼란으로 이어진다.

❻ 조직 내 경험 지식 공유(Organizational transfer of learning)

신상품 개발 과정에서 습득한 경험과 지식은 다른 조직과 공유해야 한다. 지식을 공유하는 방법은 성공한 프로젝트를 수행했던 핵심인물을 다른 프로젝트에 투입하거나 성공한 프로젝트 수행방법을 조직 내에 횡전개하는 것이다.

② 스크럼 프로세스 요약

제프 서덜랜드와 켄 슈와버는 척박한 소프트웨어 개발 환경을 개선하고자 노나카 교수의 이론을 1994년부터 소프트웨어 개발에 적용했다. 이후 스프린트를 핵심으로 하는 스크럼 프로세스를 정립하여 2002년에 《스크럼(Scrum)》을 출간하였다. (한국어판은 2008년 출간) 스크럼 프로세스를 요약하면 그림 7.7과 같다.

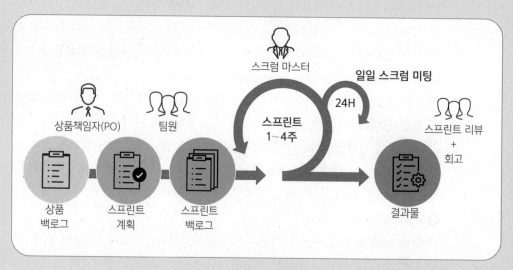

그림 7.7 스크럼 프로세스 개요

'스크럼 프로세스'를 역할, 산출물, 이벤트라는 3가지 관점에서 요약하면 표 7.3과 같다. 《PMBOK 지침서》에서는 반복주기를 설명할때 XP에서 사용하는 용어인 '이터레이션'을 사용한다. 그러나 현실에서는 스크럼의 용어인 '스프린트'를 더 많이 사용한다. 시험에서는 어떤 용어로 나올 지 몰라 《PM+P 해설서》에서는 두 용어를 혼용한다.

분류	명칭	내용
역할	상품책임자 (Product Owner)	무엇을 개발할지 결정하는 사람
	개발 팀	개발 작업과 연관된 사람(개발자, UX 디자이너, QA)
	스크럼 마스터	프로세스 적용을 지원하고 장애물을 제거하는 사람
산출물	의미있는 제품기능의 증가분	스프린트의 결과물인 릴리즈 가능한 소프트웨어
	상품 백로그	우선순위가 정의된 상품기능 목록
	스프린트 백로그	각 스프린트에서 개발해야 할 기능 목록
이벤트	스프린트	반복하여 수행하는 개발단위
	스프린트 계획	각 스프린트에서 개발할 목록, 일정, 작업을 결정하는 미팅
	일일 스크럼 미팅	팀원의 업무현황을 공유하는 일일 미팅
	스프린트 리뷰	스프린트 종료시점에 이해관계자와 결과물을 리뷰하는 활동
	회고	스프린트 종료시점에 팀원들이 프로세스 개선사항을 리뷰하는 활동

표 7.3 스크럼 프로세스의 구성(출처: 《애자일 개발과 스크럼》, 2014)

스크럼 프로세스의 핵심은 다음과 같다.
- 주어진 기능 구현에 필요한 역할자는 모두 하나의 팀에 전담 투입한다.
- 스프린트라고 부르는 짧고 동일한 개발 주기(1주~1개월)를 반복 수행한다.
- 각 스프린트에서 개발할 소프트웨어 기능은 스프린트 착수 전에 확정한다.
- 각 스프린트에서 개발할 기능(스프린트 백로그)은 변경하지 않는 것을 원칙으로 한다.
- 프로젝트 가시성을 높이고, 협업을 증진시키기 위해 매일 각자 업무현황을 간단히 공유한다(일일 스크럼 미팅).
- 스프린트의 결과물은 고객이 사용할 수 있어야 한다.
- 스프린트가 종료되면 개발한 기능에 대한 검토(스프린트 리뷰)와 개발 프로세스의 개선사항 도출을 위한 검토(회고)를 진행한다.

익스트림 프로그래밍(XP, eXtreme Programming)

익스트림 프로그래밍은 1999년 켄트 백(Kent Beck)의 저서《익스트림 프로그래밍》(2006)을 통해 소개 되었으며 주로 'XP'라고 표기한다. XP의 목적은 '고객이 원하는 양질의 소프트웨어를 빠른 시간 안에 전달하는 것'이다. PMP 시험에서는 아래에 소개하는 애자일 실천기법에 대한 기본적인 이해를 물어보는 문제가 출제 될 수 있다.

■ 홀 팀(Whole team)

홀 팀은 프로젝트에 참여하는 다양한 역할자들이 풀타임으로 같은 장소에서 협업하면서 프로젝트를 수행한다. 홀 팀의 구성원은 상품책임자(PO), 프로젝트 관리자, 테스터, 개발자, UX 디자이너 등이다. 홀 팀의 PO는 고객을 대표하여 상품 요구사항을 정의한다.

■ 플래닝 게임(Planning game)

플래닝 게임은 섹션 〈8.4.2 적응형 개발의 일정계획수립〉에서 설명할 이터레이션 계획과 같은 개념이다. XP에서는 2주 주기의 이터레이션을 권장하는데 각 이터레이션에서 개발할 내용을 결정하는 것이 플래닝 게임이다.

■ 고객 테스트(Customer tests)

XP에서는 각 이터레이션에서 고객 테스트를 수행한다. 이는 각 이터레이션의 결과물이 고객가치를 충족시킨다는 것을 확인하기 위한 활동이다. XP에서는 이를 위해 프로젝트 착수 전에 해당 프로젝트의 대상 고객을 미리 선정한다. 고객이 프로젝트 팀에 상주하는 것을 원칙으로 하지만, 상품책임자가 고객을 대표할 수 있다.

■ 작은 릴리즈(Small releases)

작은 규모의 개발은 2주 주기의 릴리즈를 위한 필수조건이다. 작게 개발하고, 자주 릴리즈하여, 낭비를 줄이는 것은 애자일과 린 개발의 공통된 실천 원칙이다.

■ 단순한 설계(Simple design)

코딩이 복잡할수록 유지보수가 어려워진다. XP에서는 모든 코딩을 간단하게 할 것을 강조한다.

■ 테스트 주도 개발(TDD, Test-Driven Development)

테스트 주도 개발은 품질관리를 위한 XP의 실천방안이다. 보통은 코드를 만들고 테스트하지만, 테스트 주도 개발에서는 테스트를 위한 코드를 만들고 테스트를 통과해야 개발을 완료한다.

■ 짝 프로그래밍(Pair programming)

짝 프로그래밍은 2명의 프로그래머가 함께 코딩하는 것을 의미한다. 키보드는 한 개이기 때문에 일정 시간 간격으로 번갈아 가며 코딩한다. 코딩하는 사람은 운전자(driver), 옆에서 보고 있는 사람을 항해사(navigator)라고 한다. 코딩을 지켜보는 사람은 코드 품질을 검토한다. 짝 프로그램은 두 사람이 소스코드에 대해 공동의 책임을 가진다. 숙련자가 초보자에게 교육을 위한 용도로 짝 프로그램을 운영하는 것은 짝 프로그램의 취지가 아니다. 짝 프로그래밍이 확산되면 조직 내 코딩 방식도 유사해지는 장점도 있다.

■ 지속적 통합(Continuous integration)

지속적 통합을 위해서는 통합된 소스코드를 수시로 테스트하고 배포하기 위한 체계가 필요하다. 이렇게 하면 테스트와 배포 준비 시간을 단축한다. 매일 통합하는 것을 의미하는 일일빌드(daily build)도 유사한 개념이다.

■ 리팩토링(Refactoring)

사용자가 보는 화면은 변경하지 않고, 내부 구조를 조정하는 활동을 의미한다. 주로 유지보수를 용이하게 하기 위해 중복 제거, 단순화 등의 작업을 수행한다. 기능 변경 없이 프로젝트 아키텍처를 변경하는 활동도 리팩토링이다.

7.4 개발방식을 결정할 때 고려사항

개발방식을 결정할 때 영향을 미치는 요인들은 제품 또는 서비스의 특성, 프로젝트 특성, 조직 특성으로 나눌 수 있으며 세부 내용은 다음과 같다.

① 제품 또는 서비스의 특성

■ 혁신 정도(Degree of innovation)

개발하고자 하는 제품이나 서비스가 프로젝트 팀이 이전에 개발한 내용과 유사하여 개발할 내용을 잘 이해하고 산정의 신뢰성이 높을 때는 예측형 방식이 적합하다. 반대로 이전에 개발해본 적 없는 혁신성이 높은 제품이나 서비스를 개발할수록 적응형 방식이 적합하다.

■ **요구사항 확실성, 안정성(Requirements certainty, stability)**

요구사항이 명확하고 변동 가능성이 낮다면 예측형 방식이 적합하고, 요구사항이 불명확하고 변동성이 높다면 적응형 방식이 적합하다.

■ **변경 용이성(Ease of change)**

프로젝트 결과물을 변경하기 쉬울수록 적응형 방식이 적합하고, 변경이 어려울수록 예측형 방식이 적합하다. 프로젝트 팀에게 용이한 변경은 없기 때문에 변경 용이성은 상대적인 개념으로 이해해야 한다. 앱의 변경이 고층 아파트 변경보다는 상대적으로 용이하기 때문에 앱을 개발할 때 적응형 방식을 사용하고, 고층 아파트를 건축할 때 예측형 방식을 사용한다.

■ **인도 옵션(Delivery options)**

프로젝트 결과물을 분할하여 인도한다면 적응형 방식이 적합하고, 단일 인도를 한다면 예측형 방식이 적합하다.

■ **리스크(Risk)**

개발방식을 결정하기 전에 리스크를 분석해야 한다. 리스크 성격에 따라 상세한 계획을 수립한 후 계획준수를 통제할 수도 있고, 반복·증분 개발을 통해 리스크를 줄일 수도 있다.

■ **안전 요구사항(Safety requirements)**

환경이나 인체 유해물질에 대한 요구사항이 있는 상품은 안전 요구사항을 정의하고, 그것을 상품에 반영하고, 테스트하는 프로세스를 준수해야 하기 때문에 예측형 방식이 적합한 경우가 많다.

■ **규제(Regulations)**

안전과 마찬가지로 정부 또는 산업의 규제를 준수해야 한다면 예측형 방식이 적합한 경우가 많다.

② 프로젝트

■ **이해관계자**

프로젝트 전반에 걸친 이해관계자의 적극적인 참여는 적응형 방식 적용의 전제조건이다.

■ **일정제약**

프로젝트 결과물 중 일부를 조기에 인도해야 한다면 증분 개발 또는 적응형 개발방식이 적합하다.

■ **예산 가용성**

예산 확보가 어렵거나 불확실한 상황에서 이해관계자들의 투자승인을 받기 위해서는 프로젝트의 가치를 입증해야 한다. 프로젝트의 가치는 문서를 통해 입증하기 힘들다. 최소한의 기능을 갖춘 상품(MVP)을 개발하여 고객이 해당 상품을 좋아한다는 것을 입증한다면 본격 개발을 위한 투자승인을 받을 가능성이 높아진다. 적응형 방식은 이러한 상황에 더 적합하다.

③ 조직

■ 조직구조
조직구조가 계층적이어서 수직적 보고를 중요시하는 관료적인 조직에서는 예측형 방식을 주로 사용한다. 반대로 조직구조가 수평적 의사소통과 의사결정을 중요시하는 조직에서는 적응형 방식을 주로 사용한다.

■ 조직문화
계획준수를 위한 통제를 중요시하는 조직문화는 예측형 방식을 선호하고 계획준수보다 변화에 대한 유연한 대응을 중요시하는 조직문화는 적응형 방식을 선호한다.

■ 조직의 성숙도
예측형 방식을 주로 사용하던 조직에서 경영층의 애자일 적용을 선언하고 개발방법론을 만들고 조직원들을 교육한다고 애자일 전환이 되는 것은 아니다. 조직의 정책, 프로세스, 조직원의 마인드셋, 일반적인 관행 등이 모두 변화해야 한다. 조직이 애자일하게 전환되는 것은 절대 쉬운 일이 아니다. 조직이 애자일하지 않는데 프로젝트 팀이 애자일한 방식을 적용해서 효과를 보기는 힘들다.

■ 프로젝트 팀 규모 및 위치
일반적으로 프로젝트 팀의 규모가 크면 예측형 방식이 적합하다고 알려져 있다. 그러나 최근에는 대규모 팀에 애자일을 적용하기 위한 모델[SAFe(Scaled Agile Framework), LeSS(Large Scale Scrum)]이 있을 뿐만 아니라, 적용사례도 많아지고 있다. 그래도 피자두 판을 나눠 먹을 수 있는 7 ± 2명의 프로젝트 팀이 적응형 방식을 적용하기에 보다 용이하다.

적응형 방식은 대면소통을 중요시하기 때문에 동일한 물리적 공간에서 프로젝트 팀이 있는 것을 선호한다. 프로젝트 팀원이 국가별 또는 지역별로 떨어져 있는 경우에는 예측형 방식이 적합할 수 있다. COVID-19로 인해 재택근무가 일반화 되면서 화상미팅이 익숙해졌기 때문에 이전보다 물리적 위치로 인한 의사소통 문제점은 극복하는 추세이긴 하다.

7.4
개발방식을
결정할 때
고려사항

애자일 적용 적합성 평가기준

프로젝트에 애자일 방법론 적용이 적합한지를 판단하기 위해서는 '조직의 문화' '프로젝트 팀' '프로젝트'의 카테고리를 종합적으로 분석해야 한다. 《Agile Practice Guide》(2017)에서 설명하는 〈애자일 적합성 평가 도구(Agile Suitability Filter Tools)〉를 정리하면 표 7.4와 같다. 각 분석항목이 1점에 가까울수록 애자일 적용이 적합하다.

카테고리	분석항목	내용	척도
문화	경영층 지원	경영층의 애자일 이해와 지원	1(그렇다), 5(부문적으로), 10(그렇지 않음)
	신뢰	이해관계자들이 프로젝트 팀을 신뢰	1(그렇다), 5(아마도), 10(그렇지 않음)
	의사결정 권한	프로젝트 팀이 일하는 방식을 결정	1(그렇다), 5(아마도), 10(그렇지 않음)
팀	팀 규모	프로젝트 팀의 규모	1(~9명), 2(~20명), 3(~30명), 4(~45명), 5(~60명), 6(~80명), 7(~110명), 8(~150명), 9(~200명), 10(201~명)
	경험수준	각 역할자들의 업무수행 경험 비율	1(대부분 경험자), 5(부분적), 10(대부분 무경험)
	고객 접근성	프로젝트 팀이 고객(비즈니스 담당자)에게 접근 가능한 정도	1(그렇다), 5(아마도), 10(그렇지 않음)
프로젝트	변경의 정도	변경되는 요구사항의 비율	1(50%), 5(25%), 10(5%)
	상품의 중요성	추가 검증 및 문서화를 결정하기 위해 프로젝트의 영향력 분석	1(일정 중요), 5(예산 중요), 10(인명사고 위험)
	증분 납품	고객 대표 또는 비즈니스 대표가 증분형 납품물에 대한 피드백	1(그렇다), 5(아마도/가끔), 10(그렇지 않음)

표 7.4 애자일 적합성 평가 항목 및 척도

특정 프로젝트에 애자일 적용이 적합한지를 평가하기 위해서는 여러 이해관계자들을 대상으로 설문조사를 해야 한다. 평가결과를 그림 7.8과 같이 레이더 차트로 정리하면 적용방법론에 대한 판단이 용이하다.

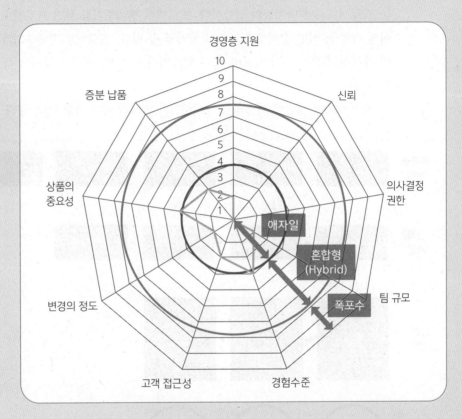

그림 7.8 애자일 적합성 평가 결과 예시

7.5 생애주기와 단계 정의

앞에서 살펴본 개발방식은 말 그대로 방식이며 일반적으로 이야기하는 'WBS(작업분할체계, Work Breakdown Structure)'나 '개발단계'는 아니다. 프로젝트 생애주기(life cycle)는 프로젝트 수행단계들의 집합이다. 프로젝트 생애주기를 보면 프로젝트 수행을 위해 어떤 작업을, 어떤 순서로 진행할지 파악할 수 있다. 프로젝트 생애주기와 단계는 업종에 따라서는 큰 차이가 있으며, 같은 업종이라도 조직문화나 프로젝트 특성에 따라 차이가 있다.

소프트웨어 개발에 적용하는 생애주기와 단계의 예는 그림 7.9와 같다.

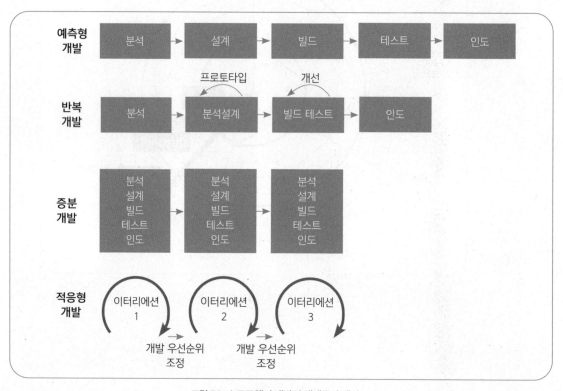

그림 7.9 소프트웨어 개발의 생애주기 예시

적응형 방식의 각 이터레이션은 프로젝트 특성에 따라 다르지만 일반적으로 '사용자 스토리 분석 → 작업계획수립 → 개발 및 테스트 → 빌드'의 순서로 진행한다.

예측형 방식의 프로젝트에서는 주요 단계의 종료시점에 다음 단계 진입을 위한 준비가 되었는지를 판단하는 검토활동을 수행하며, 이를 단계검토, 단계게이트(phase gate), 스테이지게이트(stage gate)라고도 한다. 지금까지 설명한 개발방식의 주요 내용을 요약하면 표 7.5와 같다. 개발방식에 대한 독자의 이해를 돕기 위해 스포츠 경기에 비유한 내용을 추가했다.

- 체조, 마라톤과 같은 개인 기록경기는 변동이 작기 때문에 경기장에서 계획대로(연습한 대로) 플레이한다. (예측형)
- 유도, 레슬링, 씨름과 같은 일대일 단판승부는 기본적인 계획은 수립하지만 상대방의 전략에 대응하여 플레이한다. (반복형)
- 양궁, 사격, 계주 단체전은 상대의 누계 점수에 대응하여 개별 경기의 전략을 달리할 수 있다. (증분형)
- 농구, 축구와 같이 동일한 경기시간으로 반복하는 스포츠는 이전 경기(예: 농구의 1쿼터)에서 파악한 상대편의 전략과 역량을 분석하여 다음 경기를 준비한다. (적응형: 반복기반 애자일, 스크럼)
- 야구와 같이 시간제한 없는 스포츠는 주어진 자원으로 최대한의 점수를 얻기 위해 노력한다. (적응형: 흐름기반 애자일, 칸반)

구분	요구사항	액티비티 적용	스포츠 경기 비유	인도(딜리버리)	목표
예측형	안정적	전체 프로젝트에서 1회 적용	개인 기록경기 (체조, 마라톤)	종료시 1회	예산/일정 통제
반복	역동적	종료까지 액티비티 반복	유도, 레슬링, 씨름 (단판 승부)	종료시 1회	요구사항 명확화
증분	역동적	한 번의 증분에서 1회 적용	단체전 (양궁, 사격, 계주)	N번의 증분	분할인도
적응형	역동적	한 번의 증분에서 1회 적용	- 농구/축구: 반복기반 - 야구: 흐름기반	M번의 증분 (M>N)	고객지향적 개발문화 구축

표 7.5 개발방식 요약

7.6 인도 케이던스, 개발방식, 생애주기의 연계

인도 케이던스, 개발방식, 생애주기가 실제 프로젝트에서 적용되는 내용을 '신축 아파트 커뮤니티 센터 오픈'을 예로 설명하겠다. 커뮤니티 센터를 오픈하기 위한 업무는 크게 '빌딩 건설' '서비스 준비' '앱 개발'로 나누어진다. 빌딩 건설은 커뮤니티 서비스 제공을 위한 물리적 건물과 환경을 구축하는 것이며, 서비스 준비는 고객에게 서비스 제공을 위한 인프라를 구축하는 것이고, 앱 개발은 앱을 활용하여 커뮤니티 서비스를 이용할 수 있도록 앱을 개발하고 플랫폼을 구축하는 것이다. 3가지 업무 유형별로 적합한 인도 케이던스, 개발방식, 생애주기를 요약하면 표 7.6과 같다.

업무범위	내용	납품주기	개발접근 방식	생애주기 및 단계
커뮤니티 빌딩 건설	게스트 룸, 피트니스 센터, 골프 연습장, 식당, 독서실 등	1회 (준공 시점)	예측형	엔지니어링, 구매, 건축
서비스 준비 (조식 서비스 예)	인테리어, 메뉴 결정, 직원 채용, 결재 연계, 앱 연계(메뉴 공지, 예약, 사용 이력 조회 등)	N회 (준공 전후)	혼합형 (반복 개발)	인테리어(주민 의견 청취), 행정처리, 메뉴 개발(의견 청취), 서비스 준비
앱 개발	커뮤니티 서비스 조회, 예약, 이용 현황 조회, 서비스 예약 알람, 외부 방문 이력 조회	수시 (클라우드 서비스)	적응형 (증분개발 + 반복개발)	증분개발 + 반복개발 (분석, 개발, 릴리즈, 수정)

표 7.6 신축 아파트 커뮤니티 센터 오픈의 업무 유형별 개발방식과 생애주기

커뮤니티 빌딩 구축은 예측형 개발방식이 적합하고 앱 개발은 적응형 개발방식이 적합하다. 서비스는 전체 서비스를 하나의 프로젝트로 관리하거나, 전체는 프로그램으로 관리하고 개별 서비스를 하나의 프로젝트로 관리할 수 있다. 서비스 전체를 하나의 프로젝트로 관리하면 대부분 서비스는 순차적으로 오픈하는 경우가 많기 때문에 혼합형 개발방식을 사용할 것이다. 서비스도 입주민의 의견을 받아 보완할 수 있지만, 앱처럼 빨리 반영하지 못하기 때문에 혼합형 개발방식이 적합하다. 서비스 하나를 프로젝트로 관리할 수도 있다. 예를 들어 조식 서비스를 준비하는 프로젝트에서 인테리어와 메뉴 결정을 위해 입주민의 의견을 청취하고 반영하는 과정을 반복 개발방식으로 접근하는 것이다.

커뮤니티 센터 구축의 3가지 업무를 단계별 활동으로 정리하면 표 7.7과 같다.

단계	빌딩 건설	서비스 준비	앱 개발
프로젝트 계획	- 커뮤니티 센터 개요, 개략적 예산, 마일스톤 검토	- 서비스 목표. 사용자 시나리오 정의	- 주요 기능 및 기술 아키텍처 정의
설계	- 건축물 설계	- 서비스 내용에 대해 입주민 1차 공청회	- 사용자 시나리오 및 화면(와이어 프레임) 설계
구축	- 건축 자재 조달 및 건축	- 서비스 준비	- 커뮤니티 센터 진행현황 공유 기능 릴리즈
테스트	- 준공검사 (전기, 공조시설 등)	- 일부 서비스 오픈 (예:도서관) - 일부 서비스 입주민 2차 공청회	- 앱 서비스 플랫폼 연계 테스트
릴리즈	- 건물 준공식	- 서비스 순차적 제공	- 앱 서비스 릴리즈 후 지속 보완

표 7. 7 커뮤니티 센터 구축업무의 단계별 활동

7.7 다른 성과영역과의 상호작용

개발방식과 생애주기 성과영역과 다른 성과영역의 대표적인 상호작용은 표 7.8과 같다.

성과영역	개발방식과 생애주기 성과영역과의 상호작용
이해관계자	이해관계자 기대수준, 요구사항의 변동성을 고려한 개발방식 선정
팀	팀원과 리더의 리더십 스타일, 팀이 익숙한 프로젝트 계획 및 통제 방식을 고려한 개발방식 선정
기획	개발방식과 생애주기에 따라 프로젝트 계획수립 순서와 계획의 상세화 수준이 달라짐
프로젝트 작업	프로젝트 생애주기 및 단계에 적합한 작업수행 및 변경관리
측정	개발방식에 적합한 프로젝트 성과지표 선정 및 측정
딜리버리	납품주기를 고려한 요구사항 및 품질 충족
불확실성	프로젝트 불확실성을 줄이기 위한 개발방식과 생애주기 선정 - 이해관계자 요구사항 변동 가능성이 높으면 적응형 개발방식 적용 - 예산 낭비의 위험을 최소화하기 위해 최소기능제품(MVP) 개발

표 7.8 개발방식과 생애주기 성과영역과 다른 성과영역의 상호작용

7.8 개발방식과 생애주기 성과영역 조정

성과영역의 내용을 조정하여 실전 프로젝트에 적용하기 위해서는 개발방식과 생애주기
성과영역에서 조정의 목표는 프로젝트 상황에 적합한 '인도 케이던스' '개발방식' '생애
주기 및 단계'를 선정하는 것이다. 그 내용은 섹션 〈7.5 생애주기와 단계 정의〉에서 상세
하게 설명했다. 섹션 〈7.5〉의 내용을 요약하면 표 7.9와 같다.

구분		예측형 방식	적응형 방식
케이던스		단일 인도	정기 인도
상품	혁신성	낮은 혁신성 (익숙한 업무)	높은 혁신성
	요구사항 명확성	명확한 요구사항	불명확한 요구사항
	범위 안정성	안정적인 프로젝트 범위	불안정한 프로젝트 범위
	변경 용이성 (인도물)	인도물의 변경이 어려울 경우 (예: 건축물)	인도물의 변경이 비교적 용이한 경우
	리스크	리스크 높고 치명적인 경우	일정 수준 리스크
	안전 요구사항	중요한 안전 요구사항 있음	중요한 안전 요구사항 없음
	규제	중요한 규제 있음	중요한 규제사항 없음
프로젝트	이해관계자	프로젝트 실행과정에서 이해관계자 참여가 힘듦	프로젝트 실행과정에서 이해관계자 참여가 가능
	일정제약	프로젝트 종료시점에 한 번만 인도	프로젝트 실행과정에서 복수의 인도 필요
	예산 가용성	예산 확보가 용이	예산 확보 어려움(MVP 적용)
조직	조직구조	계층적 조직구조, 엄격한 보고 체계	수평적 조직, 팀에 의사결정 위임
	문화	수직적 의사결정 및 지시	수평적 의사결정
	조직역량	애자일/적응형 전환을 위한 종합적인 준비가 되지 않았을 때 (조직정책, 조직구조, 프로세스, 마인드셋)	애자일/적응형 전환을 위한 종합적인 준비가 되었을 때 (조직정책, 조직구조, 프로세스, 마인드셋)
	프로젝트 팀 위치와 규모	글로벌 프로젝트, 대형 프로젝트에서 근무장소가 떨어진 경우	- 팀 규모: 7±2(피자 두 판 규모) 대규모 팀에 애자일 적용을 위한 모델도 있음(SAFe) - 근무장소: 같은 장소 근무

표 7.9 개발방식을 결정할 때 고려사항 요약

7.9 개발방식과 생애주기 성과영역의 목표 달성 점검방법

개발방식과 생애주기 성과영역의 목표와 목표 달성을 점검하는 방법은 표 7.10과 같다.

목표	목표 달성 점검방법
프로젝트 인도물의 인도 케이던스와 인도물의 내용에 적합한 개발방식을 적용	– 프로젝트 특성 및 조직의 특성을 고려하여 개발방식 선정
프로젝트 실행 전반에 걸쳐 이해관계자에게 가치를 제공하는 생애주기를 적용	– 이해관계자가 공감하는 각 단계 완료기준(Exit Criteria) 정의
프로젝트 인도물에 적합한 개발방식과 인도 케이던스로 구성된 생애주기를 적용	– 각 단계에서 개발/인도/테스트 주기를 명시 – 동일 프로젝트에서 서로 다른 개발방식을 사용하는 경우 업무별로 다른 생애주기와 단계를 별도 표현

표 7.10 개발방식과 생애주기 성과영역의 목표 달성 점검방법

프로젝트 관리계획서는 이해관계자의 기대치를 반영하고
이해관계자들이 의사결정을 하기 위해 필요한 정보를 제공한다.
계획수립에 많은 시간을 투입할수록 프로젝트 계획은 상세해질 것이다.
그러나 상세한 계획이 정확한 계획은 아니다.

Planning Performance Domain

기획 성과영역

WATER FALL

AGILE

8.1 기획 성과영역 개요

기획 성과영역에서는 많은 시험문제가 출제된다. 학습할 분량은 많지만 정답이 명확하기 때문에 학습의 효율성은 좋다. 기획성과 영역을 학습하기 위해서는 프로젝트 계획서를 구성하는 요구사항, 범위, 일정, 예산, 품질, 자원 등의 상호작용과 계획수립 순서를 이해해야 한다.

특히 예측형 개발방식과 적응형 개발방식의 계획수립 내용은 차이가 많기 때문에 유의하여 학습해야 한다. 예측형 프로젝트에서는 범위정의, 일정계획, 예산편성의 내용이 어떻게 상호작용하여 일정기준선과 원가기준선을 확정하는지를 이해해야 한다. 적응형 프로젝트에서는 상품 로드맵, 릴리즈 계획, 이터레이션 계획의 차이점을 이해해야 한다. 팀 구성, 물리적 자원계획, 조달계획, 변경관리 계획, 프로젝트 지표정의, 프로젝트 계획서의 정합성 유지도 기획 성과영역의 학습 주제이다.

기획 성과영역의 목차와 관련 모델, 방법, 결과물은 표 8.1과 같다.

목차	내용	모델/방법/결과물
8.2 프로젝트 계획수립 개요	- 프로젝트 계획 수립시 고려할 요인	
8.3 산정 (Estimating)	- 산정 대상과 산정을 할 때 고려할 사항 - 산정모델의 유형과 내용 - 절대산정과 비교산정 - 흐름기반 산정 - 불확실성을 감안한 산정치	스토리 점수 산정 [방법] 플래닝 포커 [방법] 유사산정 [방법] 모수산정 [방법] 3점 산정 [방법] 광대역 델파이 산정 [방법] 소프트웨어 개발의 원가산정과 기간산정 [심화학습] 산정의 신뢰도를 높이기 위한 고려사항 [심화학습]
8.4 일정계획수립		
8.4.1 예측형 개발의 일정계획수립		자원 평준화 [심화학습]

8.4.1.1 활동순서 배열	– 4가지 유형의 의존관계: 의무적, 임의적, 내부, 외부 – 선도(Lead)와 지연(Lag)의 차이	프로젝트 일정 네트워크 다이어그램 [방법]
8.4.1.2 주공정법 (CPM, Critical Path Method)	– 주 공정(Critical Path) 개념 및 일정결정 방법	
8.4.1.3 일정단축	– 공정압축법(Crashing), 공정중첩 단축법 (Fast Tracking)	
8.4.2 적응형 개발의 일정계획수립	– 릴리즈 계획의 내용 – 이터레이션 계획의 내용 – 상품 백로그의 내용 – 피처(Feature), 사용자 스토리, 태스크의 차이	백로그 [결과물] 릴리즈 계획수립 [방법] 이터레이션 계획수립 [방법]
8.5 예산책정	– 예산 책정 프로세스 – 우발사태 예비와 관리 예비의 비교 – 원가기준선	S커브(S-Curve) [결과물]
8.6 팀 구성	– 프로젝트 조직을 설계할 때 고려사항 – 책임과 역할을 정의하는 방법	책임배정 매트릭스 [결과물] 프로젝트 조직의 유형 [심화학습] 스크럼 마스터, 프로젝트 관리자, 상품책임자의 역할 [심화학습]
8.7 의사소통 계획 수립	– 의사소통 계획수립시 고려사항과 의사소통 계획서의 내용	의사소통 관리계획서 [결과물] 가상 팀 [심화학습]
8.8 물리적 자원 계획수립	– 물리적 자원계획수립시 고려사항	자원 분류체계 [결과물]
8.9 조달계획수립	– 조달관리 프로세스 – 제작/구매(Make/Buy) 결정 분석	제작구매 분석 [방법] 조달관리계획서 [결과물]
8.10 변경관리 계획 수립	– 변경이 발생하는 원인 – 변경통제위원회	
8.11 지표(Metrics) 정의	– 지표정의시 유의사항	
8.12 프로젝트 계획의 정합성 유지	– 프로젝트 계획 정합성 유지의 필요성	프로젝트 관리계획서 [결과물] 상충되는 제약조건의 해결 방안 [심화학습]

표 8.1 기획 성과영역의 학습 주제 관련 모델, 방법, 결과물

바람직한 결과

- 프로젝트가 통합적이고 의도한 방식으로 진행된다.
- 프로젝트 목표 달성을 위해 범위, 일정, 예산, 품질 등을 종합적으로 분석한다.
- 점진적으로 구체화된 프로젝트 계획정보는 의도한 가치창출을 위해 활용된다.
- 계획수립을 위해 투입된 시간은 계획서의 정확도와 상세화 수준을 고려할 때 적절하다.
- 프로젝트 계획서의 내용은 이해관계자 기대수준을 관리하기에 충분하다.
- 외부 환경 및 내부 상황 변화에 대응하여 프로젝트 계획을 변경한다.

기획 성과영역의 활동은 적응형 개발과 예측형 개발의 차이가 확연하다.

컬래버 프로젝트, 적응형 개발

- 프로젝트 관리자는 상품관리자가 요청하는 기능개발을 위해 팀원과 협의하여 향후 6개월 동안 총 세 번의 릴리즈를 하기로 했다.
- 첫 번째 릴리즈를 위해 총 아홉 번의 이터레이션을 수행하기로 결정했다. 첫 번째 이터레이션에서는 '개발환경 구축/피처(feature) 분석/기본화면(와이어프레임) 설계'를 수행하고, 마지막 아홉 번째 이터레이션에서는 통합테스트를 수행하기로 했다.
- 상품책임자(product owner)가 팀원들에게 두 번째 이터레이션에서 수행할 사용자 스토리를 설명하고 회의에서 논의된 내용을 Jira에 등록한다.
- 상품책임자 주관으로 두 번째 이터레이션에서 수행할 태스크와 일정계획을 협의하고, 개발자는 Jira에 등록된 사용자 스토리의 개발일정을 업데이트한다.

디지털 뱅킹 프로젝트, 예측형 개발

- ○○은행은 디지털 전환을 위해 5개의 외부 회사에 제안요청서(RFP, Request For Proposal)을 배포한다.
- 최종 선정된 A사는 제안서 내용에 근거한 프로젝트 수행 상세계획을 수립한다.
- A사 프로젝트 관리자는 팀원과 함께 고객사가 요청한 업무를 목표한 납기 내에 준수할 수 있는지 프로젝트 리스크를 검토한다.
- 각 서브시스템별로 상세 일정계획을 수립하고 이를 취합하여 전체 프로젝트 일정계획을 확정한다. 일정계획수립을 위해 MS Project를 활용한다. 프로젝트 전체의 상세 일정계획을 확정 후 중요한 마일스톤과 간트 차트를 출력하여 프로젝트 상황실에 부착한다.
- 착수미팅(kick off meeting)을 앞두고 고객사에서 '○○은행 앱' 릴리즈를 2개월 당겨 달라고 요청하여 전체 일정계획을 조정한다.
- 개인별 수행업무와 투입공수를 집계하여 월별/서브 시스템별 투입공수를 정리한다.
- 프로젝트 수행을 위한 월별 예산을 확정한다. 월별 예산은 인건비, 재료비, 경비로 나누어 편성하고 사내 시스템에 등록하여 개발 부서장의 승인을 받는다.

기획 성과영역과 관련된 PMI의 PMP 시험내용 요약은 표 8.2와 같다. 모두 프로세스와 관련된 내용이다. 프로젝트 협약은 프로젝트 착수를 승인하는 문서를 의미한다.

	주제	내용
사람	프로젝트 협약 협상	– 협약을 위한 협상 한계 분석
		– 우선순위를 평가하고 궁극적인 목표를 결정
		– 프로젝트 협약의 목표가 충족되었는지 확인
		– 협약 협상에 참여
		– 협상 전략 결정
프로세스	예산과 자원 계획 및 관리	– 프로젝트 범위와 과거 프로젝트에서 얻은 교훈을 바탕으로 예산 요구사항을 추정
		– 향후 예산 관련 요청 예측
	일정 계획 및 관리	– 프로젝트 과제 추정(마일스톤, 의존관계, 스토리포인트)
		– 벤치마크 및 과거 데이터 활용
		– 방법론 기반으로 일정 준비
		– 방법론 기반으로 진행 상황 측정
		– 방법론 기반으로 필요에 맞게 일정 수정
		– 다른 프로젝트 및 운영 활동과 조정
	프로젝트 계획 활동 통합	– 프로젝트/단계 계획 통합
		– 의존관계, 격차, 지속적 비즈니스 가치를 위한 통합된 프로젝트 계획 평가
		– 수집된 데이터 분석
		– 정보에 근거한 프로젝트 결정을 내리기 위해 데이터를 수집하고 분석
		– 중대한 정보 요구사항 결정

표 8.2 기획 성과영역의 PMP 시험내용 요약

출제 가능한 시험문제의 유형은 다음과 같다.

Q. 유사 프로젝트를 수행한 경험이 많은 프로젝트 관리자가 팀원과 함께 예산에 대한 3점 산정을 했다. 예산산정 결과를 본 스폰서는 가능한 예산을 초과한다고 했다. 프로젝트 관리자는 어떻게 대응해야 하는가?

A. 스폰서에게 예산산정 과정과 결과에 대한 신뢰도를 설득해야 한다. 본인의 경험, 3점 산정을 위한 투입물, 산정 과정을 설명한다. 그럼에도 예산을 확보하지 못하는 경우에는 프로젝트 범위나 일정 조정을 협의한다.

Q. 경쟁 상품의 출시가 예상보다 빨라져 당신이 수행 중인 프로젝트 기간을 단축해야 한다. 현재 여러 프로젝트를 동시에 수행 중이라 자원은 충분하지 않다. 프로젝트 관리자는 어떻게 대응해야 하는가?

A. 일정단축을 위해 동시에 수행 가능한 작업이 있는지 검토한다. 작업을 동시에 수행했을 때의 리스크를 고려하여 일정단축 방안을 결정한다. 작업 동시수행이 여의치 않은 상황에서는 개발기능의 우선순위를 결정한다.

Q. 프로젝트 팀원 중 1명이 회사정책에 따라 재택근무를 하게 되었다. 프로젝트 관리자는 무엇을 해야 하는가?

A. 재택근무를 하는 팀원이 생기면 기존 의사소통 계획을 업데이트해야 한다. 의사소통 계획서의 회의체 운영방식, 협업도구 등이 변경될 수 있다.

Q. 글로벌 프로젝트를 수행 중인데 의사소통이 원활하지 않은 상황이다. 이 문제를 어떻게 해결해야 하는가?

A. 글로벌 프로젝트는 국가 간 문화의 차이, 업무 프로세스 등의 요인 때문에 의사소통이 어렵다. 어떤 요인 때문에 어떤 의사소통 문제가 발생하는지를 먼저 파악해야 한다.

Q. 프로젝트 관리계획서는 누가 작성하는가?

A. 프로젝트 관리계획서는 프로젝트 팀원이 함께 참여하여 작성해야 한다.

Q. 당신은 애자일 프로젝트의 관리자이다. 프로젝트 헌장에 포함되지 않는 내용은?

A. 프로젝트 헌장에는 가정 및 제약조건, 상위 수준의 요구사항, 마일스톤 등을 포함하며 상세 예산, 상세 일정은 포함하지 않는다.

Q. 프로젝트 착수회의에서 고객이 프로젝트 종료일이 생각과 다르다며 프로젝트 일정에 동의할 수 없다고 한다. 무엇이 문제였는가?

A. 최종 확정된 프로젝트 관리계획서에 대해 이해관계자 공유 또는 협의가 미흡하였다.

Q. 당신은 예측형 프로젝트를 관리하는 PM이다. 일정계획수립을 위해 주공정법을 적용한 결과 총 여유(total float)가 −20이었다. 당신은 무엇을 해야 하는가?

A. 총 여유가 음수라는 것은 계획일정이 목표일정을 초과한다는 의미이다. 따라서 일정단축 방안을 적용해야 한다.

8.2 프로젝트 계획수립 개요

계획의 상세화 수준과 변경의 용이성은 다르지만 모든 프로젝트는 계획을 수립한다. 프로젝트 관리계획서는 인도물을 만들기 위한 방법, 순서, 책임과 역할을 정의한다. 프로젝트 관리계획서는 이해관계자의 기대치를 반영하고 이해관계자들이 의사결정을 하기 위해 필요한 정보를 제공한다.

프로젝트 계획수립에 많은 시간을 투입할수록 프로젝트 계획은 상세해질 것이다. 그러나 상세한 계획이 정확한 계획은 아니다. 프로젝트 계획은 이해관계자들과 프로젝트 진행방법, 목표를 공유할 정도면 충분하다. 필요 이상으로 상세할 경우, 계획수립에 투입된 시간과 비용은 낭비가 될 가능성이 있다. "불확실하면 불편하다. 하지만 확실하려다 보면 우스꽝스러워진다"는 중국 속담을 생각해보자.

'책임이 따르는 마지막 순간(last responsible moment)'도 적정 수준의 프로젝트 계획수립을 강조한다. 간단히 요약하면 돌이킬 수 없는 중요한 의사결정은 최대한 늦게 하라는 것이다. 의사결정을 내리지 않아 발생하는 비용이 잘못된 의사결정으로 발생하는 비용을 초과하지 않을 때까지 의사결정을 미룬다. 보다 많은 정보를 가지고, 충분히 분석하면 재작업 또는 실패의 낭비를 줄일 수 있다.

프로젝트 관리계획서의 모든 항목을 동일한 수준으로 상세화할 필요는 없다. 불확실하거나 정보가 부족한 항목은 프로젝트를 진행하면서 구체화해도 된다. 예를 들어 프로젝트 계획시점에서 필드테스트를 위한 상세 계획을 수립할 필요가 없고 그렇게 해서도 안된다. 많은 항목이 변경될 것이며, 미리 작성해봐야 사용할 곳도 없다. 프로젝트 계획수립 시점에서는 필드테스트의 목적, 일정, 예산 정도만 반영하면 된다. 필드테스트 시나리오, 필드테스트 대상 등은 더 이상 미룰 수 없을 때 확정하는 것이 바람직하다.

모든 프로젝트는 유니크하기 때문에 프로젝트 계획수립을 위해 투입하는 시간, 프로젝트 계획을 조정하는 빈도수와 시점은 모두 다르다. 프로젝트 계획수립시 고려할 요인들은 다음과 같다.

■ 개발방식
개발방식은 프로젝트 계획수립의 접근 방법, 계획수립에 투입하는 시간, 계획을 조정하는 빈도수와 시점에 영향을 미친다.

– 예측형 개발(폭포수)
프로젝트 초기 계획수립에 많은 시간을 투입하여 상세한 계획을 수립한다. 프로젝트를 진행하면서 계획은 점진적으로 구체화되지만 최초에 정의한 프로젝트 범위는 거의 변화가 없다.

- 반복형 개발(프로토타입 적용)

프로젝트 초기 계획은 개략적으로 수립하고 분석과 설계단계에서 프로토타입을 적용하여 이해관계자 피드백을 반영한다. 이러한 방식에서는 프로젝트를 진행하면서 초기의 개략적인 프로젝트 계획을 완성시킨다.

- 적응형 개발(애자일 적용)

프로젝트 초기에는 릴리즈 회수, 이터레이션 주기, 상품 백로그를 정의하고 상세계획은 수립하지 않는다. 각 이터레이션을 착수할 때 해당 이터레이션에서 구현할 기능과 일정을 계획한다.

■ 프로젝트 인도물(Deliverables)

프로젝트 인도물의 유형에 따라 프로젝트 계획수립이 달라질 수 있다. 하드웨어 개발 프로젝트와 소프트웨어 개발 프로젝트는 인도물의 변경비용이 다르다. 건설 프로젝트와 같이 변경을 위해 많은 비용이 필요하다면 예측형 개발이 적합하다. 반면 고객의 지속적인 피드백이 중요하고 변경비용도 상대적으로 적은 소프트웨어 상품을 개발할 때에는 적응형 개발이 적합하다.

■ 조직 요구사항

프로젝트에 적용할 방법론, 프로세스, 도구, 템플릿에 관한 조직의 정책이 있다면 이를 프로젝트 계획에 반영해야 한다.

■ 시장 상황

상품개발 프로젝트는 시장의 경쟁상황에 따라 출시 시기가 달라질 수 있다. 이런 상황에서는 혼합형 개발 또는 적응형 개발이 적합하다.

■ 법규 또는 규제

환경보호, 개인 정보 보호를 위한 정부의 규제가 대표적인 예이다. 이런 경우 상품을 출시하기 전에 관련기관을 승인을 받거나 특정 문서를 준비해야 하기 때문에 예측형 개발이 적합하다.

8.3 산정(Estimating)

프로젝트 관리계획서의 내용은 '수치 목표'를 정의하는 부문과, 업무절차를 정의하는 부문으로 나누어진다. 원가, 기간, 투입공수는 수치목표를 정의하는 예다. 의사소통 계획, 팀 관리, 리스크 관리, 이해관계자 관리는 업무절차를 정의하는 예다. 프로젝트 관리계획서는 어떤 목표를 어떤 목표를 달성하겠다는 내용을 정리한 문서이다.

프로젝트 관리계획서의 내용 중 정량적인 목표치를 결정하는 활동이 산정이다. 일정산정치와 원가산정치는 프로젝트 성공과 실패를 판단하는 기준인 동시에 이해관계자 사이에 이견이 많은 주제이기도 하다.

프로젝트 단계에 따라 영향을 받는 산정의 4가지 특징은 다음과 같다.

■ 구간(Range)

구간은 산정치의 오차를 의미하며 산정치와 실제 값의 차이를 비율로 계산한다. 예를 들어, 착수시점에 프로젝트 기간을 6개월로 산정했는데 실제 기간이 9개월이면 산정치 오차는 +50%이고 3개월이면 산정치 오차는 -50%이다. 프로젝트 단계를 진행할수록 산정치 오차는 낮아진다. 〈PMBOK 가이드〉에서는 착수시점의 오차를 -25%~+75% 라고 한다. 산정치의 정확도는 프로젝트 특성이나 개인의 역량에 따라 달라지는 것이기 때문에 수치를 기억할 필요는 없지만 과소산정(+75%)할 가능성이 과다산정(-25%)할 가능성보다 높다는 것은 기억해야 한다. 스티브 맥코넬(Steve McConnell)은 이를 '불확실성의 원뿔(cone of uncertainty)'이라고 하고 그림 8.1과 같이 프로젝트 초기에는 산정의 오차가 -25%~400%로 주장했다.

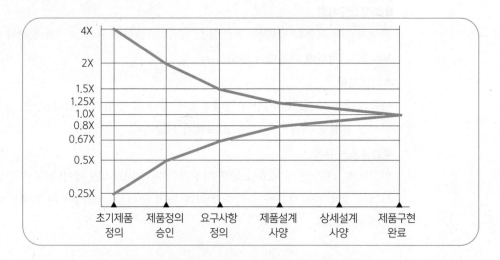

그림 8.1 불확실성 원뿔(출처: 《소프트웨어 산정》, 2007)

■ 정확도(Accuracy)

정확도는 산정치와 실적의 차이가 작을수록 높아진다. 위에서 설명한 구간과 유사한 개념이다. 정확도는 프로젝트를 진행할수록 높아져 종료시점에는 100% 정확해진다. 산정에 활용하는 정보가 정확하고 산정모델이 좋을수록 산정치의 정확도는 높아진다.

■ 정밀도(Precision)

정밀한 저울과 정확한 저울은 다르다. 소수점 다섯 자리까지 측정하는 저울은 소수점 한 자리까지 측정하는 저울보다 정밀한 저울이지만 측정할 때마다 값이 다르다면 정확한 저울은 아닐 수 있다. 정밀도는 산정치가 어느 수준까지 정확할 수 있는지를 의미한다. 소수점 다섯 자리까지 측정하는 저울이 정확하다면 소수점 한 자리를 측정하는 저울보다 훨씬 정확할 것이다. 따라서 정밀도는 정확할 때 의미가 있다. 정밀도는 산포를 의미하기도 한다. 그림 8.2에서 (A)는 (B)보다 정확하지만, 정밀하지는 않다. (C)가 가장 정밀하고 정확하다.

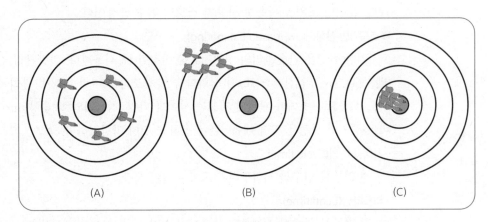

그림 8.2 정밀도와 정확도

■ 신뢰도(Confidence)

신뢰도는 프로젝트 팀이 산정치에 대해 확신하는 정도이다. 이전에 유사한 경험이 있다면 산정치에 대한 신뢰도가 높아질 것이다. 반면 새로운 기술, 새로운 업무에 대한 산정치는 신뢰도가 낮을 것이다. 통계에서는 신뢰구간(confidence interval), 신뢰수준(confidence level)이라는 용어가 있다. 예를 들어 "신뢰수준 95%에서 투표자의 35%~45%가 A후보를 지지하고 있다"라고 할 때 35%~45%는 신뢰구간이다. 이는 100회 투표한다고 가정했을 때 95회는 A후보의 지지율이 35%~45%에 속한다는 의미이다.

산정치를 결정하거나 표현할 때 다음을 고려해야 한다.

■ 확정적 산정 vs. 확률적 산정(Deterministic estimating vs. Probabilistic estimating)

확정적 산정은 점 산정(point estimating)이라고도 하며 하나의 숫자로 산정한다. 반면 확률적 산정은 구간과 확률로 표현한다. 예를 들어 '95% 신뢰수준으로 6개월에서 8개월'과 같이 표현한다. 확률적 산정치를 계산하기 위해서는 과거 실적데이터 분석 또는 컴퓨터 시뮬레이션을 활용한다. 컴퓨터 시뮬레이션은 '신뢰구간, 신뢰수준, 분산' 3가지 정보를 제공한다. 정확하지는 않아도 확정적 산정치를 활용하는 목적은 이해관계자들이 확률적 산정치를 선호하지 않기 때문이다. 이해관계자들은 통계분석 결과보다 의지가 담긴 약속을 듣고 싶어한다. 약속은 하나의 숫자로 이야기하는 것이 일반적이다.

■ 절대적 산정 vs. 상대적 산정(Absolute estimating vs. Relative estimating)

절대적 산정은 실제 존재하는 측정단위를 활용한다. 기간(일, day), 원가(원), 투입공수(MM)가 대표적인 절대적 산정치다. 반면 상대적 산정치는 실제 존재하는 측정단위를 활용하지 않고 기준이 되는 산정치와 비교하여 산정한다. 상대적 산정치의 대표적인 사례가 '플래닝 포커를 활용한 사용자 스토리 점수 산정'이다.

■ 흐름기반 산정(Flow-based Estimating)

흐름기반 산정은 칸반관리의 성과지표를 산정할 때 적용한다. 칸반관리의 상세 내용은 섹션 〈11.5.3 작업진척 지표〉의 심화학습을 참조하기 바란다. 칸반관리에서는 흐름의 속도가 중요하며 이와 관련된 지표는 사이클 타임, 리드타임, 처리량(throughput)이 있다. 흐름기반 산정은 실적 데이터를 활용하는 것이 바람직하다.

- 사이클 타임(Cycle time)

  특정 업무를 접수한 시점부터 완료까지 걸린 시간

- 리드타임(Lead time)

  특정 업무를 착수한 시점부터 완료까지 걸린 시간 (접수 후 대기기간은 제외)

- 처리량(Throughput)

  일정 기간 동안 완료한 업무의 양

■ 불확실성을 고려한 산정치 조정(Adjusting estimates for uncertainty)

프로젝트 리스크가 있는 경우 이를 관리하기 위해 예비 원가나 예비 기간을 반영할 수 있다. 예를 들어 프로젝트 예산에서 예비 원가 10%를 반영하는 식이다.

8.3 산정 ⓣ 방법 | 스토리 점수 산정(Story point estimating)

스토리 점수는 애자일 개발에서 업무규모를 측정하는 단위이다. 스토리 점수의 특징은 다음과 같다.

■ 스토리 점수는 상대적이고 추상적이다.

스토리 점수는 무게의 킬로그램(kg)이나 길이의 미터(m)처럼 절대적인 측정단위가 없다. 샘플 사용자 스토리에 임의로 1점 또는 3점을 부여하여 다른 사용자 스토리의 크기를 상대적으로 평가한다. 스토리 점수 8은 1보다 크다는 의미이지 정확하게 1보다 8배라는 뜻은 아니다.

■ 스토리 점수는 팀원의 역량 또는 숙련도와 상관없다.

요구사항의 규모를 기간으로 산정한다면 팀원의 역량 또는 숙련도가 높아질수록 요구사항 규모는 작아진다. 하지만 스토리 점수는 요구사항의 크기 자체를 측정하기 때문에 팀원의 역량 또는 숙련도가 높아져도 요구사항 규모는 변하지 않는다. 스토리 점수는 시간이 지나도 변경되지 않는다.

■ 스토리 점수는 작업의 규모가 아닌 요구사항의 규모를 측정한다.

특정 요구사항의 구현을 위해 수행하는 일을 작업이라 한다. 예를 들어 화면설계, 테스트, DB설계(필요시) 등이 작업의 예이다. 스토리 점수는 개별 작업을 측정하지 않고 요구사항의 규모를 측정한다.

■ 스토리 점수는 빠르게 산정할 수 있다.

스토리 점수는 객관적인 데이터를 활용하지 않고 주관적으로 특정하기 때문에 간편하고 신속하게 산정할 수 있다.

■ 스토리 점수의 측정은 피보나치 수열을 적용하면 효과적이다.

피보나치 수열은 1, 2, 3, 5, 8, 13과 같이 앞의 두 숫자를 합해 다음 숫자를 결정한다. 스토리 점수 산정에 피보나치 수열이 적합한 이유는 1, 2, 3과 같이 작은 규모는 상대적으로 잘 판단할 수 있지만 그 이상이 되면 정확한 판단이 힘들기 때문이다. 예를 들어 다자란 고양이의 몸무게가 1이라고 했을 때 진돗개 몸무게의 수치는 3 또는 5정도로 예측하기 쉽지만 코끼리의 몸무게 수치는 예측하기는 힘들다.

■ 스토리 점수의 비교, 분석은 동일 팀 내부에서만 유효하다.

개발생산성(속도) 측정을 위해 스토리 점수를 활용할 수 있다. 스토리 점수는 동일 팀의 생산성 추이를 분석할 때 사용된다. 서로 다른 팀의 생산성을 비교하는 데 활용해서는 안 되고 신뢰성도 매우 낮다.

8.3 산정 방법 | 플래닝 포커(Planning poker)

플래닝 포커는 스토리 점수를 산정하기 위한 기법이다. 플래닝 포커는 다음의 순서로 수행한다.

❶ 사전 준비

플래닝 포커에 참여할 팀원들과 진행자를 선정한 후 1, 2, 3, 5, 8, 13, 21의 숫자가 적힌 카드 또는 용지를 준비한다. 여러 역할자가 참여하면 다양한 시각을 반영할 수 있어 산정의 신뢰성이 높아진다. 회의 참석 전에 요구사항을 설명할 수 있는 카드(예: 사용자 스토리)를 준비한다.

❷ 기준 스토리 정의

플래닝 포커에 참여하는 사람들이 모두 이해할 수 있는 요구사항 하나를 선정하여 기준 스토리 점수를 정의한다. 기준 스토리 점수는 1 또는 3으로 정의한다. 기준 스토리는 '조회상품 바구니 담기' '사용자 로그인'과 같이 이해하기 쉽고, 간단한 요구사항을 선정한다.

❸ 사용자 스토리 설명

상품관리자[또는 상품책임자(PO)]는 요구사항 내용을 설명한다. 이때 요구사항 내용을 이해하기 위한 질문은 할 수 있지만 요구사항의 옳고 그름을 따지는 토론은 하지 않는다.

❹ 스토리 점수 산정

사용자 스토리 설명이 끝나면 플래닝 포커에 참석한 담당자들이 스토리 점수를 산정한다. 첫 번째 산정에서는 스토리 점수의 편차가 클 수 있기에 낮은 값과 높은 값을 부여한 사람들의 설명을 들은 뒤 다시 스토리 점수를 산정한다. 만장일치가 아니라도 어느 정도 합의가 모아지면 스토리 점수를 확정한다.

플래닝 포커는 팀원들의 다양한 관점을 반영하는 과정에서 업무 이해도와 산정의 신뢰도가 높아지는 장점이 있다. 또한 전체 팀원들이 참여하기 때문에 프로젝트 목표에 대한 팀원의 공감대도 높아진다.

8.3 산정

Ⓣ 방법 | 유사산정(Analogous estimating)

유사산정은 프로젝트 초기 과거 유사 프로젝트의 기간과 예산 실적을 근거로 프로젝트의 기간과 예산을 산정하는 기법으로 주요 내용은 다음과 같다.

■ 산정방법

해당 업무 전문가가 산정 대상(활동 또는 프로젝트)의 총 기간(또는 총 원가)을 판단하는 방식으로 하향식 산정(top down estimating)이라고도 한다.

■ 산정 정확도

과거에 경험한 프로젝트의 내용·기간·복잡도가 산정 대상 프로젝트와 유사하고, 산정하는 사람의 전문성이 높을수록 산정 정확도가 높아진다.

■ 적용 상황

정보가 제한적인 상황일 때, 프로젝트 초기에 빠른 산정이 필요할 때 적용한다.

■ 장점

시간과 비용이 적게 들고 간편하다.

■ 단점

정확도가 낮다.

방법 | 모수산정(Parametric estimating)

모수는 통계학에서 사용하는 용어로 '모집단을 설명하는 특성값'이다. 모집단 의 특성값(예: 10대의 휴대폰 일일 사용시간)을 알기 위해 표본에서 확보한 데이터에 함수식을 적용하듯이, 과거 유사 프로젝트 데이터에서 만들어진 함수를 활용하여 현 프로젝트의 기간, 원가, 자원 산정치를 계산한다. 주요 내용은 다음과 같다.

■ 산정방법 함수식에 프로젝트 특성값(parameter)을 대입하여 산정치를 계산한다.

　예: 화면 설계시간 ＝ (표준화면 설계공수 × 화면 수) / 투입공수

■ 산정 정확도

모델(함수) 생성에 사용된 과거 데이터 신뢰도와 산정 정확도는 비례한다. 과거 측정값은 정확해야 하고, 특정 상황에 편중된 데이터가 아니어야 한다.

■ 적용 상황

정보가 제한적인 상황일 때, 프로젝트 초기에 빠른 산정이 필요할 때 적용한다.

■ 장점

시간과 비용이 적게 들고 간편하다. 프로젝트 상황에 따라 함수식을 조정하여 적용 가능하다. 예를 들어 설계자 역량 또는 화면 난이도를 고려하여 화면 작성 생산성을 조정할 수 있다.

■ 단점

모델의 신뢰도를 판단하기 힘들며 수행 프로젝트가 이전 유사 프로젝트와 차이가 많을 경우 산정의 신뢰도가 낮아진다.

8.3 산정 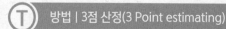 방법 | 3점 산정(3 Point estimating)

낙관치, 최빈치, 비관치 3개의 값을 활용하여 산정하는 기법이다. 낙관치(O)는 최상의 시나리오, 최빈치(M)는 가장 가능성 높은 시나리오, 비관치(P)는 최악의 시나리오에 근거한 산정치다. 주요 내용은 다음과 같다.

■산정방법

> **베타분포 평균** (O + 4M + P) / 6
> **베타분포 표준편차** (P − O) / 6
> (**M** Most likely, **O** Optimistic, **P** Pessimistic)

■산정 정확도
표준편차를 활용한 구간산정이라 산정치를 하나만 제시하는 다른 산정기법과 비교하기 힘들지만 불확실성이 높을 때는 효과적이다.

■장점
평균과 표준편차를 활용하여 기간, 원가 달성의 확률분석이 가능하다.

■단점
산정하는 사람의 역량에 따라 정확도가 달라진다.

8.3 산정 방법 | 광대역 델파이 산정(Wideband delphi estimating)

광대역 델파이는 아래 델파이 기법보다 많은 사람들을 의사결정에 참여시키는 기법이다.

델파이 기법은 전문가들이 참여해 다음과 같은 방식으로 의사결정을 한다.
■ 비대면 회의방식을 채택한다. 대면 회의방식은 다른 참석자의 영향을 받기 때문이다. 비대면 회의방식의 대표적인 방법은 이메일을 활용한 방식이다.
■ 최종 의사결정까지 반복해서 토의를 한다. 회의를 주관하는 사람이 여러 전문가들의 의견을 취합한 뒤, 취합된 의견을 정리해서 다시 의견을 수렴한다.

8.3 산정　　　**소프트웨어 개발의 원가산정과 기간산정**

프로젝트 투입자원의 양과 질은 원가뿐만 아니라 기간산정에도 영향을 미친다. 예측형 방식을 적용하는 SI 프로젝트의 원가산정과 기간산정의 예는 그림 8.3과 같다.

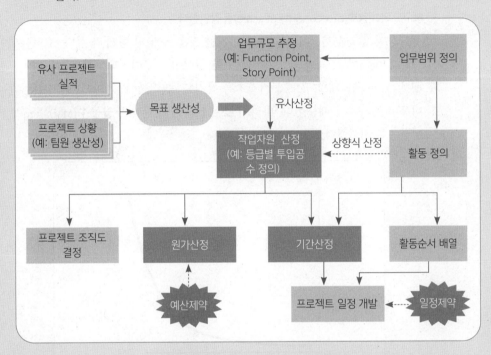

그림 8.3 SI 프로젝트의 원가산정과 기간산정 예시

8.3 산정　　　**산정의 신뢰도를 높이기 위한 고려사항**

산정의 신뢰도를 높이기 위한 고려사항은 다음과 같다.

■ **시간도둑(time robber)을 고려한다.**

프로젝트를 진행할 때는 계획된 일만 하는 것은 아니다. 보통 프로젝트에 꼭 필요한 작업의 산정은 잘하면서 기타 업무의 산정은 하찮게 여기는 경우가 많다. 예를 들어 프로젝트와 무관한 조직의 요청 업무, 교육, 재작업, 휴가, 경조사 등에 투입되는 시간이나 비용은 산정에서 간과하기 쉽다. 기간과 공수를 산정할 때는 생산성을 80% 정도만 가정하는 것이 바람직하다.

■ 규모의 비경제(diseconomy of scale)를 감안한다.

생산량이 많을수록 생산단가가 낮아지는 것을 '규모의 경제'라 한다. 소프트웨어 개발은 반대이다. 개발 규모가 커질수록 생산성이 낮아진다. 규모의 비경제가 발생하는 이유는 개발 규모가 커질수록 복잡도, 인터페이스, 의사소통 비용, 관리 비용이 증가하기 때문이다. 따라서 소프트웨어 개발의 투입공수(MM)는 규모가 커질수록 비선형적으로 증가한다(그림 8.4).

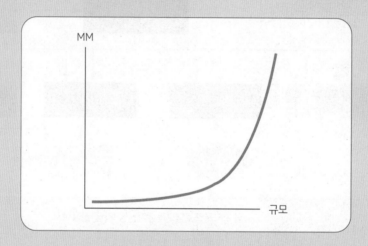

그림 8.4 규모의 비 경제(출처: 《소프트웨어 산정》, 2007)

■ 개발기간에 따라 적정 공수가 달라진다.

동일한 업무를 하더라도 기간에 따라 전체 공수는 달라진다. 극단적으로 예를 들어, 1명이 10개월 동안 할 수 있는 일을 10명이 1개월에 끝낼 수 있을까? 그렇지 않을 것이다.

그림 8.5와 같이 적정 기간 안에 업무를 완료하기 위해 필요한 공수가 1.0이라면 같은 업무를 더 짧은 기간에 완료하기 위해서는 상대적으로 더 많은 공수가 필요하다. 더 긴 기간이 주어지면 상대적으로 더 적은 공수로도 업무를 완료할 수 있다. 물론 작업이 단순하고 반복적이라면 기간이 공수에 미치는 영향이 없을

수 있지만 대부분의 소프트웨어 개발은 같은 업무를 하더라도 기간에 따라 전체 공수가 달라진다. 기간의 문제만 없다면 소프트웨어 코딩 공수를 줄이는 확실한 방법은 1명에게 모든 업무를 맡기는 것이다.

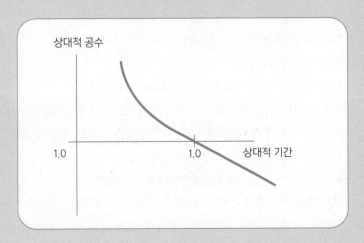

그림 8.5 동일한 업무를 수행할 때 기간이 공수에 미치는 영향(출처:《소프트웨어 산정》, 2007)

■ 즉석 산정은 피한다.

경영층은 프로젝트 관리자에게 기습적으로 산정에 관한 의견을 물어보는 경우가 많다. 예를 들어 커피를 마시는 편한 자리에서 업무를 간단히 설명하고 "○○ 프로젝트 관리자라면 신상품 개발을 6개월 내에 끝낼 수 있겠죠?"와 같은 식이다. 경영층이 프로젝트 관리자에게 물어보는데, 대답을 할 수도, 안 할 수도 없는 난처한 상황이다. 그러나 즉석 산정은 피하는 것이 좋다. 프로젝트 관리자 입에서 나온 산정은 상대방이 약속으로 받아들이기 때문이다. 일단 프로젝트 관리자가 이야기한 산정치는 변경이 힘들다. 어떠한 경우라도 팀원들과 개발 내용을 검토한 후 산정치를 제시하는 것이 바람직하다.

■ 요구사항과 작업 분할 후에 산정한다.

개발 규모, 공수, 원가는 요구사항과 작업을 기반으로 산정한다. 너무 큰 요구사항이나 작업은 산정오류를 높인다. 반면 작은 규모로 상세하게 분류하면 대수의 법칙이 적용되어 산정오류가 상쇄되는 효과가 있다. 산정의 오류가 상쇄된다는 것은 과다산정과 과소산정이 혼합되어 프로젝트 전체로 보면 산정의 오류가 줄어드는 것을 의미한다.

■ 프로젝트 규모에 따라 산정방법을 다르게 한다.

소규모 프로젝트는 개인의 경험을 바탕으로 상향식으로 산정하고, 대형 프로젝트는 계획 초기에는 모델을 활용하여 하향식으로, 프로젝트 계획확정 시점에는 상향식으로 산정하는 것이 적합하다. 소규모 프로젝트에서는 개인의 역량이 생산성에 많은 영향을 미치지만, 대형 프로젝트일수록 관리체계와 같은 조직적 변수가 생산성에 영향을 미친다.

■ 산정을 위한 시간과 산정의 신뢰도는 비례하지 않는다.

짧은 시간에 계산한 산정치가 많은 시간을 들여 계산한 산정치와 크게 차이가 나지 않는 경우가 많다. 일정 수준까지는 적은 노력으로도 산정의 신뢰도를 높일 수 있다.

■ 기간산정에 이견이 있을 때는 평균보다 합의가 중요하다.

프로젝트 작업기간 산정에 관해 팀원들 사이에 이견이 있을 때는 각자의 산정 근거를 설명하고, 관련 팀원들이 합의를 거쳐 기간 산정치를 확정하는 것이 바람직하다. 작업기간의 산정치가 다르다고 단순히 산술평균을 하는 것은 위험하다.

■ 수확체감의 법칙(law of diminishing returns)을 고려한다.

예를 들어 넓은 실외 벽면인 경우와 여러 시설이 있는 건물 내부 벽면을 페인트 칠하는 것을 생각해보자. 넓은 실외 벽면작업은 투입하는 인원수에 비례하여 작업시간이 줄어들지만, 복잡한 내부 벽면은 인원을 투입하면 할수록 인당 생산성이 줄어든다. 작업 수행을 위한 특정 요인을 증가시킬 때, 해당 요인의 투입당 산출물이 줄어드는 것을 수확체감의 법칙이라 한다. 드라마 각본 작업시 작가를 많이 투입한다고 각본이 빨리 나오지 않는 것도 같은 맥락이다.

프로젝트에서 수확체감의 법칙이 적용되는 이유는 다음과 같다.

- 인원수가 많을수록 의사소통 비용이 증가
- 관련 선행, 후행 작업의 속도 제약
- 장비투입의 제약 (예: 건설 프로젝트에서 기중기 추가가 제약 받는 경우)
- 한정된 작업장소에서는 인원을 추가할수록 생산성은 낮아짐
- 여러 가지 유형의 자원이 필요할 때 특정 자원의 부족이 전체 자원의 생산성을 결정

8.4 일정계획수립

프로젝트 계획수립에서 일정계획은 가장 큰 비중을 차지하며 많은 기법과 산출물들을 포함하기 때문에 학습할 내용이 많다. 예측형 개발과 적응형 개발의 일정계획수립은 확연하게 다르기 때문에 각각의 내용을 정확하게 이해해야 한다.

8.4.1 예측형 개발의 일정계획수립

예측형 개발의 일정계획수립은 다음의 순서로 진행한다.

- **1단계** WBS를 완성하기 위한 활동을 도출한다.
- **2단계** 각 활동의 수행순서를 배열한다.
- **3단계** 각 활동 수행을 위해 필요한 투입공수, 자원, 수행기간을 산정한다.
- **4단계** 각 활동에 투입 가능한 인력과 자원을 할당한다.
- **5단계** 이해관계자와 일정을 합의할 때까지 활동순서, 자원투입을 조정한다.

8.4.1.1 활동순서 배열

활동순서 배열은 프로젝트 수행 활동 사이의 선후관계를 정의하는 활동이다. 활동 간의 선후관계를 배열하기 위해서는 '두 활동의 논리적 의존관계' '활동 사이의 시작과 종료 유형' '선도(lead)와 지연(lag)'을 이해해야 한다.

① 활동 간의 논리적인 의존관계

■ 의무적 의존관계(Mandatory dependency)

의무적 의존관계는 법적 또는 계약에 따라 요구되거나 작업의 성격상 미리 정해진 의존관계를 의미한다. 건설 프로젝트에서 기초공사가 끝나야 건물을 세우는 경우, 소프트웨어 개발 프로젝트에서 프로토타입 제작 후 사용자 검증을 받는 경우가 이에 해당한다. 프로젝트 팀에서 임의로 바꿀 수 있는 관계가 아니기 때문에 하드 로직(hard logic)이라고도 한다. 활동순서를 배열할 땐 의무적 관계인 활동들의 순서를 우선 결정한다.

■ 임의적 의존관계(Discretionary dependency)

임의적 의존관계는 프로젝트 팀에서 임의로 작업의 선후를 정할 수 있는 작업관계이며, 소프트 로직(soft logic)이라고도 한다. 예를 들어, 건설 프로젝트에서 전기작업은 배관작업을 마친 후 시작하는 것이 재작업 리스크를 줄일 수 있다(서로 다른 공사를 동시에 수행하면 공사간에 간섭이 발생하기 때문이다). 그러나 특별한 경우 일정단축을 위해 전기작업과 배관작업을 동시에 수행할 수 있다. 소프트웨어 개발 프로젝트에서는, 개발 후 테스트를 하는 것이 아니라 테스트 주도 개발방식을 적용하여 개발과 테스트를 동시에 수행하는 경우가 이에 해당된다. 일정단축 기법인 공정중첩 단축(fast tracking)을 실행할 때는 임의적 의존관계에 있는 작업들을 우선적으로 적용해야 한다. 일반적으로 두 활동을 동시에 하는 것보다, 순차적으로 수행하는 것이 비용이나 재작업 관점에서 프로젝트의 포괄적 리스크(overall risk)를 완화시킨다.

■ 외부 의존관계(External dependency)

외부 의존관계는 프로젝트 팀의 통제범위 밖의 외부활동과 프로젝트 내부활동 사이의 관계이다. 예를 들어, 건설 프로젝트에서 시민단체의 공청회를 실시하고 나서 시공에 착수하는 경우가 이에 해당한다. 소프트웨어 개발 프로젝트에서는 고객사가 프로젝트에 필요한 하드웨어를 외부에 별도로 발주한 경우, 또는 금융회사에서 정부가 사업승인을 해야 개발한 시스템을 오픈하는 경우가 이에 해당한다. 외부 의존관계는 프로젝트 리스크에 영향을 미치는 요인이기 때문에 명확하게 문서화해야 한다.

■ 내부 의존관계(Internal dependency)

내부 의존관계는 프로젝트 내부 활동 사이의 관계를 의미하며 프로젝트 팀의 통제범위 내에 있는 활동이다. 여러 동의 아파트를 짓는 건설 프로젝트에서 건물 시공 순서를 내부적으로 결정하는 경우가 이에 해당한다. 소프트웨어 개발 프로젝트에서는 소프트웨어를 탑재할 장비 조립이 프로젝트 팀의 업무일 때, 장비 조립 완성까지는 테스트를 못하므로 두 활동은 내부/의무 의존관계에 있다.

이상의 4가지 의존관계를 정리하면 그림 8.6과 같다.

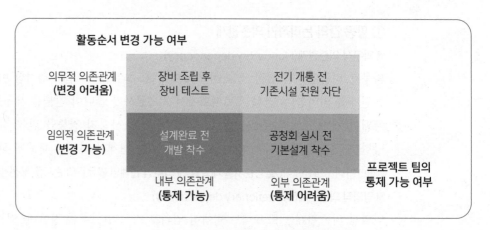

그림 8.6 활동 간의 4가지 의존관계

② 선행활동과 후행활동의 시작과 종료 유형

■ Finish-to-Start(FS)

가장 많이 사용되는 관계로 선행활동 완료 후 후행활동을 착수한다.

■ Finish-to-Finish(FF)

선행활동이 끝나야 후행활동이 끝나는 관계다. 건설 프로젝트에서 건물 내부 마감을 위해 페인팅 작업을 완료해야 인테리어를 마치는 경우, 소프트웨어 개발 프로젝트에서 화면설계 완료 후 X일 안에 화면검토를 완료하는 경우가 FF관계다.

■ Start-to-Start(SS)

선행활동을 착수해야 후행활동을 착수할 수 있는 관계다. 건설 프로젝트에서 기초공사(파운데이션) 작업을 시작한 지 X일 경과 후 기초 콘크리트 타설을 시작하는 경우, 소프트웨어 개발 프로젝트에서 화면설계 시작 후 X일 뒤 화면검토를 시작하는 경우가 SS관계에 해당한다.

■ Start-to-Finish(SF)

거의 발생하지 않는 관계이다. 소프트웨어 개발 프로젝트에서 새 시스템을 가동해야(후행활동), 기존 시스템을 중단할 수 있는 경우가 SF관계에 해당한다(선행활동).

활동 간의 4가지 선후행 관계를 정리하면 그림 8.7과 같다.

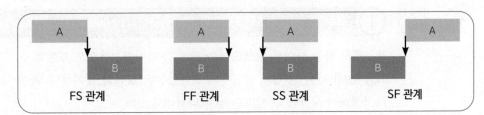

그림 8.7 활동 간의 4가지 선후행 관계

③ 선도(lead)와 지연(lag)

후행활동의 착수를 당길 수 있는 기한을 '선도' 후행활동의 착수를 지연시키는 기한을 '지연'이라고 한다(그림 8.8).

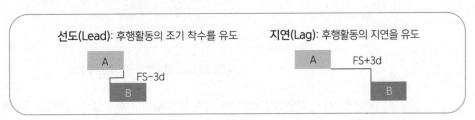

그림 8.8 선도와 지연

선도 및 지연은 선행활동과 후행활동의 논리적인 4가지 관계를 변경하는 것이 아니라 이를 보완하는 개념이다. 일정관리 도구에서 선도는 음수로, 지연은 양수로 표현한다. 예를 들어 A와 B가 FS관계일 때 'A와 B FS − 3d(A 종료 3일 전에 B 착수)' 혹은 'A와 B FS +3d(A 종료 3일 대기 후 B 착수)'와 같이 활용한다. 기간 산정치에 선도나 지연은 포함되지 않으므로, 활동 관련 가정사항은 모두 문서화해야 한다.

■ 선도

후행활동의 착수나 종료를 선행활동의 착수나 종료보다 먼저 시작할 수 있는 개념이다. 건설 프로젝트에서 건물의 시공 결함(펀치 리스트)을 조치하기 전에 조경작업을 하는 경우가 이에 해당된다. 소프트웨어 개발 프로젝트에서는 설계가 끝나기 전에 개발을 시작하는 경우가 이에 해당한다.

■ 지연

선행활동의 착수나 종료 후 일정시간 뒤에 후행활동을 착수 혹은 종료한다는 개념이다. 건설 프로젝트에서 콘크리트 타설 완료 후 양생을 위해 14일을 기다리는 경우가 이에 해당한다. 소프트웨어 개발 프로젝트에서 화면설계 착수 10일 뒤에 화면검토에 착수하는 경우가 이에 해당한다.

8.4.1.1
활동순서 배열 프로젝트 일정 네트워크 다이어그램(Project schedule network diagrams)

프로젝트 활동 사이의 수행순서는 표 또는 다이어그램으로 표현할 수 있다. 표 방식은 그림 8.9와 같이 각 행에 활동명과 선행활동을 나란히 표기한다. 활동 5는 활동 2와 4가 종료해야 시작할 수 있다는 것을 나타내고 있다.

활동 ID	활동명	선행활동
1	활동정의	
2	활동순서 배열	1
3	활동자원 산정	1
4	활동기간 산정	3
5	프로젝트 일정개발	2, 4

그림 8.9 표를 활용한 활동 연관관계 정의

다이어그램 방식은 노드(박스)에 활동을 표현하고 화살표로 활동을 연결해 활동순서를 표현하며, AON(Activity-On-Node) 혹은 PDM(Precedence Diagramming Method)이라고 한다.

프로젝트 일정 네트워크 다이어그램은 프로젝트 활동 사이의 논리관계를 다이어그램으로 표시한 도표로 활동 사이의 관계만 파악할 수 있으며 활동의 착수일과 종료일은 파악할 수 없다(그림 8.10).

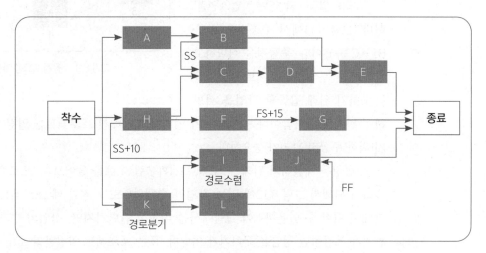

그림 8.10 프로젝트 일정 네트워크 다이어그램

거의 모든 일정관리 도구는 사용자가 활동 수행순서를 정의하면 거기에 맞게 일정 네트워크 다이어그램을 제공하기 때문에, 도구를 활용하여 활동순서를 정의하는 것이 일반적이다. 또한 임의 의존관계인 활동들의 작업순서를 결정하면, 그 내용을 문서화하여 이해관계자와 공유해야 한다.

　　프로젝트 일정 네트워크 다이어그램에서 경로수렴(path convergence)은 2개 이상의 선행활동이 있는 경우(I활동), 경로분기(path divergence)는 2개 이상의 후행활동이 있는 경우(K활동)를 의미한다. 경로분기는 선행활동이 지연되면 영향 받는 후행활동이 많아지고, 경로수렴은 선행활동 중 하나라도 지연되면 후행활동의 착수가 지연된다는 측면에서 일정 리스크가 증가한다.

8.4.1.2 주공정법(CPM, Critical Path Method)

CPM(주공정법)은 많은 작업들의 수행순서가 복잡하게 얽혀 있는 프로젝트의 일정을 계산하는 알고리즘으로, 예측형 개발방식에 적용하는 일정계획수립 기법이다. 이번 섹션에서는 CPM의 기본개념과 계산방법을 설명한다.

5가지 작업으로 구성된 프로젝트가 있고 작업 수행순서와 각 작업의 수행기간(일)이 그림 8.11과 같다고 가정하자.

휴일을 고려하지 않은 전체 프로젝트 수행기간이 14일임은 쉽게 알 수 있다. 주공정이란 '특정 작업이 지연될 경우 프로젝트 일정이 지연되는 작업의 연결'이다. 그림 8.11에서 주공정은 'A → B → C → E'이다. 주공정을 식별하고 관리하는 목적은 프로젝트 완료일을 준수하기 위해 집중할 작업을 식별

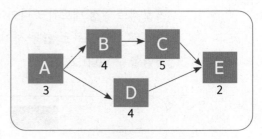

그림 8.11 주공정 필요성 예시

하여 관리하기 위함이다. 작업순서가 엄격하게 정해진 프로젝트는 일정지연을 예방하기 위한 주공정 관리가 중요하다.

　주공정을 계산하기 위해 '프로젝트 계획수립'의 예를 들어보자. 프로젝트 계획을 수립하기 위해서 그림 8.12에 있는 작업만 수행한다고 가정할 때 프로젝트 계획을 며칠만에 수립할 수 있을까? 이 그림에서는 비교적 간단하지만, 작업의 수가 많거나 연관관계가 복잡하면 정답을 구하기가 어렵다. 물론 프로젝트 일정관리 도구가 계산해주기 때문에 일일이 주공정을 계산할 필요는 없다. 하지만 프로젝트 전체 수행기간을 어떻게 도출하는 논리는 이해해야 한다.

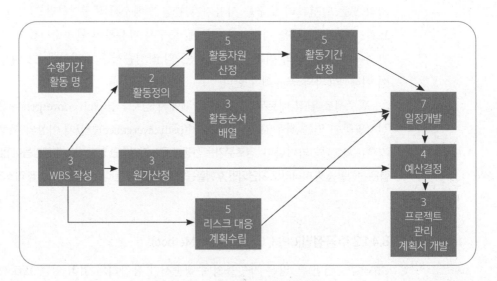

그림 8.12 프로젝트 계획수립 프로세스

주공정을 계산하기 위해서는 전진계산을 통해 달성 가능한 가장 빠른 일정을 계산하고, 후진계산을 통해 달성해야 하는 가장 느린 일정을 계산해야 한다.

■ 전진계산과 후진계산

전진계산(forward scheduling)은 그림 8.13과 같이 각 작업의 빠른 착수일(ES, Early Start)과 빠른 종료일(EF, Early Finish)을 계산하여 달성 가능한 가장 빠른 종료일을 도출한다.

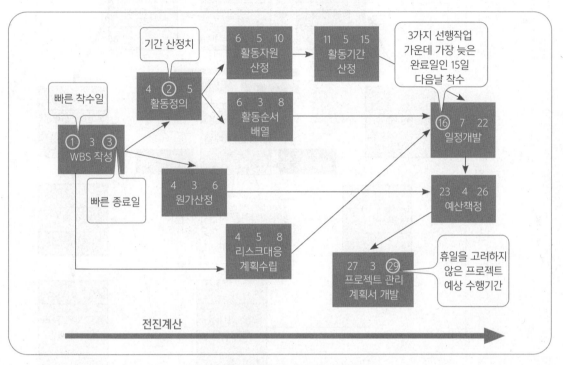

그림 8.13 전진계산에 의한 달성 가능한 일정계산

후진계산은 역으로 각 작업이 최대한 늦게 끝날 수 있는 종료일(LF, Late Finish)과 최대한 늦게 착수할 수 있는 착수일(LS, Late Start)을 계산한다. 그림 8.14에서는 프로젝트 관리계획서 개발이 늦어도 29일에는 끝나야 한다고 가정하였다. 최대한 빨리 끝낼 수 있는 일정은 프로젝트 팀이 제시하고, 최대한 늦게 끝낼 수 있는 일정은 경영층이 제시하는 경우가 많다.

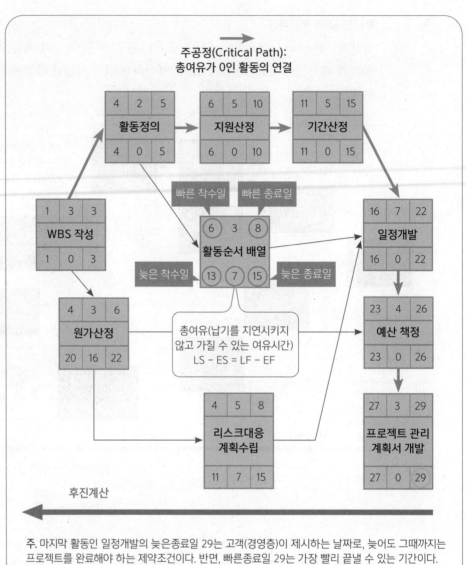

주공정(Critical Path):
총여유가 0인 활동의 연결

4	2	5
활동정의		
4	0	5

6	5	10
지원산정		
6	0	10

11	5	15
기간산정		
11	0	15

1	3	3
WBS 작성		
1	0	3

빠른 착수일   빠른 종료일

⑥	③	⑧
활동순서 배열		
⑬	⑦	⑮

늦은 착수일   늦은 종료일

16	7	22
일정개발		
16	0	22

4	3	6
원가산정		
20	16	22

총여유(납기를 지연시키지
않고 가질 수 있는 여유시간)
LS - ES = LF - EF

23	4	26
예산 책정		
23	0	26

4	5	8
리스크대응
계획수립		
11	7	15

27	3	29
프로젝트 관리
계획서 개발		
27	0	29

후진계산

주. 마지막 활동인 일정개발의 늦은종료일 29는 고객(경영층)이 제시하는 날짜로, 늦어도 그때까지는
프로젝트를 완료해야 하는 제약조건이다. 반면, 빠른종료일 29는 가장 빨리 끝낼 수 있는 기간이다.

그림 8.14 후진계산을 활용한 작업의 여유(float) 계산

전진계산을 통해 도출한 빨리 끝낼 수 있는 일정과 후진계산을 통해 도출한 늦어도 되는 일정과의 갭을 플롯(float) 또는 슬랙(slack)이라 한다. 예를 들어 마지막 작업인 '프로젝트 관리계획서 개발'을 늦어도 25일까지 끝내야 한다면 플롯이 '-4'로 여유가 없다. 반대로 늦어도 31일까지 끝내야 한다면 '프로젝트 관리계획서 개발' 작업은 2일 지연되어도 끝내야 하는 일정에는 차질이 없다. 따라서 플롯은 프로젝트 납기에 영향을 주지 않고 해당 작업이 가지는 여유시간이다. 플롯은 'LS-ES' 혹은 'LF-EF'로 계산해서 구한다. 주공

정은 여유시간이 없는 작업 즉 플롯이 '0 이하인 작업'을 연결한 경로다. 주공정상의 작업은 '플롯=0(또는 음수)'이기 때문에 작업이 지연되면 프로젝트 종료일이 지연된다. 위 그림에서 색깔 있는 굵은 선이 주공정이며 나머지 선은 '지연되어도 되는 작업(non-critical path)'의 연결이다. 지연되어도 되는 작업은 '플롯>0'이므로 프로젝트 납기(달성해야 하는 일정)에 영향을 주지 않고 지연되어도 되는 여유시간을 가진다.

8.4.1.3 일정단축

앞에서 언급한 전진계산 또는 후진계산 방식으로 프로젝트 일정 계산을 끝냈다고 프로젝트 일정계획수립이 완료되는 경우는 거의 없다. 대부분 프로젝트 팀이 전진계산으로 계산한 '할 수 있는 종료일정'은 이해관계자가 요구하는 '해야 하는 종료일정'과는 차이가 있다. 일정단축은 이러한 상황에서 프로젝트 범위를 축소하지 않고 일정을 단축하는 기법이다.

■ 공정압축법(Crashing)

공정압축법은 자원을 조정하여 일정을 단축하는 기법이다. 자원조정의 유형에는 자원 추가, 근무시간 연장, 우수인력으로 교체 등이 있다. 자원을 추가하여 일정을 단축하는 것이 가장 일반적인데 이때 유의할 사항은 다음과 같다.
- 추가 자원은 주공정의 활동에 투입해야 한다.
- 주공정 활동 중에서도 비용 대비 효과가 높은 활동에 자원을 우선 투입해야 한다.

■ 공정중첩 단축법(Fast tracking)

공정중첩 단축법은 작업의 수행순서를 조정해서 2가지 이상의 활동을 병행 수행하는 기법이다. 즉, FS관계인 두 활동의 작업순서를 조정해서 병행 추진한다면 전체 작업기간은 줄어들 것이다. 예를 들어, 폭포수 개발방식에서 화면설계 완성 전에 개발을 착수하는 경우이다. 공정중첩 단축법은 기간을 단축할 수 있지만, 재작업을 수행할 리스크가 증가한다.

공정압축법과 공정중첩 단축법 중에서는 공정압축법을 먼저 고려하는 것이 좋다. 왜냐하면 공정중첩 단축법은 재작업으로 인한 일정지연의 리스크가 있기 때문이다. 두 기법의 차이를 그림 8.15에서 정리하였다.

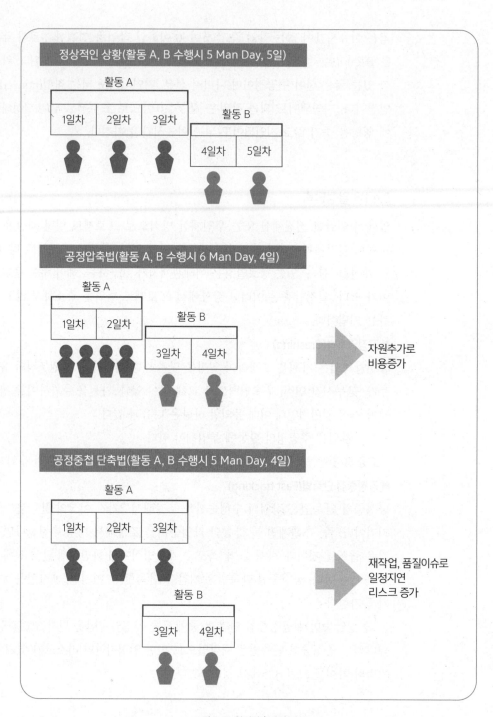

그림 8.15 일정단축기법 비교

지금까지 설명한 예측형 개발의 일정계획수립을 요약하면 그림 8.16과 같다.

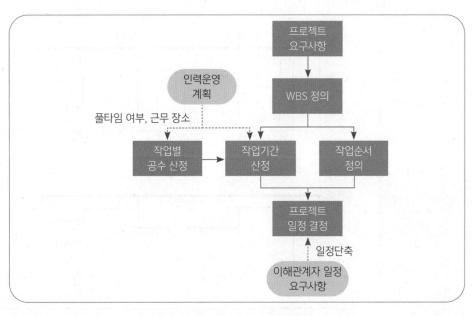

그림 8.16 예측형 개발의 일정계획수립

8.4.1
예측형 개발의
일정계획수립

자원평준화(Resource leveling)

자원평준화의 계산문제가 시험에 출제될 가능성은 낮지만 자원평준화의 개념은 알아둘 필요가 있다. 자원평준화는 특정 기간 동안 희소자원 혹은 공유자원의 가용성에 한계가 있거나 전체 인원 수가 제약되어 있는 상황을 해결하는 기법이다.자원평준화를 위해 여유기간을 가진 활동의 일정을 우선적으로 조정하며 경우에 따라 주공정이 변경될 수 있다. 그림 8.17과 같이 시간을 가로축으로, 자원 소요량을 세로축으로 자원평준화 결과를 표현한 것을 자원도표(resource histogram)라 한다. 만일 그림 8.17의 그래프와 같이 프로젝트에서 15명만이 활용할 수 있을 때, 특정 시점(15주와 30주)에서 가용한계를 초과하는 문제를 해결하려면 어떻게 해야 할까?

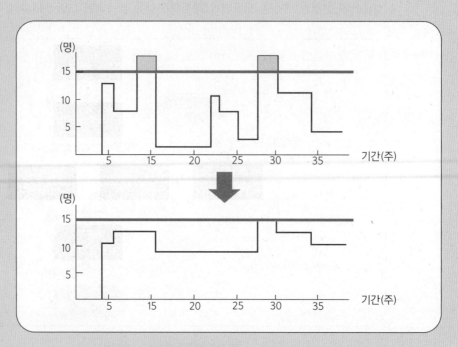

그림 8.17 자원평준화(Resource Leveling)

특정 기간에 과부하된 자원을 다른 기간으로 옮기려면 과부하된 기간에 수행하는 활동을 다른 기간으로 옮겨야 할 것이다. 이때 이동의 대상이 되는 활동은 당연히 주공정 경로가 아닌 활동이다. 왜냐하면 전체 프로젝트 일정을 준수하면서 작업의 수행기간을 옮겨야 하기 때문이다. 자원평준화의 개념을 이해하기 위해 문제를 풀어보자. 다음과 같은 활동을 가진 프로젝트를 수행하고자 한다. 단, 가용자원이 6명/일이라고 할 때 최초 주공정 활동 중 어떤 활동의 착수일을 어떻게 변경해야 할까?

활동	선행작업	기간	소요인원/일
A		2	2
B	A	3	3
C	A	6	3
D	A	2	2
E	B	5	3
F	C	7	2
G	D	3	3
H	E, F, G	1	2

그림 8.18 자원평준화 문제풀이

A	2	2														
B			3	3	3											
C			3	3	3	3	3	3								
D			2	2												
E						3	3	3	3	3						
F									2	2	2	2	2	2	2	
G					3	3	3									
H																2
합계	2	2	8	8	9	9	9	6	5	5	2	2	2	2	2	2
인원	6	6	6	6	6	6	6	6	6	6	6	6	6	6	6	6
과부족	4	4	-2	-2	-3	-3	-3	0	1	1	4	4	4	4	4	4
일자	1	2	3	4	5	6	7	8	9	10	11	12	13	14	15	16

총여유가 있는 기간

이 문제를 풀기 위해 활동별·일자별 투입자원을 정리하면 그림 8.18과 같다. 이때 중요한 것은 각 활동의 총여유를 표현해야 자원평준화를 할 수 있다는 점이다. 그림 8.18에서 알 수 있듯이 필요 인원이 6명보다 많은 일자는 3일부터 7일까지이다. 이를 해결하기 위해 파란색 부분으로 활동을 옮기면 전체 납기를 지연시키지 않고 자원 과부하 문제를 해결할 수 있다. 자원평준화 문제는 답이 없을 수도 있고, 답이 여러 개일 수도 있다. 이 문제에서는 답이 둘 있는데, 그 중 한 가지가 활동 D를 11일에 시작하고, 활동 G를 13일에 시작하는 것이다. 문제를 해결하기 위해서 이처럼 시행착오에 의한 방법을 따르기 때문에 자원평준화를 휴리스틱(heuristic) 방법이라고도 한다. 자원평준화로 자원 과부하 문제를 해결하지 못하면 일정이 지연될 수밖에 없다. 그림 8.18에서 가용자원 위의 면적이 가용자원 아래의 면적보다 크거나 주공정 활동의 자원이 제약되는 경우가 그것이다.

제8장

8.4.2 적응형 개발의 일정계획수립

적응형 개발은 상세 요구사항, 상세 일정계획을 확정하고 시작하는 것이 아니라 프로젝트를 진행하면서 요구사항과 일정을 상세화한다. 계획을 중시하는 예측형 개발은 범위와 일정 목표를 달성할 수 있는 자원산정에 집중하고, 적응형 개발은 주어진 일정과 자원으로 구현할 수 있는 최대한의 범위에 집중한다. 마라톤에 비유하면, 애자일 계획수립은 완주까지 몇 시간이 걸리는가보다 4시간 동안 몇 킬로미터를 달릴 수 있는지에 집중한다. 적응형 개발계획을 이해하기 위해서는 앞서 설명한 스토리 점수 외에 몇 가지 핵심개념을 이해해야 한다.

■ 릴리즈 계획과 이터레이션 계획

적응형 개발의 계획은 프로젝트 초기에 수립하는 상위 수준의 '릴리즈 계획'과 프로젝트를 진행하면서 상세화하는 '이터레이션(또는 스프린트) 계획'으로 나누어진다.

릴리즈 계획에서는 몇 개의 이터레이션을 어떤 일정으로, 어떤 요구사항을 개발할지 결정한다. 이터레이션 계획에서는 각 이터레이션에서 구현할 요구사항을 확정하고 이터레이션에서 수행할 상세 작업계획을 정의한다. 릴리즈 계획에서는 각 이터레이션에서 구현할 요구사항을 확정하지 않고 이터레이션 착수전에 확정할 수 있다. 릴리즈 계획과 이터레이션 계획의 차이를 정리하면 표 8.3과 같다.

구분	릴리즈 계획	이터레이션 계획
계획 수립 대상	전체 프로젝트	이터레이션
계획 수립 시점	프로젝트 착수 시점	이터레이션 착수 전
계획 수립 항목	이터레이션 주기 및 일정, 개략적 요구사항, 개발 우선순위, 이터레이션별 개발규모	이터레이션 속도, 이터레이션 개발 목표, 상세 요구사항(사용자 스토리), 수행작업, 일정

표 8.3 릴리즈 계획과 이터레이션 계획

적응형 개발계획수립은 릴리즈 계획을 하향식으로 정의한 뒤, 이터레이션 계획을 상향식으로 확정한다. 적응형 개발계획에서는 요구사항을 점진적으로 상세화하기 때문에 요구사항 변경에 유연하게 대응할 수 있다.

■ 속도(Velocity)

속도는 생산성의 개념으로 특정 팀이 하나의 이터레이션에서 구현할 수 있는 평균 스토리 점수를 의미한다. 속도는 다음과 같이 활용할 수 있다.

- 전체 및 개별 이터레이션에서 개발 가능한 사용자 스토리 규모를 산정한다

예를 들어 특정 프로젝트 팀에게 주어진 기간이 5개월, 이터레이션 10회, 이터레이션 속도는 30 스토리 점수라고 하자. 상품관리자가 프로젝트 관리자에게 제공한 50

개 상품 요구사항의 스토리 점수를 다 더했더니 450 스토리 점수가 나오면 10회의 이터레이션에서 구현 가능한 300 스토리 점수보다 150 스토리 점수가 초과한다는 것을 알 수 있다. 속도는 개별 이터레이션에 할당할 요구사항을 결정할 때도 활용한다.

– **투입공수와 기간을 산정할 수 있다.**

속도 정보를 활용하면 전체 요구사항 개발을 위한 투입공수와 기간을 산정할 수 있다. 투입공수와 개발기간은 개발자의 역량(생산성)에 좌우되지만, 산정시에는 평균 개발자의 역량(생산성)을 가정하는 것이 일반적이다. 실제로 업무담당자에 따른 생산성의 차이는 상쇄되는 것이 바람직한데 그렇지 않다는 근거가 있다면 산정치를 조정해야 한다. 위의 예에서 초과된 150 스토리 점수를 모두 개발하려면 다섯 번의 이터레이션을 추가로 수행해야 하며 이를 위해서는 2.5개월이 추가로 필요하다.

8.4.2
적응형 개발의
일정계획수립

◎ **결과물 | 백로그(Backlog)**

백로그는 요구사항 목록을 의미한다. 상품 백로그는 프로젝트에서 구현할 전체 요구사항을 의미하고, 이터레이션 백로그는 특정 이터레이션에서 개발할 요구사항(사용자 스토리)이다. 상품 백로그의 결정 및 우선순위 조정은 상품관리자 또는 상품책임자(product owner)의 책임이다. 백로그 정제(backlog refinement)는 프로젝트 진행 도중 백로그 내용을 상세화하거나 백로그 개발 우선순위를 조정하는 활동이다.

(T) **방법 | 릴리즈 계획수립**

릴리즈 계획수립의 순서는 다음과 같다(그림 8.19).

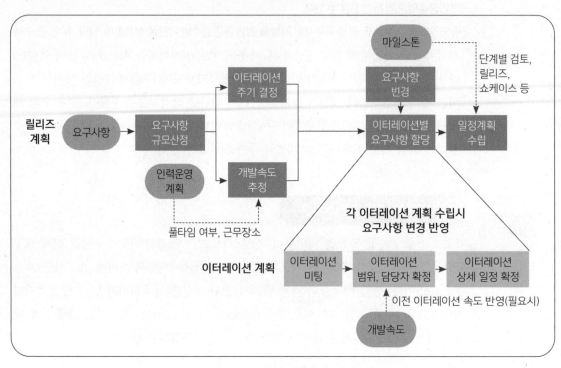

그림 8.19 적응형 개발의 일정계획수립

❶ 요구사항 규모를 파악하기 위해 스토리 점수를 산정한다.

❷ 프로젝트 팀에서 적용할 이터레이션 주기(타임박스, 케이던스)를 결정한다.

❸ 프로젝트 팀의 평균 개발 속도를 결정한다(각 이터레이션에서 개발할 평균 스토리 점수 결정). 속도산정은 과거 실적데이터를 활용하는 방식과 직접 이터레이션을 수행한 측정값을 활용하는 방식이 있다.

❹ 요구사항 우선순위와 속도를 고려하여 각 이터레이션별로 구현할 요구사항을 배정한다. 이터레이션에 할당하지 못하는 요구사항은 상품 백로그에 기록한 뒤 프로젝트를 진행하면서 할당할 이터레이션을 결정한다.

❺ 초기 프로젝트 일정계획을 확정한다.

방법 | 이터레이션 계획수립

❶ 각 이터레이션 착수 전에 이터레이션 개발 목표와 개발규모를 정의한다.

❷ 해당 이터레이션에서 구현할 요구사항(사용자 스토리)과 요구사항 구현을 위해 필요한 작업(화면 설계, 테스트 등)을 구체화한다.

❸ 각 작업의 일정과 담당자를 결정한다.

지금까지 설명한 적응형 개발 일정계획의 계층적 구조와 프로세스를 요약하면 그림 8.20과 같다.

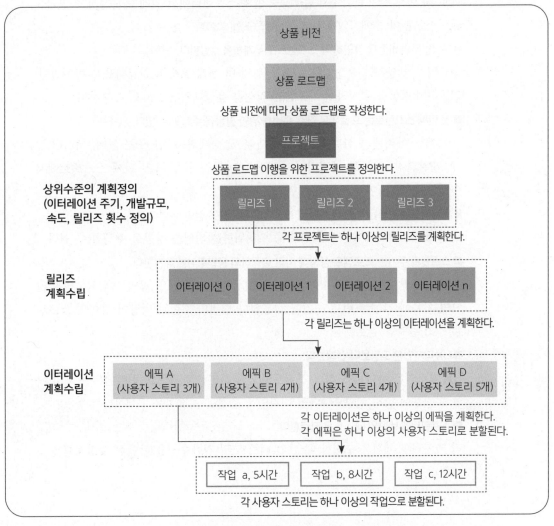

그림 8.20 적응형 개발의 일정계획을 구성하는 계층적 구조

8.4.2
적응형 개발의
일정계획수립

스프린트 계획수립시 유의사항

스프린트 계획수립시 다음에 유의한다. (PMP 시험에서 스프린트라는 용어도 사용할 수 있기에 '이터레이션' 대신 '스프린트'를 사용했다)

■ **각 스프린트에 다음 스프린트를 준비하는 활동을 포함한다.**

특정 스프린트가 끝났는데 다음에 착수할 스프린트를 준비하지 않는다면 다음 스프린트 착수가 지연된다. 다음 스프린트 착수를 위한 준비로는 요구사항 상세화, 화면 디자인 완료 등이 대표적인 활동이다.

■ **특정 유형의 업무만 하는 스프린트를 수행해서는 안 된다.**

예로 첫 번째 스프린터에서 분석, 두 번째 스프린터에서 설계를 수행하는 방식을 들 수 있다. 이는 애자일을 빙자한 폭포수 개발이다.

■ **운영업무의 비중을 감안하여 스프린트 업무계획을 수립한다.**

긴급하게 발생하는 운영업무 수행을 위해 팀 전체 공수의 일정비율을 반영한다. 긴급하게 결함을 수정하여 배포하는 작업을 응급패치(hot fix)라고 부른다.

■ **첫 번째 스프린트는 프로젝트 착수 준비를 위한 활동을 수행할 수 있다.**

프로젝트 아키텍처 설계, 고객가치 분석 및 상세화, 화면 표준 설계, 데이터 설계, 개발환경 구축 등 본격적인 개발을 준비하는 활동을 첫 번째 스프린트에서 수행할 수 있다. 이를 '스프린트 0'으로 표현하기도 한다.

■ **마지막 스프린트는 통합 테스트 및 최종 검수활동을 수행할 수 있다.**

마지막 스프린트에서는 프로젝트 종료를 위한 품질검증 활동을 수행할 수 있다.

■ **스프린트 주기는 프로젝트 상황에 따라 결정하되 동일주기를 유지한다.**

보통 스프린트 주기는 2~4주가 일반적이다. 팀원이 애자일 방법론에 익숙하지 않으면 처음에 긴 스프린트 주기를 적용하다 팀원의 경험과 역량이 쌓이면 스프린트 주기 단축을 검토한다.

■ **UX 디자인은 코딩보다 선행한다.**

UX 디자인은 하나 정도의 스프린트를 선행하면서 해당 스프린트에서는 개발 자들의 질문에 답하고 필요하다면 디자인을 수정하는 작업을 수행한다.

■ **스프린트에서 단위 테스트를 완료한다.**

각 스프린트 계획을 수립할 때 단위 테스트 및 결함수정을 감안한 일정계획을 수립한다.

■ 스프린트는 금요일에 시작할 수도 있다.

대부분 스프린트는 월요일에 시작한다. 조직에 따라 월요일에 회의나 보고가 있으면 스프린트 착수를 위한 계획수립이 부담스러울 수 있다. 따라서 금요일에 스프린트 계획을 수립하는 것이 효과적일 수 있다. 이는 스프린트 종료를 목요일로 할지, 금요일로 할지와 같은 문제이다. 스프린트 종료일을 목요일로 하면 금요일 발생하는 치명적인 결함에 대해 주말에 대응할 여유가 생기는 장점이 있다. 금요일 종료, 월요일 착수라는 고정관념에서 벗어날 필요가 있다.

8.5 예산책정

프로젝트 예산을 책정하는 순서는 다음과 같다.

❶ 작업원가산정

프로젝트 원가는 인건비, 재료비, 경비로 구분할 수 있다. 프로젝트 작업원가는 유사산정 또는 모수산정 방법을 활용하여 전체 원가를 하향식(top down)으로 산정하거나 개별 작업의 원가를 상향식(bottom up)으로 합산한다. 작업원가를 상향식으로 합산할 때에는 WBS의 아래에서 위로 합산하여 전체 작업원가를 결정하는 것이 일반적이다.

❷ 우발사태 예비(Contingency reserve) 반영

우발사태 예비는 리스크 대응을 위한 원가이다. 리스크를 종합적으로 평가하여 프로젝트 수준에서 반영할 수도 있고, 특정 작업(들)과 관련된 리스크를 반영할 수도 있다. 우발사태 예비는 분석된 리스크 대응을 위해 프로젝트 관리자의 책임하에 집행할 수 있다.

❸ 관리 예비(Management reserve) 반영

관리 예비는 식별되지 않은(unknown unknown) 리스크에 대응하기 위한 원가이다. 식별되지 않은 리스크는 예비 원가를 책정할 수 없다. 관리 예비는 유사 프로젝트 통계를 감안하여 프로젝트 예산의 일정 비율을 반영하는 것이 일반적이다. 관리 예비는 프로젝트 관리자가 임의로 집행할 수 없으며 경영층의 승인을 받아야 한다. 관리 예비를 승인할 수 있는 경영층은 프로젝트 스폰서, 상품관리자, PMO 등이다.

우발사태 예비와 관리 예비는 원가뿐만 아니라 일정계획에도 동일하게 반영할 수 있으며 그 차이는 표 8.4와 같다.

항목	우발사태 예비(contingency reserve)	관리 예비(management reserve)
정의	사전에 식별되고 분석된 리스크 대응 비용	사전에 식별되지 않은 리스크 대응 비용
일정/원가 기준선	일정/원가 기준선에 포함됨	일정/원가 기준선에 포함되지 않음
예비 집행	프로젝트 관리자 재량으로 집행	경영층(스폰서/상품관리자/PMO) 승인 후 집행
예비 계산	리스크 분석 결과 반영	전체 일정/예산의 일정 비율 반영

표 8.4 우발사태 예비와 관리 예비

지금까지 설명한 프로젝트 예산의 구성요소를 정리하면 그림 8.21과 같다.

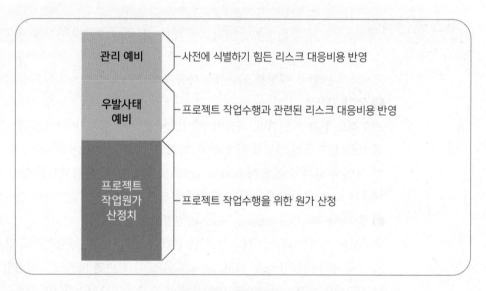

그림 8.21 프로젝트 예산의 구성요소

이상 설명한 예산책정 프로세스는 예측형 개발 프로젝트에 적합한 방식이다. 예측형 프로젝트는 일정지연이나 예산초과는 프로젝트 실패를 의미하기 때문에 프로젝트 팀은 원가산정 및 위험분석에 많은 시간을 투입한다. 예산을 승인하는 경영층이나 관리부서 입장에서도 예산 적정성을 검토하려면 상세한 자료가 필요하다. 반면 적응형 방식은 프로젝트 전체 예산을 착수시점에 확정하지 않고 단계별로 프로젝트 가치를 검증한 뒤 추가 예산을 배정하는 것이 일반적이다. 대표적인 예가 낮은 비용의 최소기능제품(MVP, Minimum Viable Product)으로 고객가치를 검증하고 개발예산을 배정하는 것이다.

MVP에 대해선 섹션 〈10.3.1 요구사항 정의〉의 심화학습을 참조하기 바란다. 상품출시 후 고정적인 상품개발 팀이 프로젝트를 수행한다면 프로젝트 기획시점에 예산책정 프로세스는 간략하게 진행할 수 있다. 대부분의 예산이 부서 예산에 반영되어 있기 때문이다.

8.5 예산책정  결과물 | S 커브(S-curve)

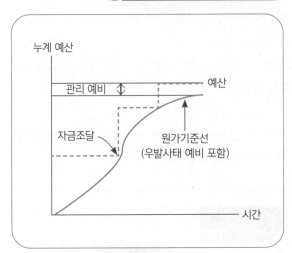

그림 8.22 원가기준선(S 커브)

대부분의 조직에서는 예산관리를 위해 월별로 프로젝트 예산을 편성한다. 월별로 프로젝트 예산을 배분하기 위해서는 원가를 작업에 배분하고 작업을 기간에 배분해야 한다. 월별로 작업규모의 차이가 없다면 프로젝트 예산을 기간으로 나누어도 된다. 프로젝트 예산을 책정할 때는 관리 예비를 포함해야 한다. 프로젝트 예산 누계를 기간별로 표현한 것을 원가기준선(cost baseline)이라 하며 그래프 모양에 비유하여 S커브(S-Curve)라고도 한다(그림 8.22).

8.6 프로젝트 팀 구성

프로젝트 팀 구성은 프로젝트 수행을 위한 역할자, 역량, 조직도, 책임과 역할, 보고체계 등을 정의하는 활동이다. 프로젝트 팀을 구성하는 순서는 다음과 같다.

❶ 프로젝트 수행 역할자 확인

대부분의 조직에서는 프로젝트 수행을 위한 역할자들이 정해져 있다. 소프트웨어 상품개발 프로젝트 수행을 위해서는 프로젝트 관리자, 상품관리자(상품책임자), 디자이너, 개발자, 아키텍터, QA 가 필요하다. 프로젝트 특성에 따라 보안전문가, 스크럼마스터 등의 역할자들이 추가로 필요할 수도 있고, 아키텍터가 필요하지 않을 수도 있다.

❷ 역할자의 숙련도와 투입공수 산정

역할자의 숙련도와 투입공수는 프로젝트 규모가 클수록 중요해진다. 예를 들어 100명 규모의 프로젝트는 많은 사람이 필요한 만큼 역할자별로 필요한 숙련도가 다양할 수 있고, 투입공수의 산정도 유의해야 한다. 반면 10명 규모의 프로젝트는 역할자를 결정하면 나머지는 고려할 사항이 거의 없다.

　SI 프로젝트를 위한 역할자의 숙련도(등급이라고도 한다)는 특급, 고급, 중급, 초급 등으로 구분하는 것이 일반적이다. 규모가 큰 프로젝트는 리더 역할을 하는 사람과 일반 업무를 수행하는 사람의 적정비율을 고려해야 한다. SI 프로젝트에서 역할자들의 숙련도는 프로젝트 원가와 직결된다.

　소프트웨어 개발 프로젝트에서 가장 많이 필요한 개발자의 투입공수 산정을 위해서는 모수산정 방식을 활용하는 것이 일반적이다. 예를 들어 소프트웨어 개발 규모를 산정하는 스토리 점수 또는 기능점수(function point)를 그 조직의 생산성(1MM가 완료할 수 있는 업무규모)으로 나누어 투입공수를 산정하는 방식이다. 나머지 역할자는 역할자의 투입기간과 투입비율로 투입공수를 결정한다.

❸ 조직도 작성

조직도는 그림 8.23과 같이 팀원들을 하위 그룹으로 구분한 것이다. 조직도는 함께 업무를 수행할 팀원들을 그룹으로 분류하고 보고체계를 결정한다.

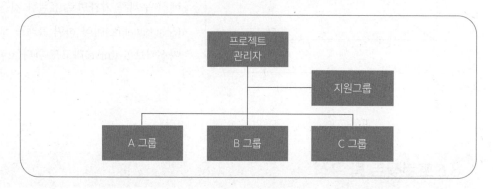

그림 8.23　조직도 예시

❹ 책임과 역할 정의

프로젝트 팀원들이 수행할 업무의 책임과 역할을 정의한다.

❺ 프로젝트 수행환경 구축

프로젝트 수행환경 구축은 다음의 내용을 포함한다.

■ **프로젝트 팀원들이 근무할 장소를 확보한다.**

　프로젝트 업무를 위해서는 모든 팀원들이 동일한 장소에서 근무하는 것이 바람직하지만 여러 가지 이유 때문에 프로젝트 팀원들이 흩어져서 업무를 수행할 수 있다.

■ **업무협업을 위한 도구를 구축한다.**

　화상회의, 형상관리, 빌드, 테스트, 프로젝트 포털 등을 위한 도구를 구축한다.

결과물 | 책임배정 매트릭스(Responsibility assignment matrix)

책임배정 매트릭스는 팀원들이 수행할 업무를 정의한 문서이며 프로젝트 팀원과 이해관계자들의 책임과 역할을 명확히 정의하여 모호한 역할을 최소화한다. 프로젝트 팀원들이 수행할 업무의 책임은 RACI(Responsible, Accountable, Consult, Inform)로 구분할 수 있다. 책임(Responsibility)은 업무수행에 대한 책임이고 책무(Accountability)는 업무수행 결과에 대한 책임이다.

예를 들어 테스트 결과서를 작성할 책임은 업무 담당자에게 있지만, 결과물의 품질에 대한 책무는 프로젝트 관리자에게 있다. 특정 업무에서 R과 A는 반드시 있어야 하며 C와 I는 필요시 정의한다.

RACI의 형식은 정해져 있지 않으며, 필요에 따라 프로젝트 팀에서 자체적으로 정의해서 사용할 수 있다. RACI를 사용하면 팀원의 업무를 상세하게 정의할 수 있다(그림 8.24).

사람 업무	김피엠	이피엘	박개발	정개발
분석	A	R		
설계	A	R		
개발	A	C	R	R
구현	A	I		R

주. R: Responsible, A: Accountable, C: Consult, I: Inform

그림 8.24 책임배정 매트릭스(RAM)의 예시

프로젝트 조직의 유형

① 조직설계 개요

조직은 '전문화'와 통합을 고려하여 설계한다. 전문화를 강조하는 조직은 효율을 추구하고, 통합을 강조하는 조직은 효과를 추구한다. 효율은 목표 달성 과정의 생산성을 중요시하고, 효과는 목표 달성의 결과를 중요시한다. 효율이 중요한 대표적인 조직은 제조공장이고, 효과가 중요한 대표적인 조직은 연구조직이다.

전문화(효율성)과 통합(효과성)의 상세 내용은 다음과 같다.

■ 효율성을 강조하는 조직

효율성을 강조하는 조직은 부서의 전문성에 집중한다. 이를 기능조직(functional organization)이라 하며 다음의 특징을 가지고 있다.

- 표준화된 프로세스에 따라 업무를 수행한다.
- '규모의 경제' 효과를 얻을 수 있으며, 부서원들도 '동일한 업무' '동일한 문화'를 가진다.
- 부서 사이에 갈등이 발생할 가능성이 높고, 조직의 목표보다 부서의 목표를 우선시한다.

■ 효과성을 강조하는 조직

효과성을 강조하는 조직은 목표 달성을 위한 협업에 집중한다. 보통 전담 TF(Full-time Task Force)로 구성되는 프로젝트 조직이 대표적인 예이며, 다음의 특징을 가지고 있다.

- 목표 달성을 위한 전담조직을 구성하고 목표 달성 후 해체한다.
- 조직 전체로 보면 인력과 장비의 중복이 발생하고, 다른 부서에서 투입된 사람들 사이에 갈등이 발생할 수 있다.
- 수행업무의 표준화가 어렵다.
- 프로젝트 관리자가 전체 팀원을 통제하기 때문에 팀원 소속 부서의 이익보다 프로젝트의 이익을 우선할 수 있다.

■ 효율성과 효과성을 혼합한 조직

두 조직의 장점을 살린 혼합(hybrid) 조직이다. 이를 매트릭스 조직(matrix organization)이라 하며 다음의 특징을 가지고 있다.

- 기능조직과 프로젝트(상품) 조직의 장점을 살리기 위한 조직이다.
- 명령체계(command of control)가 일원화되지 않아 갈등 발생 가능성이 높다. (팀

원은 기능조직의 관리자와 프로젝트 관리자의 지시를 동시에 받는다)

- 조직 내 전문가들을 효율적으로 활용 가능하다.

② 조직설계의 유형

■ 기능조직(functional organization) 형태의 프로젝트

프로젝트에 참여하는 각 역할자의 관리자를 기능부서장(FM, Functional Manager)이라고 한다. 기능조직 형태로 수행하는 프로젝트에서는 기능부서장의 권한이 프로젝트 관리자의 권한보다 강하다. 우선순위가 낮은 프로젝트는 기능조직 형태로 운영할 수 있다. 기능조직 형태로 프로젝트를 수행할 때의 장점과 단점은 그림 8.25와 같다.

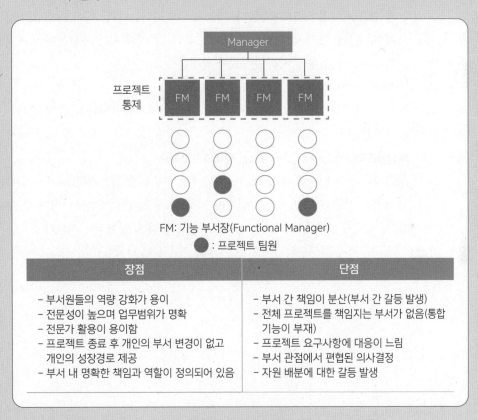

장점	단점
- 부서원들의 역량 강화가 용이 - 전문성이 높으며 업무범위가 명확 - 전문가 활용이 용이함 - 프로젝트 종료 후 개인의 부서 변경이 없고 　개인의 성장경로 제공 - 부서 내 명확한 책임과 역할이 정의되어 있음	- 부서 간 책임이 분산(부서 간 갈등 발생) - 전체 프로젝트를 책임지는 부서가 없음(통합 　기능이 부재) - 프로젝트 요구사항에 대응이 느림 - 부서 관점에서 편협된 의사결정 - 자원 배분에 대한 갈등 발생

그림 8.25 기능조직의 장단점

기능조직 형태의 소프트웨어 개발은 다음과 같은 단점이 있기 때문에 적용하지 않는 것이 바람직하다.

– 순차적 개발 방법론을 적용하게 된다.

프로젝트 요구사항 대부분은 단일 기능조직이 구현할 수 없기 때문에 기능조직 사이에 업무이관을 위한 낭비와 일정지연이 발생한다.

– 학습기회가 제한된다.

기능조직 중심으로 프로젝트를 수행하면 팀원들은 제한된 업무만 하기 때문에 새로운 것을 보고 배울 기회가 적다.

– 더 가치 있는 일보다는 더 쉬운 업무에 집중하게 만든다.

기능조직 중심으로 소프트웨어를 개발하면 가치를 제공하는 기능보다 개발하기 쉬운 기능을 먼저 개발한다. 기능조직의 리더는 해당 팀이 바쁜 것처럼 보이기 위해 중요도가 낮은 일을 만들기도 한다. 그 결과 모든 사람들이 바쁘지만 전체 성과는 미흡한 국지적 최적화가 발생한다.

– 계획과 조정이 어렵다.

프로젝트와 관련된 기능조직이 많을수록 일정계획수립과 이슈 발생시 조정이 어려워진다.

■ 상품조직(product organization) 형태의 프로젝트

상품조직은 1920년대 듀퐁(Du Pont)사에서 적용된 조직유형이다. 프로젝트에 상품조직을 적용하면 프로젝트 팀원이 모두 한 장소에서 프로젝트 업무만 수행한다. 중요도가 높은 프로젝트는 상품조직을 적용하는 것이 바람직하다.

상품조직 형태로 중심으로 프로젝트를 수행할 때의 장점과 단점은 그림 8.26과 같다.

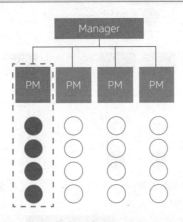

장점	단점
– 조직구조가 간단함 – PM의 작업지시 권한이 높음 – 팀원과 PM 사이의 의사소통이 쉬움 – 의사소통과 보고체계가 명확, 간단함 – 과업 지향적이고 동질적인 팀 분위기 형성 – 신속한 의사결정과 집행이 가능 – 유사한 프로젝트가 연속될 때 전문가 전담 투입이 용이	– 전사 조직의 자원 낭비(중복)가 발생 – 특히 희소자원의 경우 필요할 때 확보하는 것이 아니라 가용할 때 확보 – 노하우나 기술이 개인에게 의존하여 기술전문성이 제약됨 → 기능조직의 경우 전문가 집단 활용 – 다른 프로젝트 또는 다른부서와 갈등 발생 (We ↔ They attitude) – 프로젝트 완료 후 팀원이 소속감에 대한 불안감이 높음(후속 프로젝트의 불확실) – 전사 표준 적용의 일관성이 결여되기 쉬움

그림 8.26 상품조직의 장단점

■ 매트릭스 조직(matrix organization) 형태의 프로젝트

기능조직의 장점과 상품조직의 장점을 혼합한 조직이 매트릭스 조직이다. 매트릭스 조직에서는 기능조직의 종적 관리와 다양한 역할자들의 횡적 통합을 동시에 고려한다. 매트릭스 조직에서는 프로젝트 팀원들이 프로젝트 관리자와 기능부서장에게 보고하고 지시를 받는다. 물론 2명의 관리자가 동일한 비중으로 관리하는 것이 아니라, 대부분 주 관리자가 있다.

매트릭스 조직 형태로 소프트웨어를 개발할 때의 장점과 단점은 그림 8.27과 같다.

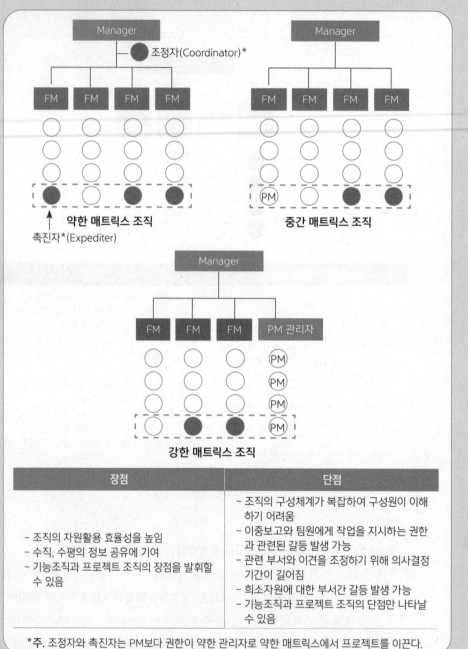

장점	단점
- 조직의 자원활용 효율성을 높임 - 수직, 수평의 정보 공유에 기여 - 기능조직과 프로젝트 조직의 장점을 발휘할 수 있음	- 조직의 구성체계가 복잡하여 구성원이 이해하기 어려움 - 이중보고와 팀원에게 작업을 지시하는 권한과 관련된 갈등 발생 가능 - 관련 부서와 이견을 조정하기 위해 의사결정 기간이 길어짐 - 희소자원에 대한 부서간 갈등 발생 가능 - 기능조직과 프로젝트 조직의 단점만 나타날 수 있음

*주. 조정자와 촉진자는 PM보다 권한이 약한 관리자로 약한 매트릭스에서 프로젝트를 이끈다.

그림 8.27 매트릭스 조직의 장단점

상품개발은 대부분 매트릭스 조직형태로 진행한다. 기능부서의 기술인력은 여러 개의 프로젝트(또는 유지보수)를 동시에 수행한다. 매트릭스 조직의 프로젝트 관리자는 기능부서 인력을 지원받아 프로젝트를 진행하며, 각 인력은 기능부서 업무와 프로젝트 업무를 병행하여 수행한다. 프로젝트 관리자의 권한이 기능부서장의 권한보다 높으면 강한 매트릭스 조직(strong matrix), 둘의 권한이 비슷하면 중간 매트릭스 조직(balanced matrix), 기능부서장의 권한이 프로젝트 관리자의 권한보다 높으면 약한 매트릭스 조직(weak matrix)이다.

매트릭스 조직에서는 팀원이 기능부서장과 프로젝트 관리자 모두에게 수행업무를 보고해야 하므로 정보의 흐름이 복잡하다.

매트릭스 조직은 기능조직과 상품조직의 장점을 취하고자 만들어졌지만, 현실에서 기능조직과 상품조직의 단점만 나타날 수 있다. 프로젝트 관점에서 기능조직, 매트릭스 조직, 상품 조직의 특징을 정리하면 아래 표 8.5와 같다.

항목	기능 조직	매트릭스 조직	상품조직
PM 권한	거의 없음	기능부서장과 공유	매우 강함
주요 특징	- 기능 전문성 강조 - 의사결정 지연	- 자원의 효율적 활용 - 자원 관련 갈등 발생 가능	- 프로젝트 목표달성 - 자원 낭비 발생, 소속감 결여
팀원 참여도	매우 낮음	파트타임	전담
프로젝트 통제권한	기능부서장	혼합	PM

표 8.5 기능조직, 매트릭스 조직, 상품조직의 특징

■ 교차기능 팀(cross functional team) 형태의 프로젝트

교차기능 팀은 다양한 역할자들이 모인 프로젝트 팀이다. 소프트웨어 상품개발은 상품관리자, 디자이너, 설계자, 아키텍트, 테스터, 개발자 등이 교차기능 팀을 구성한다. 교차기능 팀은 매트릭스 조직 또는 상품조직으로 운영할 수 있다. 스크럼 팀처럼 프로젝트 처음부터 끝까지 교차기능 팀원들이 한곳에 모여서 진행하면 이를 홀 팀(whole team)이라고 한다.

대규모 프로젝트는 몇 개의 하위 팀으로 나누어야 한다. 하위 팀은 콤포넌트 관점(component, 예: 모바일 앱, 웹, 서버 개발) 또는 피처(feature, 상품 요구사항) 관점에서 구성할 수 있다(그림 8.28).

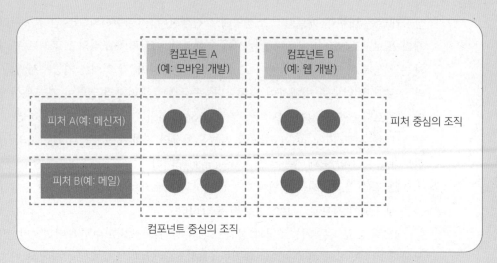

그림 8.28 컴포넌트 조직과 피처조직

컴포넌트 관점은 앞서 설명한 기능조직과 유사하며, 피처 관점은 상품조직과 유사하다. 컴포넌트 팀은 그림 8.29와 같이 하나의 요구사항(item)을 고객에게 제공하기 위해 여러 팀이 협업해야 하기 때문에 가치제공 관점에서 복잡도가 높다. 반면 피처 팀은 여러 컴포넌트를 포함하기 때문에 가치제공 관점에서 복잡도가 낮다.

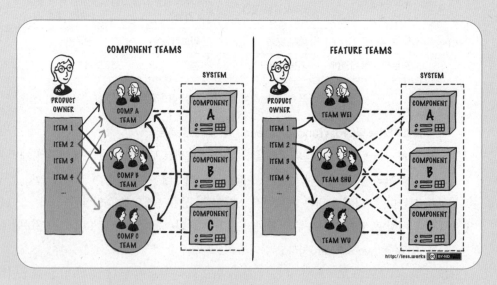

그림 8.29 컴포넌트 팀과 피처 팀의 상품개발〔출처: LeSS(Large Scale Scrum) 프레임워크〕

컴포넌트 팀과 피처 팀의 차이는 표 8.6과 같다. 컴포넌트와 피처 둘 중 무엇을 중심으로 프로젝트 팀을 구성할 것인가에 대한 정답은 없다. 피처 팀은 장점이 많다고 판단할 수 있지만 조직운영이 뒷받침되지 않으면 장점을 발휘할 수 없고, 컴포넌트 팀보다 오히려 성과가 낮을 수 있다. 또한 모든 팀을 피처 팀으로 운영할 수도 없다. 재사용 컴포넌트 관리, 기술 아키텍처 구성과 유지를 위해서는 별도의 컴포넌트 팀이 필요하다.

구분	기술 팀(컴포넌트 팀)	피처 팀
목표	최대한 많은 코드개발에 집중	최대한 많은 고객가치 전달에 집중
조정 필요성	기술 팀 간의 조정 필요성 높음	피처 팀 내부에서 조정이 이루어져 조정 필요성 낮음
조직운영	전통적인 조직운영 방식이라 익숙함 (웹 개발, 서버 개발, 디자인, QA)	피처 중심의 조직운영은 익숙하지 않아 실패하기 쉬움
학습	동일한 기술을 사용하는 역할자들이 모여 전문성을 향상시킬 수 있음	다양한 엔지니어들과 함께 프로젝트를 수행하여 여러 가지 관점의 기술 습득 가능
업무이관	팀 간의 업무이관 비용과 시간 증가	업무이관 비용과 시간 최소화
책임 소재	문제발생시 팀 간 책임소재를 규명하기 위한 갈등발생	피처 팀 내부에서 문제를 해결하여 갈등 발생 가능성 낮음
개발 속도	조정, 통합을 위한 시간 증가로 속도 저하	개발 스피드 높음

표 8.6 컴포넌트 팀과 피처 팀의 특징

8.6
프로젝트
팀 구성

스크럼 마스터, 프로젝트 관리자, 상품책임자의 역할

애자일을 적용하는 프로젝트에서는 상품책임자(PO, Product Owner), 스크럼 마스터, 프로젝트 관리자의 역할을 명확히 하여 역할 혼선이 없도록 해야 한다. 상품책임자는 조직에 따라 상품관리자(Product Manager)라고 부르기도 한다. 시험에서 두 용어는 같은 의미로 이해해도 무방하다.

■ 상품책임자와 스크럼 마스터

스크럼 마스터는 애자일의 스크럼 기법을 적용할 때 필요한 역할이며 애자일 방법론을 코칭하고 애자일 방법론 적용의 장애물을 제거하는 사람이다. 스크럼 마스터의 일차적인 책임은 상품개발 프로젝트의 일정과 품질이 아니라 팀원들이 효과적, 효율적으로 협업하도록 하는 것이다. 반면 상품책임자는 상품의 비전을 팀원에게 전파하고 상품 요구사항의 내용과 우선순위를 명확히한다. 소규모 프로젝트에서는 별도의 프로젝트 관리자 없이 상품책임자가 그 역할을 수행하기도 한다.

■ 프로젝트 관리자와 스크럼 마스터

프로젝트 관리자와 스크럼 마스터의 이해관계는 상충되는 경우가 많다. 스크럼 마스터가 추구하는 교과서적인 프로세스를 통해 좋은 결과가 나올 수도 있지만, 프로젝트 관리자는 좋은 결과를 위해 때로는 교과서와는 다른 의사결정을 할 수도 있다. 프로젝트 관리자와 스크럼 마스터의 차이는 표 8.7과 같다.

	프로젝트 관리자	스크럼 마스터
목표	프로젝트 목표 달성	프로세스 적용
일정	일정준수를 중요시	문제를 해결하는 과정에서 일정지연 가능
평가	팀원에 대한 평가권한 있음	팀원에 대한 평가권한 없음
작업지시	팀원에 대한 작업지시 권한 있음	팀원에 대한 작업지시 권한 없음
동기부여	평가 및 보상 동기부여 가능	업무성취 또는 자기계발을 통한 동기부여

주. 수험생의 이해를 돕기 위해 두 역할을 극단적으로 비교했다.

표 8.7 프로젝트 관리자와 스크럼 마스터의 차이

프로젝트 결과에 따라 영향을 받는 이해관계자는 본인이 원하는 방향으로 프로젝트를 이끌고 싶어하기 때문에 프로젝트 진행 정보를 알고 싶어한다. 따라서 프로젝트 팀은 이해관계자들의 다양한 정보 요구사항을 정확하게 파악한 뒤, 프로젝트 진행 도중 적시에 적합한 정보를 제공하여, 이해관계자들이 프로젝트에 긍정적인 영향력을 발휘하게 해야 한다. 의사소통 계획수립은 언제, 어떤 정보를, 어떤 이해관계자에게, 어떻게 제공할 것인가에 관한 내용으로 구성된다. 이해관계자의 정보 요구사항은 고정적이지 않기 때문에 의사소통 계획서는 프로젝트 전반에 걸쳐 정기적으로 검토하고 업데이트해야 한다.

의사소통 계획을 수립하기 위해 고려할 사항은 다음과 같다.

- 이해관계자들이 필요로 하는 정보의 내용과 필요한 시점은 언제인가?
- 이해관계자들이 원하는 정보를 누가, 어떻게 만들 것인가?
- 이해관계자들에게 제공할 정보가 이해관계자들의 관심사항과 부합되는가?
- 이해관계자별로 적합한 정보제공 방법은 무엇인가?

◎ **결과물 | 의사소통관리 계획서(Communications management plan)**

의사소통관리 계획서는 이해관계자들의 이해관계가 복잡하거나 팀원들이 여러 지역 또는 여러 국가에 분산된 경우에 특히 중요하다. 대표적인 항목은 다음과 같다.

- 이해관계자 정보 요구사항
- 의사소통 정보의 언어, 형식, 내용, 상세화 정도
- 정보공유의 이유
- 배포 주기
- 배포자, 승인자, 수신자
- 정보공유 기술
- 의사소통을 위한 시간, 자원, 비용
- 의사소통관리 계획서의 업데이트 주기와 방법

가상 팀(Virtual team)

가상 팀은 화상회의와 같은 정보기술을 활용하여 원격으로 떨어져 비대면으로 프로젝트를 수행한다. 재택근무가 확산되기 전 가상 팀은 서로 다른 나라에 거주하는 사람들이 함께 프로젝트를 수행하는 팀을 의미했다. 가상 팀은 의사소통이 어렵기 때문에 의사소통 계획수립에 유의해야 한다. 예를 들어 개발원가 절감을 위해 인도나 베트남에 소프트웨어 개발을 위탁하는 경우, 개발내용을 문서로만 설명하기는 매우 힘들다.

분산된 프로젝트 팀의 부작용을 최소화하기 위한 방안은 다음과 같다.

- 프로젝트 팀원이 쉽게 사용할 수 있는 도구를 선정하고 익숙해질 수 있도록 지원한다.
- 가급적 서로의 얼굴을 볼 수 있는 화상회의를 활용한다.
- 프로젝트 진행 정보를 공유하고 소통할 수 있는 협업도구(예: slack)를 사용한다. 프로젝트 착수 초기에 대면 미팅을 통해 친밀한 관계를 유지하면 도움이 된다.
- 개인의 업무성과 지표를 명확하게 한다.
- 가상 팀도 팀이다. 기술보다 팀워크가 중요하다.

8.8 물리적 자원계획수립

프로젝트 수행을 위한 자원은 인적 자원과 물리적 자원으로 구분된다. 예로는 자재, 장비, 소프트웨어를 들 수 있다. 건설 프로젝트 또는 데이터 센터 구축과 같은 프로젝트는 물리적 자원관리가 매우 중요하다. 물리적 자원관리는 자원의 산정, 자원의 조달, 자원의 테스트, 자원의 설치 등을 포함한다. 건설 프로젝트에서 자원계획을 수립할 때 고려할 내용은 다음과 같다.

- 필요 자원의 분류 및 산정
- 자재 공급 파트너 선정
- 자재 배송방법, 조달일정 계획수립
- 장납기 자재(long lead item) 관리계획수립
- 주요 자재 제조현장 검증(factory acceptance test) 방안
- 자재 입고검사 및 재고관리 방안

◎ **결과물 | 자원 분류체계(RBS, Resource Breakdown Structure)**

자원 분류체계는 활동수행에 필요한 자원을 유형별로 정리한 것으로 인적자원 유형은
역할, 등급, 정규·외주, 부서, 직급 등을 망라한다. 자원 분류체계는 인적·물리적 자원
모두를 포함하며 자원 확보와 감시를 위해 활용된다(그림 8.30).

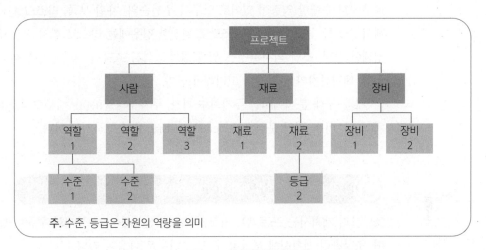

그림 8.30 자원 분류체계 예시

8.9 조달계획수립

프로젝트 결과물은 자체 제작하거나 외부에서 구매할 수 있으며 이를 제작·구매(make
or buy) 의사결정이라 한다. 구매 의사결정 이후 계약체결 전까지 수행할 활동순서는
다음과 같다.

❶ 조달 작업기술서〔procurement SOW(Statement Of Work)〕 작성
❷ 조달 내용, 리스크, 프로젝트 상황을 고려한 계약 유형 선정
❸ 예산책정에 필요한 상위 수준의 비용 산정
❹ 적격 공급자 목록 정의 또는 확인
❺ 적격 공급자에게 입찰서 공지
❻ 공급자의 제안서 접수
❼ 공급자 제안서의 기술 및 비용 종합 평가
❽ 공급자 선정 후 계약협상(최종 가격 및 계약이행 조건)
❾ 계약서 서명

프로젝트 일정, 자원 요구사항, 예산은 조달계획에 영향을 주며, 확정된 조달계획을

반영하여 일정, 자원 요구사항, 예산을 변경할 수 있다.

(T) 방법 | 제작구매 분석(Make or buy analysis)

제작·구매 분석은 특정 작업 또는 인도물 제작의 수행주체를 결정하는 기법이다. 조직 내부에서 수행할 역량이 있어도 업무의 우선순위, 자원 부족, 리스크 관리를 위해 외부에서 조달할 수도 있다. 외부 조달로 결정한 경우에는 리스로 할지 직접 구매를 할지 결정해야 한다. 조달 의사결정을 위한 원가분석시 조달의 직접원가뿐 아니라 조달 이후 운영, 폐기까지의 총원가를 고려해야 한다.

제작-구매 분석에서는 투자회수 기간, 투자수익률(ROI), 내부수익률(IRR), 순현재가치(NPV), 비용-편익 분석(cost-benefit analysis)을 수행하기도 한다.

(O) 결과물 | 조달관리 계획서(Procurement management plan)

조달관리 계획서는 프로젝트 규모, 복잡도, 산업에 따라 상세화 수준이 달라질 수 있으며, 조달관리 계획서에 포함될 수 있는 내용은 다음과 같다.

- 프로젝트 업무범위 명확성과 리스크를 고려한 계약 유형
- 입찰 유형과 상세 내용
- 조달관리에 영향을 줄 수 있는 제약조건 또는 가정
- 독립원가산정치(independent cost estimates) 활용 여부 (독립원가산정치는 공급자 제안 가격의 신뢰도를 평가하기 위해 구매자가 산정하는 원가를 의미한다)
- 조달관리 상세 활동 및 조달관리 일정 (조직의 구매 및 법무 프로세스 포함)
- 프로젝트 관리계획서의 범위, 일정, 예산을 반영한 조달계획수립
- 리스크 관리를 위한 계약이행 보증보험 (performance bond)
- 사전에 검증된 공급자 목록 (적격 심사를 통과한 공급자)
- 공급자를 평가하고 계약을 관리할 성과지표

8.10 변경관리 계획수립

변경이란 기준이 있어야 성립하는 용어이다. 변경을 판단하는 기준은 이해관계자와 공유한 프로젝트 계획, 프로젝트 팀원이 합의한 프로젝트 팀 헌장이 대표적이다. 프로젝

트를 수행할 때 변경이 발생하는 원인은 다음과 같다.

■리스크 발생

사전에 식별된 리스크 또는 식별되지 않은 리스크가 실제로 발생하는 경우 이에 대응하기 위해서는 프로젝트 계획을 변경할 수 있다.

■외부 상황 변경

경쟁사의 정책 변경, 사회적 이슈, 글로벌 경제위기 등 외부 환경 변화가 있을 때 프로젝트 계획이 변경될 수 있다.

■이해관계자의 변경요청

프로젝트를 진행하는 도중 핵심 이해관계자의 생각이 바뀌어 프로젝트 계획의 변경을 요청할 수 있다.

■프로젝트 계획의 오류 수정

프로젝트 계획의 오류를 발견하면 이를 수정하기 위한 변경이 필요할 수 있다.

■프로젝트 계획 대비 실적의 차질

프로젝트 실적이 프로젝트 계획 대비 많은 차질이 있을 때 이를 만회하기 위한 변경이 필요할 수 있다.

이상과 같이 다양한 원인으로 발생할 수 있는 계획변경을 통제하고 이행하기 위한 프로세스는 사전에 정의해야 한다. 특히 계약에 의한 프로젝트를 수행할 때 계약변경 절차는 계약서에 상세하게 정의해야 한다. 변경관리 프로세스의 예는 다음과 같다.

■변경통제위원회(CCB, Change Control Board) 운영

프로젝트에는 여러 가지 제약조건이 있기 때문에 특정 영역의 변경이 있을 때 이에 대한 의사결정은 프로젝트 전체 관점을 고려하여 내려야 한다. 이처럼 프로젝트의 중요한 변경(기준선 변경)에 대한 승인 권한을 가진 위원회를 변경통제위원회(CCB, Change Control Board)라고 한다(그림 8.31).

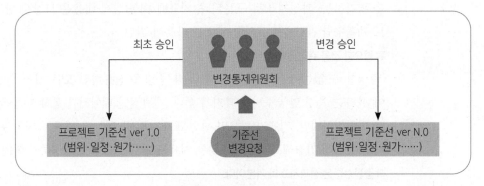

그림 8.31 변경통제위원회의 역할

프로젝트 규모가 크고 복잡할수록 여러 계층의 변경통제위원회가 있으며, 상위로 올라갈수록 고위 경영진이 의사결정에 참여한다. 변경통제위원회의 활동을 효과적으로 수행하기 위해서는 변경통제 절차에 다음과 같은 내용을 포함해야 한다.

- 변경요청을 식별하고 변경의 영향력을 평가하고 검증하는 프로세스
- 변경요청의 유형별 의사결정 책임자 혹은 변경통제위원회 구성 인원
- 형상의 식별, 기록, 감사 프로세스
- 승인된 변경요청에 관해 이해관계자들과 의사소통 하는 프로세스

■ 상품 백로그(Product backlog) 변경 프로세스

상품 백로그는 프로젝트 팀의 업무범위이다. 따라서 상품 백로그의 내용이 추가, 삭제, 변경된다는 것은 프로젝트 팀 업무범위 변경을 의미한다. 따라서 상품관리자가 요청하는 상품 백로그의 변경은 프로젝트 팀원과 합의해야 한다. 적응형 개발방식은 예측형 개발방식보다 변경통제 절차가 간단하다.

■ 계약변경 프로세스

모든 계약서에는 계약변경 프로세스에 관한 내용이 포함된다. 주요 항목은 다음과 같다.

- 계약변경 사유가 될 수 있는 조건
- 계약변경 요청 양식
- 계약변경 요청에 대한 의사결정 기한
- 계약과 관련된 분쟁을 해결하기 위한 클레임 절차

8.11 프로젝트 지표 정의

프로젝트 지표는 목표 달성 수준을 평가하는 '결과지표'와 목표 달성 방법의 이행수준을 평가하는 '과정지표'로 구분된다. 지표에 대한 상세 내용은 11장을 참조하고 프로젝트 계획수립 관점에서 유의할 사항은 다음과 같다.

■ 중요한 것을 측정한다.

'측정할 수 없는 것은 관리할 수 없다'라는 말을 신봉하면 모든 것을 측정하고 분석해야 한다는 측정 만능주의에 빠지기 쉽다. 객관적인 데이터를 통해 현상을 파악하는 것은 바람직하지만, 지표가 많으면 판단도 헷갈릴 뿐 아니라 지표 측정을 위한 비용이 증가한다. 측정 가능해도 중요하지 않은 지표도 많고, 중요해도 측정하기 힘든 지표도 많다.

■ 품질수준은 성과지표의 기본이다.

품질목표를 달성하지 못하면 범위완료를 확인할 수 없고, 범위완료는 일정성과와 원가

평가의 전제조건이다. 따라서 프로젝트 기획시점에 프로젝트 결과물의 인수기준과 품질평가 프로세스를 명확하게 정의해야 한다.

■ **일정성과와 원가성과를 평가하는 지표는 조직의 정책을 따를 수 있다.**

일정성과와 원가성과는 조직이 정의한 시스템이나 도구를 활용하여 측정하는 경우가 많다. 많은 조직에서 포트폴리오 성과 파악과 전사 차원의 리스크 관리를 위해 조직이 정의한 측정지표에 따라 프로젝트의 일정성과와 원가성과를 파악한다.

8.12 프로젝트 관리계획서 정합성 확인

프로젝트 계획을 확정하기 전에 프로젝트 계획의 구성요소들이 상충되지 않는지 확인해야 한다. 프로젝트 계획의 구성요소들이 상충되지 않으면 정합성을 확보한 상태이다. 프로젝트 계획의 정합성이 갖추어지면 프로젝트 범위, 품질목표, 인력의 역량과 투입규모, 프로젝트 개발방식, 프로젝트 일정, 프로젝트 예산, 외부 환경의 불확실성 등을 종합적으로 고려했을 때 프로젝트 목표 달성이 가능하다. 만일 프로젝트 계획수립 시점에서 구성요소 중 일부가 변경된다면 정합성 유지를 위해 나머지 요소 중 일부를 변경해야 한다. 예를 들어 투입인력 중 일부 인원이 다른 프로젝트로 이동하고 개발 요구사항이 추가되었을 때, 프로젝트 계획의 정합성을 유지하기 위해서는 어떻게 해야 할까? 범위를 줄이거나, 일정을 연장하거나, 추가인력을 투입해야 할 것이다.

프로젝트 규모가 커질수록 프로젝트 관리계획서를 구성하는 부속문서(보조관리계획서, subsidiary management plan)들이 많아지고 각 문서의 정합성 유지가 어려워진다. 《PMBOK 지침서》에서 제시하는 프로젝트 관리계획서의 부속문서는 표 8.8과 같다. 표 8.8의 문서들은 대규모 예측형 프로젝트에서 작성하며 규모가 작은 적응형의 프로젝트에서는 대부분의 부속문서를 작성하지 않아도 된다.

대규모 프로젝트에서 적응형 방식을 적용하는 경우는 같은 일자에 복수 개의 스크럼이 끝나야 하고 개발된 내용을 통합했을 때 의미가 있어야 한다. 복수 개 스크럼의 이터레이션 주기가 다르거나 고객가치 측면에서 일관되지 않은 백로그를 개발한다면 프로젝트 수행 도중 가치 있는 결과물을 제공하기 어려워진다.

프로젝트 계획의 정합성은 단일 프로젝트에서도 중요하지만, 프로그램이나 포트폴리오 계획에서도 중요하다. 올림픽 행사와 같은 프로그램에서 특정 프로젝트 의 계획이 잘못되면 전체 프로그램의 정합성 유지가 어려워진다.

관리영역	보조 관리 계획서	내용
범위관리 (Scope)	요구사항관리 계획서 (Requirement Management Plan)	- 요구사항을 정의하고 요구사항 변경을 통제하는 절차를 정의 - 요구사항 반영 여부를 단계별로 확인하는 절차를 정의
	범위관리 계획서 (Scope Management Plan)	- 업무 범위를 관리하고 범위 변경을 프로젝트에 반영하는 절차를 정의 - 프로젝트 범위의 안정성(Stability)을 평가하는 방법을 정의 범위 변경의 유형과 식별 방법을 정의
일정관리 (Schedule)	일정관리 계획서 (Schedule Management Plan)	- 일정 성과를 모니터링하고 변경을 통제하는 방법을 정의
원가관리 (Cost)	원가관리 계획서 (Cost Management Plan)	- 원가 성과를 모니터링하고 변경을 통제하는 방법을 정의
품질관리 (Quality)	품질관리 계획서 (Quality Management Plan)	- 프로젝트의 품질 정책을 구현하는 방법을 정의 - 프로젝트 품질 시스템을 정의(조직구조, 책임, 절차, 프로세스) - 품질 보증, 품질 통제, 품질 향상 방법을 정의
자원 관리 (Resource)	자원관리 계획서 (Resource Management plan)	- 프로젝트 팀원을 투입·해제하는 시기와 방법을 정의 - 팀원 교육, 보상방법을 정의 - 물적 자원의 투입 계획 수립
의사소통 관리 (Communication)	의사소통관리 계획서 (Communications Management Plan)	- 다양한 정보를 수집, 보관하는 방법을 정의 - 정보배포 체계를 정의 - 배포 정보의 유형, 내용, 상세화 수준을 정의
리스크관리 (Risk)	리스크관리 계획서 (Risk Management Plan)	- 프로젝트의 리스크관리 프로세스를 정의 - 리스크관리 시행을 위한 책임과 역할을 정의 - 리스크관리 프로세스의 시행 시기를 정의 - 리스크관리를 시행하는 임계치를 정의
	리스크대응 계획서 (Risk Response Plan)	- 식별된 리스크에 대한 대응계획을 수립 - 리스크 내용, 영향력 분석결과, 우선순위, 대응 책임자, 세부 계획, 목표일자 등을 명시
조달관리 (Procurement)	조달관리 계획서 (Procurement Management Plan)	- 계약의 유형 - 프로젝트와 구매전담 부서의 책임과 역할을 정의 - 복수 벤더의 관리방안 - 계약관리와 프로젝트 통제와의 통합 방법을 정의
	계약관리 계획서 (Contract Management Plan)	- 구매자와 판매자 간에 계약체결 이후 계약의 이행과 변경을 관리하기 위한 절차를 수립 - 중간 성과평가, 검수기준 등을 포함
이해관계자 관리 (Stakeholder)	이해관계자 참여관리 계획서 (Stakeholder Engagement Plan)	- 핵심 이해관계자 참여 수준, 시점 - 이해관계자들과 공유할 정보의 내용, 형식, 시기 - 이해관계자들의 정보 요구사항

표 8.8 프로젝트 관리영역별 보조 관리계획서의 내용

◎ **결과물 | 프로젝트 관리계획서(Project management plan)**

프로젝트 관리계획서는 예측형 개발의 용어이다. 적응형 개발에서는 릴리즈 계획, 이터레이션 계획으로 불린다. 조직에 따라 적응형 개발에서도 프로젝트 관리계획서를 개략적으로 작성하고 릴리즈 계획과 이터레이션 계획으로 상세화할 수도 있다.

프로젝트 관리계획서는 '보조 관리계획서' '기준선' '추가 구성요소'로 나누어진다.

■ **보조 관리계획서(Subsidiary management plans)**

프로젝트의 상황에 따라 프로젝트 관리계획서를 하나의 문서로 관리할 수도 있고, 별도의 단위 계획서로 나누어 관리할 수도 있다. 프로젝트가 중요하고 규모가 클수록 별도의 보조 관리계획서를 작성할 필요가 높아진다. 보조 관리계획서를 별도로 작성하면 보조 관리계획서 내용과 관련된 이해관계자에게만 배포할 수도 있다.

■ **기준선(Baselines)**

프로젝트 관리계획서는 범위·일정·원가 기준선을 통합한다. 범위·일정·원가기준선은 범위·일정·원가를 통제할 때 활용된다(그림 8.32).

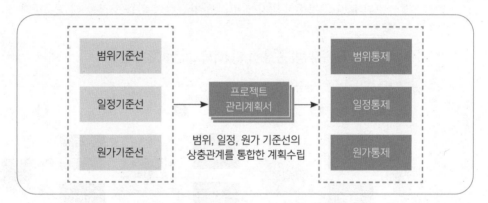

그림 8.32 범위, 일정, 원가기준선의 통합 및 활용

8.12
프로젝트
관리계획서
정합성 확인

상충되는 제약조건의 해결방안

프로젝트의 대표적인 제약조건은 범위, 일정, 자원(예산)이며 이는 산정의 대상이기도 하다. 프로젝트 계획의 정합성을 유지하기 위해서는 프로젝트 제약조건을 충족시켜야 하며 그 방법은 다음과 같다.

❶ 자원제약 하에 주어진 업무를 완료하기 위한 일정을 산정

가용한 자원이 제한적일 때 주어진 자원으로 주어진 업무를 완료할 수 있는 기간을 산정하는 방법이다. 출시일정이 덜 중요한 상품개발에 적용 가능하다.

❷ 일정제약 하에 주어진 업무를 완료하기 위한 자원을 산정

주어진 업무를 주어진 일정 내에 완료하기 위해 필요한 자원을 산정하는 방법이다. 전략적으로 중요한 신상품의 출시일 준수를 위해 자원을 집중할 때 적용한다.

❸ 제한된 자원이 주어진 일정 내에 완료 가능한 업무를 산정

적응형 방식을 적용할 때 활용하는 산정방법이다. 인원이 정해진 상품개발 팀이 매월 상품개선 기능을 릴리즈하는 경우가 이에 해당한다. 상품 요구사항의 우선순위에 따라 정해진 일자에 릴리즈 가능한 범위를 조정할 때 적용한다.

이상 3가지 제약의 유형을 정리하면 그림 8.33과 같다.

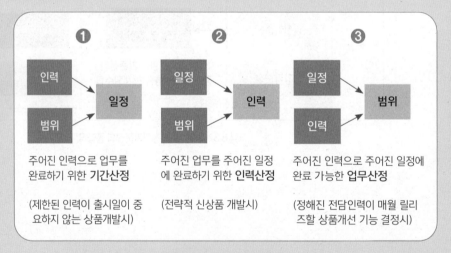

그림 8.33 3가지 유형의 제약조건

8.13 다른 성과영역과의 상호작용

기획 성과영역과 다른 성과영역의 대표적인 상호작용은 표 8.9와 같다.

성과영역	기획 성과영역과의 상호작용
이해관계자	– 이해관계자 요구사항을 충족하기 위한 프로젝트 계획수립 후 이해관계자와 검토
팀	– 프로젝트 팀원이 자발적으로 참여하는 프로젝트 계획수립
개발방식과 생애주기	– 선택한 개발방식과 생애주기에 적합한 개발계획수립
프로젝트 작업	– 프로젝트 작업수행을 위한 가이드 제공 – 프로젝트 진행 도중 발생하는 변경을 반영하여 프로젝트 관리계획서 업데이트
인도	– 프로젝트 관리계획서에 정의된 결과물을 이해관계자들에게 인도
측정	– 프로젝트 계획을 달성했는지 성과 평가(프로젝트 관리계획서에 주요 지표정의)
불확실성	– 프로젝트 관리계획서에서 불확실성을 식별하고, 불확실성에 대응하기 위해 프로젝트 관리계획서를 조정

표 8.9 기획 성과영역과 다른 성과영역의 상호작용

8.14 기획 성과영역 조정

성과영역의 내용을 조정하여 실전 프로젝트에 적용하기 위해서는 성과영역의 주요 결정사항과 결정에 영향을 미치는 요인을 이해해야 한다. 기획 성과영역을 프로젝트에 적용하기 위한 결정사항은 다음과 같다.

- 프로젝트 수행 작업은 어떻게 정의할 것인가?
- 프로젝트 초기 계획은 어느 정도로 상세화할 것인가?
- 프로젝트 수행을 위한 투입공수를 어떻게 산정할 것인가?
- 프로젝트 일정계획은 어떻게 수립할 것인가?
- 적응형 방식을 적용할 때 원가는 어떻게 산정할 것인가?
- 프로젝트 팀의 조직구조는 어떻게 설계할 것인가?
- 프로젝트 변경관리 프로세스는 어떻게 정의할 것인가?
- 이해관계자들과 의사소통은 어떻게 할 것인가?
- 조직 내부에서 제작할 것인가, 외부에서 조달할 것인가?
- 프로젝트 관리하기 위해 어떤 지표를 선정할 것인가?

위에서 나열한 의사결정에 가장 큰 영향을 주는 요인은 예측형 개발방식이냐 적응형 개발방식이냐 하는 것이다. 각 의사결정 사항별로 예측형 개발과 적응형 개발의 조정 고려사항은 표 8.10과 같다. 예측형 개발과 적응형 개발을 결정할 때 고려할 요인들은 섹션 〈7.8 개발방식과 생애주기 성과영역 조정〉을 참조하기 바란다.

의사결정 사항	예측형 개발 조정	적응형 개발 조정
프로젝트 수행작업 정의	- 상세 WBS 정의 후 작업으로 분할	- 초기 이터레이션 작업위주로 분할
초기계획의 상세화 수준	- 가능한 상세하게 정의	- 이터레이션 주기, 주요 백로그 위주로 정의
투입공수 산정	- 상세 WBS 기반의 상향식 산정	- 개략적인 투입공수 산정 후 범위변경에 따라 투입공수 조정, 또는 인력에 맞는 범위 결정
일정계획수립	- 주공정 기법을 적용하여 일정개발	- 릴리즈 계획수립 후 이터레이션 계획수립
예산확정	- 상세 WBS, 투입공수, 일정, 리스크를 종합하여 총 예산확정	- 개략적인 예산 산정 후 범위변경에 따라 예산 조정, 또는 예산에 맞는 범위 결정
프로젝트 조직구조 정의	- 수직적으로 소통하는 매트릭스 조직이 일반적	- 수평적으로 소통하는 전담 기능교차 팀(Cross Functional Team)이 일반적
변경관리 프로세스	- 엄격한 변경통제 프로세스 적용	- 유연한 변경통제 프로세스 적용
의사소통 프로세스	- 문서에 기반한 의사소통을 주로 활용	- 동작하는 소프트웨어를 활용한 토의
내부제작 or 외부조달	- 외부조달에 큰 제약 없음	- 조직문화 다를 경우 외부조달 어려움
프로젝트 관리지표 선정	- 일정준수율, 품질준수율, 예산준수율	- 리드타임, 처리량(Throughput), 개발속도

그림 8.10 기획 성과영역 조정을 위한 고려사항

8.15 기획 성과영역의 목표 달성 점검방법

기획 성과영역의 목표와 목표 달성을 점검하는 방법은 표 8.11과 같다.

목표	목표 달성 점검방법
프로젝트가 통합적이고 의도한 방식으로 진행됨	– 프로젝트 성과지표가 목표를 달성하거나 통제 범위 내에 있음을 확인
프로젝트 목표 달성을 위해 범위, 일정, 예산, 품질 등을 종합적으로 분석	– 범위, 일정, 품질, 투입인력의 역량과 가용성 등을 종합 검토하여 상충되는 내용 없는지 확인
점진적으로 구체화된 프로젝트 계획정보는 의도한 가치창출을 위해 활용됨	– 프로젝트 가치가 프로젝트 관리계획서의 인도물에 구체화되었는지 확인
계획수립을 위해 투입된 시간은 계획서의 정확도와 상세화 수준을 고려할 때 적절함	– 프로젝트의 특성과 주어진 정보에 맞게 프로젝트 계획을 상세화했는지 확인
프로젝트 계획서의 내용은 이해관계자 기대수준을 관리하기에 충분함	– 의사소통 계획서의 이해관계자 정보 요구사항 및 충족 방안 확인
외부환경 및 내부상황 변화에 대응하여 프로젝트 계획을 변경	– 예측형 개발은 변경통제위원회를 활용하는 변경 관리 프로세스 확인 – 적응형 개발은 이터레이션별로 백로그 우선순위를 조정하는 프로세스 확인

표 8.11 기획 성과영역의 목표 달성 점검방법

제품 또는 서비스의 특성, 프로젝트 특성, 조직 특성을 고려하여
프로젝트 개발방식을 결정해야 한다.

Project Work Performance Domain

프로젝트 작업 성과영역

9

프로젝트 작업 성과영역

9.1 프로젝트 작업 성과영역 개요

프로젝트 작업 성과영역은 프로젝트 계획을 '이행'하는 내용을 포함한다. 이를테면 소프트웨어 개발계획을 수립하는 활동은 기획 성과영역이고, 소프트웨어를 분석하고 개발하는 활동은 작업 성과영역이다. 작업(work)은 결과물을 만드는 과정으로 다음의 2가지 의미가 있다.

■ **요구사항 관점에서의 작업**

요구사항이 다르면 동일한 프로세스라도 다른 작업이다. 코딩이라는 프로세스는 동일해도 개발하는 요구사항이 다르면 다른 작업인 것이다.

■ **프로세스 관점에서의 작업**

기획단계에서 정의한 결과물을 만드는 프로세스도 작업이다. 프로세스 효율화, 프로세스 개선을 위한 회고 등이 작업 성과영역에 포함되는 이유가 이 때문이다.

프로젝트 작업 성과영역의 학습 주제는 기획 성과영역과 관련되어 있다. 기획 성과영역과 작업 성과영역의 관계는 그림 9.1과 같다.

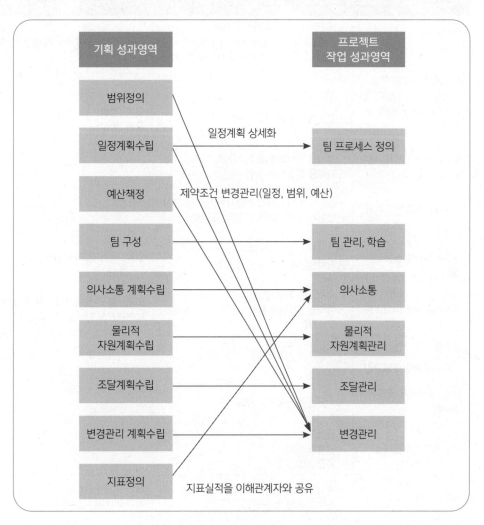

그림 9.1 기획 성과영역과 프로젝트 작업 성과영역의 관계

프로젝트 작업 성과영역의 목차와 관련 모델, 방법, 결과물은 표 9.1과 같다.

목차	내용	모델/방법/결과물
9.2 프로젝트 프로세스 관리	- 프로젝트 팀 프로세스 최적화 　· 비효율과 낭비를 줄이는 프로세스 　· 회고를 통한 프로세스의 지속적 개선	소프트웨어 개발의 낭비 요인 [심화학습]
9.3 프로젝트 팀 학습		
9.3.1 프로젝트 팀의 학습내용	- 프로젝트 팀의 학습 내용	회고 [방법] 교훈 [방법]
9.3.2 명시적 지식과 암묵적 지식	- 명시적 지식과 암묵적 지식의 차이 - 지식을 학습하는 방법	
9.4 프로젝트 변경관리	- 상충되는 프로젝트 제약사항의 균형 유지 - 변경사항 모니터링 및 통제 프로세스	
9.5 프로젝트 팀관리	- 프로젝트 팀 모니터링시 고려사항 - 가치전달에 집중하는 팀 빌딩	일일 스탠드업 미팅 [방법]
9.6 프로젝트 의사소통	- 의사소통 정보 배포 방안 - 이해관계자들의 정보 요구사항 충족 여부 모니터링	의사소통의 효과성과 효율성 [심화학습] 이행관계자 참여를 유도하는 의사소통 [심화학습]
9.7 물리적 자원관리		
9.8 프로젝트 조달관리		
9.8.1 프로젝트 조달관리 개요	- 조달관리 프로세스 개요	
9.8.2 입찰 프로세스	- 입찰문서 - 입찰자 회의 - 공급업체 선정	
9.8.3 계약	- 계약 유형 선정시 고려사항 - 계약의 유형 및 장단점	계약의 유형 [결과물] 계약서 내용 [결과물]
9.8.4 조달통제	- 조달통제의 개념과 조달통제시 유의사항	대안적 분쟁해결 [심화학습]

표 9.1 프로젝트 작업 성과영역의 학습 주제 관련 모델, 방법, 결과물

바람직한 결과

■ 효율적이고(낭비 없고), 효과적인(목표를 달성) 프로젝트 성과를 창출한다.

■ 프로젝트 상황에 맞는 프로젝트 프로세스를 정의한다.

■ 이해관계자의 정보 요구사항을 충족시키는 의사소통을 한다.

- 물적자원을 효율적으로 관리한다.
- 조달 업무를 이행할 수 있는 공급자를 선정한다.
- 프로젝트 변경을 효과적으로 관리한다.
- 지속적 학습을 통해 프로세스를 개선하고 팀 역량을 향상시킨다.

활동 예

프로젝트 작업 성과영역의 활동은 프로젝트 계획을 이행하여 결과물을 만드는 활동이다. 예측형 개발과 적응형 개발의 수행방식을 반영하여 프로젝트 팀 프로세스를 정의한다. '(공통)'이라고 표시한 항목은 적응형 개발, 예측형 개발에 공통된 활동이다.

컬래버 프로젝트, 적응형 개발

- 각 이터레이션에 적용할 세부 작업(태스크)을 정의한다.
- 각 이터레이션이 끝나는 시점에 회고(retrospective)를 수행하여 프로세스 개선사항을 도출한다.
- 고객 관점에서 가치를 창출하는 프로세스와, 아닌 프로세스를 분석하여 개선이 필요한 프로세스를 식별한다.
- 이터레이션 종료시점에 이해관계자와 함께 주요 성과를 공유한다.
- 프로젝트 요구사항 변경에 대응하여 백로그의 우선순위를 조정한다.
- 조직내 전문역량이 미흡한 영역을 담당할 공급사를 선정하여 계약한다(공통).

디지털 뱅킹 프로젝트, 예측형 개발

- WBS 이행을 위한 작업을 각 단계별로 상세화한다.
- 프로젝트 종료시점에 팀원들과 함께 다음 단계에 적용할 교훈(lessons learned)을 도출한다.
- 변경요청사항에 대한 대응방안을 결정하기 위해 변경통제위원회(CCB, Change Control Board)를 개최한다.
- 프로젝트 월간 성과보고서를 작성하여 이해관계자와 공유한다(공통).
- 프로젝트 수행을 위해 필요한 서버, 상용 소프트웨어 구매계획을 수립한다(공통).

프로젝트 작업 성과영역과 관련된 PMI의 PMP 시험내용 요약은 표 9.2와 같다. 모두 프로세스와 관련된 내용이다.

주제	내용
예산과 자원 계획 및 관리	– 예산 변화를 감시하고 거버넌스 프로세스를 필요에 따라 조정
	– 자원 계획 및 관리
조달 계획 및 관리	– 자원 요구사항 및 필요성 정의
	– 자원 요구사항 전달
	– 공급업체와 계약 관리
	– 조달 전략 계획 및 관리
	– 제공 솔루션 개발
프로젝트 거버넌스 구조 확립	– 프로젝트를 위한 적절한 거버넌스 결정(예: 조직 거버넌스 반복)
	– 에스컬레이션 경로 및 한계선 정의
프로젝트 연속성을 위한 지식 전달 보장	– 팀 내에서 프로젝트 책임 논의
	– 업무 환경에 대한 기대사항 요약
	– 지식 전달을 위한 접근방식 확인
프로젝트 변경 사항 관리	– 변경의 필요성을 예측하고 수용(예: 변경관리 지침 준수)
	– 변경에 대처하기 위한 전략 결정
	– 방법론에 따라 변경관리 전략 실행
	– 변경에 대한 대응 방법을 결정하여 프로젝트 진행

표 9.2 직업 성과영역의 PMP 시험내용 요약

출제 가능한 시험문제의 유형은 다음과 같다.

문제 유형

Q. 애자일 프로젝트에서 적용하기에 적합한 계약방식은?

A. 애자일 프로젝트는 증분(inrcrements)에 대한 대가를 지급하는 계약을 체결해야 한다. 계약을 조기에 종료할 필요가 있으면 그에 대한 보상을 해줘야 쌍방의 합의가 가능하다. 이터레이션별 금액을 결정하는 방식에는 Fixed price per story point와 Fixed-price increments 방식이 있다.

Q. 프로젝트 일부 업무를 외부 조달계약을 통해 진행 중이다. 지금까지 납품 받은 인도물의 품질이 좋지 않다. 남은 인도물에 대해서는 어떻게 조치해야 하는가?

A. 공급자에게 품질관리 활동 강화를 요청하고 결과를 확인한다.

Q. 당신은 애자일 프로젝트를 진행 중이다. 이해관계자가 참석하는 스프린트 리뷰에서 새로운 기능을 요청받았다. 어떻게 대응해야 하는가?

A. 신규 요구사항 추가로 인한 일정, 예산의 영향력을 분석한 뒤 그 내용을 이해관계자와 공유한다. 이해관계자가 승인한 개발 우선순위는 프로젝트 백로그에 반영한다.

Q. 유지보수 프로젝트의 재계약을 체결했는데, 중요한 법령 반영이 누락되었다. 이런 문제는 무엇 때문에 발생했는가?

A. 기술 부문이 아닌 계약 일반에 관한 내용의 검토는 1차적으로는 법무팀의 책임이다. 프로젝트 팀은 그 다음이다.

Q. 애자일 프로젝트를 진행할 계획인데 조직 내부에서 애자일 프로젝트를 거버넌스하는 체계가 미흡하다. 어떻게 대응해야 하는가?

A. 조직에 애자일이 아닌 프로젝트의 거버넌스가 있다면 그것부터 검토하여 프로젝트 팀에서 내용을 보완한다. 최종 확정은 PMO와 협의하는 것이 바람직하다. 애자일을 확산하기 위해 교육, 코칭, 성과 모니터링을 하는 조직을 '애자일 CoE(Center of Excellence)'라 하며 애자일 코치는 여기에 속한다.

Q. 스프린트 리뷰 미팅에서 이해관계자가 상품의 콘셉트가 전면적으로 변경될 수 있다고 한다. PM은 어떻게 대응해야 하는가?

A. 상품 콘셉트 변경에 따른 영향력 분석을 준비한다.

Q. 잦은 범위증가(scope creep)로 인해 프로젝트 일정이 지연되었다. 이러한 상황을 예방하기 위해 무엇을 해야 하나?

A. 변경통제 프로세스를 정의하고 이해관계자와 팀원들을 교육시킨다.

9.2 프로젝트 프로세스 관리

프로젝트 프로세스는 프로젝트 팀원들이 수행할 작업들을 의미하며, 프로젝트 프로세스의 내용은 일정계획수립의 방식에 따라 달라진다. 주로 대형 프로젝트에 적용하는 예측형 개발 프로세스의 작업 수는 많고, 소형 프로젝트에 적용하는 적응형 개발 프로세스의 작업 수는 적다.

팀에 필요한 프로세스를 정의하고 유지하기 위해서는 다음에 유의해야 한다.

■ **가치를 창출하지 않는 프로세스를 최소화한다.**

'낭비'란 이해관계자(고객)에게 가치를 제공하지 않는 프로세스를 수행하기 위해 투입되는 시간, 자원, 예산을 의미한다. 낭비가 포함된 프로세스를 찾기는 힘들다. 왜냐하면 프로세스는 누군가 필요로 하는 사람이 있어서 만들어졌기 때문이다. 대체로 프로젝트 팀원이 아니라 조직에서 프로젝트 수행 프로세스를 정의할 때 낭비가 포함될 가능성이 높다.

린(lean) 생산 방식은 낭비를 최소화하는 대표적 이론이다. 사전적 의미의 린은 '기름기(낭비, 불필요)를 제거한'이다. '린'과 '스타트업'을 합친 '린 스타트업 프로세스'는 불필요한 낭비를 최소화해야 하는 스타트업에 적합한 프로세스이다. 린 소프트웨어 개발에서는 가치흐름 매핑(value stream mapping)을 통해 낭비 프로세스를 식별한다. (상세 내용은 섹션 〈11.4.3 작업진척 지표〉의 심화학습 참조)

■ **팀이 주도하여 프로세스를 개선해야 한다.**

프로젝트를 수행할 팀원에게 프로세스를 개선할 권한을 부여해야 프로세스 실행력이 높아진다. 중앙집중 방식으로 프로세스를 정의하고 프로젝트 팀에게 프로세스 준수를 강요할수록 프로세스에 낭비가 개입될 가능성이 높아진다. 회고(retrospective) 또는 교훈(lessons learned)은 프로젝트 팀 주도로 프로세스 개선사항을 도출하는 활동이다.

■ **프로젝트 프로세스를 준수해야 한다.**

프로젝트 프로세스는 조직이 정의한 프로세스와 프로젝트 팀이 정의한 프로세스를 모두 포함한다. 일단 정의한 프로젝트 프로세스는 준수해야 한다. 프로젝트 프로세스 준수를 평가하는 것은 품질보증의 영역이다.

소프트웨어 개발의 낭비요인

소프트웨어 개발의 낭비가 발생하는 이유를 상품개발의 예로 설명하면 다음과
같다.

■ **과잉기능**

다양한 상품기능을 고품질로 착각해서 고객이 원하지 않거나 가치 제공이 미흡한
기능을 기획하고 개발하는 것은 낭비다. 상품기획 과정에서 내부 고객(특히 경영
층)의 '이런 기능은 어때?' 혹은 '이런 기능은 왜 없지?'라는 질문에 답변하는 과
정에서 상품기능들이 추가되기도 한다.

좋은 보고서는 더 이상 추가할 내용이 없을 때가 아니라 더 이상 뺄 내용이 없
을 때 완성된다. 마찬가지로 좋은 상품은 고객이 원하는 가치는 제공하면서 더 이
상 제거할 기능이 없는 상품이다. 아마존의 '원클릭 구매' 기능과 같이 편리하고
도 단순한 기능은 복잡한 사고의 결과이다. 과잉기능 개발의 부작용은 다음과
같다.

– **소프트웨어 아키텍처 복잡도 증가**

아키텍처 복잡도가 높아지면 결함이 증가하고, 결함 수정이 복잡해져서 유지보
수가 힘들어진다. 이를 기술부채(technical debt)라고도 한다.

– **개발기간 및 개발원가 증가**

불필요하거나 중요도 낮은 기능개발을 위해 투입된 원가와 시간은 낭비이다.

– **대기 시간, 미완성 작업 증가**

대기 시간과 미완성 작업은 소프트웨어 개발의 재고에 해당한다. 재고가 많아질
수록 낭비 발생 가능성은 높아진다.

■ **큰 일괄작업**

일괄작업의 크기는 한 번에 릴리즈하는 규모를 의미한다. 일괄작업의 크기는 전
체 상품의 개발 규모와 릴리즈 횟수에 의해 결정된다. 상품의 개발 규모가 크고
릴리즈 횟수가 적을수록 한 번에 릴리즈하는 규모는 커진다. 같은 규모의 상품개
발도 몇 번으로 나누어 릴리즈하면 각 일괄작업의 크기는 작아진다. 과잉개발을 하
고 릴리즈 주기가 길수록 일괄작업은 커진다.

큰 일괄작업을 하는 배경에는 규모의 경제가 생산성을 높인다는 잘못된 믿음
이 있다. 이는 작업의 오류가 없다고 가정할 때 그렇다. 예를 들어 UX 디자이너가
화면 디자인을 한꺼번에 끝내고 개발 팀에게 넘겨주는 것은 큰 일괄작업 방식이

다. 디자이너 입장에서는 몰입하여 한꺼번에 작업하는 것이 생산성을 향상시킨다고 생각할 수 있다.

그러나 아키텍처의 문제 또는 상품관리자와 잘못된 의사소통으로 오류가 있는 디자인 전체를 개발 팀에 넘겨준 뒤, 다른 프로젝트의 디자인 업무를 수행하는 도중에 이전 프로젝트의 디자인 오류 또는 변경사항이 발생한다면 어떻게 될까? 이 경우엔 두 프로젝트의 디자인이 모두 힘들어진다. 개발자도 일정에 쫓기니 부실한 디자인을 개발자 임의로 판단하여 부실한 개발을 하게 된다. 부실한 디자인, 부실한 개발의 결과는 출시 전 통합테스트 때 큰 부메랑이 되어 상품개발 팀에게 돌아온다.

큰 일괄작업의 대표적인 낭비는 다음과 같다.
- 재작업 비용 증가

결함이나 변경 필요사항을 나중에 알게 되고 이를 바로잡는 재작업 비용이 증가한다.
- 스피드 경쟁력 저하

큰 일괄작업의 출시주기를 길게하면 스피드 경쟁력이 저하된다.
- 산정의 낭비

개발 규모가 크고, 복잡도가 증가할수록 개발기간과 투입공수의 산정에 많은 시간을 투입하고, 산정의 정확도는 낮아진다.

■ 관료적 조직문화

조직 내에 관료주의가 확산되면 상품개발의 성공 가능성은 낮아진다. 상품 성공을 어렵게 만드는 관료주의의 대표적인 특징은 '실효성 낮은 복잡한 검토회의와 이를 위한 각종 문서 작성'이다. 상품 개발조직이 관료화되는 원인은 다음과 같다.
- 실패에 대한 두려움

실패에 대한 두려움은 성공하는 것보다 실패하지 않는 것을 더 중요하게 생각하도록 만든다. 그 결과 불확실한 성공에 도전하는 위험보다 불확실성이 낮은 상품기획을 선호한다. 그 결과로 성공도 실패도 아닌(반대로 성공이라고 해도 되고, 실패라고 해도 되는) 그저 그런 결과가 많다.
- 프로세스로 신상품 개발을 통제할 수 있다는 환상

경영층이 프로세스로 신상품의 성공과 실패를 통제할 수 있을 것이라는 환상에 빠지면 많은 문서와 프로세스를 요구한다. 또한 엄격한 통제를 해도 문제가 발생하면 재발방지 대책으로 실효성 낮은 프로세스를 하나씩 추가한다. 추가된 프로세스는 단기적으로는 경각심을 가지고 적용하지만, 시간이 지나면 본질이 희석되어 왜 하는지도 모르고 수행하는 프로세스로 변한다. 특히 정보시스템에 반영된 프로세스는 없애기도 힘들다.

상품개발 결과에 대한 책임이 부담스러운 조직원은 복잡한 프로세스를 충실하게 이행한다. 실효성 없는 낭비 프로세스라는 것을 잘 알지만 그것을 준수하지 않으면 실패의 희생양이 될 수 있기 때문이다.

관료주의는 그림 9.2와 같이 과다한 관리를 확대 재생산하는 악순환을 만든다.

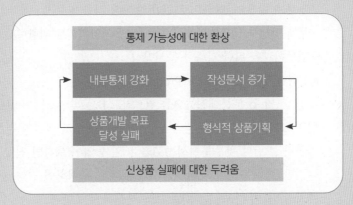

그림 9.2 과다한 관리의 악순환

- 잘되고 있다는 믿음을 제공하기 위한 보고

실효성 낮은 문서를 만드는 또 다른 이유는 상품관리자나 관리부서가 프로젝트 진행이 잘 되고 있다고 경영층을 안심시키기 위한 노력을 하기 때문이다. 주간보고와 진척보고는 좋은 부분(데이터)에 대한 선택적 보고, 문제에 대한 책임회피를 목적으로 운영된다.

관료적 조직문화로 인한 대표적인 낭비는 다음과 같다.
- 고객가치 창출에는 도움이 되지 않는 보고서 작성
- 프로젝트 팀의 사기 저하
- 내부 고객 대응을 하느라 실제 고객을 만나지 못함
- 현실을 제대로 파악하지 못한 의사결정

■ 업무이관

업무이관은 각 단계 업무 결과를 문서로 정리하여 다음 업무 수행부서로 넘기는 것을 의미한다. 부서 간 업무이관이 발생하는 이유는 각 부서업무의 전문화 때문이다. 기업 규모가 커지면서 부서의 전문성을 높이는 것은 바람직하지만, 여러 부서로 업무를 이관하는 과정에서 지식의 누락이 발생한다. 《린 소프트웨어 개발의 적용》(2007)의 저자인 포펜딕(Poppendieck) 부부는 부서에서 부서로 문서를 통해 상품기획 및 개발의 지식을 이관할 때, 암묵적 지식의 50%는 이관되지 못한다고 하였다.

　업무이관으로 인해 발생하는 낭비는 다음과 같다.

- 정보 누락 또는 왜곡으로 인한 잘못된 기획 및 개발, 재작업
- 문제 발생시 선행부서와 후행부서 간 책임회피를 위한 갈등 발생
- 업무이관을 위한 과다한 문서작성

■ 진행 중 작업(WIP, Work In Progress)

그림 9.3의 윗 부분에서는 A를 완료하고 B를 하면 C는 10일 뒤에 착수할 수 있다. 반면, 그림의 아래 부분과 같이 업무를 교대로 수행하면 진행 중인 작업 수는 증가한다. 그림의 윗부분에서는 A를 10일 동안 수행하면 진행 중인 작업 수는 A 하나지만, 아랫부분과 같이 A와 B를 교대로 수행하면 진행 중인 작업 수는 A, B 2개가 된다. 이 경우 C는 10일 뒤에 착수하지 못한다.

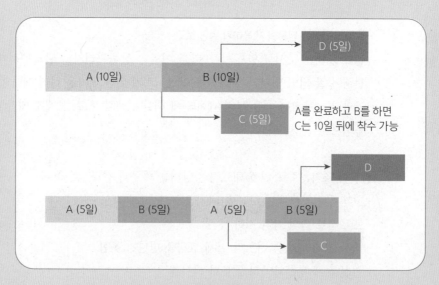

그림 9.3 진행 중 작업의 낭비

이렇게 업무를 교대로 하는 이유는 상급자의 지시 혹은 1가지 업무를 계속할 때 오는 단조로움을 없애고자 하기 때문이다. 그러나 이 때문에 작업을 바꿀 때 초기 적응시간이 필요하여 후속작업 착수가 지연된다.

진행 중 작업의 개수가 많아져서 발생하는 대표적인 낭비는 다음과 같다.

- 개발 중인 요구사항의 릴리즈를 지연시킨다. 릴리즈가 지연되면 고객가치를 검증하고 학습하는 시간도 길어져 실패비용이 증가한다.
- 진행 중 작업이 많아지면 결함을 감추거나 복제하는 경우도 증가한다. 불량을 수정하지 않고 통합을 기다리는 코드들이 그 예가 된다. 이처럼 결함 발견이 늦어지면 처리비용이 증가한다. 작업 중인 개수를 줄여 릴리즈 리드타임을 단축하면 결함도 더 빨리 발견하여 결함 수정 비용을 줄일 수 있다.

9.3 프로젝트 팀 학습

9.3.1 프로젝트 팀의 학습내용

프로젝트 팀은 프로젝트를 수행하면서 다음과 같은 내용을 학습한다.

■ 프로젝트 프로세스에 대한 학습

프로젝트 팀이 프로세스를 적용하는 과정에서 예상했던 효과를 경험할 수도 있지만, 예상하지 못했던 부작용을 경험할 수도 있다.

■ 프로젝트 적용기술에 대한 학습

프로젝트 적용기술은 각 역할자의 전문지식을 의미한다. 프로젝트 수행을 통해 자기 역할과 관련된 기술역량을 향상시키기도 하지만 다른 역할자의 기술을 익히기도 한다. 특히 다양한 역할자들이 한 장소에서 협업하는 애자일의 홀 팀(whole team)에서는 다른 역할자들의 업무에 대한 이해도가 높아진다.

■ 고객에 대한 학습

특정 상품개발을 전담하는 조직은 고객의 소리(VOC, Voice of Customer)를 분석하는 과정에서 고객의 욕구와 불편함에 대해 학습한다.

9.3.2 명시적 지식과 암묵적 지식

개인의 학습뿐 아니라 프로젝트 팀과 조직의 학습도 중요하다. 조직의 학습을 위해서는 개인이나 조직이 습득한 지식을 정리하고 이를 조직원들과 공유해야 한다. 지식이론을 체계화한 노나카 이쿠지로(Nonaka Ikujiro)는 지식을 명시적 지식과 암묵적 지식으로 구분했다.

명시적 지식은(explicit knowledge) 문자로 정리할 수 있는 지식으로 프로젝트 프로세스가 대표적인 예다. 명시적 지식은 웹이나 프로젝트 협업도구를 활용하여 검색할 수 있다.

암묵적 지식은(tacit knowledge) 개인의 경험을 통해 학습했지만 문자로 정리하기 힘든 지식으로 통찰력이 대표적인 예다. 일상에서 접하는 암묵적 지식의 예로는 자전거 타는 방법, 수영하는 방법 등이 있다. 암묵적 지식은 해당 지식과 관련된 사람들의 토론, 워크숍을 통해 어느 정도 공유할 수 있다. 명시적 지식과 암묵적 지식은 상호 보완적으로 발전한다. 개인이나 조직은 문서로 정의된 명시적 지식을 학습하고 현실에 적용하는 과정에서 암묵적 지식을 습득한다. 명시적 지식의 실천을 통해 습득한 암묵적 지식은 명시적 지식을 개선하기 위한 투입물이 된다. 프로젝트 팀이 수행하는 프로세스는 그렇게 지속적으로 개선하는 것이 바람직하다.

프로젝트 수행 후 팀을 해체한다면 프로젝트 수행과정에서 습득한 많은 지식이 사라진다. 프로젝트에서 습득한 지식을 정리하는 대표적인 방법이 '회고(retrospective)'와 '프로젝트 교훈(lessons learned) 정리'이다. 둘의 용어는 다르지만 프로젝트 수행 도중 습득한 지식을 정리하여 다음 단계 또는 다른 프로젝트에 적용하자는 목적은 동일하다. 조직의 경영층 또는 PMO는 프로젝트 관리 지식 공유와 확산을 위한 다음의 활동에 관심을 가져야 한다.

- 더 많은 암묵지를 공유할 수 있는 조직문화 구축 또는 프로세스 의무화
- 암묵지를 형식지로 전환하는 인프라 구축 및 보상

방법 | 회고(Retrospective)

회고는 이터레이션를 끝낸 시점에서 수행한다.

회고의 목적은 다음 이터레이션을 더 잘하기 위한 방안을 찾는 것이다. 회고는 자유로운 분위기에서 진행하는 것이 바람직하다. 회고는 팀원에게 포스트잇을 나누어주고 '좋았던 점' '개선할 점'등을 적게 한 뒤 1명씩 내용을 설명하는 방식으로 진행한다. 시간은 1~2시간 이내가 바람직하다. 포트스잇에 작성할 내용의 유형은 프로젝트 팀이 정하면 된다. 회고가 형식적으로 진행되지 않기 위해서는 장기적으로 질문을 바꾸는 것도 중요하다. 다음은 회고를 진행할 때 팀원들에게 요청할 질문의 예이다.

- 새롭게 시작할 것(Start), 그만할 것(Stop), 지속할 것(Continue)
- 3 Ls Liked(좋았던 것), Learned(깨달은 것), Lacked(부족했던 것)
- KPT Keep(유지할 것), Problem(제거 또는 개선할 것), Try(다음에 시도할 것)
- PMI Plus(좋았던 것), Minus(나빴던 것), Interesting(흥미 있었던 것)

 방법 | 교훈(Lessons learned)

대부분의 조직에서는 유사 프로젝트를 반복해서 수행한다. 따라서 조직은 과거에 수행했던 프로젝트를 통해 축적된 경험을 미래 프로젝트에 적용하여 시행착오를 줄이려 노력을 한다. 이와 같이 조직의 프로젝트 수행 경험 또는 교훈을 문서화한 것을 조직 프로세스 자산(OPA, Organizational Process Assets)이라고 한다. 다음은 OPA 관련 유의할 사항이다.

- OPA는 프로젝트의 모든 단계에 걸쳐 지속적으로 업데이트해야 하며 이는 프로젝트 관리자의 책임이다.
- 전사 표준 프로세스는 프로젝트 관리 오피스(PMO, Project Management Office)가 정의하고 조직 내에 확산한다.
- 프로젝트 프로세스를 정의할 때 조직의 표준 프로세스를 참조한다.
- 프로젝트 일정, 원가, 자원을 산정할 때 과거 프로젝트 실적을 참조한다.
- 프로젝트 수행 교훈은 프로젝트 수행 도중에 프로젝트 팀에서 관리하고 종료시점에 조직의 OPA에 통합한다.

프로젝트에서 습득한 교훈의 활용 및 업데이트 프로세스는 그림 9.4와 같다.

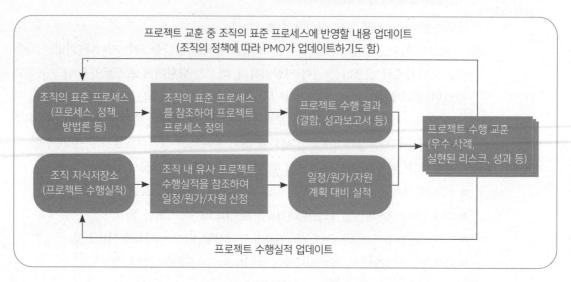

그림 9.4 프로젝트 교훈의 활용 및 업데이트 프로세스

9.4 프로젝트 변경관리

범위, 일정, 예산, 품질 목표 등의 제약조건이 변경되면 프로젝트 계획 정합성을 유지하기 위한 조치를 취해야 한다. 즉, 하나 이상의 제약조건이 변경되면 하나 이상의 제약조건을 변경해야 한다. 프로젝트 진행 도중 발생하는 변경의 예는 다음과 같다.

■ 요구사항이 추가되어 일정을 지연하거나 인력을 추가 투입
■ 프로젝트 예산이 줄어들어 개발 우선순위 조정 또는 프로젝트 범위 축소
■ 경쟁 상품보다 먼저 출시하기 위해 인력 추가 투입 및 성능목표 변경

프로젝트 변경은 프로젝트 관리계획서의 변경을 의미한다. 따라서 착수시점에 상세한 계획을 수립하는 예측형 방식의 프로젝트가 적응형 방식의 프로젝트보다 변경이 많을 수밖에 없다. 또한 예측형 방식의 프로젝트는 계획을 준수하지 못하면 프로젝트 실패로 인식하는 경우가 많기 때문에 적응형 방식의 프로젝트보다 엄격한 변경관리 프로세스를 적용한다. 반면 적응형 방식의 프로젝트에서는 이터레이션 리뷰에서 다음 이터레이션의 범위와 우선순위를 비교적 쉽게 변경한다. 적응형 방식의 프로젝트는 프로젝트 진행 도중 백로그 우선순위를 지속적으로 조정하여, 제한된 기간 동안 최대한의 가치를 이해관계자에게 제공

하는 요구사항 개발에 집중한다. 예측형 방식의 프로젝트에서는 기간과 예산이 초과해도 프로젝트 범위는 모두 이행하는 것이 일반적이다. 예외적으로 프로젝트를 통한 가치 창출이 힘들거나 프로젝트 수행이 투입비용 대비 비효율적이라 판단하는 경우에만 프로젝트 범위를 모두 이행하지 않아도 프로젝트를 완료 또는 중단할 수 있다.

프로젝트 팀에서 계획변경을 초래하는 요인들을 식별하면 프로젝트 관리자는 상품관리자나 스폰서와 함께 변경사항에 어떻게 대응할지 협의해야 한다. 《PMBOK 지침서》는 이러한 활동을 '경합하는 제약조건의 균형조정(balancing competing constraints)'이라고 정의했다. 프로젝트 변경관리의 기본개념을 요약하면 표 9.3과 같다.

항목	내용
요청자	이해관계자 모두 변경요청 가능
요청 시점	프로젝트 전(全) 기간 동안 변경요청 가능
요청 내용	프로젝트 관리계획서의 구성요소 (상품범위, 프로젝트 범위, 예산, 일정, 품질, 관리절차 등)
요청 수단	변경요청은 구두로 할 수 있지만, 변경관리 절차에 따라 도구 또는 문서화해서 관리
변경요청에 대한 의사결정자	– 변경통제 절차(외부 프로젝트의 경우 계약서)에 의사결정자 정의 – 1명이 의사결정하기 힘든 경우 변경통제위원회(CCB)를 통한 의사결정 가능
의사결정시 고려사항	프로젝트 관리계획서의 정합성 유지
의사결정 이후 조치사항	– 승인/기각 여부에 상관없이 이해관계자와 의사결정 내용 공유 – 승인된 변경요청 내용은 신속히 실행

표 9.3 프로젝트 변경관리의 기본개념

형상관리와 변경관리는 유사하지만 다음과 같은 차이점이 있다.
- 형상관리 시스템은 승인된 변경과 기준선을 관리하는 수단을 제공한다.
- 형상통제의 목적은 인도물의 버전 통제이지만, 변경관리의 목적은 범위·일정·원가 기준선에 영향을 미치는 변경을 식별, 문서화, 통제하는 것이다.
- 형상관리 활동에는 형상식별, 형상기록, 형상검증과 형상감사 등이 있다.

변경관리와 관련된 PMP 시험문제에서 유의할 사항은 다음과 같다.

■ **변경요청에 대해 가장 먼저 할 일을 물어보는 문제에서 다음은 정답이 아니다.**

– 이해관계자의 변경요청을 수용한다.

– 이해관계자의 변경요청을 경영진에게 보고한다.

– 변경요청을 거절한다.

■ **가장 먼저 할 일은 아래와 같이 영향력 또는 대안을 분석하는 것이다.**

– 변경으로 인한 영향력 혹은 대안을 프로젝트 관리자가 팀원과 함께 분석한다.

– 프로젝트 팀의 분석이나 의견이 정리된 뒤에 스폰서와 협의한다.

– 위 예문이 나오지 않는 경우에는 "통합 변경절차에 따른다"가 정답이다.

9.5 프로젝트 팀 관리

프로젝트 관리자는 팀원들의 업무 생산성을 높이기 위해 다음과 같은 활동을 수행해야 한다.

■ 팀원들이 현재 업무에 만족하고 애로사항은 없는지 모니터링

■ 성과가 미흡한 팀원을 파악하고 원인을 분석

■ 프로젝트에 적응이 힘든 팀원은 교체를 검토

■ 중요한 이슈는 그룹토의를 통해 의사결정

■ 공정한 평가 및 보상

■ 조직 내 신뢰감과 일치감 조성

■ 협업을 장려하는 팀 문화 조성

■ 프로젝트 팀이 창출하는 가치에 대한 공감대 형성

다음과 같은 현상은 비효과적인 팀의 대표적인 특징이다. 프로젝트 관리자는 이런 징후들을 조기에 식별하여 더 이상 악화되기 전에 적절한 조치를 취해야 한다.

■ 목표가 불명확하고 팀원들이 공감하지 않는다.

■ 팀 성과가 낮아지는데 그 원인을 모른다.

■ 의사결정된 내용이 실행되지 않는다.

■ 미팅이 비생산적이며 갈등이 많이 발생하고 팀원의 사기를 저하시킨다.

■ 팀원들이 책임을 회피하고 필요한 협조를 하지 않는다.

■ 해결해야 할 갈등을 외면한다.

방법 | 일일 스탠드업 미팅(Daily standup meeting)

일일 스탠드업 미팅은 매일 프로젝트 팀원들이 서서 간단한 미팅을 진행하는 것으로, '스크럼 미팅'으로 많이 알려져 있다. 잘 진행하면 팀워크 향상에 큰 도움이 된다. 일일 스탠드업 미팅은 매일 진행하기 때문에 짧은 시간(15분)에 진행해야 하고, 스크럼 팀원들이 돌아가며 어제 한 일, 오늘 할 일, 문제점 들을 간단히 공유한다. 일일 미팅은 애자일 실천법 가운데 가장 쉽게 적용할 수 있기에 잘못 적용되는 경우도 많다. 가장 흔한 오류는 일일 미팅이 관리자가 진척을 챙기고 팀원을 질책하는 시간으로 변질되는 것이다.

9.6 프로젝트 의사소통

프로젝트 의사소통은 단순히 이해관계자가 원하는 정보를 배포하는 것에 그치는 것이 아니라, 프로젝트 팀이 전달하고자 했던 내용을 이해관계자가 정확하게 이해하고 동의하는지 확인하는 과정도 포함한다. 의사소통이 제대로 되고 있는지 확인하는 과정에서 불명확한 정보 또는 미래에 추가적으로 제공해야 하는 정보를 파악하기도 한다. 의사소통 대상의 내용은 의사소통 관리계획서에서 사전에 정의한 정보뿐만 아니라 프로젝트 진행 도중 발생하는 계획 외 정보도 포함된다. 계획되지 않은 정보 요구사항이 많을 때에는 의사소통 계획서에 보완할 내용이 있는지 검토해야 한다.

심화학습

의사소통의 효과성과 효율성

의사소통에는 효과성(effectiveness)과 효율성(efficiency)의 개념이 있다. 효과적인 의사소통은 의도한 내용을 정확하게 전달하고, 효율적인 의사소통은 의도한 내용만 전달한다. 효과적이고 효율적인 의사소통은 핵심 메시지를 간결하게 이해시킨다. 비효과적인 의사소통은 '동문서답'형이 되고, 비효율적인 의사소통은 '횡설수설'형이 된다. 효과적인 의사소통을 못하면 역량이 부족한 관리자로 인식되며,

효율적인 의사소통을 못하면 영리하지 못한 관리자로 인식된다. 엉뚱한 메시지를 간결하게 전달하는 것보다 정확한 메시지를 복잡하게 전달하는 것이 낫다.

9.6
프로젝트
의사소통

이해관계자 참여를 유도하는 의사소통

이해관계자 참여를 유도하는 의사소통을 하기 위해서는 다음에 유의한다.

■ 중요한 이해관계자별로 소통전략을 수립한다.

프로젝트 팀에서 대응하고 관리해야 할 이해관계자를 식별한 다음에는 이해관계자와의 소통전략을 수립한다. 소통전략의 핵심은 어떤 정보를, 언제, 어떻게 제공할 것인가다. 중요한 이해관계자일수록 상대방이 원하는 정보를 사전에 공유하고 조언을 받아야 한다.

■ 중요한 이해관계자들에게는 착수보고, 중간보고, 종료보고 전에 미리 발표 내용을 설명한다.

이해관계자들과 사전에 협의하는 과정에서 새로운 요청이 있을 수 있다. 그러한 요청이 공식회의에서 거론되면 큰 부담이 된다. 중요한 이슈는 공식회의 전에 파악하여 대응하는 것이 불편한 상황을 피하고 부작용도 줄인다.

■ 쟁점 사항은 쉽게 해결되지 않는다.

이해관계자끼리 서로 상충되는 의견이 있을 때는, 특정 이해관계자나 그룹이 일시적으로 양보를 하는 것처럼 보여도 프로젝트 진행 도중 불씨가 다시 살아나기 쉽다. 사람들은 중요하다고 생각하는 사안을 쉽게 양보하지 않는다. 프로젝트 관리자는 쟁점이 되었던 사항들을 꺼진 불이라 생각하지 말고 상대방의 입장을 헤아림과 동시에 지속적으로 관심을 가져야 한다.

■ 논리적 설명보다 정서적 공유를 중요하게 생각한다.

프로젝트를 진행하는 과정에서 프로젝트 관리자와 상반되는 주장을 하는 이해관계자도 있다. 사람들은 설득당하기보다 설득하기를 좋아한다. 상대를 변화시키려고 하면 관계가 깨질 수 있다. 정서가 공유되지 않은 상황에서는 얽힌 실타래를 풀 수 없어 아무것도 할 수 없다. 합리적인 말로 상대방을 설득하기보다는 상대방 입장에서 그 사람이 어떤 감정을 느끼고 있는지 이해하고 공감하는 것이 중요하다. 정서의 교감이 있으면, 논리적인 설득이 훨씬 쉬워진다. 반대로 정서의 교감 없이는 논리적 설득이 힘들다. 겉으로 보기에 설득된 것처럼 보일 뿐이다. 상대방을 이해(understand)시키기 위해서는 상대방보다 아래(under)에 서야(stand) 한다.

■ 중요한 메시지는 반복적으로 강조한다.

프로젝트 관리자가 중요하다고 생각하는 핵심 메시지는 반복적으로 강조하는 것도 좋다. 핵심 메시지를 바꾸지 않는다면 이해관계자 유형에 따라 이해하기 쉽도록 내용을 수정해도 무방하다.

■ 도구를 활용한 의사소통에만 의존하지 않는다.

의사소통을 지원하는 협업 도구가 널리 사용되면서 이해관계자 간 소통을 도구에 많이 의존한다. 도구는 분명 효율적이지만 효율 이상은 아니다. 도구를 활용하는 소통은 쉽고 빠르지만 공감과 합의를 위한 의사소통에는 적절하지 않다. 바로 옆자리 팀원에게도 메신저로 소통하여 키보드 소리만 나는 프로젝트 팀은 의사소통을 제대로 못하는 팀이다. 건강한 프로젝트 팀은 조금 시끄러운 것이 정상이다.

9.7 물리적 자원관리

9장의 다른 섹션과 마찬가지로 물리적 자원관리도 자원관리 계획을 이행하는 활동이다. 물리적 자원관리는 건설 프로젝트와 같이 대량의 자재나 장비를 사용하는 프로젝트에서는 매우 중요하다. 건설 프로젝트에서 물리적 자원관리는 프로젝트 예산과 일정에 직접적인 영향을 미친다. 자재의 품질관리를 못하면 원가가 초과되고, 자재를 적기에 투입하지 못하면 일정이 지연된다. 물리적 자원관리 활동의 예는 다음과 같다.

■ 공사진척에 근거하여 공사 구간별/일별 자재 소요량을 업데이트한다.
■ 입고되는 자재를 검수하여 부적합 자재는 규정에 따라 조치한다.
■ 창고에서 자재를 꺼낼 때 시스템이나 엑셀에 업데이트한다.
■ 공사 현장에서 잉여자재가 발생하면 이를 환수하여 창고에 입고한다.
■ 공사 현장에서 불량 자재가 발생하면 불량 발생 원인을 분석한다.
■ 자재 입고가 지연되어 공정에 차질이 있을 때는 항공 배송도 고려한다.

- 수출입에 규제가 있는 전략물자는 별도로 관리한다.
- 장납기 자재(long lead item)의 발주 및 입고현황을 모니터링한다.
- 자재 유형에 따라 관리체계를 차별화한다. (예: 나사와 같은 잡자재, 모래와 같은 벌크 자재 등)
- 환경을 고려하여 폐기물을 최소화한다.
- 안전한 작업환경을 구축한다.

9.8 프로젝트 조달관리

9.8.1 프로젝트 조달관리 개요

조달관리 프로세스는 계약관리 프로세스다. 프로젝트 수행을 위한 조달 대상은 자재, 설비, 소프트웨어 솔루션, 인력, 서비스 등 이다. 계약관리의 핵심은 업무 성격에 적합한 공급자 선정과 계약 유형 결정, 명확한 계약서 작성, 계약변경 관리이다. 해외 건설 프로젝트의 계약관리 또는 국내 공공기관의 계약관리 프로세스와 용어가 《PMBOK 지침서》의 내용과 유사하다. 국내 공공기관의 조달관리 프로세스는 그림 9.5와 같다. 대부분의 조직에서 조달(구매)은 구매 전문 부서에서 수행하기 때문에 많은 수험생들이 조달관리의 내용을 생소하게 받아들인다. 조달 경험이 없는 수험생들은 공공기관의 조달관리를 생각하면서 이번 섹션을 학습하길 권장한다.

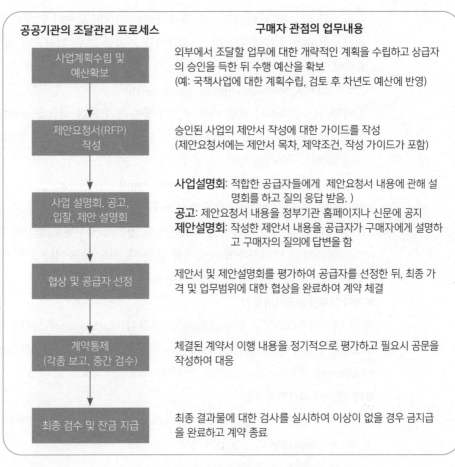

공공기관의 조달관리 프로세스	구매자 관점의 업무내용
사업계획수립 및 예산확보	외부에서 조달할 업무에 대한 개략적인 계획을 수립하고 상급자의 승인을 득한 뒤 수행 예산을 확보 (예: 국책사업에 대한 계획수립, 검토 후 차년도 예산에 반영)
제안요청서(RFP) 작성	승인된 사업의 제안서 작성에 대한 가이드를 작성 (제안요청서에는 제안서 목차, 제약조건, 작성 가이드가 포함)
사업 설명회, 공고, 입찰, 제안 설명회	**사업설명회**: 적합한 공급자들에게 제안요청서 내용에 관해 설명회를 하고 질의 응답 받음.) **공고**: 제안요청서 내용을 정부기관 홈페이지나 신문에 공지 **제안설명회**: 작성한 제안서 내용을 공급자가 구매자에게 설명하고 구매자의 질의에 답변을 함
협상 및 공급자 선정	제안서 및 제안설명회를 평가하여 공급자를 선정한 뒤, 최종 가격 및 업무범위에 대한 협상을 완료하여 계약 체결
계약통제 (각종 보고, 중간 검수)	체결된 계약서 이행 내용을 정기적으로 평가하고 필요시 공문을 작성하여 대응
최종 검수 및 잔금 지급	최종 결과물에 대한 검사를 실시하여 이상이 없을 경우 금지급을 완료하고 계약 종료

그림 9.5 공공기관의 조달관리 프로세스

조달관리와 관련하여 숙지할 개념은 다음과 같다.

■ 계약서와 관련된 프로젝트 관리자의 역할

프로젝트 관리자는 계약 내용을 이해할 정도의 지식은 보유해야 한다. 대부분의 조직에서는 법무검토를 수행한 후 계약을 체결하지만 프로젝트 관리자도 계약 내용을 검토해야 한다. 계약체결 이후에 프로젝트 관리자는 프로젝트 단계별로 계약서에 명시된 내용을 상대방이 이행하는지 확인해야 한다.

■ 계약의 다양한 유형

계약 문서는 다양하다. 문서에 따라 계약 내용, 계약 효력은 조금씩 다르지만 모두 공급자와 구매자의 의무사항을 포함한다.

– 양해각서(MOU, Memorandum of Understanding)

양해각서는 기업 인수합병(M&A)과 같이 계약규모가 크고 계약기간이 긴 경우 본 계약체결 전에 계약 당사자간의 합의 내용을 정리한 문서다. 양해각서는 결혼식 전의 약혼식과 비슷하다. 일반적으로 양해각서는 법적인 효력이 없다고 알려져 있지만 양해각서의 내용에 따라 다르다. 양해각서를 파기할 경우, 위약금을 명시하였다면 법적 효력이 있다.

- 합의각서(MOA, Memorandum Of Agreement)

합의각서는 양해각서 체결 이후 계약의 쌍방이 합의한 내용을 상세하게 정리한 문서이다. 'understanding'과 'agreement'가 의미하듯이 일반적으로 합의각서는 양해각서보다 법적인 구속력이 높다.

- 비밀유지 약정(NDA, Non-Disclosure Agreement)

비밀유지 약정은 계약체결시 중요한 노하우나 기술을 외부에 유출하지 않겠다는 것을 약속하는 문서로 계약서 부속항목으로 정의하거나 별도 협약의 형태로 체결한다. 기술을 개발한 당사자가 투자유치를 받을 때 기술 유출이나 모방 방지 등을 목적으로 체결하는 것이 비밀유지 약정의 예이다.

■ 계약 단계별 공급자의 명칭

계약 단계에 따라 공급자(supplier)는 '입찰자(bidder) → 우선협상 공급자(selected source) → 계약업체(contracted supplier)'로 구분된다. 공급자는 산업에 따라 계약업체(contractor), 벤더(vendor), 서비스 제공자(service provider) 등 다양한 이름으로 불린다.

■ 계약관계에 따른 명칭 구분

계약관계에 따라서는 원청 계약업체(prime contractor) → 계약업체(contractor) → 하청업체(sub-contractor)로 구분된다.

9.8.2 입찰 프로세스

입찰 프로세스에는 입찰문서 작성 및 공개, 입찰자 회의, 입찰자 선정 등이 포함된다.

① 입찰문서

입찰문서는 공급자들의 응찰이나 제안을 지원하고 가이드하는 문서다. 입찰문서는 정확한 제안을 할 수 있을 정도로 상세해야 하지만, 공급자의 창의적이고 유연한 제안을 제약해서는 안된다. 입찰문서의 유형은 다음과 같다.

■ 정보요청서(RFI, Request For Information)

구매자가 구매할 재화와 서비스에 대한 추가 정보를 수집하기 위해 공급자들에게 정보를 요청할 때 사용한다. RFI를 활용하여 구매자는 RFQ 또는 RFP를 작성한다.

■ **견적요청서(RFQ, Request For Quotation)**

가격이 중요한 결정 요소인 상용화된 상품의 구매원가를 요청할 때 사용한다.

■ **제안요청서(RFP, Request For Proposal)**

문제에 대한 상세한 기술적 해결방안을 요청할 때 사용한다. 구매대상이 기술적으로 복잡할 때 적용한다. RFP의 목차는 프로젝트 성격에 따라 다르지만, 보통 다음과 같은 항목을 포함한다.

- **일반 정보** 제안요청 배경, 응답수행 절차, 제안서 준비 가이드라인, 평가 기준, 견적서 양식
- 조달업무 범위(SOW, Statement Of Work)
- 계약서에 포함될 항목과 조건

② 입찰자 회의(Bidder conference)

구매자가 공급자에게 제공한 제안요청서의 내용에 관해 공급자가 의문사항이 있을 때 질의응답을 통해 이를 명확히 해야 공급자는 프로젝트의 정확한 정보를 제공받고 구매자는 올바른 제안서를 획득할 수 있다. 이런 질의응답을 공식적으로 실시하는 자리가 입찰자 회의다. 입찰과정의 공정성을 기하기 위해 모든 공급자에게 질문할 기회를 제공하고 접수된 질문에 답변해야 한다. 질문과 답변은 모든 입찰자에게 공유해야 한다. 대형사업 또는 해외사업의 경우 질문에 대한 답변은 조달문서(혹은 계약문서)의 별첨(clarification이라고도 함)에 포함시키기도 한다.

③ 공급업체 선정

구매자는 공급자의 제안서를 받은 뒤 공급자에게 제안설명회를 요청할 수 있다. 구매자는 적격 공급자 목록(qualified sellers list)을 미리 작성해서 공급업체 후보 정보를 파악한다. 기준을 통과한 공급자 목록을 long list, 소수의 우수 공급자 목록(또는 최종 선정된 후보 공급자)을 short list라고 한다.

공급자 선정기준은 보통 조달문서에 명시된다. 상용화된 제품은 가격으로 평가할 수 있지만, 기술이 복잡한 프로젝트는 다음과 같은 평가항목을 고려하여 공급자를 선정해야 한다.

■ 구매자 요구사항에 대한 이해 수준
■ 인도물의 납품시기와 납품조건
■ 조달원가 및 생애주기 원가(Total cost of ownership)
■ 공급자의 프로젝트 관리, 기술적 접근 방법
■ 공급자의 재무 상태나 평가 등급

- 공급자의 문제해결 접근방식과 작업계획의 적절성
- 공급자 과거 수행실적과 평판
- 프로젝트 수행 후 교육 및 지식 이전
- 글로벌 프로젝트의 경우 해당 국가의 인력 또는 벤더 활용에 대한 요구사항[현지조달 품목 요구사항(local content requirements)이라고도 함]

중요한 계약은 공급자 평가를 몇 차례 실시할 수도 있다. 반대로 경쟁 입찰 없이 단독 업체와 계약을 하는 상황도 있다. 주로 다음과 같은 공급자와 수의계약을 한다.

- **공식지정 업체(Single vendor)** 조직에서 지정한 공식 거래업체
- **독과점 업체(Sole vendor)** 경쟁회사가 없는 업체

9.8.3 계약

공급자와 구매자가 계약의 세부조건에 합의하면 계약을 체결한다. 적합한 계약 유형은 프로젝트의 불확실성과 조직의 리스크 허용한도에 따라 다르다. 구매자 관점에서 계약 유형을 결정할 때 고려할 사항은 다음과 같다.

■ **프로젝트 업무범위의 명확성**
업무범위가 명확하면 프로젝트 예산산정의 신뢰도가 높고, 계약분쟁의 가능성이 낮기 때문에 고정가 계약이 바람직하다.

■ **구매자가 공급자를 관리할 수 있는 역량**
구매자가 공급자를 관리할 수 있는 역량이 뛰어난 경우에는 원가정산 계약을 체결하면 예산절감의 기회가 있다.

■ **공급자의 일정단축, 성능 향상 등을 독려할 필요성**
기본 계약 내용에 목표 달성 인센티브를 추가하면 공급자가 일정을 단축하고 성능을 향상하는 동기부여가 된다.

■ **다년의 장기계약**
다년의 장기계약시에는 공급자와 구매자가 통제하기 힘든 환율, 인플레이션 변동을 감안한 계약이 바람직하다(FPEPA, Fixed Price with Economic Price Adjustments).

■ **계약체결의 긴급성**
계약체결이 긴급한 경우에는 단가는 고정하고, 수량 변동을 허용하는 시간자재 계약(T&M, time and material contracts)이 바람직하다.

결과물 | 계약의 유형

고정가 계약(FP, Fixed Price or Lump Sum contracts)

고정가 계약은 구매자가 지급할 금액을 확정하는 계약 형태로, 업무가 명확하게 정의되어 있고 변경 가능성이 낮을 때 적합하다. 고정가 계약의 세부 유형은 다음과 같다.

■ 확정 고정가 계약(FFP, Firm Fixed Price contracts)

범위변경이 없으면 계약금액이 변경되지 않는 계약으로 많은 구매자가 선호한다. 다만, 계약범위를 사전에 명확히 정의해야 한다. 구매자가 프로젝트 발주를 준비하는 비용이 높아지고, 계약 준비기간이 많이 걸린다. 공급자 입장에서는 재무적인 리스크를 모두 떠맡지만 높은 수익을 얻을 기회가 되기도 한다.

■ 성과급 가산 고정가(FPIF, Fixed Price Incentive Fee contracts)

구매자가 공급자의 높은 성과를 장려하고자 할 때 프로젝트 성과에 따라 인센티브를 지급하는 계약 유형이다. 따라서 최종 계약금액은 프로젝트 종료 시점에 결정된다.

■ 가격조정-조건부 고정가 계약(FP-EPA, Fixed Price with Economic Price Adjustment contracts)

구매자와 공급자가 통제하기 힘든 외부 리스크(환율, 인플레 등)를 최소화하기 위해 프로젝트 종료시 지급금액을 확정한다. 계약금을 지급하는 통화가 구매자 국가와 다른 통화를 사용하거나, 계약기간이 길고, 해당 기간 동안 물가 상승이 높게 예상되는 프로젝트에 적용한다.

원가정산 계약(CR, Cost-Reimbursable contract)

사전에 계약범위(자재 물량, 수량 등)를 명확하게 정의하기 힘들거나 변경 가능성이 높은 경우에 적용하는 계약이다. 완료한 작업에 투입된 원가와 사전에 정해진 수수료를 지급한다. 원가정산 계약의 세부 유형은 다음과 같다.

■ 고정 수수료 가산원가 계약(CPFF, Cost Plus Fixed Fee contracts)

실제 발생한 원가와 고정 수수료를 지급한다. 프로젝트 범위변경이 없으면 수수료 변경은 없다.

■ 성과급 가산원가 계약(CPIF, Cost Plus Incentive Fee contracts)

최초 산정한 원가를 절감 혹은 초과하는 경우 그 금액을 공급자와 구매자가 사전에 정해진 분할비율(sharing ratio)에 따라 분담 한다. CPIF에서 지급금액의 상한(ceiling price)을 제한하는 경우, 상한금액을 초과하는 비용은 공급자가 책임진다.

■ 보상금 가산원가 계약(CPAF, Cost Plus Award Fee contracts)

프로젝트 종료 시점에서 구매자가 성과를 판단하여 보상금을 지급한다. 보상금액은 구매자가 일방적으로 결정하며 공급자의 항의대상이 아니다.

제9장

고정가 계약과 원가정산 계약의 특징을 혼합한 계약 형태이다. 단위 물량의 단가를 확정한다는 측면에서는 고정가 계약을, 전체 물량에 대해서는 확정하지 않는다는 측면에서는 원가 정산 계약의 특징을 가지고 있다. 작업기술서(SOW, Statement Of Work)를 확정하기 힘 든 상황에서 긴급한 계약을 체결하거나 전문인력 확보가 필요한 경우 많이 활용된다.

불확정 인도 불확정 수량 계약(IDIQ, Indefinite delivery indefinite quantity)

IDIQ는 인도물의 수량과 납품시점을 명시하지 않은 계약 형태로 미 국방부의 IT 프로젝트에 주로 적용된다. 본 계약은 총괄계약(master agreement)의 형태로 인도물의 내용과 계약 기간만 정의하고, 계약기간 내 구매자가 필요한 시점에 필요한 수량을 납품하는 개별계 약을 따로 체결한다. IDIQ 계약을 단일 기업과 했다면 구매 발주서 형태로 개별계약이 진행되고, 복수 기업과 IDIQ 계약을 체결했다면 개별 계약마다 제안서 작성을 통해 경 쟁입찰을 해야 한다. 일반적으로 많이 사용되는 계약 유형의 장점과 단점을 구매자 관 점에서 정리하면 표 9.4와 같다.

계약 유형	장점	단점
원가정산 계약 (CR: Cost Reim-bursable Contract)	- 원가를 절감할 수 있음(구매자가 리스크에 상응하는 만큼의 원가를 추가하지 않아도 되기 때문에 고정가 계약보다 저렴할 수 있음) - 작업범위를 정의하는 시간과 비용 절감	- 원가 집행실적에 대한 회계감사 필요 - 관리비용 증가 - 조달초기에 조달예산 산정 힘듦
시간자재 계약 (T&M: Time and Material Contracts)	- 계약이 간단하여 신속한 계약체결 가능 - 전문인력 긴급 채용시 적합	- 이익은 성과와 상관없이 시간 단위로 청구 - 공급자가 원가절감을 위한 동기 없음 - 소규모 프로젝트에 적합
고정가 계약 (FP: Fixed Price or Lump Sum Con-tracts)	- 공급자를 관리하기 위한 비용 절감 - 조달예산을 조기에 알 수 있음 - 계약금액 변경 가능성 낮음	- 구매자가 범위정의를 위한 시간, 비용 증가 - 공급자가 리스크를 부담하기 때문에 원가정산보다 계약금액 증가 가능

표 9.4 계약 유형별 장점과 단점 비교(구매자 관점)

SAFe(Scaled Agile Framework)에서는 계약내용의 불확실성 관점에서 계약 유형을 그림 9.6과 같이 설명하고 있다.

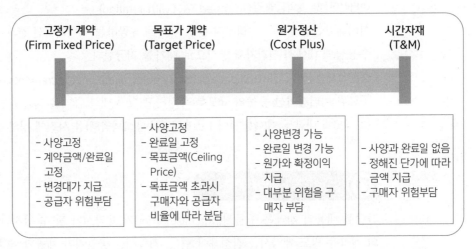

그림 9.6 예측형 개발의 계약 유형

고정가 계약은 계약체결 후 승패(win lose)의 분위기가 형성된다. 구매자는 고정금액으로 최대한 많이 받고 싶고, 공급자는 고정 금액으로 최대한 적게 주고 싶다. 고정가 계약은 불확실한 프로젝트 상황에 대응하는 애자일 개발에는 적합하지 않다. 반대편의 시간자재 계약을 애자일에 적용할 수 있다. 그러나 시간자재 계약은 공급자를 전적으로 신뢰할 수 있을 때 프로젝트 계약에 적용할 수 있다. 공급자가 구매자를 위해 최선을 다하고, 성과도 예측 가능할 때 적용해야 구매자가 피해를 보지 않는다. 그래서 시간자재 계약은 업무변동이 거의 없는 유지보수나 운영업무에 적용하는 것이 일반적이다. 중간의 계약 유형도 정도의 차이가 있을 뿐 유리한 쪽과 불리한 쪽이 발생하기 때문에 위에서 언급한 문제점이 존재한다.

애자일 계약은 애자일 개발의 특성을 반영하되, 구매자와 공급자 모두 피해를 보지 않아야 한다. 애자일 개발에 적합한 계약은 다음을 고려해야 한다

■ 계약중단에 대한 보상
애자일을 적용하면 고정된 범위는 없고 상황에 따라 프로젝트는 언제든지 끝날 수 있다. 프로젝트 가치창출을 고려하여 최적의 시점에서 프로젝트를 종료할 수 있다. 계약을 중간에 중단하는 경우 목표금액 대비 잔여금액을 고려하여 공급자에게 보상하는 조건(예를 들어 잔여금액의 20% 지급)을 포함해야 한다.

■ **이터레이션을 고려한 계약**

이터레이션에서 제공되는 증분(increments)을 계약에 반영하는 방법은 다음의 2가지이다.

- 이터레이션별 계약금액 결정(capped T&M with iteration)

이터레이션의 범위는 고정하지 않고 가치를 제공하는 이터레이션 결과에 대해선 최대 수용금액 내에서 시간자재 방식으로 대가를 지급한다.

- 증분에 대한 금액 결정(fixed price per story point, fixed-price increments)

종료된 이터레이션 증분의 규모를 측정하고 그에 대한 금액을 지급하는 방식이다. 기준 규모에 대한 금액(예를 들어 1 스토리 점수당 계약금액)을 사전에 정의해야 한다.

9.8.3 계약   ◎ 결과물 | 계약서 내용

간단한 내용의 계약은 주문서(purchase order)가 계약서가 될 수 있지만, 복잡한 내용의 계약은 별도 계약서를 작성해야 한다. 계약서는 공급자가 제공할 제품이나 서비스, 구매자가 지급할 대가를 명시한 법적인 효력이 있는 문서로 다음의 내용을 포함한다.

■ 업무범위와 인도물(Statement of work or deliverables)
■ 일정계획, 주요 마일스톤
■ **성과보고(Performance reporting)** 주간·월간 보고 절차
■ **성능검사 기간(Period of performance)** 준공 또는 납품 후 성능검증을 위한 시험기간으로 이 기간 동안 성능에 문제가 없어야 공식적인 유지보수를 착수
■ 책임과 역할(Roles and responsibilities)
■ 공급자 근무장소(Seller's place of performance)
■ **가격 및 지불 조건(Payment terms)** 착수금·중도금·잔금 신청 절차와 지급 절차
■ **자재 및 장비 납품 장소(Place of delivery)** 납품 장소, 하역과 설치에 대한 상세 조건
■ **검사 및 인수 기준(Inspection and acceptance criteria)** 설계, 자재, 장비, 시공, 인도물에 대한 검사 절차와 최종 인수기준
■ **하자보증(Warranty)** 하자보증 대상과 기간
■ **제품지원(Product support)** 제품 업그레이드, 교육, 설치에 대한 지원사항
■ **책임 한도(Limitation of liability)** 계약이행시 발생하는 손해에 대한 배상한도를 의미하며 지체상금의 한도금액, 해상화물 운송시 배상한도 금액 등을 포함
■ **보험 및 계약이행 보증(Insurance and performance bonds)** 착수금 보증보험(advanced payment bonds), 계약이행 보증보험(performance bonds), 기타 구매자의 시설물 보

호와 안전사고에 대비한 보험 요구사항

- **하도업체 승인사항(Subordinate subcontractor approvals)** 공급자가 선택하는 하도업체에 대해 사전에 구매자의 승인을 받는 절차
- **변경요청 처리(Change request handling)**
- **해지 조항 및 대안적 분쟁해결제도[Termination and ADR(Alternative Dispute Resolution) mechanisms]**

9.8.4 조달통제

여러 공급자가 참여하는 대형 프로젝트라면, 다양한 공급자 간에 연관된 업무를 관리하는 것이 조달통제의 중요한 기능이다. 조달통제는 계약중단(termination)을 관리하는 것도 포함한다. 계약중단은 구매자나 공급자가 계약서에 정의된 약속을 심각한 수준으로 장기간 이행하지 못할 경우 쌍방이 요청할 수 있다. 계약을 중단하는 경우에는 계약 당사자는 해당 시점까지 완료한 업무의 양을 객관적으로 증명할 수 있는 자료를 정리하여 정산에 대비해야 한다. 조달통제시 유의사항은 다음과 같다.

- 조달통제는 공급자 성과평가, 변경통제, 품질관리, 리스크 관리 등을 적용해야 한다.
- 공급자에 대한 평가 결과는 향후 공급자 선정에 활용한다.
- 업무진척에 적합한 대금을 지급했는지 확인한다.
- 공급자와 구매자가 합의하면 계약 내용을 변경할 수 있다. 변경사항은 반드시 문서화해야 한다.

심화학습

9.8.4
조달통제

대안적 분쟁해결(ADR, Alternative Dispute Resolution)

공급자와 구매자 간 공식적인 변경절차를 거치지 않은 업무, 자재 변경 또는 기타 사유로 보상금액의 차이가 있는 경우 클레임을 수행한다. 클레임이란 계약조건의 조정이나 해석 또는 구제를 추구하는 계약 당사자 일방에 의한 문서상의 요구 또는 주장을 의미하며, 계약서 내 절차에 따라 문서화하고 관리한다. 클레임은 구매자와 공급자의 협상을 통해 해결하는 것이 바람직하지만, 그렇지 못할 경우 계약서에 정의된 절차에 따라 대안적 분쟁해결 절차를 수행한다.

클레임은 협상의 자료로서 상대방에게 제시하는 것이지, 처음부터 분쟁을 상정하는 것은 아니다. 클레임의 진행단계는 다음과 같다.

클레임 → 협상 → 조정(mediation) → 중재(arbitration) → 소송

조정은 분쟁 당사자에게 조정인의 선정이나 기피권이 없다. 조정인은 사안에 대한 결정권이 없으며, 분쟁 당사자의 화해를 유도할 뿐이다. 중재는 중재인을 분쟁 당사자가 직접 선정하기도 하며, 혐오 중재인에 대해서는 중재 기피권이 있다. 중재인은 결정권이 있을 뿐 아니라, 그 결정은 최종적이며 구속력이 있다는 점에서 조정과 다르다. 조정과 중재는 법원이 아닌 3자가 진행하며, 3자의 선정방식은 계약서에 포함한다.

9.9 다른 성과영역과의 상호작용

프로젝트 작업 성과영역은 '기획 → 작업 → 인도' 프로세스에서 연결고리에 해당한다. 프로젝트 작업 성과영역의 '프로젝트 팀 관리'와 '의사소통'은 팀 성과영역과 이해관계자 성과영역과 관련성이 높다. 프로젝트 작업 성과영역과 다른 성과영역의 상호작용을 요약하면 표 9.5와 같다.

성과영역	프로젝트 작업 성과영역과의 상호작용
이해관계자	- 이해관계자들의 관심있는 정보 요구사항을 적기에 적합한 형태로 제공
팀	- 프로젝트 관리자의 리더십, 팀관리를 바탕으로 팀원들이 작업에 집중할 수 있는 환경구축
개발방식과 생애주기	- 개발방식과 생애주기는 기획에 모두 반영되기 때문에 작업 성과영역과는 큰 영향 없음
기획	- 프로젝트 관리계획서의 내용을 작업성과 영역에서 실행
인도	- 작업 성과영역의 결과인 인도물의 품질확인 후 이해관계자에게 제공
측정	- 작업성과 측정
불확실성	- 작업도중 제약조건의 변경사항 발생시 리스크 분석

표 9.5 프로젝트 작업 성과영역과 다른 성과영역의 상호작용

9.10 프로젝트 작업 성과영역 조정

성과영역의 내용을 조정하여 실전 프로젝트에 적용하기 위해서는 성과영역의 주요 결정사항과 결정에 영향을 미치는 요인을 이해해야 한다. 작업 성과영역을 수행하는 프로세스는 대부분 기획 성과영역에서 정의하였기 때문에, 작업 성과영역에서 프로세스를 조정할 내용이 별로 없다. 작업 성과영역의 프로세스를 적용하기 위해 결정할 사항은 다음과 같다.

– 프로젝트 상황에 적합한 프로세스를 어떻게 정의할 것인가?

– 프로젝트 수행과정에서 습득한 교훈을 어떻게 정리할 것인가?

– 프로젝트 수행과정에서 습득한 지식을 어떻게 활용할 것인가?

각 의사결정을 위해 사전에 파악할 사항 및 고려사항은 그림 9.7과 같다.

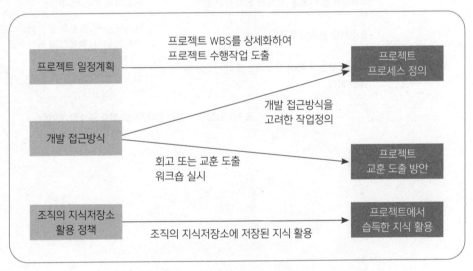

그림 9.7 프로젝트 작업 성과영역 조정을 위한 고려사항

9.11 프로젝트 작업 성과영역의 목표 달성 점검방법

프로젝트 작업 성과영역의 목표와 목표 달성을 점검하는 방법은 표 9.6과 같다.

목표	목표 달성 점검방법
효율적이고(낭비 없고), 효과적인(목표를 달성) 프로젝트 성과를 창출	프로젝트 성과보고서 확인
프로젝트 상황에 맞는 프로젝트 프로세스를 정의	품질보증 활동을 통해 프로세스 준수 수준 확인 이터레이션 리뷰나 교훈 도출 워크숍시 프로젝트 프로세스에 대한 팀원의 의견 청취
이해관계자의 정보 요구사항을 충족시키는 의사소통	이해관계자 참여 모니터링 및 만족도 파악
물적 자원의 효율적인 관리	자원 적기 투입과 투입 자원의 품질수준 모니터링
조달업무를 이행할 수 있는 공급자를 선정	공급자의 성과 모니터링
프로젝트 변경의 효과적 관리	예측형 방식: 프로젝트 변경 건수와 변경 규모 적응형 방식: 백로그의 증가속도
지속적 학습을 통해 프로세스를 개선하고 팀 역량을 향상	팀 생산성 및 품질수준 평가

표 9.6 프로젝트 작업 성과영역의 목표 달성 점검방법

Delivery Performance Domain

인도 성과영역

10 Delivery Performance Domain

인도 성과영역

10.1 인도 성과영역 개요

인도 성과영역에서는 프로젝트의 가치, 요구사항, 품질 3가지 주제를 다룬다. 이 3가지 주제를 관통하는 단어가 '인도물'이다. 프로젝트 가치는 인도물을 통해 이해관계자에게 전달되고, 요구사항은 인도물을 통해 구현되고, 품질활동의 대상은 인도물이다. 인도 성과영역은 기획 성과영역의 내용을 이행한다는 측면에서 프로젝트 작업 성과영역과 구분이 힘들 수 있다. 기획 성과영역 중 '가치, 요구사항, 품질'을 별도의 성과영역으로 정리했다는 정도로 이해하자.

프로젝트 가치는 프로젝트를 승인하는 문서에 정의되며, 프로젝트 승인 문서는 프로젝트 계획수립의 중요한 투입물이다. 요구사항 정의는 프로젝트 기간과 예산산정에 영향을 미친다. 인도 성과영역의 학습 주제를 정리하면 그림 10.1과 같다.

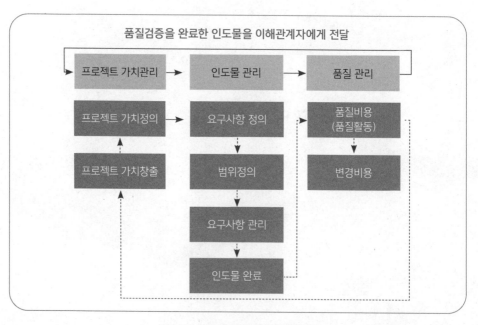

그림 10.1 인도 성과영역에서 학습할 주제

인도 성과영역의 목차와 관련 모델, 방법, 결과물은 표 10.1과 같다.

목차	내용	모델/방법/결과물
10.2 프로젝트가치 관리		
10.2.1 프로젝트 가치 정의	– 프로젝트 착수를 승인하는 문서에 포함되는 내용 – 3P 관점의 프로젝트 가치(People, Planet, Profit)	비즈니스 케이스 [결과물] 프로젝트 헌장 [결과물] 비즈니스 모델 캔버스 [산출물] 린 캔버스 [심화학습] 투자 타당성 평가 [방법]
10.2.2 프로젝트 가치 창출	– 프로젝트 가치창출에 실패하는 이유 – 효과적인 실패를 위한 고려사항 – 완료지연(done drift)의 의미	
10.3 인도물 관리		
10.3.1 요구사항 정의	– 우수한 요구사항 문서의 특징	사용자 스토리 [결과물] 스토리 맵 [결과물] 요구사항 문서 [결과물] 요구사항 수집 및 분석 [심화학습] 상품요구사항을 정의할 때 유의할 내용 [심화학습]
10.3.2 범위정의	– WBS의 정의 – WBS 분할의 적정성 판단기준 – WBS를 프로젝트 계획 및 통제에 활용하는 방안	
10.3.3 요구사항 관리	– 요구사항 관리활동의 예 – 범위증가(Scope Creep)의 의미와 예방방안	
10.3.4 인도물 완료	– 프로젝트 완료기준 – 개별 인도물 인수기준(Acceptance Criteria) – 성능목표 달성 – 완료정의(DoD, Definition of Done)	
10.4 품질관리		등급과 품질의 차이 [심화학습] 인도물 수용과 품질수준 [심화학습]
10.4.1 품질비용	– 품질비용의 4가지 유형 – 4가지 품질비용과 관련된 품질활동 – 품질비용의 최적화	품질관리계획서 [결과물] 인과관계도 [결과물] 근본원인 분석 [방법] 감사 [심화학습] 통제도 [심화학습]
10.4.2 변경비용	– 프로젝트 단계별 변경비용의 크기 – 변경비용의 2가지 유형 – 변경비용을 최소화하기 위한 방안	기술부채 [심화학습]

표 10.1 인도 성과영역의 학습 주제 관련 모델, 방법, 결과물

- 프로젝트가 비즈니스 목표 달성에 기여한다.
- 프로젝트 가치가 계획된 기간에 구현된다.
- 프로젝트 팀이 요구사항을 명확하게 이해한다.
- 이해관계자가 프로젝트 인도물에 대해 만족한다.

활동 예

프로젝트 인도 성과영역의 활동은 조직의 정책에 영향을 많이 받는다. 프로젝트 착수를 승인하는 활동, 요구사항을 정의하는 형식, 품질활동의 유형과 시점 등이 조직의 영향을 받는 대표적인 활동이다. 인도 성과영역의 활동은 다음과 같다.

- XYZ 솔루션 차기 버전의 상품기획 심의회를 개최하여 투자 승인을 획득한다.
- 상품기획 심의를 위해 상품관리자가 상품개발의 수익성을 분석한다.
- 출시한 상품의 성과를 정기적으로 평가한다.
- 프로젝트 개발계획수립을 위해 요구사항을 확정한다.
- 확정된 요구사항을 엑셀이나 Jira에 등록한다.
- 프로젝트 변경을 관리할 담당자를 지정한다.
- 요구사항 변경을 통제하는 프로세스를 정의한다.
- 프로젝트 요구사항의 우선순위를 지정한다. (주로 적용형 개발)
- 요구사항을 추적할 양식을 정의하고, 매월 업데이트한다.
- 각 이터레이션에서 백로그 우선순위를 조정한다. (적응형 개발)
- 프로젝트 팀이 수행할 품질활동과 프로젝트 외부 조직이 수행할 품질활동을 정의한다.
- 프로젝트 팀이 달성할 정량적인 품질목표를 정의한다.
- 각 이터레이션 종료시점에 이해관계자와 함께 결과물을 검토한다. (적응형 개발)
- 단계별 검토를 통해 다음 단계 진행 여부를 결정한다. (예측형 개발)
- 프로젝트 종료를 위해 결과물을 정리한다.

인도 성과영역과 관련된 PMI의 시험내용 요약은 표 10.2와 같다.

프로세스	비즈니스 가치실현에 요구되는 절박함으로 프로젝트 실행	– 점증적으로 가치를 실현할 수 있는 기회 평가
		– 프로젝트 전체에서 비즈니스 가치 알아보기
	제품/인도물의 품질 계획 및 관리	– 프로젝트 인도물에 요구되는 품질표준 결정
		– 품질 격차에 따라 개선을 위한 옵션 권유
		– 프로젝트 인도물의 품질에 대해 지속적으로 조사
	범위 계획 및 관리	– 요구사항 결정 및 우선순위 지정
		– 범위 나누기[예: 작업 분류체계(WBS), 백로그]
		– 범위 감시 및 확인
	프로젝트 결과물 관리	– 프로젝트 결과물 관리를 위한 요구사항(무엇을, 언제, 어디서, 누가 등) 결정
		– 프로젝트 정보가 최신 상태(예: 버전 관리)이고 모든 이해관계자가 접근할 수 있는 지 확인
		– 프로젝트 결과물 관리의 효율성을 지속적으로 평가
	프로젝트/단계 종료 또는 이동 계획 및 관리	– 프로젝트 또는 단계를 성공적으로 종료하기 위한 기준 결정
		– 운영으로 이관할 준비가 되었는지 확인(예: 운영 팀 또는 다음 단계로 이동)
		– 프로젝트 또는 단계를 마무리하기 위한 활동 종결(예: 마지막으로 얻은 교훈, 회고, 조달, 자금, 자원)
비즈니스 환경	프로젝트 규정 준수 계획 및 관리	– 프로젝트 규정 준수 요구사항 확인(예: 보안, 건강 및 안전, 규정 준수)
		– 규정 준수 범주 분류
		– 규정 준수에 대한 잠재적 위협 결정
		– 규정 준수 지원 방법 활용
		– 규정 위반의 결과 분석
		– 규정 준수 요구사항을 충족하기 위해 필요한 접근방식 및 조치 결정(예: 리스크, 법무)
		– 프로젝트가 어느 정도 규정을 준수하고 있는지 측정
	프로젝트 이점과 가치 평가 및 제공	– 이점이 파악되었는지 조사
		– 지속적인 이점 실현을 위해 소유권에 대한 동의 문서화
		– 이점 추적을 위해 측정 시스템이 실행 중인지 검증
		– 가치 증명을 위한 제공 옵션 평가
		– 가치 획득 프로세스의 이해관계자 평가

표 10.2 인도 성과영역의 PMP 시험내용 요약

출제 가능한 시험문제의 유형은 다음과 같다.

Q. 애자일 프로젝트를 수행 중이다. 품질수준이 낮아 결함 수정에 시간을 많이 투입하고 있다. 어떻게 대응해야 하는가?

A. 프로젝트 회고 또는 별도로 품질개선을 위한 워크숍을 수행한다. 특성요인도, 5 why와 같은 도구를 활용하여 품질수준이 낮은 근본원인을 찾는다.

Q. 이전 프로젝트에서 상품 백로그 우선순위 관리를 잘못한 경험이 있다. 같은 실수를 예방하려면 어떻게 해야 하는가?

A. 백로그 우선순위 결정시 고려할 요소는 상품 비전, 고객가치, 개발비용, 개발기간, 기술위험, 컴플라이언스, 경쟁사 상품기능 등이 있다. 고객에게 가치를 제공하는 기능을, 작은 규모로(적은 비용), 빨리(짧은 기간) 개발하는 것이 우선순위를 결정하는 기준이다.

Q. 상품개발 프로젝트를 진행 중인데, 경쟁사가 유사한 상품을 출시했다. 프로젝트 관리자는 어떻게 대응해야 하는가?

A. 상품관리자 또는 스폰서와 협의하여 현재 개발 중인 상품의 기능과 경쟁 상품의 기능을 분석하여 지금 계획대로 진행할지, 상품 백로그를 수정할지 결정해야 한다. 상품 백로그를 수정하면 프로젝트 일정이 지연될 수 있다. (done drift라고 한다)

Q. 스프린트를 착수 했는데 상품책임자(PO)가 스프린트 백로그를 구체화하지 않아 프로젝트 팀원의 불만이 많다. 어떻게 대응해야 하는가?

A. 프로젝트 관리자는 착수조건(DoR, Definition of Ready)을 명확하게 하여 착수조건을 충족시키지 않으면 스프린트에 착수하지 않는다.

Q. 이해관계자 중 1명이 본인이 요청한 요구사항이 반영되지 않았다고 불만을 제기한다. 프로젝트 관리자는 어떻게 대응해야 하는가?

A. 이해관계자와 함께 요구사항 추적 매트릭스를 검토한다.

10.2.1 프로젝트 가치정의

상품개발 프로젝트를 예로 들면 상품관리자는 상품의 가치를 정의하고, 프로젝트 관리자는 상품관리자가 정의한 가치를 인도물로 전환한다. 상품관리자가 프로젝트 관리자에게 프로젝트 착수를 요청하기 위해서는 3P(Profit, People, Planet) 가치를 이해관계자들에게 승인받아야 한다. 프로젝트의 가치를 승인하는 활동은 조직의 전략수립 업무와 프로젝트 업무의 경계에 있다. 프로젝트 팀은 조직이 승인한 프로젝트 가치(문서)를 전달받아 가치를 인도물로 구체화하는 프로젝트 계획을 수립한다. 소규모의 상품개선은 상품관리자가 프로젝트 관리자의 역할을 같이 수행할 수도 있다.

프로젝트 가치는 고정된 것이 아니기 때문에 프로젝트 관리자는 프로젝트 수행 도중 프로젝트가 창출해야 하는 가치를 모니터링해야 한다. 예측형 방식의 프로젝트는 프로젝트 종료시점에 가치를 통합하여 전달하고, 적응형 방식의 프로젝트는 프로젝트 중간에 가치를 분할하여 전달한다.

프로젝트 가치를 승인하는 문서를 '비즈니스 케이스(business case)' '프로젝트 헌장(project charter)'이라 한다. 현실에서는 '상품기획서' '프로젝트 요약(project brief)' '비즈니스 모델 캔버스' '린 캔버스'와 같은 명칭을 사용하기도 한다. 비즈니스 케이스는 예측형 방식에서 주로 사용하며 자료의 양도 많고 상세하다. 반면 비즈니스 모델 캔버스와 린 캔버스는 적응형 방식에서 사용하며 한 장의 문서에 간략하게 프로젝트의 가치와 가치창출 계획을 정의한다.

10.2.1
프로젝트
가치정의

◎ **결과물 | 비즈니스 케이스(Business case)**

프로젝트가 제공할 가치를 정의한 문서를 비즈니스 케이스(business case)라 한다. 다음에 설명할 프로젝트 헌장과 비즈니스 케이스는 내용이 중복되지만 비즈니스 케이스는 프로젝트의 가치에 더 집중한다. 프로젝트 헌장을 별도로 작성하는 경우에는 비즈니스 케이스의 내용이 프로젝트 헌장에 포함되기도 한다. 비즈니스 케이스에 포함될 내용은 다음과 같다.

■ 비즈니스 니즈(Business need)
모든 프로젝트는 현재 없는 무언가를 새로 만들거나 현재의 것을 개선하기 위해 수행한다. 개선의 대상은 제품, 서비스, 프로세스가 될 수 있다. 프로젝트와 관련된 이해관계자들이 비즈니스 요구사항을 명확하게 이해하기 위해서는 해당 프로젝트가 어떤 고객들의 어떤 문제점을 해결하고자 하는지를 먼저 파악해야 한다.

■ 프로젝트 타당성(Project justification)

프로젝트 타당성은 프로젝트 수행에 투입되는 예산에 대한 투자 타당성 분석결과를 포함한다. 투자 타당성을 평가하는 기법에 관한 상세 내용은 이번 섹션에서 별도로 설명한다.

■ 비즈니스 전략(Business strategy)

비즈니스 전략은 프로젝트 가치를 창출하기 위한 전략을 포함한다.

프로젝트 진행 도중 프로젝트 변경사항이 발생하면 비즈니스 케이스도 변경될 수 있기 때문에 프로젝트 수행 도중 비즈니스 케이스를 지속적으로 업데이트 해야 한다. 그래야 비즈니스 케이스와 프로젝트 관리계획서의 일관성을 유지할 수 있다. 비즈니스 케이스는 이해관계자와 프로젝트 팀이 중요한 의사결정을 할 때 참조하는 문서이다. 비즈니스 케이스에 근거하여 프로젝트가 원하는 방향으로 진행되고 있는지, 프로젝트 결과물이 의도했던 가치를 제공하는지 확인한다.

비즈니스 케이스는 프로젝트 수행 단계별로 다음과 같이 활용한다.

- 프로젝트 초반에는 프로젝트 착수를 위한 근거를 제공한다.
- 프로젝트 수행 도중에는 프로젝트 중간평가를 위한 기준이 된다. 프로젝트 방향을 바꿀 수도, 중단할 수도 있다.
- 프로젝트 종료 이후에는 프로젝트 성공을 평가하기 위한 기준이 된다.

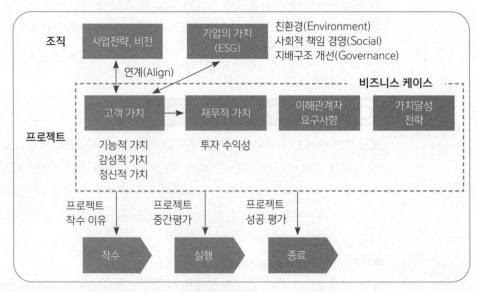

그림 10.2 상품개발 프로젝트의 비즈니스 케이스 활용

상품개발 프로젝트의 비즈니스 케이스의 내용과 활용을 정리하면 그림 10.2와 같다. 프로젝트 가치를 정의하는 것은 프로젝트 관리자의 책임이나 권한이 아니다. 프로젝트 가치를 정의하는 사람은 스폰서 또는 상품관리자이다. 프로젝트 관리자는 프로젝트 가치를 정의하는 사람과 프로젝트 착수부터 종료까지 프로젝트의 가치실현을 위해 협업해야 한다.

10.2.1
프로젝트
가치정의

◎ 결과물 | 프로젝트 헌장(Project charter)

프로젝트 헌장은 프로젝트 스폰서 또는 스폰서의 상급자가 승인하여 프로젝트 관리자에게 제공한다. 프로젝트 헌장의 항목은 프로젝트 관리계획서의 항목과 거의 유사하고 상세화 수준만 다를 뿐이다. 프로젝트 헌장은 프로젝트 관리계획서의 항목을 개략적으로 정의한다. 프로젝트 요약(project brief)도 프로젝트 헌장의 내용과 유사하다. 프로젝트 헌장에서 다루는 항목의 예는 아래와 같다.

- **프로젝트 추진 배경** 디지털 뱅킹 회사의 증가로 비즈니스 모델 전환 필요
- **추진 목적** 오프라인 지점보다 앱에서 업무처리 하는 비중을 향상
- **주요 기능** 지점에서 수행하는 모든 업무를 앱에서 처리(***업무는 제외)
- **중요한 마일스톤** 착수(0월), 분석완료 검토회(0월), 앱 1차 릴리즈(0월), …
- **추진 조직** 시스템 개발(업무위탁), 프로젝트 관리(부서대표자로 구성된 PMO)
- **기대효과** 업무 생산성 00% 향상
- **투자비용** 00억(인건비, 재료비, 외주비, 경비)
- **고려사항** 경쟁사인 XX은행에서 앱 기능을 대폭 리뉴얼하여 0월에 릴리즈 예정

상품개발 프로젝트에서는 '승인된 상품기획서'가 프로젝트 헌장의 역할을 한다. 상품기획의 내용과 상품개발 프로젝트 계획의 내용을 비교하면 그림 10.3과 같다.

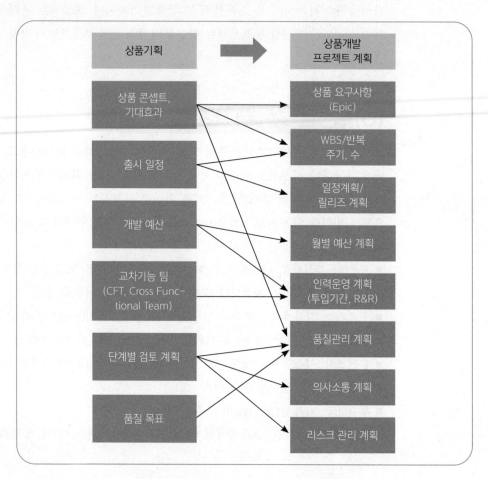

그림 10.3 상품기획 항목과 상품개발 프로젝트 계획 항목의 비교

10.2.1
프로젝트
가치정의

⊚ **결과물 | 비즈니스 모델 캔버스**

《비즈니스 모델의 탄생》(2011)에서는 비즈니스 모델을 하나의 조직이 어떻게 가치를 포착하고 창조하고 전파하는지, 그 방법을 논리적으로 설명한 것이라고 정의하고 있다. 그 책에서는 비즈니스 모델을 구성하는 9가지 블록을 한 장으로 정리하여 이를 '비즈니스 모델 캔버스'라고 하였다(그림 10.4). 비즈니스 모델 캔버스는 한 장으로 정리한 상품기획서이며, 스타트업에서 많이 활용된다.

Key Partneres **핵심 파트너쉽** **❽** 오른쪽 5가지를 수행하기 위한 외부 파트너십 – 최적화/규모의 경제 – 리스크 감소 – 자원/활동의 취득	Key Activities **핵심활동** **❻** 오른쪽 5가지 (❶～❺)를 수행하기 위한 핵심활동(생산, 문제해결, 유통)	Value Propositions **가치제안** **❷** 고객군의 불편 제거 또는 혜택 제공	Customer Relationships **고객관계** **❹** 고객군별로 고 객과의 관계수 립 및 유지 – 고객확보, 유 지, 판매촉진	Customer Segments **고객군** **❶** 고객군에게 제 품이나 서비스 를 제공 – 고객군에 따라 고객 니즈, 유 통채널, 고객 유형이 달라질 수 있음
	Key Resources **핵심자원** **❼** 오른쪽 5가지를 수행하기 위한 핵심자원(인적 자원, 물적자원, 지적자산)		Channels **채널** **❸** – 상품에 대한 이해도 제고 – 원활한 상품구 매 지원 – 상품전달	

Cost Structure **비용구조 ❾** – 비용 주도인 사업은 비용절감이 핵심 – 핵심자원, 핵심활동, 핵심 파트너십 정의 후 파악	Revenue Streams **수익원 ❺** – 상품판매 수익(1회성) – 상품판매 이후 고객지원으로 인한 반복적 수익

그림 10.4 비즈니스 모델 캔버스

비즈니스 모델 캔버스는 상품기획의 초기 단계 아이디어를 스크리닝할 때 활용하면 문서작성도 최소화하면서 상품기획의 핵심을 놓치지 않고 짚어볼 수 있다.

비즈니스 모델 캔버스의 주요 특징은 다음과 같다.

■ **각 블록의 번호는 논리적 사고의 순서와 같다.**

예를 들어 ❶어떤 고객에게 ❷어떤 가치를 ❸어떻게 제공하고 ❹고객관리를 어떻게 할 것인가와 같이 순차적으로 사고하는 것이다.

■ **캔버스의 오른쪽은 우뇌와 같은 감성(가치)을, 캔버스의 왼쪽은 좌뇌와 같은 논리(효율성)를 다룬다.**

■ **비즈니스 유형에 따라 중요한 블록이 달라진다.**

예를 들어 가격경쟁이 중요한 아마존에서는 핵심 파트너십, 핵심활동, 핵심자원이 중요하다. 물론 가치제안은 비즈니스 유형에 상관없이 가장 중요하다.

■ **고객군이 달라지면 비즈니스 모델이 달라진다.**

고객군별로 비즈니스 모델 캔버스를 작성하는 것이 바람직하다. 한 페이지에 상이한 고객군을 각기 다른 색깔로 구별하여 사용할 수도 있지만 내용이 복잡해 가독성이 낮아진다.

■ 비즈니스 모델 캔버스로 상품기획이 완성되는 것은 아니다.

비즈니스 모델 캔버스 작성은 상품기획의 시작이다. 큰 얼개에 관해 이해관계자와 소통하고 합의한 뒤, 상세 추진계획을 수립해야 한다.

■ 9개 블록의 내용을 다 못 채울 수 있다.

상품을 본격적으로 판매하기 전에는 '고객관리' '핵심자원' '핵심활동' '핵심 파트너십'에 대한 내용은 채우기 힘들다. 채워 넣는다고 해도 정보가 부족하여 9개 블록을 모두 같은 수준으로 상세화하지 못한다.

■ 9개 블록 간의 순서나 논리적 관계를 토의하고 고민할 때 유용하다.

데이터 흐름도와 같이 비즈니스 모델 캔버스는 각 블록 간의 관계나 순서를 선으로 그어가며 설명하고 토의할 때 유용하다.

■ 상품기획 초기단계 아이디어 스크리닝시 유용하다.

보통의 상품기획서나 사업기획서는 별첨을 포함하면 50페이지가 쉽게 넘어간다. 힘들게 작성해도 모든 내용을 발표할 기회는 거의 없다. 비즈니스 모델 캔버스는 한 장으로 정리하는 사업모델이기에 상품기획의 초기 단계인 아이디어를 스크리닝할 때 활용하면 문서작성도 최소화하면서 상품기획의 핵심을 놓치지 않고 짚어볼 수 있다.

비즈니스 모델 캔버스의 항목을 상품기획 요소와 비교하면 표 10.3과 같다.

구분	비즈니스 모델 캔버스	상품기획 요소
누구를 위해 무엇을 만들 것인가? (가치제안, 상품 콘셉트)	고객군 가치제안	고객 세분화/타겟팅/포지셔닝(STP)
		고객 VOC 분석(불편사항, 혜택)
		경쟁사 상품기능 분석
		상품개발 요구사항
어떻게 만들 것인가? (가치구현, 개발계획)	핵심활동, 핵심자원	소프트웨어 개발계획
		테스트 계획(상품 콘셉트, 사용성)
어떻게 판매(서비스)할 것인가? (가치제공, 마케팅 전략)	채널, 고객관계, 핵심활동, 핵심자원	채널활용 계획
		상품홍보 및 판촉 계획
		가격정책
		고객센터 운영계획
		영업툴킷 제공계획
수익성은 어떻게 확보할 것인가? (가치대가 확보, 사업성 분석)	수익원, 비용구조	기간별 투자계획
		기간별 매출확보 계획

표 10.3 비즈니스 모델 캔버스와 상품기획 요소

10.2.1
프로젝트
가치정의

린 캔버스

스타트업 조직은 돈을 버는 것보다 고객가치를 학습하고 검증하는 것에 중점을 두기에 비즈니스 모델 캔버스의 항목 중 적용하기 힘든 항목이 있다. 린 캔버스는 스타트업에 시기상조인 항목을 삭제하고 가설검증을 위한 항목을 추가하였다. 비즈니스 모델 캔버스와 비교하여 린 캔버스에서 변경된 항목은 다음과 같다.

- **삭제 항목** 고객관계, 핵심자원, 핵심활동, 핵심 파트너십
- **추가 항목** 문제, 솔루션, 핵심지표, 경쟁우위
- **변경 항목** 가치제안 → 고유의 가치제안(unique value proposition)

린 캔버스는 상품 가설검증을 위한 문제와 솔루션을 추가했고, 상품 경쟁력 확보 차원에서 경쟁우위를 추가한 것이 특징이다. 기존 비즈니스 모델 캔버스에서는 상품기획의 핵심요소 중 하나인 '경쟁력 분석'이 빠져 있었다. 린 캔버스에서는 문제, 솔루션, 가치제안을 유의해서 구분해야 한다. 문제와 가치제안은 고객의 관점에서 기술하고, 솔루션은 문제해결을 위한 상품의 핵심기능으로 기업의 관점에서 기술한다.

린 캔버스의 내용은 그림 10.5와 같다. 비즈니스 모델 캔버스와 내용과 구분하면서 살펴보기 바란다.

Problem **문제** ❶	Solution **솔루션** ❹	Value Propositions **고유의 가치제안** ❸	Unfair Advantage **경쟁우위** ❺	Customer Segments **고객군** ❷
고객의 핵심 문제와 기존 대안을 기술	문제해결을 위한 핵심기능 3가지	고객이 제품을 구매해야 하는 이유와 타 상품대비 차별점을 정리한 단일 메시지		고객군 구체화, 얼리어답터 정의
	Key Metrics **핵심지표** ❽ 측정해야 하는 핵심활동		**Channels** **채널** ❾ 고객 도달 경로	
Cost Structure **비용구조 ❼** 고객획득 비용, 유통비용, 호스팅, 인건비 등			**Revenue Streams** **수익원 ❻** 매출 모델, 생애가치, 매출	

그림 10.5 린 캔버스

린 캔버스를 활용하기 위해 추가로 이해할 내용은 다음과 같다.

■ 문제

고객들이 문제를 현재 어떻게 해결하고 있는지를 파악한다. 프로젝트 팀이 제시하는 솔루션은 현재 고객의 해결방법보다 뛰어나야 한다.

■ 고객

고객은 상품을 구매하는 사람이고 사용자는 상품을 사용하는 사람이다. 고객에 집중하여 넓은 고객군을 더 작게 세분화해야 한다. 페이스북 사용자가 지금은 24억이 넘지만 처음에는 하버드 대학생부터 시작했다.

■ 고유의 가치제안(Unique value proposition)

가장 중요하고 작성이 어려운 항목이다. 고유의 가치제안이란, 상품이 가진 차별점과 고객이 그 상품을 구매를 해야 하는 이유를 짧은 문장으로 정리한 것이다.

예: 고객이 바라는 최종 결과+구체적 사용기간+문제에 대한 처리

　(갓 구운 따뜻한 피자가 30분 안에 배달되지 않으면 공짜인 도미노 피자)

■ 솔루션

문제해결을 위해 핵심이 되는 3가지 기능

■ 핵심지표

해적지표라고 부르는 AARRR 지표(AARRR란 해적들이 으르렁대는 소리)가 대표적이며, 그 내용은 Acquisition(획득), Activation(활성화), Retention(고객 유지), Referral(추천), Revenue(매출)이다.

10.2.1 프로젝트 가치정의

Ⓣ **방법 | 투자 타당성 평가기법(Business justification analysis)**

이하에서 설명하는 투자 타당성 평가기법은 각 평가기법의 개념과, 좋고 나쁜 투자안을 구분할 정도만 이해하면 된다. 계산식까지는 암기할 필요는 없다.

■ 투자 회수기간(Payback period)

투자원금을 회수할 때까지의 기간으로, 누계 투자금액과 누계 계획원가가 같아질 때까지의 기간이다. 반도체 라인 증설과 같이 시장이 불확실하고 초기 투자금액이 높은 프로젝트에서 이러한 평가기준이 활용될 수 있다. 같은 조건이라면 투자 회수 기간은 짧을수록 좋다.

■ 순현재가치(Net present value)

같은 금액이라면 미래의 화폐보다 현재의 화폐가 가치 있다. 예를 들어 그림 10.6에서처럼 3년 치 투자금액을 더하면 3억원이 아니다. 2024년 1월의 1억원을 2022년 1월 기준으로 환산하면 1억원이 아니라 1억원보다 작기 때문이며, 그 가치는 이자율만 고려하면 '1억원 / (1 + 이자율)^2'이 된다.

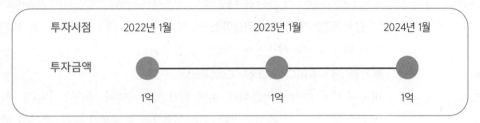

그림 10.6 현재가치의 예시

미래의 현금흐름(cash flow)을 현재의 기준으로 환산(할인)한 투자금액과 수익의 차이다. 예를 들어 초기 투자액이 10억원이고 1년 뒤 수익이 6억원, 2년 뒤 수익이 7억원, 시장이자율(자본 비용)이 5%라고 하면 'NPV = 7억원/(1 + 0.05)^2 + 6억원/(1 + 0.05)^1 − 10억원'이다. 같은 조건이라면 NPV가 클수록 좋으며 최소 0보다 높아야 이익이 발생한다는 의미이다. 이자율을 5%로 했을 때 NPV를 계산하는 예는 그림 10.7과 같다

$$NPV = \sum_{i=1}^{n} \frac{순매출^i}{(1+이자율)^i} - 초기 투자금액 \quad (순매출 = 해당 연도 매출 - 해당 연도 투자)$$

년도	매출	투자금액	순매출	할인율	NPV
2022		1	−1	1.00	−1.00
2023		1.5	−1.5	0.95	−1.43
2024		0.9	−0.9	0.91	−0.82
2025	1.3		1.3	0.86	1.12
2026	3	1	2	0.82	1.65
2027	2		2	0.78	1.57

주. 할인율(Discount Factor): 1 / (1+이자율)^i (단위: 억원)
    NPV는 소수점 세 자리에서 반올림

그림 10.7 NPV 계산 예시

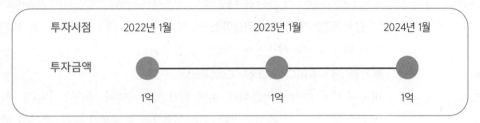

제10장

■ 내부수익률(IRR, Internal Rate of Return)

내부수익률은 NPV를 0으로 만드는 이자율이다(위의 NPV 계산에서 이자율을 변수로 놓고 NPV 를 0으로 놓고 계산했을 때의 이자율이 내부수익률이다). 내부수익률을 계산하는 방법은 시행착오를 통해서 도출하기 때문에 실제 시험에 나올 수 있는 문제로는 적합하지 않지만, 개념은 정확하게 이해해야 한다. 예를 들어 IRR이 10%가 나왔다면, 이자율 10% 이하에서는 은행에서 자금을 대출해서 프로젝트를 수행하면 NPV가 (+)로 나온다는 의미다. 같은 조건이라면 내부수익률이 높을수록 좋다. 보통 내부수익률은 의사결정을 위한 최소한의 허들(hurdle, 예를 들어 15%)로도 활용한다.

■ 편익비용 비율(BCR, Benefit Cost Ratio)

비용에 대한 편익의 비율이다. 이때 편익은 순이익의 개념이 아니다. 예를 들어, 100의 비용을 투입한다면 적어도 100 이상의 수익을 확보해야 한다. 따라서 재무적인 관점에서 본다면 BCR이 1 이상이 될 때 투자해야 한다. 예를 들어, BCR이 3이라면 1억원을 투자할 때 매출은 3억원이고, 이익은 2억원이다. '편익비용 비율(BCR, Benefit Cost Ratio)'을 사용하는 것이 일반적이나 《PMBOK 지침서》에서는 순서를 바꾸어 '비용편익 비율(CBR, Cost Benefit Ratio)를 사용한다. 비용편익 비율은 1보다 낮은 것이 바람직하다. 시험에 이 문제가 출제된다면 편익과 비용의 순서(영문 포함)를 확인해야 한다.

■ 생애주기 평가(Life cycle assessment)

프로젝트 투자 타당성을 평가할 때 프로젝트 수행에 투입되는 비용뿐만 아니라 유지보수, 폐기 등 상품 생애주기 모든 단계의 비용을 고려하여 의사결정 해야 한다. 소프트웨어 기능을 추가할수록 아키텍처가 복잡해지고 유지보수 비용이 높아지기 때문에 개발 비용만 고려해서는 안된다. 특정 고객 요구사항을 반영한 하드웨어 상품개발을 결정하기 전에 상품모델 수 증가로 인한 관리비용 증가, 생산라인의 생산성 저하 등을 검토하는 것은 하드웨어 상품의 생애주기 평가이다.

심화학습

10.2.1
프로젝트
가치정의

매몰원가(Sunk cost)

특정 사업의 진행 여부를 결정할 때 이미 발생한 원가는 의사결정에 고려하지 말라는 의미에서 매몰원가라고 한다. 프로젝트 진행 단계에서 진행/중단 여부를 결정(go/no-decision)할 때 이미 투자한 금액에 대한 미련은 버리고, 향후 발생할 원가와 수익만 고려해야 한다는 것이다. 특정 주식을 계속 보유할지 팔아야 할지를 결정할 때 지금까지의 수익이나 손실에 집착하지 말고, 미래의 주가만 판단하여 결정해야 한다는 개념과 비슷하다.

10.2.2 프로젝트 가치창출

많은 프로젝트가 목표했던 가치를 창출하지 못한다. 프로젝트를 착수할 때 실패를 각오하고 시작한 경우도 있고, 실패를 통해 고객가치를 학습하는 것이 목표인 프로젝트도 있다.

프로젝트 가치창출에 실패하는 대표적인 사유는 다음과 같다.

- 의도했던 성과를 만들지 못했다. (신약개발)
- 가치정의를 잘못했다. (신규 비즈니스 모델)
- 경쟁 상품이 빨리 출시했다. (신기술 개발)

프로젝트의 불확실성이 높아 가치창출에 실패해도 효율적, 효과적으로 실패해야 한다. '효율적 실패'란 더 빠르고 싸게 실패하는 것을 의미한다. 효율적으로 실패하기 위해서는 다음에 유의해야 한다.

- 프로젝트 규모를 줄여 빨리 실패하고 싸게 실패한다.
- 많은 기능을 개발하지 않고 핵심기능을 개발하여 프로젝트의 핵심가치를 검증한 후 부가기능을 개발한다.
- 완벽한 품질보다 쓸 만한 품질을 확보하여 프로젝트의 핵심가치를 검증 후 품질 수준을 높인다.

'효과적 실패'는 실패를 통해 부족한 것이 무엇인지를 발견하는 것이다. 흔히 이야기하는 '실패를 교훈 삼아'는 변명인 경우가 많다. '이렇게 하면 실패한다'는 것으로는 부족하고, '어떻게 하면 성공하는지'를 파악해야 한다. 경우에 따라서는 프로젝트 가치정의를 변경할 수도 있다. 가치정의 변경은 사업모델을 변경하는 피봇팅(pivoting)과 같은 의미이다. 피봇팅이란 농구선수가 한 발은 고정하고 다른 한 발을 움직이는 것을 피봇이라고 하는 것에서 유래하였다. 상품개발 프로젝트에서 효과적 실패는 미래의 성장을 위해 필요한 진실을 발견하는 것이다.

프로젝트 수행 결과 일부 프로젝트는 결과를 제공하지 못하거나 최적화되지 않은 결과를 낳을 수 있다. 예를 들어 실험적인 프로젝트는 신기술을 활용한 혁신제품을 개발하여 새로운 돌파구를 찾으려고 한다. 이를 위해서는 실패를 각오한 투자가 필요하다. 때로는 실패하지 않고서는 고객이 무엇을 원하는지 알 수 없다. 신약이나 신소재를 생산하는 기업은 성공적인 제조법을 발견하기 전에 몇 번의 실패를 경험할 수 있다. 일부 프로젝트에서는 시장의 기회가 지났거나 경쟁사가 신상품을 먼저 출시했기 때문에 중단할 수도 있다. 기존에 없거나 기존과 다른 가치를 제공하는 상품을 개발할수록 성공의 불확실성은 높아진다.

시장 상황에 따라 프로젝트 완료목표가 변할 수 있다. 예를 들어 경쟁사가 새로운 상품을 출시했다면 그에 대응하기 위해 출시일을 연기할 수 있다. 이러한 상황이 두세 번 반복되면 목표한 출시일을 1년 이상 넘길 수도 있다. 이렇게 시장상황에 대응하기 위해 프로젝트 완료일이 변경되는 것을 완료지연(done drift)이라고 한다.

10.3 인도물 관리

인도물은 프로젝트 가치를 전달하는 수단으로 제품, 서비스 또는 프로젝트의 산출물이다. 인도물 관리를 위해서는 요구사항 정의, 범의정의, 요구사항 관리 활동을 수행해야 한다.

10.3.1 요구사항 정의

프로젝트 요구사항과 프로젝트 범위는 다르다. 프로젝트 요구사항은 상품관리자가 정의하고 프로젝트 범위는 프로젝트 관리자가 정의한다. 범위는 요구사항 충족을 위해 프로젝트 팀이 수행할 작업을 정의한 것이다. 요구사항이 상품관리자가 요청하는 what이라면 범위는 프로젝트 관리자가 제시하는 how에 가깝다. 소프트웨어 상품개발 프로젝트에서는 요구사항과 범위가 거의 같은 의미로 사용된다. 상품관리자와 상품개발 팀이 함께 협의하여 요구사항을 정의하고 상세화하기 때문이다.

예측형 개발방식에서는 프로젝트 착수시점에 요구사항을 상세하게 정의하고 적응형 개발방식에서는 착수시점에는 요구사항을 개략적으로 정의한 뒤 프로젝트를 진행하면서 요구사항을 상세화한다. 요구사항을 문서로 정의할 때 갖추어야 할 조건은 다음과 같다.

■ 고객가치가 명확한 요구사항

고객의 어떤 불편을 해결해야 하는지 또는 고객에게 어떤 혜택을 제공할지 명확히 정의해야 한다. 커스터마이징 프로젝트 요구사항은 고객사 담당자가 고객가치를 확인하지만, 상품개발 요구사항은 상품관리자가 VOC 분석을 통해 고객가치를 확인해야 한다.

■ (기한 내) 구현이 가능한 요구사항

요구사항의 구현 가능성은 주어진 시간과 비용에 따라 달라진다. 무한대의 시간과 비용이 주어진다면 구현 못할 요구사항이란 없다. 하지만 이는 현실적으로 이루어질 수 없는 조건이다. 따라서 요구사항은 주어진 자원으로 개발기간 내에 구현 가능해야 한다.

■ 우선순위를 평가할 수 있는 요구사항

제한된 자원을 효율적으로 활용하기 위해서는 상품 요구사항 우선순위를 고려하여 자원을 투입해야 한다. 그러기 위해서는 상품 요구사항의 우선순위 평가가 가능해야 한다. 모든 요구사항을 'must'로 결정해서는 안 된다.

■ 명확한 요구사항

명확한 요구사항은 모든 사람들이 요구사항 내용을 동일하게 이해한다.

■ 산정 가능한 요구사항

상품 요구사항의 규모, 개발기간, 투입공수를 산정할 수 있어야 한다.

■ 상호독립적인 요구사항

요구사항 간에 의존성이 있으면 공통기능이 있을 수 있고 그 결과 중복개발의 위험이 있다. 공통기능은 하나의 요구사항 규모 산정에만 반영해야 한다. 의존성이 있는 요구사항은 관련 요구사항을 고려하여 우선순위를 부여해야 한다.

■ 제약조건이 명확한 요구사항

성능과 관련된 요구사항은 제약조건을 명확하게 정의해야 한다. 해당상품이 작동해야 할 디바이스 종류, 디바이스의 버전 등을 예로 들 수 있다.

■ 간결한 요구사항

요구사항을 명확하게 정의하려다 보면 이것 저것 상세하게 작성하게 된다. 이러한 경우 내용이 중복되거나 논리적 일관성이 무너질 수가 있다. 요구사항의 다른 특성을 해치지 않는 범위 내에서 요구사항 문서는 최대한 적은 수의 단어로 작성해야 한다. 간결한 요구사항은 복잡한 사고의 결과물이다.

■ 검증 가능한 요구사항

확정된 요구사항을 달성했는지 판단할 수 있어야 한다. 요구사항에 형용사를 사용하면

검증이 어려워진다. '사용하기 편리한' '최대한' '단순한' 등과 같은 단어는 사용하지 않거나 측정 가능한 기준을 구체적으로 정하는 것이 좋다. 예를 들어, '사용자는 조회한 상품을 쉽게 주문할 수 있어야 한다'는 요구사항 대신 '사용자는 조회한 상품을 3초 내에 주문 완료할 수 있어야 한다'는 식으로 정의해야 한다. 검증 가능한 요구사항을 기술하기 위해 유의할 내용은 표 10.4와 같다.

모호한 용어	확실하게 표현하는 방법
가능한 현실적으로	현실적인 기준을 정의
적어도, 최소한	구체적 기준을 정의
효율적인	시스템이 자원을 얼마나 효율적으로 사용하는지 정의
유연하게	시스템이 변화하는 조건 또는 비즈니스 요구에 대해 변경되어야 하는 방식을 설명
일반적으로, 이상적으로	바람직하지 않거나 적합하지 않은 조건하에서의 시스템의 동작을 설명
신뢰성 있는	시스템이 예상하지 못한 운영환경에 어떻게 대응하고 예외를 어떻게 처리할지 정의
친숙한, 간단한, 쉬운	고객의 요구와 기대를 충족시키는 시스템 특징을 설명

표 10.4 요구사항 정의시 유의해야 할 모호한 표현과 대응방안(출처: 《소프트웨어 요구사항》, 2003)

■ 일관된 요구사항
요구사항들의 내용은 모순되지 않아야 한다.

■ 완결적인 요구사항
프로젝트 또는 상품 요구사항에서 누락된 것이 없어야 한다.

■ 추적 가능한 요구사항
요구사항이 최종 상품에 정확하게 반영되었는지 확인할 수 있어야 한다. 요구사항을 추적하기 위해서는 각 요구사항에 고유한 식별자를 부여해야 한다.

■ 적정한 크기의 요구사항
요구사항이 너무 크면 추정이 힘들고 요구사항을 너무 작게 분할하면 관리비용이 증가한다. 적정한 크기에 대한 기준은 개발 팀의 역량, 사용기술에 따라 다르다.

이해관계자나 고객 요구사항이 불명확하면 문서화하기 힘들다. 착수시점에 요구사항을 문서화하기 힘들 경우에는 프로토타입, 최소가능제품(MVP, Minimum Viable Product)을 활용한다.

결과물 | 사용자 스토리(User story)

사용자 스토리는 상품 요구사항이 고객에게 제공하는 가치를 고객 관점에서 간결하게 정의한 것이다. 사용자 스토리는 작은 카드 한 장에 정리하여 토론할 때 사용하기도 한다. 《익스트림 프로그래밍》(2006)에서는 '요구사항'이라는 단어는 필수적이고 강제적인 어감이 있어 변경을 포용하지 않는다며 '스토리'라는 단어를 사용한다고 설명하였다.

사용자 스토리는 상품관리자와 개발 팀 간의 의사소통을 촉진하는 도구이기 때문에 애자일 방법론에서 효과적으로 사용된다. 사용자 스토리는 이터레이션(스프린트) 계획을 수립할 때 구체화되어 확정된다.

사용자 스토리는 'As(who), I want(what), So that(why)'의 형태로 작성한다. 예를 들어 에어비앤비 임대사업자가 방문객에게 집 출입을 위한 임시 비밀번호를 제공하고 싶다면 사용자 스토리를 다음과 같이 정리할 수 있다.

> **As(who)** 에어비앤비 임대사업자
> **I want(what)** 예약 승인된 방문자에게 도어록 임시 비밀번호를 제공하고 싶다. 또한 방문객의 숙박기간 종료 후에는 해당 비밀번호는 작동하지 않아야 한다.
> **So that(why)** 직접 방문객을 만나지 않고 방문객이 도어록을 열 수 있도록

필자의 대학 시절에는 도서관에서 책을 찾을 때 PC를 활용하는 것이 아니라 그림 10.8과 같이 책 내용을 카드형태로 정리한 도서목록 카드를 활용했다. 카드 한 장에 도서에 대한 정보를 요약하듯이 사용자 스토리도 한 장의 카드에 고객의 스토리를 요약한다. 도서 카드에 책의 내용을 모두 포함할 수 없듯이 스토리 카드에 상세한 요구사항을 모두 포함할 수 없다.

그림 10.8 도서목록카드(출처: 위키피디아. Radio Sweden의 방송 아카이브. cc)

종이 카드에 사용자 스토리를 정의하면 책상 위에 펼쳐 놓고 순서를 조정하거나 내용을 강조할 때 손에 쥐고 이야기할 수 있다. 카드 형태로 정리한 사용자 스토리의 템플릿은 그림 10.9와 같다.

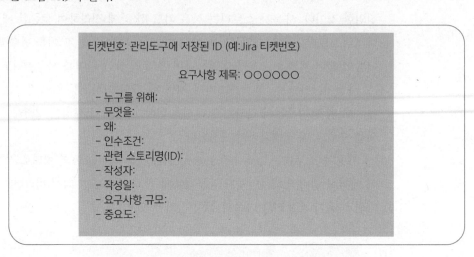

그림 10.9 카드 형태의 사용자 스토리

사용자 스토리를 정의할 때 유의할 사항은 다음과 같다(앞서 설명한 '요구사항문서의 조건'은 동일하게 적용된다).

■ 사용자 스토리는 개발자 관점에서 분할하지 않는다.

개발자는 고객 접점(front)과 서버(back end)와 같이 기술적 관점에서 사용자 스토리를 구분하기 쉽다. 사용자 스토리는 컵케이크처럼 사용자 요구사항 구현을 위해 필요한 기술을 모두 포함해야 한다. 즉, 고객접점과 서버를 통합하여 정의해야 한다. 케이크의 맛을 평가하려고 할 때 문제가 되는 것은 컵케이크의 크기보다 케이크를 나누는 방식이다. 케이크 재료를 모두 포함하도록 잘라야 케이크의 제대로 된 맛을 평가할 수 있기 때문이다.

예를 들어 '에어비앤비 임대사업자는 도어록의 임시 비밀번호를 발급할 수 있다'는 스토리를 다음과 같이 나누어서는 안 된다.

– 임대사업자는 방문자 전화번호와 임시 비밀번호, 사용기간을 등록한다. (I)

– 임시 비밀번호와 사용기간을 데이터베이스에 기록한다. (II)

위와 같은 스토리 분할은 사용자 관점에서 어느 하나도 완전하지 않다. (I)은 등록한 값이 저장되지 않고, (II)는 (I)을 전제로 한다. 스토리를 케이크처럼 나눈 예는 다음과 같다.

– 에어비앤비 임대사업자는 방문자에게 임시 비밀변호를 제공할 수 있다.

– 에어비앤비 임대사업자는 방문자의 비밀번호 사용기간을 연장할 수 있다.

케이크처럼 분할하는 것의 장점은 어플리케이션 아키텍처의 모든 계층을 포함하여 문제점을 사전에 검증할 수 있고, 일부 기능만 구현해도 고객에게 릴리즈할 수 있다는 것이다.

■ **인수조건은 사전조건(Given), 사전동작(When), 수행결과(Then)의 내용을 포함한다.**

사전조건은 주어진 환경이나 값, 사전동작은 구현하는 기능의 동작, 수행결과는 구현된 기능의 결과를 의미한다. 예를 들어 사용자 ID를 받을 때(사전조건), 특수 기호를 포함하지 않은 비밀번호를 받으면(사전동작), 특수기호를 포함하여 다시 등록하라는 메시지를 제공해야 한다(수행결과).

■ **요구사항 구현방법은 포함하지 않는다.**

요구사항을 정의할 때 요구사항 문서에 구현의 세부사항을 포함하는 오류를 범하기 쉽다. 개발자 관점의 요구사항 구현방법은 요구사항 문서에 포함하지 않는다.

■ **고객가치와 상관없는 사용자 스토리도 있을 수 있다.**

예를 들어, 소프트웨어 구조개선을 위한 리팩토링 프로젝트는 앞에서 설명한 내용과 다른 사용자 스토리 템플릿을 적용할 수 있다.

■ **이해만 한다면 사용자 스토리를 간략하게 작성해도 된다.**

상품관리자와 상품개발 팀의 협업이 원활하고 내용에 대한 이해도가 높으면 키워드 중심으로 사용자 스토리를 작성해도 된다. 다시 강조하지만 사용자 스토리는 소통의 수단이다.

결과물 | 스토리 맵(Story map)

사용자 스토리맵이란 그림 10.10과 같이 하나의 카드(또는 포스트잇)에 요구사항을 작성하여 고객경험 순서에 따라 왼쪽에서 오른쪽으로, 상세화 수준에 따라 위에서 아래로 배치한 것이다.

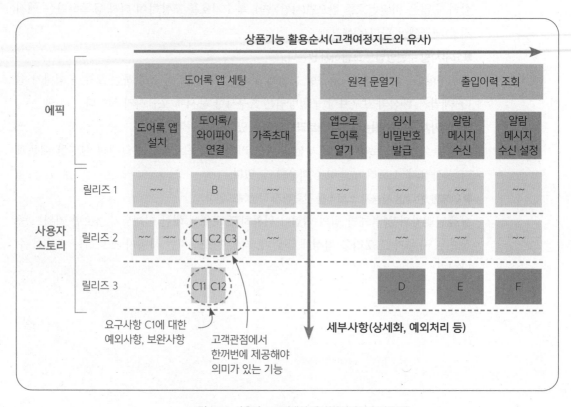

그림 10.10 사용자 스토리맵의 예시(와이파이 도어록 예)

사용자 스토리맵을 작성할 때 유의할 사항은 다음과 같다.

■ 초기에는 깊이보다 너비(행)에 집중한다.

중요한 요구사항이 누락되는 것을 방지하려면 고객경험의 순서대로 전체를 나열하는 것이 중요하다.

■ 요구사항에 따라 깊이(열)는 달라진다.

요구사항을 상세화할 때에는 요구사항의 분류(에픽, 사용자 스토리) 계층을 고민하지 않고 논리에 따라 깊이 내려간다. 돌멩이는 쪼개도 돌멩이인 것처럼 요구사항은 분할해도 요구사항이다. 큰 요구사항은 3레벨, 4레벨까지 분할할 수도 있다.

■ 같은 레벨의 요구사항이라도 릴리즈 순서를 다르게 표현할 수 있다.

그림 10.10에서 B와 C1은 같은 레벨이지만 릴리즈 순서가 다른 것이고, C1은 'C11, C12'과 레벨도 다르고 릴리즈 순서도 다르다.

■ 사용자 스토리의 특성에 따라 사용자 스토리를 구분할 수 있으며 이를 테마(theme)라고 한다.

예를 들어 고객의 유형, 국가, 릴리즈에 따라 사용자 스토리를 구분할 때는 그림 10.10의 D, F, E처럼 같은 색깔로 구분하여 표시할 수 있다. (예를 들어 D, E, F는 사무실처럼 사용자가 많은 고객을 위한 도어록 앱 기능이다)

사용자 스토리맵을 활용하면 다음과 같은 장점이 있다.

■ 프로젝트 팀원들의 대화를 촉진한다.

스토리맵은 책상에 앉아서 작성할 수 없다. 1~2일 동안 워크숍을 통해 초기버전의 사용자 스토리맵을 완성하며 이 과정에서 많은 토의가 이루어진다.

■ 고객 관점에서 상품을 사용하는 시나리오 전체를 파악하기 용이하다.

프로젝트 팀원들이 전체 사용자 스토리를 한눈에 볼 수 있어 통합 관점에서 토의가 가능하다. 백로그 목록은 이러한 기능을 제공할 수 없다.

■ 사용자 스토리를 추가 삭제할 때 영향받는 사용자 스토리 확인이 용이하다.

■ 릴리즈 차수별 요구사항을 파악하기 용이하다.

조직에 따라 요구사항의 계층을 분류하는 기준은 다를 수 있다. 에픽과 사용자 스토리의 계층은 명확하지만 테마와 피처는 조직에 따라 달리 정의하거나 정의하지 않을 수도 있다. 예를 들어 테마를 사용자 스토리의 유형이 아닌 에픽보다 상위개념인 '이니셔티브(initiative)'와 같이 사용하기도 한다. 예를 들어 '장바구니의 구매 전환률 개선'은 이니셔티브에 해당한다. 에픽은 하나의 사용자 스토리로 완성되기 힘든 큰 요구사항으로 예를 들면 장바구니 구매 전환률 개선을 위한 'UX 개선' '연계 쇼핑몰 확대' '프로모션 확대' 등이다. 백로그는 요구사항의 계층을 분류하는 용어가 아니다. 돌멩이는 쪼개도 돌멩이인 줄 알면서도 분류에 많은 사람들이 분류에 집착하는 것은 지적인 호기심 때문이기도 하지만, 서로 얼마나 큰 돌멩이를 이야기하는지 명확하게 하고 싶은 것도 있다. (돌멩이에 맞는다고 생각하는 프로젝트 팀은 크기에 관심이 많을 수밖에 없다)

◎ **결과물 | 요구사항 문서(Requirements documentation)**

요구사항 문서에는 다음 내용을 포함한다.

- 프로젝트 수행 목적인 비즈니스 요구사항
- 비즈니스와 프로젝트의 계량적 목표
- 비즈니스 프로세스, 기술적 요구사항
- 서비스 수준, 안전성, 보안, 각종 기술 지원 등의 비기능적 요구사항
- 품질 요구사항과 품질 인수기준
- 요구사항의 가정, 제약조건
- 운영을 위한 인수인계 요구사항
- 교육 요구사항, 지원 요구사항

요구사항의 유형은 다음과 같다

- **비즈니스 요구사항** 프로젝트 수행 목표가 되는 상위 수준의 기회 또는 위기
- **이해관계자 요구사항** 이해관계자별 요구사항(사용자, 고객, 벤더, 운영부서 등)
- **상품 요구사항** 제품, 서비스에 포함되어야 할 기능 또는 비기능 요구사항
- **기능 요구사항** 비즈니스 목표 달성을 위해 수행해야 하는 기능
- **비기능 요구사항** 기능이 작동되는 환경이나 성능
- **품질 요구사항** 품질 메트릭스 또는 표준 충족에 대한 요구사항

심화학습

상품 요구사항을 정의할 때 유의할 내용

상품 요구사항의 개념과 요구사항을 정의하는 방법을 이해하기 위해서는 다음에
유의해야 한다.

■ **고객의 불편과 해결방안에 대한 상품개발 팀의 공통된 이해가 중요하다.**

상품개발 팀의 관점에서 상품 요구사항은 '개발해야 할 스펙이나 기능'이지만 사
용자 관점에서 상품 요구사항은 '해결하고 싶은 문제'이다. 스토리라는 용어를 정
의한 캔트 백(Kent Beck)은 상품 요구사항을 이야기하듯이 소통하는 것을 강조하
였다.

상품 요구사항은 개발에 착수하기 전에 고객가치를 검증해야 하고 상품관리자, 개발자, 테스터, UX 디자이너 모두 고객의 불편과 해결방안에 관해 동일하게 이해해야 한다. 그렇지 않으면 고객이 원하지 않는 상품을 개발하거나, 비싼 비용으로 개발하게 된다. 고객의 문제를 정확하게 이해하는 사람과 그 문제를 해결할 수 있는 사람이 충분히 소통해야 제대로 된 상품 요구사항을 정의할 수 있다.

■ **상품 요구사항 정의는 바위 속에 숨겨진 보석을 찾는 과정과 같다.**

상품 요구사항 정의는 시장과 고객에 대한 분석에서 시작한다. 이 시점에서 취합되는 정보는 양도 많고 오해하기도 쉽다. 요구사항을 정제하는 과정은 보석을 숨긴 바위를 골라내서 바위를 쪼개어 보석을 찾는 것에 비유할 수 있다. 보통의 돌멩이를 보석으로 가공할 수는 없다. 보석이 있는 바위를 골라내기도 어렵고, 바위속에 숨겨진 보석을 찾기도 쉽지 않다. 보석이 있는 원석을 가공하여 보석으로 만드는 것은 상품개발에 해당하며 상대적으로 쉬운 일이다.

■ **요구사항 문서는 이해를 도울 뿐이다.**

가족들과 함께했던 즐거운 여행은 가족들의 기억 속에 남아있다. 여행지에서 찍은 사진은 여행의 추억을 떠오르게 하는 도구일 뿐이다. 사진은 여행의 한순간만 촬영한 것일뿐 그곳에 가기까지의 과정, 그 순간의 풍광, 그때 나누었던 대화는 가족들의 기억 속에 있다. 여행을 함께 하지 못했던 사람은 사진만 보고서는 가족들이 여행에서 겪은 경험을 절대로 알 수 없다.

상품 요구사항 문서는 여행사진과 비슷하다. 요구사항 문서는 토론했던 내용의 최종 결과만 요약할 뿐이다. 토론 과정에서 논의했던 내용, 토론의 분위기 등을 모두 문서에 담을 수 없다. 여행을 함께했던 가족이 사진을 보고 여행의 경험을 기억하듯이, 토론에 참여했던 이해관계자들만 요구사항 문서를 보고 토의했던 내용과 맥락을 정확하게 이해할 수 있다.

요구사항 문서는 이해를 돕고, 요구사항 토의는 이해의 깊이를 더한다. 화이트보드를 활용하여 토의한 경우에는 사진을 찍어 요구사항 문서(또는 Jira와 같은 도구)에 첨부하면 나중에 요구사항 문서를 이해하는 데 도움이 된다. 요구사항 토의에 참석했던 사람들의 이름을 적어두면 요구사항 내용이 불확실할 때 문의할 수도 있다. [요구사항 문서를 사진에 비유하는 아이디어는 《사용자 스토리 맵 만들기》(2018)에서 얻었다.]

요구사항 의사소통의 어려움을 잘 표현한 그림(일명 요구사항 그네)은 그림 10.11과 같다.

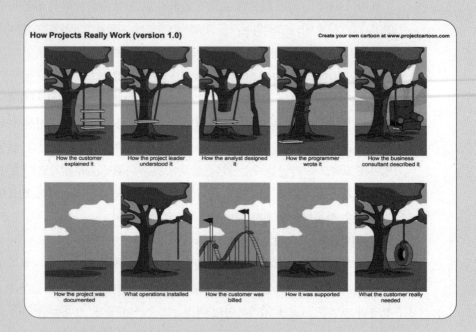

그림 10.11 잘못된 요구사항 관리의 결과(출처: THE PROJECT CARTOON.com, ver. 1.5)

■ 요구사항을 바라보는 관점에 따라 적정 요구사항의 크기가 달라진다.

- 비즈니스 관점에서 최소한의 요구사항은 고객의 지갑을 열 수 있을 만큼의 가치를 포함한다. 이는 상품 릴리즈 관점의 요구사항 묶음을 의미한다.

- 사용자 관점에서 최소한의 요구사항은 유의미한 결과를 얻는 시나리오를 의미한다. 애자일에서는 이를 에픽(epic)이라고 한다.

- 개발자 관점에서 최소한의 요구사항은 개발하고 테스트하기 용이한 규모를 의미한다(예: 일주일 내 개발 가능한 크기). 이는 상품관리자가 정의한 상위 수준의 요구사항(에픽)을, 개발하고 관리하기에 적합한 크기로 분할한 것을 의미한다. 애자일에서는 이를 사용자 스토리라고 한다.

요구사항 수집 및 분석

요구사항을 정의하기 위해서는 요구사항을 수집하고 분석해야 한다. 상품개발 프로젝트에서 이러한 활동은 주로 상품관리자(또는 상품책임자)의 역할이다. 그러나 프로젝트를 진행하면서 추가 요구사항을 수집하고 분석하는 경우도 많기 때문에 프로젝트 관리자도 요구사항 수집 및 분석 기법의 기본적인 내용은 이해해야 한다. 상품을 개발할 때 적용할 수 있는 대표적인 요구사항 분석 기법은 다음과 같다.

■ 민족지학(Ethnography) 조사 또는 현장 조사

민족지학 또는 문화기술지라고 번역되는 ethnography의 어원은 ethnos(사람들)과 graphy(기록, 기술)이다. 민족지학이란 정성적, 정량적 조사기법을 사용한 현장 조사를 통해 인간 사회와 문화의 다양한 현상을 연구, 기술하는 학문 분야이다(위키백과). 이를 마케팅에 활용하면, 고객과 함께 생활하면서 고객가치에 대한 통찰을 얻는 기법이 된다. 민족지학에서 고객을 분석하는 방법은 '벽에 붙은 파리'처럼 고객의 일상을 관찰하는 방법과 '고객과 함께하는 캠핑'처럼 고객과 생활하는 방법이 있다. 2004년 위기에 빠진 레고회사가 유럽과 미국 등 세계 각국의 가정을 방문해 함께 생활하면서 레고에 보드게임을 통합하는 아이디어를 얻었던 것이 대표적인 예이다.

도요타에서도 미국의 생활에 맞는 자동차를 개발하기 위해 상품관리자(도요타에서는 수석 엔지니어라 한다)가 직접 미국 멕시코 등지를 8만km 돌며 운전자의 불편사항, 동석자, 운전 외부환경 등을 관찰했다. 그 결과, 미니밴 운전자들이 원하는 고객가치는 뒷자리를 차지하는 어린이와 관련된 것이 많음을 알아냈다. 도요타 상품관리자는 이에 착안하여 장거리 가족여행에 적합한 미니밴을 개발하여 성공했다. 대기업에서 문화인류학을 전공한 사람을 상품관리자로 채용하는 것도 이 때문이다.

민족지학 분석은 깊이 있는 지식을 얻을 수 있고, 탁월한 통찰력을 제공해 주기 때문에 유효성 면에서는 최고이지만 시간과 돈이 많이 들어 활용도는 낮은 편이다.

■ 표준집단 면접법(FGI, Focus Group Interview)

정성적 고객 분석기법 중 가장 많이 사용된다. 상품을 잘 아는 8~10명의 표적 집단을 대상으로 상품에 대한 문제점, 개선사항 등을 취합한다. 특히 집단으로 상품을 사용하는 B2B 상품을 분석할 때 유용하다. 표준집단 면접법은 집단 면접자 진행자의 역량이 중요하며 특정인이 토론을 지배하지 않도록 해야 한다. 분석목적에 따라 구체적인 질문을 할 수도 있고 폭넓게 자유로운 토론을 유도할 수도 있다.

■페르소나(persona) 분석

페르소나의 어원은 연극의 탈을 의미하나, 상품기획에서는 특정 고객군을 대표하는 가상의 인물을 의미한다. VOC 분석을 위한 페르소나는 2~3명 정도 복수로 설정하는 것이 좋다. 페르소나로 정의된 고객의 구체적인 정보, 특성, 취향을 정리하면 상품기획시 페르소나의 관점에서 사고하고 아이디어를 얻을 수 있다. 페르소나 정의에 포함할 내용은 다음과 같다.

– 나이, 성별, 직업, 이름, 사진과 같은 기본 정보
– 고객분석 또는 사용자 연구를 통해 파악한 고객의 관심사항, 불편사항, 욕구 등

페르소나는 고객을 대표하여 상품개발 전 과정에 참여하도록 해야 한다. 제프 베이조스가 아마존 내 모든 회의에 페르소나를 위한 자리를 비워놓았던 것처럼 상품기획 전 과정에서 페르소나 입장에서 생각해야 한다. 페르소나가 디테일 할 수록 여러 상황에 대한 답을 얻기 쉽다.

필자가 《PM+P 해설서》를 집필할 때 설정한 페르소나는 그림 10.12와 같다.

가정, 회사일, 저녁 약속 등으로 학습시간이 절대 부족한 상황에서
승격을 위해 짧은 시간 학습으로 한 번 만에 합격

김 피엠 (남) 40세
'미래소프트웨어' 회사의 프로젝트 관리자

– 입사 후 경험: 소프트웨어 개발자로 8년, 프로젝트 관리자로 2년을 경험했으며, 프로젝트 관리자로 수행한 프로젝트는 2개
– PM 경험 프로젝트: 팀원 9명 8개월, 팀원 15명 10개월
– 애자일 프로젝트 수행 경험이 있음
– 회사의 프로젝트관리 인프라: PMO 부서 존재, 지식 공유시스템 운영
– PMP 자격증 취득 배경: 회사 내 승격시 가점 취득, 개인역량 강화
– PMP 취득시 회사 지원: 불합격시 본인 부담, 합격시 회사 지원
– 수험준비 상황: 《PMBOK 지침서》를 읽어보지 않았으며 PMP 교육수강 경험도 없음. 회사에서 운영하는 'PM 교육과정(3일)' 이수, 목표 준비기간 3개월
– 평균 퇴근시간: 저녁 7시
– 출퇴근: 지하철로 출퇴근 하며 각 50분 소요
– 가족: 맞벌이 부부이며 5세 딸이 있음
– 저녁 약속 빈도: 회사, 친구 등 주 1~2회

그림 10.12 페르소나 예시

■ 고객여정 지도(Customer journey map)

고객여정 지도는 페르소나로 설정한 고객이 상품이나 서비스를 이용하는 단계별 경험을 그림을 활용하여 순서대로 정리한 것이다. 고객여정 지도를 분석하면 제품이나 서비스를 활용하는 각 단계의 고객 경험을 파악할 수 있다. 고객여정 지도를 작성하는 순서는 다음과 같다.

❶ 고객 여정지도를 활용하는 목적을 정의한다.

고객 여정지도를 활용하는 주요 목적은 고객이 불편을 겪는 접점을 파악하여 개선하는 것이다. 그러기 위해서는 고객정보를 파악하는 주기, 정보 활용목적(기존 상품 개선, 신상품 아이디어 발굴 등)을 정의해야 한다.

❷ 고객 페르소나를 정의한다.

고객 여정지도 활용에 적합한 고객 페르소나를 정의한다. 여러 고객군을 대표하는 페르소나를 복수로 정의할 수 있다. 이때에는 고객 여정지도 여러 개를 만들 수 있다.

❸ 상품의 인지부터 유지(폐기)까지 고객 관점에서 상품을 경험하는 전체 단계를 정의한다.

상품마다 상세 단계는 다를 수 있지만 일반적으로 인식 단계, 고려 단계, 구매(또는 결정) 단계, 그리고 유지 단계로 나누어 정의한다.

– 인식단계

고객이 문제점을 해결하기 위해 특정 상품을 인식하는 단계로 관련 상품에 대한 정보를 검색한다.

– 고려단계

고객이 경쟁 상품과 특정 상품의 장단점을 분석하는 활동이다. 쇼핑몰의 상품 이용 후기, 가격 비교, AS 등을 검색한다.

– 구매단계

고객이 경쟁 상품의 비교분석을 통해 구매를 실행한다. 온라인에서 구매할 수도 있고, 대리점을 방문하여 구매할 수도 있다. 온라인에서 구매하는 경우 고객은 구매정보 입력, 배송 수취 등의 경험을 한다.

– 유지단계(폐기, 탈퇴)

제품 또는 서비스 구매 이후 상품을 사용하는 단계이다. 제품의 경우 고객의 사용목적에 부합해야 하고 문제 발생시 AS 또는 반품이 잘 되어야 한다. 서비스의 경우 고객이 계약을 유지할 만큼의 만족스러운 서비스를 제공받아야 한다.

❹ 접점(touch point) 목록을 만든다.

각 단계별로 고객들이 회사의 광고, 오프라인 채널, 홈페이지, 고객지원 센터를 접하는 활동 또는 이벤트를 정리한다. 고객들은 생각보다 많은 접점에서 기업과 상호작용하고 상품을 경험한다.

❺ 각 고객접점에 대해 고객 평가의견을 수집한다.

고객접점에서 상품을 경험한 순간의 고객 느낌을 수집하는 것이 바람직하다. 예를 들어 상품을 구매한 시점에 상품구매 과정에서의 불편함을 조사하는 것이다. IT기술이 발전하여 이러한 조사가 가능하게 되었다.

❻ 고객불만을 파악하고 개선과제를 도출한다.

고객 여정에서 중요한 단계를 먼저 파악하고 그 단계의 고객 불편을 먼저 개선해야 한다. 그러기 위해선 고객의 불편, 만족, 목표 달성 여부, 고객의 이탈, 기타 통찰을 분석해야 한다.

■ 가치제안 캔버스(Value proposition canvas)

가치제안 캔버스는 알렉스 오스트왈드가 《비즈니스 모델의 탄생》에 이어 출간한 책 《밸류 프로포지션 디자인(Value Proposition Design)》에 소개된 개념이다. 가치제안 캔버스는 '고객 프로필'과 '가치맵'으로 구성된다(그림 10.13).

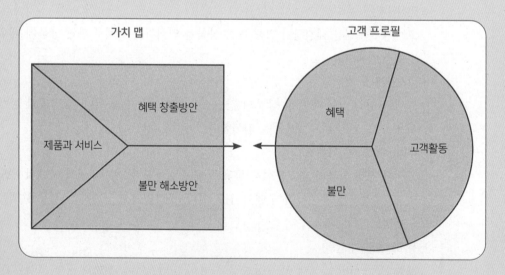

그림 10.13 가치제안 캔버스

고객 프로필은 특정 고객군의 불만, 혜택, 활동을 정리한다.

- **고객활동** 특정 상품의 기능과 관련하여 고객이 평소 수행하는 활동
- **불만** 고객 활동과 관련된 고객의 불편, 위험요소
- **혜택** 고객이 달성하고자 하는 결과 또는 추구하는 혜택

가치 맵은 고객의 불만을 해소하고 혜택을 창출하기 위해 어떤 제품이나 서비스를 개발할지를 정리한다.

- **불만해소 방안** 당신의 제품 또는 서비스가 고객의 불만을 해소 또는 경감시켜주는 방안
- **혜택창출 방안** 당신의 제품 또는 서비스가 고객이 원하는 혜택을 창출하는 방안
- **제품 또는 서비스** 고객에게 제공하는 제품 또는 서비스의 내용

와이파이 도어록의 예로 간단히 작성한 가치제안 캔버스는 그림 10.14와 같다. 실제는 이보다 훨씬 복잡하지만 이해를 돕기 위해 간략하게 기술했다.

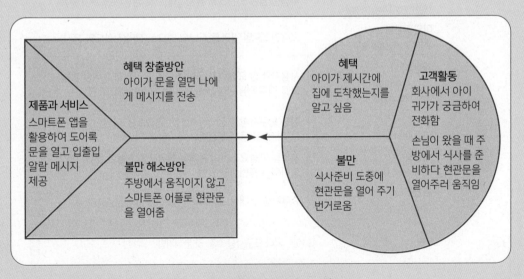

그림 10.14 가치제안 캔버스 예시

위에서 설명하지 않은 기타 요구사항 수집 및 분석기법은 표 10.5와 같다.

요구사항 수집 및 분석기법	핵심내용
브레인스토밍 (Brainstorming)	다양한 아이디어 수집
인터뷰 (Interviews)	공식, 비공식적 정보수집
설문조사 (Questionnaires and Surveys)	분산된 응답자, 다량의 신속한 답변, 통계분석 용이
벤치마킹 (Benchmarking)	조직 내, 조직 외 우수사례 분석 후 목표수준 정의
문서분석 (Document Analysis)	다양한 비즈니스 문서를 분석하여 요구사항 도출
투표 (Voting)	만장일치, 과반수, 다수결
다기준 의사결정 분석 (Multicriteria Decision Analysis)	평가항목별 가중치를 부여한 의사결정 방법
친화도 (Affinity Diagrams)	수집한 많은 의견들을 유사 그룹으로 분류(포스트잇 활용)
마인드매핑 (Mind Mapping)	브레인스토밍 결과를 하나의 맵으로 정리(친화도와 유사)
관찰/대화 (Observation/ Conversation)	사용자가 잘 표현하지 못하는 니즈를 파악하기 위한 기법으로 직무동행 관찰(Job Shadowing)이라고도 함
촉진 (Facilitation)	상품 요구사항을 정의하기 위한 집중토론, 다양한 부서의 요구사항을 동시에 정의
배경도 (Context Diagram)	시스템 구성요소간의 관계와 행위자를 포함한 행위자를 포함하여 상품범위를 표현
프로토타입 (Prototypes)	요구사항에 대한 조기 피드백을 통한 점진적 구체화

표 10.5 기타 요구사항 수집 및 분석기법

최소기능제품(MVP, Minimum Viable Product)

MVP는 스티브 블랭크(Steve Blank)와 에릭 릭스(Eric Ries)가 그들의 저서에서 사용하면서 많이 알려졌다. MVP라는 용어가 빠른 속도로 확산된 이유는 최우수 선수를 의미하는 MVP(Most Valuable Player)와 글자가 같아 기억하기 쉬웠고 스타트업의 핵심사상을 간결하게 표현했기 때문이다.

MVP는 린 스타트업 프로세스에서 사용되는 용어로, 고객문제 해결 여부를 검증하기 위해 제작하는 일종의 시제품(prototype)이다. 일반적으로 시제품은 상품의 사용성, 품질, 성능을 검증하기 위해 출시 전 많은 비용과 시간을 투입하여 만들지만, MVP는 프로토타입(prototype) 이전에 만든다는 의미로 프리토타입(pretotype)이라고도 한다. 프리토타입은 구글 개발자이자 혁신 컨설턴트였던 알베르토 사보이아(Alberto Savoia)가 제시한 개념이며 '시제품'과 구분하여 '사전 시제품'이라고도 한다.

① MVP의 의미
MVP를 구성하는 세 단어의 의미는 다음과 같다.

■ 최소한의(Minimum)
'최소한'은 고객가치 개발 및 검증을 위한 비용 최소화를 의미한다. 즉 최소한의 기능, 최소한의 디자인, 최소한의 품질을 갖춘 사전 시제품으로 고객문제 해결을 추구한다. '최소한'의 개념은 뒤에 설명하는 '독자 생존 가능한(viable)'과 밀접한 관련이 있다.

■ 독자 생존 가능한(Viable)
'독자 생존 가능한' 고객문제 해결을 위한 핵심을 담고 있어야 한다는 의미이다. 문제해결을 위한 핵심 아이디어를 고객이 체험할 수 있어야 문제해결 여부에 대한 고객의 평가를 받을 수 있다. 그것이 고객가치 학습이다. 독자 생존이 가능하지 않는 최소한은 학습을 할 수 없으며, 최소한이 아닌 독자 생존은 학습비용이 크다. 최소한을 위해 독자 생존 가능성을 희생하거나, 독자 생존 가능성을 높이기 위해 중요하지 않는 많은 기능을 포함해서는 안된다. 독자 생존 가능한 동시에 기능을 최소화하기 위해서는 핵심 고객가치에 집중해야 한다. 예를 들어 이동수단을 개발하고자 할 때 MVP의 개념은 그림 10.15와 같다.

그림 10.15 이동수단 개발 MVP 예시(출처: https://youtu.be/0P7nCmln7PM)

■ 프로덕트(Product)

프로덕트는 품질관점에서 이해해야 한다. MVP는 상품의 기능 수는 최소화해야 하지만, 품질은 일정 수준 이상을 확보해야 한다. 고객가치 학습을 위한 MVP일지라도 최소한의 품질을 확보하지 못하면 고객 피드백을 받을 수 없다. MVP를 잘못 오해하여 빠른 출시에만 집중하고 낮은 품질을 당연시해서는 안된다.

MVP를 기법만으로 이해하면 실제 적용할 때 효과를 보기 어렵다. MVP는 조직문화로 정착시켜야 효과를 볼 수 있다. 신상품을 개발할 때 MVP 적용이 중요한 이유는 다음과 같다.

■ 고객가치(본질)에 집중하여 활용도 낮은 기능 개발을 최소화한다.

상품을 기획할 때 기능을 추가하는 것은 쉽지만 기능을 삭제하는 것은 어렵다. 대부분의 경영층과 고객은 기능 추가에 대한 의견을 제시하지만, 기능 제거에 대한 의견은 제시하지 않는다. MVP는 더 많은 기능보다 더 중요한 필수 기능에 집중하도록 만든다. MVP는 고객문제 해결을 위한 핵심기능을 확인하고, 지속적으로 개선할 수 있도록 도와준다.

■ 상품개발 기간을 단축시킬 수 있다.

최소한의 기능으로 빨리 고객가치를 학습하고 이를 상품기획에 반영하면 재작업을 최소화하고 상품개발 속도를 높일 수 있다.

② MVP의 유형

상품개발 초기 단계에서는 '완성도 낮은 MVP(low fidelity MVP)'를 활용하여 고객의 문제를 확인하고, 이후 단계에서 '완성도 높은 MVP(high fidelity MVP)'를 활용하여 고객가치의 충족 여부를 검증한다.

이하는 MVP의 대표적인 유형들이다.

■ 컨시어지(Concierge) MVP

컨시어지는 호텔에서 고객을 도와주는 사람을 의미한다. 컨시어지 MVP는 솔루션을 자동화하기 전에 특정 개인이 그 역할을 수행한다. 예를 들어 차량 공유를 위한 소프트웨어를 개발하기 전에 사람이 전화로 그 역할을 대신하는 것이다. 컨시어지 MVP는 실제로 상품을 만들기 전에 고객들에게 상품을 사용하는 경험을 제공한다. 에어비앤비가 사업 아이디어 검증시 컨시어지 MVP를 활용했다(그림 10.16). 2007년에 브라이언 체스키(Brian Chesky)와 조 게비아(Joe Gebbia)는 샌프란시스코에서 진행하는 디자인 컨퍼런스를 앞두고 그들이 사는 아파트 사진을 찍어 웹사이트에 올렸다. 이후 두 사람은 인근 호텔을 구하지 못한 컨퍼런스 참가자 3명을 고객으로 확보했다.

그림 10.16 에어비앤비 MVP(출처: Techcrunch, 2008)

■ 오즈의 마법사 MVP

오즈의 마법사 MVP는 고객에게는 상품이 작동하는 것처럼 보이지만 사실은 사람이 직접 작동하고 있는 것이다. 컨시어지 MVP는 사람이 작업을 처리하고 있다는 것을 고객이 인지하지만 오즈의 마법사 MVP는 상품이 아닌 사람이 일하고 있다는 것을 고객이 깨닫지 못한다.

1970년대 IBM은 키보드 대신 음성으로 컴퓨터에 입력하는 아이디어를 검증하기 위해 오즈의 마법사 MVP를 활용하였다. 고객이 마이크에 대고 말하면 화면 스크린에 텍스트가 나오는 것이었는데, 실제로는 사람이 뒤에 숨어 타이핑을 하였다(그림 10.17).

'가짜 솔루션'을 통해서 IBM은 음성-텍스트 전환기 아이디어의 여러 문제를 확인했다. 사용자의 목이 아파 목소리를 제대로 낼 수 없거나 주변의 소음이 들리는 곳에서 활용이 어려웠던 것이다. 최근 챗봇의 발달로 음성-텍스트 변환기술이 많이 발전하고 활용도가 높아지고 있지만, 아직도 키보드가 컴퓨터 및 스마트폰의 주요 입력 수단으로 활용되는 것을 보면 그때 IBM의 의사결정은 틀린 것이 아니었다. 만일 아이디어가 별로였다는 사실을 깨닫지 못하고 실제로 신상품 개발에 착수했다면 실패한 투자로 인한 큰 손해를 보았을 것이다. 시대를 너무 앞서는 기술개발도 성공의 걸림돌이다.

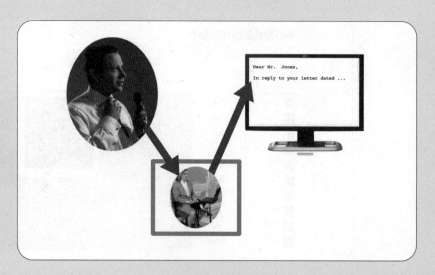

그림 10.17 IBM의 음성-텍스트 MVP(출처: https://www.andrewahn.co/product/pretotyping/)

오즈의 마법사 MVP는 복잡한 알고리즘이나 자동화가 필요한 해결책, 잠재적으로 민감한 문제가 생길 수 있는 분야(금융, 의료, 법률)에 적합하다. 예를 들어 빅데이터, AI를 활용한 소프트웨어 상품의 고객가치를 검증할 때 활용할 수 있다.

■ 비디오 MVP

비디오 MVP는 상품기능 설명을 위해 비디오를 제작하는 개념이다. 드롭박스의 비디오가 대표적인 예이다. 파일-싱크(file-sync) 솔루션에 대한 고객가치를 평가하기 위해 실제로 서버를 구축할 수 없었던 드롭박스는 3분 가량의 비디오를 제작하였다(그림 10.18). 향후 드롭박스가 구현하고자 하는 기능을 비디오로 보여준 결과, 하룻밤 사이에 회원 숫자가 5천 명에서 7만 5천 명으로 증가했다.

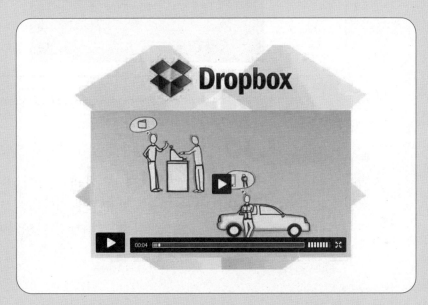

그림 10.18 드롭박스 MVP(출처: www.youtube.com/watch?v=xy9nSnalvPc)

■ 프로토타입 MVP

프로토타입 또는 목업(mock up)을 MVP로 활용할 수 있다. PDA 제조사 팜 컴퓨팅의 창업자인 제프 호킨스(Jeff Hawkins)는 나무를 이용하여 초기 제품 모양과 동일하게 제작한 '가짜 PDA'를 만들어 주머니에 넣고 다니면서 사용하는 척했다(그림 10.19). 이런 과정을 통해 핵심기능에 대한 직관을 키울 수 있었다.

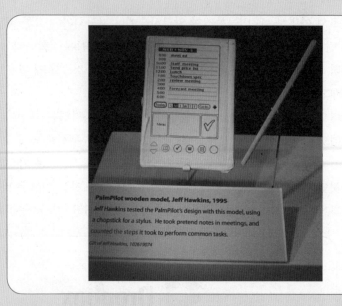

그림 10.19 나무로 만든 PDA(출처: https://www.andrewahn.co/product/pretotyping/)

■ 타인 상품 MVP

이미 경쟁자가 시장에 있고, 경쟁자 상품에 대한 개선 아이디어가 있다면 경쟁사 상품을 활용하여 상품개선 아이디어 검증을 할 수 있다. 타인 상품 MVP는 오즈의 마법사와 비슷하지만, 기존 상품의 문제점을 확인하기 위해 활용한다.

10.3.1
요구사항 정의

요구사항 우선순위를 평가하는 기준

상품 요구사항의 우선순위를 평가할 때 활용 가능한 항목은 다음과 같다.

■ 상품 비전

상품 비전에 부합하는 정도에 따라 우선순위를 고려할 수 있다. 예를 들어 상품 비전 구현을 위한 필수기능은 1순위가 된다.

■ 고객가치

상품기능 관점에서 우선순위를 결정하면 잘못된 판단을 내리기 쉽다. 왜냐하면 상품기능은 문제에 대한 해결방안이기 때문에 문제의 심각성이나 중요성을 간과하기 쉽기 때문이다. 따라서 상품 요구사항의 우선순위를 결정하기 위해서는 고객 관점에서 어떤 문제를 먼저 해결할 것인가를 결정해야 한다. 고객가치는 경제성(수익성)과 같이 숫자로 표현될 수도 있지만, 대부분 정성적으로 표현된다.

■ 개발비용

상품개발 요구사항을 개발하는 데 투입되는 비용(MM)을 고려하여 우선순위를 정한다. 개발비용이 적은 요구사항일수록 우선순위가 높다. 개발비용이 적을수록 개발기간도 짧아 고객가치를 빨리 확인할 수 있기 때문이다. 그 결과 실패비용도 줄어든다. 가치 대비 개발비용을 평가할 수도 있고(가격 대비 성능), 주어진 자원으로 어디까지 개발할 수 있을지 평가할 때 사용할 수도 있다.

■ 기술위험

기술위험은 검증되지 않은 신기술 적용 또는 복잡한 솔루션과의 연계와 같이 구현 관점에서 발생하는 위험이다. 위험이 높은 요구사항과 낮은 요구사항의 우선순위가 동일하다면 기술위험이 높은 요구사항을 먼저 개발하여 나중에 발생할 위험을 제거하는 것이 바람직하다. 기술위험과 고객가치를 고려하면 그림 10.20과 같이 기술위험이 높고 고객에게 높은 가치를 제공하는 상품 요구사항에 높은 우선순위를 부여한다.

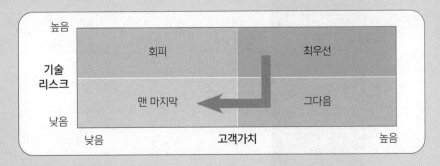

그림 10.20 고객가치와 기술위험을 고려한 상품 요구사항 우선순위 부여

■ 컴플라이언스

개인정보 보호, 해킹으로부터의 보안, 라이선스 활용규정 준수 등과 같이 고객 가치와 무관하게 반드시 반영해야 하는 상품 요구사항도 있을 수 있다. 개인정보 보호를 위한 대표적인 법이 2018년부터 시행된 유럽의 개인정보 보호법인 GPDR(General Data Protection Regulation)이다.

■ 경쟁사 상품기능

경쟁사 상품기능도 상품개발 우선순위를 결정할 때 고려할 수 있다. 다만, 자사 상품에 없는 경쟁 상품의 기능을 고객가치 검증 없이 추가하는 것은 유의해야 한다. 특히 기존 시장에 진출하기 위한 상품을 기획할 때, 경쟁사들의 상품기능을 합치고 경쟁사에 없는 기능 몇 개를 추가하는 방식은 위험하다. 상품기획을 할 때 경쟁 상품의 기능은 참조할 사항일 뿐이다.

이상의 평가기준을 활용하여 상품 요구사항의 우선순위를 결정하는 예는 그림 10.21과 같다.

■ 컴플라이언스 항목은 필수 항목이기 때문에 Y에 해당한다면 우선순위가 1이 된다.

■ 고객가치, 개발비용, 기술위험은 가중치가 있으며 각 항목은 1에서 10점을 부여하여 여러 사람들의 의견을 취합하여 결정할 수 있다. 총점은 가중치를 반영한 우선순위 평가결과이다.

구분	AAA	BBB	CCC	DDD
요구사항 유형	에픽	사용자 스토리	사용자 스토리	사용자 스토리
요구사항 출처	고객 VOC	상품기획	고객 VOC	고객 VOC
고객가치(50%)	8	–	8	4
개발비용(30%)	6	–	9	8
기술리스크(20%)	2	–	2	2
컴플라이언스	N	Y	N	N
총점	6.2	–	7.1	4.8
우선순위	2	1	1	4
릴리즈버전	V1.3	V1.2	V1.2	

그림 10.21 상품 요구사항 우선순위 결정 예시

10.3.2 범위정의

상품 범위(product scope)는 상품이 제공하자고 하는 기능 또는 특징이고, 프로젝트 범위는 상품을 개발하기 위해 필요한 작업이다.

예측형 개발에서는 프로젝트 범위를 정의하기 위해 프로젝트 착수시점에서 상세한 WBS를 정의한다. WBS는 Work Breakdown Structure의 약어로 '작업 분류체계'라고 번역한다. 현장에서 많이 사용하는 용어이기 때문에 이 책에서는 약어인 WBS를 주로 사용하겠다.

소프트웨어 상품개발에서 WBS는 what에 해당하는 상품 요구사항과, how에 해당하는 생애주기의 관점에서 분할하고 정의하는 것이 일반적이다. 프로젝트 관리 시스템 (PMS, Project Management System)을 개발하는 프로젝트의 WBS 예는 그림 10.22와 같다. 1 레벨은 최상위 수준의 상품기능을 분류하고 2, 3 레벨은 생애주기 관점에서, 4 레벨은 다시 상품기능 관점에서 분류한 예시를 보여준다.

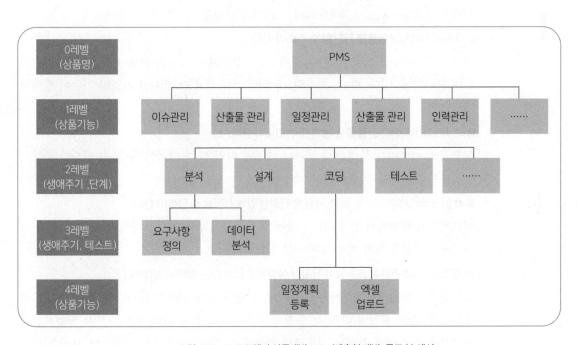

그림 10.22 소프트웨어 상품개발 WBS(예측형 개발, 폭포수) 예시

적응형 개발에서는 WBS라는 용어를 사용하지 않는 경우가 많다. 적응형 개발의 범위는 로드맵, 백로그, 에픽(epic), 피처(feature), 사용자 스토리 등의 용어를 주로 사용한다. 적응형 개발의 WBS 예는 그림 10.23과 같다.

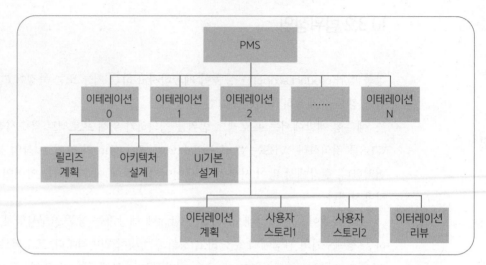

그림 10.23 소프트웨어 상품개발 WBS(적응형, 애자일) 예시

예측형 개발에서 WBS가 적절하게 분할되었는지 판단하는 기준은 다음과 같다. 워크패키지(work package)는 WBS 최하위 레벨의 작업을 의미한다.

■ 각 워크패키지의 완료를 판단할 수 있어야 한다.

예를 들어, 최하위 레벨을 '화면 설계'라고 하면 해당 작업의 완료 여부를 비교적 명확하게 판단할 수 있다. 반면, 최하위 레벨을 '기본 설계'라고 하면 완료의 기준이 불명확해진다.

■ 각 워크패키지마다 산출물을 정의할 수 있어야 한다.

산출물의 이미지가 분명하지 않거나 관점에 따라 다른 해석이 나올 수 있으면 분할이 적절하게 이루어진 것이 아니다.

■ 각 워크패키지마다 원가, 일정, 자원을 신뢰성 있게 산정할 수 있어야 한다.

워크패키지 레벨에서 원가, 일정, 자원을 산정하기 힘들면 워크패키지 분할이 덜 된 상태이거나 산정을 위한 정보가 부족한 상태이다.

■ 워크패키지의 기간이 조직에서 정의한 상한선을 넘지 않는 것이 바람직하다.

일반적으로 워크패키지 작업기간은 2주를 넘지 않는 것이 바람직하다. 하지만 프로젝트의 규모 혹은 유형에 따라 적정 작업기간이 달라질 수 있다. 워크패키지 작업기간이 길어지면 작업 진행 중에는 계획대로 진행되고 있는지를 파악하기 힘들다. 또한 모니터링 기간도 길어져 작업 수행과 관련된 위험을 파악하기 힘들어지는 단점이 있다.

WBS는 다음과 같이 프로젝트 계획과 통제의 핵심이 된다.

■ 산정의 정확성을 높인다.

WBS는 상품개발 업무를 작은 덩어리로 분할하여 각종 산정(원가, 일정, 자원)의 정확성을 높인다. 문제는 '어느 수준까지 분할할 것인가'이다. 분할을 상세하게 하면 할수록 원가나 일정을 더 정확하게 산정할 수 있지만, 분할을 위한 시간과 비용이 증가하기 때문에 산정의 정확성과 산정하는 비용의 상충관계를 고려하여 분할해야 한다. 프로젝트 착수시점에서 정보가 부족해 더 이상 분할이 힘들다면 프로젝트를 진행하면서 상세한 분할을 한 뒤 산정치를 보완한다.

■책임과 역할을 명확히 한다.

수행할 작업(WBS)이 불명확하면 책임과 역할도 모호할 수밖에 없다. WBS의 계층적 구분은 책임과 역할도 계층적으로 정의할 수 있도록 한다. 예를 들어 PMS의 '일정계획 수립' 기능을 코딩할 담당자와 일정관리 전체 업무를 책임지는 관리자를 별도로 정할 수 있다.

■ 모니터링과 통제를 용이하게 한다.

워크패키지에 일정과 원가를 부여하기 때문에 작은 프로젝트처럼 관리할 수 있다. 프로젝트 전체 레벨(1레벨)에서는 업무 규모가 커서 일정과 원가의 계획 대비 실적을 정확하게 파악하기 힘들기 때문에, 분할한 업무단위로 일정과 원가 성과를 모니터링하면 부진 업무에 대한 시정조치가 가능하다.

WBS와 관련하여 기억할 용어 몇 가지를 추가로 설명한다.

■ 연동기획

먼 미래에 수행하는 작업은 취합 정보가 부족해 원가와 기간을 산정할 수준으로 분할하기 힘들 수 있다. 이 경우에는 프로젝트를 진행하면서 상세하게 분할하는데, 이를 '연동기획(rolling wave planning)'이라고 한다.

■WBS ID(Code of account)

WBS 각 수준의 구성요소는 체계적인 ID를 부여해서 관리해야 한다. 그래야만 WBS ID만 봐도 상세화 수준을 쉽게 파악하고, WBS가 속한 그룹도 쉽게 이해할 수 있기 때문이다. WBS ID를 code of account라고도 한다.

■통제단위

통제단위(control account)는 범위, 일정, 원가(예산)를 통합하여 계획을 수립하고 성과를 통제하는 WBS 레벨이며, 획득가치를 분석하는 단위이기도 하다. 통제단위는 WBS 최상위 레벨과 최하위 레벨 사이의 중간 레벨이며, 하나의 통제단위는 하나의 조직이 담당한다. 통제단위는 2개 이상의 워크패키지로 구성되며, 1개의 워크패키지는 1개의 통제단위에만 속한다. 워크 패키지와 통제단위가 다른 이유는 조직에 따라 워크패키지 단위로 실적원가를 관리하지 않을 수도 있기 때문이다.

■ WBS 사전

WBS사전(WBS Dictionary)은 WBS의 각 구성요소와 관련된 상세한 정보를 제공한다. WBS사전에 포함되는 정보의 예는 다음과 같다.

- WBS 코드 ID
- 작업 설명, 가정사항 및 제약사항
- 담당 조직
- 일정 마일스톤
- 필요한 자원
- 원가 산정치
- 품질요구사항
- 인수기준

  WBS사전의 예시는 그림 10.24와 같다.

WBS ID: 11.3.2
인도물 Circuit voard
예산: $1,000
기간별 예산

프로젝트명: PC Prototype
기간: XX. 01. 01 ~XX. 01. 30
신청 담당자: 홍길동

원가	M+1	M+2	M+3	M+4	M+5	계
초급	100	100	100			300
중급			150			150
고급			200			200
인건비 계						650
재료비	250					250
경비	10	20	30	20	20	100
계	360	120	480	20	20	1,000

그림 10.24 WBS 사전 예시

10.3.3 요구사항 관리

요구사항 관리는 다음과 같은 활동을 포함하며 이를 위한 담당자를 지정해야 한다. 보통 상품관리자(상품책임자), 비즈니스 분석가가 요구사항 관리를 담당한다.

■ 프로젝트 단계별로 요구사항 반영 여부를 확인한다.
■ 요구사항 목록(백로그)을 업데이트하고, 이해관계자와 공유한다.
■ 요구사항 변경 프로세스 준수를 확인한다.

- 요구사항의 단계별 반영을 추적 관리한다.
- 요구사항의 안전성, 변경률을 파악하기 위한 지표를 관리한다.

요구사항을 제대로 관리하지 않으면 재작업, 범위증가(scope creep), 예산초과, 일정지연을 초래할 수 있다. 요구사항 관리를 위해서는 별도의 도구(예: Jira, 엑셀 등)를 활용하는 것이 일반적이다.

범위증가(scope creep)라는 용어가 있다. creep이란 '살금살금 움직인다'는 의미로 사소한 변경을 설명할 때 사용한다. 프로젝트 관리자는 사소한 변경이기 때문에 프로젝트 예산, 기간의 변경 없이 요구사항의 변경을 수용하는 경우가 많다. 그러나 사소한 변경이 많아지면 가랑비에 옷 젖는 상황이 발생한다. 이러한 범위증가를 예방하기 위해서는 변경의 영향력을 분석하고 그것을 근거로 경영층의 승인을 받는 변경통제 시스템을 적용해야 한다. 이는 애자일 개발에서도 마찬가지이다. 애자일 개발을 적용한다고 변경의 영향력이 줄어드는 것은 아니다. 필요한 변경은 수용하되 프로젝트에 어떤 영향을 미치는지 알아야 한다.

10.3.3
요구사항 관리

◎ **결과물 | 요구사항 추적 매트릭스(Requirements traceability matrix)**

요구사항을 추적·관리하는 목적은 요구사항을 누락하지 않고 정확하게 반영한 인도물을 이해자에게 제공하기 위함이다. 요구사항 추적 매트릭스를 활용하면 이해관계자가 합의한 요구사항의 프로젝트 단계별 반영 여부를 확인할 수 있고, 요구사항 누락을 방지할 수 있다. 요구사항 추적 매트릭스는 요구사항의 변경통제를 위해서도 활용할 수 있다(그림 10.25).

요구사항 출처		현업 요구사항 정의서		분석단계 (기능 상세 정의)		설계단계 (화면)		개발단계 (테스트)		상태 (접수, 진행, 완료)	근거 자료
요청자	부서	요구ID	요구사항 명	기능ID	프로세스 명	페이지 ID	페이지 명	빌드ID	테스트		
나영업	** 영업팀	RQ _SM _001	프로젝트 일정조회	1.1.1	일정 모바일 조회	SC 1.2	프로젝트 일정조회	IT -CM -001	9/21	완료	요구사항 명세서

그림 10.25 요구사항 추적 매트릭스 예시

요구사항 추적 매트릭스의 주요 구성내용은 다음과 같다.

- **기본 정보** 요구사항 ID, 요구사항 내용, 버전
- **요구사항 상태** 제안, 승인, 구현, 검증, 삭제, 기각 등으로 현 상태 구분
- 요구사항의 우선순위와 요구사항의 출처

10.3.4 인도물 완료

프로젝트에서는 다양한 상황에서 완료라는 말을 활용하며 예는 다음과 같다.

- 코드 개발을 완료했습니다.
- 코드에 대한 단위테스트를 완료했습니다.
- XYZ 기능개발을 완료했습니다.
- 분석단계를 완료했습니다.
- 통합테스트를 완료했습니다.
- 이해관계자 승인을 완료했습니다.
- ABC 프로젝트를 완료했습니다.
- A 상품개발을 완료했습니다.

특정 작업을 완료했다는 것은 다음 작업을 착수할 준비가 되었다는 것을 의미한다. 따라서 완료의 결과를 넘겨주는 사람과 완료된 결과를 활용하는 사람 간에 완료에 대한 정확한 기준을 정의해두지 않으면 재작업을 할 수 있고 그로 인한 갈등이 발생한다. 만드는 사람과 활용하는 사람 간에 발생할 수 있는 오해를 최소화하면 업무생산성도 향상된다.

프로젝트를 수행할 때 명확하게 정의해야 할 대표적인 완료의 기준은 다음과 같다.

■ 프로젝트 완료기준

프로젝트를 완료했다는 기준을 충족시키기 위해서는 계획서나 계약서에 명시한 인도물 완성, 이해관계자 승인 문서, 통합테스트 결과, 품질목표 달성 결과 등에 대한 기준을 충족해야 한다.

■ 개별 인도물 인수기준(Acceptance criteria)

프로젝트 완료 전에 개별 인도물에 대한 인수기준을 명확히 정의한다. 통상 체크리스트를 활용하여 해당 부서에서 평가한 후 인수 여부를 결정한다.

■ 성능목표 달성

인도물이 달성해야 할 성능목표를 정의했다면 이를 달성해야 한다. 소프트웨어 상품의 경우 응답속도, 동시 접속 가능한 사용자 수, 보안침해 방지 등이 달성해야 할 대표적인 성능목표의 기준이다.

■ 완료정의(DoD, Definition of Done)

DoD는 애자일 개발에서 사용하는 용어로 주로 요구사항에 대한 완료기준을 의미한다. DoD의 정의는 고객이 사용할 수 있는 수준의 인도물이라고 간주하기 위해 충족해야 할 모든 기준 또는 점검목록이다. 사용자 스토리 DoD의 예는 다음과 같다.

– 단위테스트 통과
– 코드 리뷰 실시
– 인수기준 충족
– 비기능 요구사항 충족
– 상품책임자(PO) 승인

애자일 개발 팀에서는 엔지니어 관점에서 업무협업을 위한 DoD를 정의하기도 한다. 예를 들어 통합 빌드를 구축하기 전에 개별 코드가 충족시켜야 할 조건들을 명시하는 것이다.

완료정의와 유사한 개념으로 착수정의(DoR, Definition of Ready)가 있다. 착수정의는 요구사항 개발의 착수기준을 의미한다. 앞서 설명한 우수한 요구사항 문서가 갖추어야 할 조건을 갖추었다면 DoR을 충족한다. DoR은 상품책임자(Product Owner)가 확인 한 후 프로젝트 팀에게 개발을 요청해야 한다. DoR의 예는 다음과 같다.

– 테스트 가능하고 명확한 사용자 스토리
– 사용자 스토리의 인수기준(acceptance criteria) 정의
– 투입공수 및 기간 산정 가능
– 백로그 우선순위 확인

10.3.4
인도물 완료

 방법 | 스프린트 리뷰

이터레이션 리뷰의 목적은 이터레이션을 통해 구현한 기능을 이해관계자들에게 시연하여 피드백을 받는 것으로 쇼케이스(show case)라고도 한다. 이터레이션 리뷰를 통해 나중에 발생할 변경사항을 미리 발견하여 반영할 수 있다. 이터레이션 리뷰는 프로젝트 팀원들의 집중력을 유지하는 데 도움이 된다. 이터레이션 리뷰는 외부 이해관계자들을 대상으로 하기 때문에 팀원들은 이터레이션 리뷰를 위해 긴장감을 가지고 준비한다. 이터레이션 리뷰를 잘 끝내면 프로젝트 팀의 사기와 응집력이 높아진다. 이터레이션 리

뷰를 진행할 때 유의할 내용은 다음과 같다.

■ **이터레이션 리뷰는 상품관리자가 진행하는 것이 바람직하다.**

상품관리자는 상품 요구사항을 정의했기 때문에 이터레이션 리뷰에서 나오는 질문에 대부분 답변할 수 있다. 뿐만 아니라 상품관리자는 이해관계자들이 이해하기 쉬운 용어로 시연 내용을 설명할 수 있다.

■ **이터레이션 리뷰 시작 전에 시연할 시나리오를 간단히 설명한다.**

이터레이션 리뷰 시작 전에 해당 이터레이션에서 구현한 백로그 목록을 설명하고 그중에서 시연할 백로그의 내용을 설명한다. 시연 시나리오는 백로그 목록의 순서가 아니라 사용자가 해당 상품을 사용할 상황에 맞게 정의한다. 모든 백로그를 설명하지 않을 수도 있다. 목록 소개에 너무 많은 시간을 소비하지 않고 상세 내용은 시연에서 설명한다.

■ **보완할 사항을 정리하고 다음 이터레이션에서 개발할 항목을 설명한 뒤 이터레이션을 마무리한다.**

이터레이션 리뷰에서 도출한 보완사항을 참석자와 확인한다. 다음 이터레이션에서 개발할 백로그 항목을 설명하는 것으로 이터레이션 리뷰를 마무리한다. 이터레이션 리뷰 결과에 따라 다음 이터레이션 백로그 항목의 우선순위가 변경될 수도 있다.

이터레이션 리뷰와 회고는 별도로 구분하여 진행하는 것이 바람직하다. 왜냐하면 표 10.7과 같이 참석자와 목적이 다르기 때문이다.

구분	이터레이션 리뷰	회고
목적	개발내용을 시연하여 수용할 내용과 보완할 내용을 확인	프로젝트 수행방식, 프로세스 개선사항 도출
참석자	프로젝트 팀원 + 이해관계자	프로젝트 팀원

표 10.7 이터레이션 리뷰와 회고의 차이

10.3.4
인도물 완료

프로젝트 종료

① 프로젝트 종료 요약

규모가 작은 프로젝트의 종료 프로세스는 간단하지만 대규모 건설 프로젝트의 종료 프로세스는 복잡하다. 예를 들어 초고층 빌딩 건설 프로젝트는 복잡한 계약관계, 엄격한 품질관리, 운영 인수인계의 어려움, 발주자와 계약자 간 클레임 등을 고려하여 프로젝트를 종료해야 한다. 프로젝트를 종료할 때 프로젝트 관리자는 다음 사항을 확인해야 한다.

■ **프로젝트 종료 기준 충족 여부 확인** 인도물의 공식 승인, 모든 비용 처리, 팀원 해제, 각종 문서 입고

■ **공급자와의 계약종료 확인** 공급자의 작업물 공식 승인, 클레임 종결

■ **프로젝트 교훈 정리 및 공유** 프로젝트 성공 또는 실패 원인 정리, 지식 공유, 교훈 식별과 등록, 조직의 정책 및 절차 개선 아이디어 제출

■ **프로젝트 결과물 이전** 제품, 서비스 또는 결과물을 생산 및 운영 단계로 이전 프로젝트 또는 단계 종료 프로세스는 프로젝트가 정상적으로 종료되는(complete) 경우 외에도 양자 합의에 따라 프로젝트가 중단되는(terminate) 경우에도 적용된다. 프로젝트가 중단되는 경우에는 그 시점까지의 산출물과 작업 결과를 정리하여 정산에 대비해야 한다. 프로젝트 중단은 그림 10.26과 같이 후속 단계로 이행하지 않고 단계를 종료하는 경우에도 해당된다.

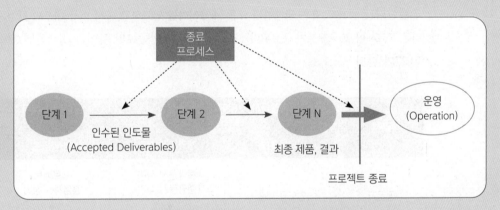

그림 10.26 프로젝트 종료 프로세스의 적용 범위

② 프로젝트 종료의 순서
프로젝트 종료의 상세 순서는 조직마다 다르지만 일반적인 종료 순서는 다음과 같다.

❶ 프로젝트 종료에 대한 공식 승인 획득

→ 종료 프로세스에서 가장 중요하면서도 가장 먼저 수행해야 하는 활동

❷ **교훈(Lessons learned) 정리**

→ 프로젝트 수행시 경험했던 각종 교훈을 팀원들과 함께 검토하고 정리

❸ **프로젝트 아카이브(Archives) 정리**

→ 프로젝트의 각종 산출물을 정리하여 향후 유사 프로젝트를 수행시 참조

❹ **프로젝트 팀원의 발령 해제**

→ 모든 작업을 프로젝트 팀원과 함께 수행 후 팀원 발령 해제

③ 계약종료와 행정종료

계약종료는 계약 내용이 이행되었는지 최종 품질을 점검하고 문서상으로 확인하는 활동으로 납품물의 성능 검사, 준공 전 시범운영, 클레임 종결, 각종 문서 정리 등이 해당된다. 행정종료는 절차, 문서상으로 프로젝트를 종료하는 활동이다. 경비 마감, 인도물 승인 확인, 이슈 마감 확인, 팀원 해제, 종료보고회 등이 해당된다. 계약종료는 공급자와 구매자가 함께 수행하는 프로세스이며, 계약종료를 완료한 뒤에는 공급자와 구매자 각자 조직의 정해진 프로세스에 따라 내부 행정종료를 수행한다(공급자의 경우, 구매자와 모든 계약처리를 완료하고 나서 회사 내부의 행정처리를 종료해야 프로젝트가 종료된다). 계약종료와 행정종료의 차이를 정리하면 그림 10.27과 같다

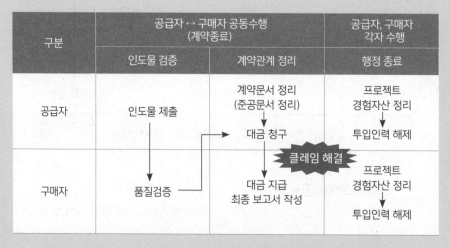

구분	공급자 ↔ 구매자 공동수행 (계약종료)		공급자, 구매자 각자 수행
	인도물 검증	계약관계 정리	행정 종료
공급자	인도물 제출	계약문서 정리 (준공문서 정리) 대금 청구	프로젝트 경험자산 정리 투입인력 해제
구매자	품질검증	대금 지급 최종 보고서 작성	프로젝트 경험자산 정리 투입인력 해제

클레임 해결

그림 10.27 계약종료와 행정종료 프로세스

10.4 품질관리

품질의 정의는 '기본 특성이 요구사항을 충족시키는 정도(The degree to which a set of inherent characteristics fulfill requirements)'이다. 이해관계자들이 인도물을 수용하기 위해서는 기능 요구사항뿐만 아니라 품질 요구사항도 충족시켜야 한다. 상위 수준의 품질 요구사항은 요구사항 문서에서 정의하고 개별 인도물의 품질 요구사항은 개별 인도물에 인수기준(acceptance criteria)또는 완료정의(DoD)의 형태로 정의한다. 예를 들어 사용자 스토리에 인수기준 또는 완료정의를 포함할 수 있다.

대부분의 조직에서 품질활동(QA, 테스트)은 전문조직에서 수행한다(물론 프로젝트 팀도 품질활동을 수행해야 한다). 전사의 품질부서에서 모든 프로젝트에 적용할 정책을 수립하여 적용하고 품질활동의 비용도 일부 또는 전체를 전사조직에서 부담한다.

고등급과 고품질을 혼동해서는 안된다. 고사양, 다기능의 최신 스마트폰이 구형의 휴대전화보다 품질수준이 낮을 수 있다. 품질은 제품이 제공하는 기능이 정확하고 일관되게 작동하는 특성이다. 고객이 잘 사용하지 않는 다양한 기능을 제공하는 상품은 성공하기 힘들다. 기능이 많아지면 기업 입장에서는 상품개발 원가 증가, 개발기간 장기화, 유지보수가 어려워진다. 고객 입장에서는 상품기능이 많아 사용편의성이 낮아진다(그림 10.28).

고객이 요구하지 않은 기능을 제공하는 것을 자동차 차체에 금 도장하는 것에 비유하여 골드 플레이팅(gold plating)이라고 한다. 적지 않은 상품이 고등급, 저품질의 함정에 빠져있다.

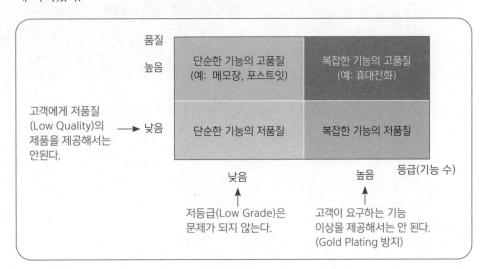

그림 10.28 등급과 품질

10.4
품질관리

인도물 인수와 품질수준

인도물에 대한 품질수준과 이해관계자의 인수 여부는 상관이 있을 수도 있고, 상관이 없을 수도 있다. 조직의 정책은 대개 알려진 품질이슈나 오류는 조치를 취한 뒤에 이해관계자에게 인도물을 제공하는 것이지만 상황에 따라 그렇지 않을 수도 있다. 이해관계자는 품질문제가 없는 인도물을 인수하지 않을 수도 있고, 품질문제가 있어도 인도물을 인수할 수도 있다. 인도물이 필요한 시기, 품질문제의 내용에 따라 이해관계자의 인수기준이 다르기 때문이다. 품질통제와 인도물 인수의 차이를 정리하면 그림 10.29와 같다.

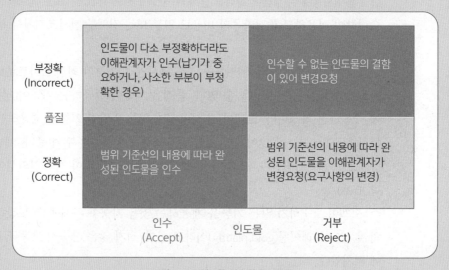

그림 10.29 인도물 인수와 품질통제

품질관리 섹션에서는 품질비용, 변경비용을 설명한다.

10.4.1 품질비용(Cost of quality)

품질활동 수행을 위해 발생하는 비용을 품질비용이라고 한다. 품질비용은 적정 수준의 품질을 확보하기 위한 활동에 투입되는 비용이다. 품질관리에는 3가지 원칙이 있다(그림 10.30).

첫째, 결함을 만들지 않는다. (①)

둘째, 결함이 있는 제품은 고객에게 전달하지 않는다. (②)

셋째, 고객에게 전달된 결함이 있는 제품은 빨리 회수한다. (③)

그림 10.30에서 보듯 품질비용은 이 원칙들을 준수하기 위한 비용이다.

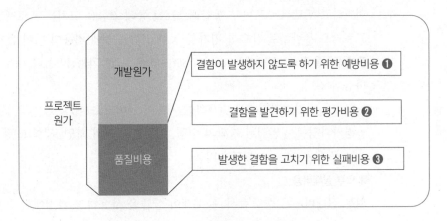

그림 10.30 품질비용의 개념

품질비용에는 예방비용, 평가비용, 실패비용이 있으며, 예방비용과 평가비용은 적합성 비용(conformance cost), 실패비용은 비적합성 비용(nonconformance cost)이다. 실패비용은 내부 실패비용과 외부 실패비용으로 나누어진다. 품질비용 유형별 상세 내용은 다음과 같다.

■ 예방비용

예방비용은 제품 또는 서비스를 개발할 때 결함을 만들지 않기 위한 활동에 투입되는 비용이다. 결함예방은 이상적이지만 현실에서 효과를 보기는 쉽지 않다. 그러나 결함을 예방하는 체계를 갖춘 조직에게 돌아가는 보상은 크다. 결함을 발생시키지 않기 위한 대표적인 활동은 다음과 같다.

- 조직 내 품질시스템을 구축하고 유지하기 위한 활동
- 조직원의 품질의식 고취를 위한 교육
- 기존에 발생한 결함의 근본원인 분석 및 이행

■ 평가비용

평가비용은 제품 출시 또는 서비스 제공 전에 품질평가를 위해 투입되는 비용이다. 평가활동의 예는 다음과 같다.

– 품질활동 프로세스의 이행 여부를 확인하는 품질보증 활동

– 개발단계에서 품질검토 활동(예: 코드 리뷰), 자재 및 부품 입고검사 활동

– 제품 및 공급업체 선정 후 품질성과를 평가하는 활동

■ 내부 실패비용

내부 실패비용은 프로젝트 팀이 이해관계자에게 인도물을 제공하기 전에 발견한 결함을 수정할 때 발생하는 비용이다. 현실에서는 개발일정 준수에 대한 부담으로 개발을 먼저하고 프로젝트 후반부 통합테스트를 통해 결함을 고치는 프로젝트가 많다. 그러나 프로젝트 후반부로 갈수록 평가를 통한 결함 수정에 비용이 많이 들기 때문에 테스트를 통해 품질을 확보하려는 생각(test-quality-in)은 실패할 가능성이 높다. 내부 실패비용의 예는 다음과 같다.

– 비효율적 작업과정에서 발생하는 자재의 낭비 (스크랩)

– 평가과정에서 발견된 결함의 수정, 수정된 결함의 확인, 결함 수정 과정에서 발생하는 부작용(side effect) 조치비용

■ 외부 실패비용

외부 실패비용은 상품출시 후 고객이 상품을 사용하는 과정에서 발생하는 결함을 수정하기 위한 비용이다. 개별 상품의 단품성 고장은 서비스센터의 운영비용만 발생시키지만, 휴대폰이나 전기차의 건전지 불량과 같은 대량의 품질이슈는 큰 비용을 발생시킬 뿐만 아니라 기업 이미지에도 큰 타격을 준다. 외부 실패비용과 관련된 활동은 다음과 같다.

– 불량품 반품 또는 교체

– 불량품 AS 수리 (기사 방문 포함)

– 고객지원 콜센터 운영

– 시장불량 원인 분석

– 대량의 품질이슈 발생시 리콜 (운송 포함)

이상 설명한 4가지 품질비용을 요약하면 표 10.8과 같다.

항목		활동	활동 예
적합성 비용 결함을 발생시키지 않기 위한 비용	예방비용	결함을 예방하기 위한 활동	교육, 품질시스템 구축, 품질감사(Audit)
	평가비용	결함을 찾아내기 위한 활동	각종 테스트
비적합성 비용 발생한 결함을 처리하기 위한 비용	내부 실패비용	고객에게 인도물을 전달하기 전 에 발견한 결함을 수정하는 활동	재작업, 재검사, 스크랩
	외부 실패비용	고객에게 인도물을 전달한 후 발 생하는 결함을 수정하는 활동	고객지원 센터 운영비용

표 10.8 품질비용의 유형과 내용

품질활동은 프로젝트 목표 달성을 위한 수단이지 목적은 아니다. 따라서 품질활동에 투입되는 비용 대비 효과를 극대화할 수 있는 품질활동 계획을 수립해야 한다. 조직마다 프로젝트마다 상황은 다르겠지만 예방 및 평가 비용의 균형 있는 투자 즉, 최적의 투자비율은 존재한다. 일정 수준 이상으로 예방·평가 비용을 투자하는 것은 유익하지도, 비용면에서 효과적이지도 않다.

10.4.1
품질비용

◎ **결과물 | 품질관리 계획서(Quality management plan)**

품질관리 계획서의 내용은 다음과 같다.
- **품질목표** 프로젝트 상황에 적합한 품질목표(또는 메트릭스)
- **품질활동의 유형** 프로젝트에서 수행할 품질활동의 이름과 간략한 내용
- 품질활동별 수행 책임자, 품질활동의 수행 시기
- 품질활동의 대상(인도물, 프로세스), 품질활동의 수행 절차
- 품질활동의 점검목록, 지적 사항에 대한 시정조치 절차
- 품질활동시 사용할 품질도구

품질관리 계획을 수립할 때 유의사항은 다음과 같다.
- 프로젝트 특성과 상황, 조직의 품질정책을 고려하여 정의한다.
- 품질활동은 원가와 일정에 영향을 미치기 때문에 정확한 정보를 기준으로 판단했는지 확인해야 한다.
- 품질관리 계획서는 프로젝트 요구사항이나 상황에 따라 공식적·비공식적, 상세·개

략적으로 문서화할 수 있다.

■ 품질관리 계획을 잘못 수립하면 재작업으로 인해 일정과 원가가 초과된다.

품질관리 계획서의 목차 샘플은 그림 10.31과 같다.

1. 개요 ········ 1
2. 역할 및 책임 ········ 2
3. 품질 목표 ········ 4
   3.1 품질 목표 설정 ········ 4
   3.2 품질 목표 선정 근거 ········ 4
   3.3 품질목표 측정 및 평가 ········ 6
      3.3.1 단계별 품질 평가 모듈 정의 ········ 6
      3.3.2 품질 측정기준 및 평가공식 ········ 7
4. 품질보증 활동 ········ 10
   4.1 품질예방 ········ 12
      4.1.1 단계 초 착수회의 ········ 12
   4.2 품질검토 ········ 12
      4.2.1 내부수시검토 ········ 12
      4.2.2 QA수시검토 ········ 12
      4.2.3 고객수시검토 ········ 12
      4.2.4 단계말 내부수시검토 ········ 13
      4.2.5 단계말QA검토 ········ 13
   4.3 이해관계자 검토 ········ 13
   4.4 외부 감사 ········ 14
      4.4.1 사내 ········ 14
      4.4.2 감리 ········ 14
5. 부적합 사항에 대한 시정조치 확인 및 모니터링 ········ 14
   5.1 목적 및 대상 ········ 14
   5.2 시정조치 절차 ········ 16
I. #별첨- 산출물 ········ 17
II. #별첨- 검토 관리대장 ········ 17

그림 10.31 품질관리 계획서 목차 예시

10.4.1
품질비용 결과물 | 인과관계도(Cause-and-effect diagram)

인과관계도는 문제에 대한 다양한 원인(또는 하부 원인들) 사이의 관계를 일목요연하게 생선뼈 모양으로 정리한 것으로, 특성요인도, 피시본 다이어그램(fishbone diagram), 만든 사람의 이름을 따서 이시카와 다이어그램이라고도 한다.

인과관계도는 어떤 결과(또는 문제)의 원인을 체계적이고 시각적으로 이해하여 품질에 문제가 되는 특별한 요인을 제거하는 방법을 찾을 때 활용한다. 인과관계도의 샘플은 그림 10.32와 같다.

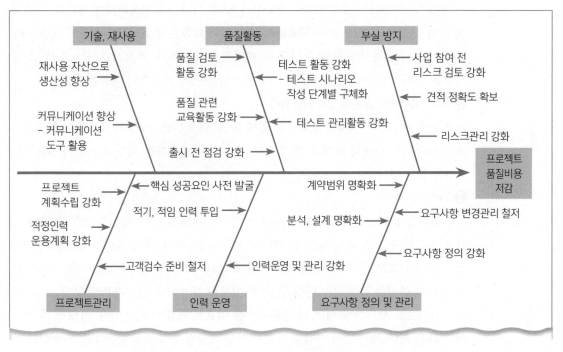

그림 10.32 인과관계도 예시

10.4.1
품질비용 방법 | 근본원인 분석(Root cause analysis)

근본원인 분석은 출시한 상품이 시장에서 중대한 결함이 발생하거나, 빈발하는 불량을 분석하기 위해 수행한다. 상품의 품질오류는 상품개발을 잘못했거나 생산(하드웨어)또는 운영(소프트웨어)을 잘못했을 때 발생한다. 상품개발의 오류는 상품출시 직후 발견되는 경우가 많으며 생산 또는 운영의 오류는 언제든지 발생할 수 있다.

품질오류가 발생한 근본원인을 고치지 않으면 품질오류는 다시 발생한다. 마치 허리가 아픈데 진통제를 먹고 허리가 다시는 안 아프길 바라는 것과 같다. 사람의 실수로 인한 문제는 근본원인 분석에 유의해야 한다. 서비스 운영자의 릴리즈 오류, 제품생산 작업자의 조립 오류의 근본원인을 작업자 미숙으로 대처하면 재발방지 대책수립이 어려워진다.

동일한 상황에서 동일한 오류의 재발방지뿐만 아니라 유사한 상황에서 유사한 오류의 재발을 방지하기 위해서는 근본원인 분석이 중요하다. 근본원인 분석의 순서는 다음과 같다.

❶ 데이터 수집

품질오류와 관련된 데이터를 수집한다. 상품출시 후 일정시간(예: 3개월) 이상 경과했다면 운영 또는 생산의 품질오류일 가능성이 높다. 이때는 품질오류가 발생하기 전에 무엇을 변경했는지를 찾는 것이 중요하다. 하드웨어 제품은 동일시점에 생산된 제품(lot라고 한다)을 수집하여 오류를 확인한 뒤 변경점을 분석한다. 소프트웨어는 품질오류에 영향을 줄 수 있는 요인들(프로그램, 서버, 네트워크 등)에 관한 변경내용을 분석한다.

❷ 품질오류에 영향을 줄 수 있는 요인 정리

대부분 품질오류를 발생시킨 요인을 쉽게 찾을 수 있지만, 여러 가지 요인이 복합적으로 작용했다면 상세한 분석을 해야 한다. 동일한 품질오류의 재현이 가능해야 정확한 요인을 찾은 것이다.

❸ 5 Why 분석

근본원인을 분석하기 위해서는 문제를 제대로 정의해야 한다. 유사한 품질 문제의 재발을 방지할 수 있도록 문제를 정의하는 것이 바람직하다. 예를 들어 특정 제조공정에서 나사 조임으로 문제가 발생했다면 다른 공정까지 포함하여 분석하는 것이 바람직하다. 5 why 분석은 근본원인 분석 중 가장 어려운 활동이다. 표면적으로 보이는 요인을 근본원인으로 생각하기 쉽고 아이디어가 잘 떠오르지 않기 때문이다. 반드시 다섯 번의 질문을 해야 하는 것이 아니고 실효성 있는 재발방지 대책을 발견하면 두 번이나 세 번의 질문만 해도 된다. 실효성의 판단기준은 대책의 지속 가능성이다. 흔히 적용하는 교육은 실효성있는 재발방지 대책이 아니다.

10.4.1 품질비용 ◎ **결과물 | 순서도(Flow chart)**

순서도는 투입물을 받아 프로세스를 거쳐 산출물을 만드는 과정을 작업순서에 맞게 표현한 것이다. 프로세스의 수행순서, 의사결정 지점, 분기 루프, 병렬 경로를 보여준다. 6시그마에서 많이 활용되는 SIPOC 모델〔Supplier(공급업체), Input(투입물), Process(프로세스), Output(산출물), Customer(고객)〕도 순서도의 대표적인 예다(그림 10.33).

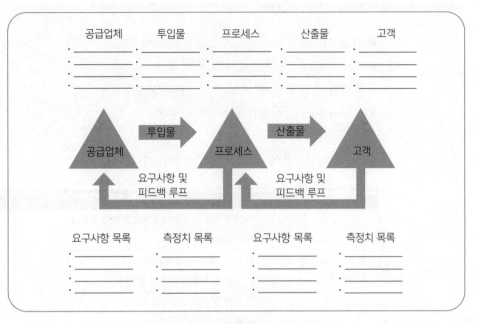

공급업체   투입물   프로세스   산출물   고객

공급업체 → 투입물 → 프로세스 → 산출물 → 고객

요구사항 및 피드백 루프

요구사항 목록   측정치 목록   요구사항 목록   측정치 목록

그림 10.33 SIPOC 모델(출처: PMBOK 지침서 6판)

상품의 기획, 개발, 출시, 기술지원과 같이 프로세스를 업무 흐름대로 정리한 것을 프로세스 흐름도라 한다. 프로세스 흐름도는 어느 시점에 어떤 품질활동을 수행할지, 어떤 프로세스에서 품질비용이 많이 발생하는지, 프로세스 개선사항을 찾을 때 활용할수 있다. 프로세스 흐름도는 '가치흐름 매핑'을 위한 투입물이다.

심화학습

10.4.1
품질비용

감사(Audit)

품질감사는 조직의 품질방침과 프로젝트의 품질표준 준수 여부를 확인하는, 구조화되고 독립적인 검토활동이다. '구조화'란 품질감사의 영역, 영역별 점검목록(checklist), 품질감사의 진행 순서, 사후조치 등을 체계적으로 준비한다는 것을 의미한다. '독립적인 검토활동'이란 프로젝트 팀원과 독립적인 조직에서 품질감사를 수행한다는 것을 의미한다. 대부분 조직에서는 프로젝트 팀과 독립적인 품질조직이 품질감사를 수행한다.

    품질감사의 목적은 다음과 같다.

- 프로젝트 표준 프로세스의 효율성·효과성 검토
- 모범사례(BP, Best Practice) 발굴 및 공유
- 부적합 사항 확인 및 프로세스 개선사항 도출
- 품질비용 저감, 이해관계자 만족도 증진

품질감사 점검항목의 예시는 그림 10.34와 같다.

중점 감리항목	세부 검토항목
프로젝트관리 및 품질보증	(가) 계약이행 및 과업내용 변경통제의 적정성
	(나) 자원관리의 적정성
	(다) 의사소통관리의 적정성
	(라) 일정 및 진척률 관리의 적정성
	(마) 쟁점 및 리스크관리의 적정성
	(바) 품질보증활동의 적정성
응용시스템	(가) 단위시험계획에 따른 시험수행 및 결과 정리
	(나) 구현과 설계의 추적 가능성 및 일관성
	(다) 향후 단위기능의 운영 및 유지보수 가능성
	(라) 컴포넌트 인터페이스의 적정성
	(마) 시스템통합 시험 계획수립 및 기록관리의 적정성
	(바) 시험 절차, 시험데이터 등 시험계획의 적절성
	(사) 시험범위의 명확성 및 사용자 요구사항과의 추적성
데이터베이스 시스템	(가) 데이터베이스 성능 평가
	(나) 데이터의 변경관리 및 통제
	(다) 응용시스템의 기능과 연계된 데이터의 무결성
	(라) 데이터베이스 통제 및 운영체계
	(마) 데이터베이스 튜닝
아키텍처 및 보안	(가) 시스템 요구사항과 시스템 구조의 일치성
	(나) 시스템 구조 및 응용구조와 데이터 분산전략의 일관성
	(다) 운영시스템 구조의 적절한 설계 및 구현 여부
	(라) 시스템 처리능력 설계 및 적정성
	(마) 외부 시스템과의 연계방안

그림 10.34 소프트웨어 개발 프로젝트의 감사 점검항목 예시

통제도(Control chart)

프로세스 또는 품질이 안정적인지 혹은 예측할 수 있는지를 판단하기 위해서는 통제도를 활용해야 한다. 흔히 '산포'라고도 이야기하는 표준편차는 해당 조직이 특정 프로세스를 얼마나 통제하고 있고, 예측할 수 있는가를 설명하는 중요한 개념이다. 품질을 관리하기 위해서는 산포를 줄이는 것에 우선 집중해야 한다. 품질의 산포가 작다는 것은 품질이 관리 가능하고 예측 가능하다는 의미이다. 품질이 좋고 나쁘고는 그 다음이다.

공정의 결과물인 상품의 특성(품질)은 편차가 발생할 수밖에 없으며, 이런 편차가 생기는 원인으로는 통제할 수 없는 일반변동(random variation)과 통제할 수 있는 (예방할 수 있는) 특별변동(special variation)이 있다. 통제도에서는 일반변동과 특별변동의 개념을 활용해서 공정에 이상요인이 발생했는지 탐지하거나 상품의 합격·불합격 여부를 판정할 수 있다.

통제 중(in control)이란 공정이 안정적이라는 의미로, 통제할 수 없는 일반변동은 발생하지만 통제할 수 있는 특별변동은 없는 상태이다. 이를 요약하면 표 10.9와 같다.

통제중(In Control)	통제를 벗어남(Out of Control)
예측 가능	예측 어려움
특별변동 없고 일반변동만 존재	특별변동 존재
패턴을 발견할 수 없음	패턴을 발견할 수 있음(7개의 연속되는 점)

표 10.9 통제 중과 통제를 벗어남의 차이

통제를 벗어남(out of control)의 유형은 다음과 같다.

■ **결과가 통제 상한선(UCL, Upper Control Limit)이나 통제 하한선(LCL, Lower Control Limit)을 벗어나는 경우**
■ **7룰(rule)** 7개 이상의 연속되는 데이터가 특정 패턴을 보이는 경우를 의미하며, 특정 패턴이란 다음 3가지를 의미한다. ❶ 계속 증가 ❷ 계속 감소 ❸ 평균을 중심으로 어느 한 부분에만 위치.

그림 10.35에서 통제한계(control limit)는 해당 프로젝트(또는 기업)의 공정관리 능력에 따라서 내부적으로 결정되는 것이지만, 사양한계(specification limit)는 외

부(고객 또는 정부)에서 요구하는 규격 또는 허용 오차범위이다. 따라서 사양한계(specification limit) 안에 통제한계(control limit)가 포함되어야 한다. 이는 회사 내부에서 관리하는 오차한계가 외부에서 요구하는 오차한계보다 엄격해야 한다는 의미이다.

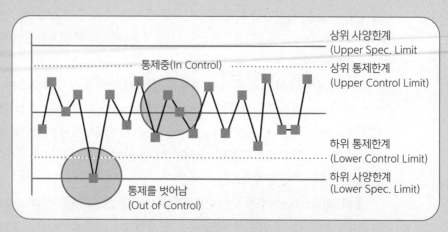

그림 10.35 관리도의 예시

공정관리 능력이 낮은 조직은 이상 여부를 판단하는 통제범위(UCL과 LCL의 사이)가 넓을 수밖에 없고, 공정관리 능력이 높은 조직은 이상 여부를 판단하는 통제범위가 좁다. 따라서 특정 조직의 프로세스가 통제범위 안에 있다고 해도(즉, 특별변동을 모두 제거했다고 해도) 조직의 전반적인 품질수준을 올리기 위해서는 이상 여부를 판단하는 통제범위를 좁히는 활동을 지속적으로 수행해야 한다. 일반변동을 줄이기 위해서는 조직의 품질시스템을 향상시켜야 한다. 검사를 많이 한다고 일반변동을 줄일 수 있는 것은 아니다(그림 10.36).

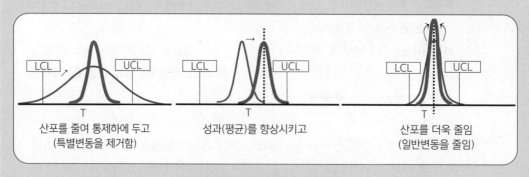

그림 10.36 일반변동의 축소방법

10.4.2 변경비용

프로젝트에는 2가지 유형의 변경이 있다. 결함을 수정하기 위한 변경과 결함이 아닌 요구사항의 변경이 있다. 2가지 유형의 변경은 모두 빨리 발견할수록 변경비용이 작게 든다. 보엠(Barry Boehm)은 분석단계의 변경비용이 1이라면 설계단계는 5배, 구축단계는 20배, 테스트 단계는 50배, 생산단계는 150배까지 커진다고 했다. 그 이유는 프로젝트 후반부로 갈수록 잘못된 오류 또는 잘못된 요구사항을 기반으로 이미 많은 작업을 수행했기 때문에 수정할 범위가 넓고, 수정하기도 어렵기 때문이다. 이 때문에 하드웨어 상품(스마트폰, 자동차 등)을 개발할 때에는 각 단계별 품질검토(stage gate review라고도 함)를 엄격하게 수행하여 많은 결함을 발견하고 고친다. 이러한 품질관리 활동을 원류 품질관리라고 한다.

소프트웨어 개발의 변경비용을 줄이기 위한 방안은 다음과 같다.

■ **개발과 테스트의 간격을 짧게 유지한다. (결함 저감)**

코드의 결함을 빨리 발견하여 조치할수록 결함이 다른 부분으로 확대되지 않는다. 테스트가 미흡한 코드를 통합하여 테스트하면 결함 수정비용이 커진다. 코드 리뷰, 테스트 주도 개발이 대표적인 활동이다.

■ **핵심기능 중심으로 개발한다. (결함과 변경 저감)**

개발 규모가 클수록 변경비용이 커진다. 아키텍처도 복잡해지고, 팀원 수도 많아져 의사소통 오류가 발생할 가능성이 높기 때문이다. 기능 수가 작으면 변경 가능성도 낮다.

■ **작게 나누어 빨리 개발한다. (결함과 변경 저감)**

핵심기능 개발에도 이터레이션 개발을 적용하면 결함을 빨리 발견하여 조치할 수 있다. 또한 이터레이션 리뷰를 수행하면 이해관계자 요구사항을 조기에 명확화할 수 있다.

심화학습

10.4.2
변경비용

기술부채(Technical debt)

미래에 갚기로 하고 돈을 빌리는 것을 금융부채라 한다면, 미래에 수정할 예정으로 지금 급하게 코딩한 것을 기술부채라 한다. 당장 결함을 유발하지는 않지만 미래 유지보수가 어려워지는 스파게티 코드(소스 코드가 복잡하게 얽힌 모습을 스파게티의 면발에 비유한 표현), 복잡한 논리, 표준 미준수 등이 이에 해당한다. 기술부채에 대한 이자는 유지보수 담당자가 지급한다. 일정준수를 위해 기술부채를 많이 사용할수록 미래의 개발 속도는 저하된다. 아파트 부실공사가 붕괴라는 큰 사고로 이어질 수 있듯이, 소프트웨어 기술부채도 방치하면 큰 사고가 발생할 수 있다. 기술부채의 이자는 시간이 지날수록 높아진다. 따라서 기술부채는 평소에 꾸준히 갚아 나가야 이자부담을 줄일 수 있으며 이를 리팩토링(refactoring)이라고 한다.

기술부채가 증가할수록 개발 마지막 단계에 안정화 테스트의 기간이 증가한다. 개발기간은 2개월인데 테스트를 1개월 하는 상황이 올 수도 있다.

10.5 다른 성과영역과의 상호작용

인도 성과영역과 다른 성과영역의 대표적인 상호작용은 표 10.10과 같다.

성과영역	인도 성과영역과의 상호작용
이해관계자	인도물을 이해관계자에게 제공
개발방식과 생애주기	이해관계자에게 인도물을 제공하는 케이던스를 고려하여 개발방식을 결정
기획	요구사항과 범위정의는 일정계획수립의 전제조건
프로젝트 작업	'기획 → 작업 → 범위검증 및 품질활동'을 통한 인도물을 이해관계자에게 제공
측정	요구사항 변경 및 품질수준을 측정
불확실성	요구사항의 안정성과 품질수준은 프로젝트 리스크 분석을 위해 활용됨

표 10.10 인도 성과영역과 다른 성과영역의 상호작용

10.6 인도 성과영역 조정

성과영역의 내용을 조정하여 실전 프로젝트에 적용하기 위해서는 성과영역의 주요 결정사항과 결정에 영향을 미치는 요인을 이해해야 한다. 인도 성과영역을 프로젝트에 적용하기 위한 결정사항은 다음과 같다.

- 요구사항을 어떻게 정의할 것인가?
- 요구사항을 어떻게 관리할 것인가?
- 어떤 품질활동을 수행할 것인가?

각 의사결정을 위해 사전에 파악할 사항 및 고려사항은 그림 10.37과 같다.

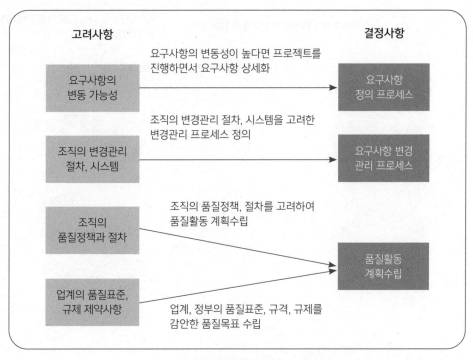

그림 10.37 인도 성과영역 조정을 위한 고려사항

10.7 인도 성과영역의 목표 달성 점검방법

인도 성과영역의 목표와 목표 달성을 점검하는 방법은 표 10.11과 같다.

목표	목표 달성 점검방법
프로젝트가 비즈니스 목표 달성에 기여	프로젝트 착수를 승인하는 문서에 조직의 전략, 비즈니스 목표를 포함하는지 확인
프로젝트 가치가 계획된 기간에 구현됨	비즈니스 케이스에 정의된 성과목표를 기간 내 달성하는지 확인
프로젝트 팀이 요구사항을 명확하게 이해	예측형 개발에서 요구사항이 변경이 많으면 요구사항을 잘못 이해했다는 반증
이해관계자가 프로젝트 인도물에 대해 만족	이해관계자들을 대상으로 인도물에 대한 인터뷰를 하거나 평가의견을 피드백 받아 확인

표 10.11 인도 성과영역의 목표 달성 점검방법

Measurement Performance Domain

측정 성과영역

11 | Measurement Performance Domain

측정 성과영역

11.1 측정 성과영역 개요

11장은 프로젝트 현황을 모니터링하고, 의사결정시 활용할 지표를 정의하고, 측정한 지표를 이해관계자와 공유하는 방법을 설명한다. 측정 성과영역은 단순히 지표관리를 하는 것이 아니라 프로젝트 목표 달성현황을 모니터링하고 통제하는 활동으로 이해해야 한다.

예측형 개발방식과 적응형 개발방식은 계획수립 방식이 다르기 때문에 계획달성 수준을 측정하는 성과측정 지표도 확연하게 다르다. 따라서 개발방식에 적합한 성과측정 지표를 이해해야 한다.

11장에서는 작업의 '흐름(flow)'을 강조하는 칸반과 관련된 성과측정 내용도 비중 있게 다룬다. 예측형 개발방식의 성과를 측정하는 핵심기법인 획득가치도 학습하기에 쉽지 않고 복잡하게 느껴질 것이다. 11장은 학습분량도 많고 내용도 어렵기 때문에 꼼꼼하게 학습하길 권한다.

측정 성과영역에서는 '성과측정 개요' '성과측정 지표의 유형' '성과지표의 공유'를 설명한다. 측정 성과영역의 학습 주제를 정리하면 그림 11.1과 같다.

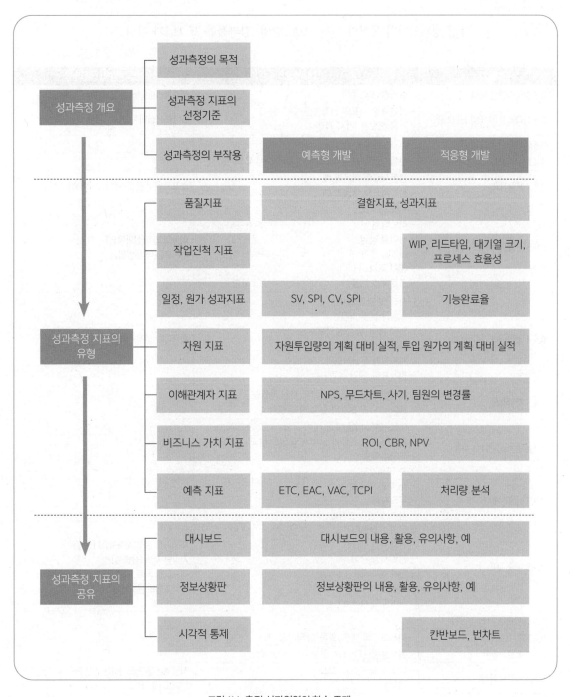

성과측정 개요	성과측정의 목적		
	성과측정 지표의 선정기준		
	성과측정의 부작용	예측형 개발	적응형 개발
성과측정 지표의 유형	품질지표	결함지표, 성과지표	
	작업진척 지표	WIP, 리드타임, 대기열 크기, 프로세스 효율성	
	일정, 원가 성과지표	SV, SPI, CV, SPI	기능완료율
	자원 지표	자원투입량의 계획 대비 실적, 투입 원가의 계획 대비 실적	
	이해관계자 지표	NPS, 무드차트, 사기, 팀원의 변경률	
	비즈니스 가치 지표	ROI, CBR, NPV	
	예측 지표	ETC, EAC, VAC, TCPI	처리량 분석
성과측정 지표의 공유	대시보드	대시보드의 내용, 활용, 유의사항, 예	
	정보상황판	정보상황판의 내용, 활용, 유의사항, 예	
	시각적 통제		칸반보드, 번차트

그림 11.1 측정 성과영역의 학습 주제

측정 성과영역의 목차와 관련 모델, 방법, 결과물은 표 11.1과 같다.

목차	내용	모델/방법/결과물
11.2 성과측정의 목적	- 성과측정의 목적	메트릭스(Metrics) [결과물]
11.3 성과측정 지표의 선정기준	- 성과측정 지표의 선정기준 - 가장 중요한 1가지 지표	OMTM [심화학습]
11.4 성과측정 지표의 유형		
11.4.1 선행지표와 후행지표	- 선행지표와 후행지표의 특징과 측정시 유의사항	
11.4.2 품질지표	- 결함지표의 내용과 예 - 성과지표의 내용과 예	소프트웨어 품질특성 [심화학습]
11.4.3 작업진척 지표	- 진행 중 작업 - 리드타임 - 사이클 타임 - 대기열 크기 - 배치 크기 - 프로세스 효율성	리틀의 법칙[심화학습] 가치흐름 매핑[방법]
11.4.4 일정, 원가 성과지표	- 시작 및 완료 날짜 - 투입공수 및 기간 - 일정 차이, 일정 성과지수 - 기능 완료율 - 계획원가와 실적원가 - 원가차이, 원가 성과지수	획득가치 분석 [방법]
11.4.5 자원지표	- 계획된 자원 투입량과 실제 자원 투입량 - 계획된 자원 원가와 실제 자원 원가	
11.4.6 비즈니스 가치 지표	- 비용-편익 비율 - 계획된 편익 인도와 실제 편익 인도 비교 - 투자수익률 - 순 현재가치	
11.4.7 이해관계자 지표	- 순 추천고객 점수 - 무드차트 - 사기, 팀원의 변경률	
11.4.8 예측 지표	- 잔여분 산정치 - 완료시점 산정치 - 완료시점 차이 - 완료 성과지수 - 회귀분석 - 처리량 분석	획득가치 분석(예측지표) [방법] 처리량 차트 [산출물] 리드타임 차트, 사이클타임 차트 [결과물] 누적흐름도 [결과물]
11.5 성과측정 지표의 공유		
11.5.1 대시보드	- 대시보드의 내용, 활용, 유의사항, 예	
11.5.2 정보상황판	- 정보상황판의 내용, 활용, 유의사항, 예	
11.5.3 시각적 통제	- 태스크 보드, 칸반보드 - 번차트	작업흐름을 중요시하는 칸반관리 [심화학습] 번차트 [결과물]
11.6 잘못된 성과측정의 부작용	- 잘못된 목표를 설정하는 오류: 호손효과, 허무지표, 메트릭스의 오용 - 성과지표를 잘못 해석하는 오류: 확증 편향, 상관관계 대 인과관계	

표 11.1 측정 성과영역의 학습 주제 관련 모델, 방법, 결과물

- 프로젝트 상태를 정확하게 이해한다.
- 의사결정을 촉진하는 데이터를 확보한다.
- 시기를 놓치지 않고 적절한 의사결정을 한다.
- 목표한 비즈니스 가치를 창출할 수 있도록 성과지표를 활용한다.

활동 예

프로젝트 성과측정 활동은 지표를 측정하고 제공한다. 성과지표는 프로젝트를 모니터링하고 통제할 때 활용한다. 성과지표를 활용하는 활동은 다른 성과영역에 속한다.

- 성과지표의 허용 한도를 정하기 위해 이해관계자와 협의한다.
- 성과지표의 측정방법, 업데이트 주기, 담당자를 지정한다.
- 프로젝트 상황실에 프로젝트 현황판을 부착한다.

시험문제 출제경향

출제 가능한 시험문제의 유형은 다음과 같다.

문제 유형

Q. (칸반보드를 제시하고) 리드타임을 개선하기 위해서는 어떤 작업에 자원을 투입해야 하는가?
A. 동시 작업 수(WIP)가 많은 단계에 자원을 투입하여 동시 작업 수를 줄여야 리드타임이 단축된다.

Q. 이번 달의 프로젝트 성과분석 결과 CPI는 1.2, SPI는 1.4이다. 이해관계자는 일정과 예산의 여유가 있으니 신규 기능 추가를 요청하였다. 프로젝트 관리자는 어떻게 대응해야 하는가?
A. CPI와 SPI의 수준과 요구사항 변경통제는 무관하다. 변경 요청사항은 영향력을 분석하고 절차에 따라 처리해야 한다.

Q. (번다운 차트를 제시하고) 계획보다 많은 작업을 수행한 구간은?
A. 계획 기울기보다 실적의 기울기가 더 가파른 구간이 더 많은 작업을 수행한 구간이다.

Q. 획득가치의 숫자를 제시하고 이에 대한 해석을 물어보는 문제
A. 획득가치는 좋고 나쁨으로만 판단하는 것이 바람직하다. CPI = 1.1이 CPI = 1.05보다 좋긴 하지만 정도의 판단을 요하는 문제는 거의 출제되지 않는다.

Q. 프로젝트 관리자의 경험에 의존하여 의사결정하는 것은 어떤 오류인가?
A. 개인의 경험에 따라 현상을 선택적으로 지각하고 데이터를 선택하는 것은 확증편향의 오류이다.

Q. 이해관계자들이 요구사항 접수 이후 릴리즈될 때가지 리드타임이 너무 길다고 불만이 많다. 어떻게 대응해야 하는가?
A. 작업 흐름속도를 높이기 위해 칸반보드 적용을 검토한 후 이해관계자와 적용방안을 협의한다.

11.2 성과측정의 목적

프로젝트 성과지표를 개발하고 측정하는 목적은 다음과 같다.

■ 프로젝트 현황을 이해하기 위해

프로젝트 현황을 정확하게 이해해야 문제점을 식별하고 정확한 의사결정을 내릴 수 있다. 완료된 사용자 스토리, 공수실적, 테스트 결과, 결함 조치율, 백로그 완료율, 공정 진척률, 인도물 인수현황 등이 프로젝트 현황 이해를 위한 지표의 예다. 프로젝트 팀은 성과지표 측정내용을 이해관계자와 정기적으로 공유해야 한다.

■ 프로젝트 리스크 예방을 위해

프로젝트 일정, 원가, 품질 목표를 달성하지 못하면 리스크가 발생한 상황이다. 프로젝트 성과지표들을 측정하고 분석하여 리스크가 발생하지 않도록 예방하거나 리스크의 영향력을 최소화해야 한다.

■ 프로젝트 성과 예측을 위해

프로젝트 이해관계자는 프로젝트의 미래가 궁금하다. 언제 끝날지, 투입예산은 얼마나 될지, 품질수준은 어떨지, 프로젝트가 목표로 했던 비즈니스 가치는 달성할 수 있을지 등이 그 예다.

■ 프로젝트 의사결정을 위해

프로젝트 의사결정을 위해서는 데이터가 필요하다. 예를 들어 변경요청에 대한 의사결정을 위해서는 프로젝트 현황 및 미래의 성과 예측지표가 필요하다. 변경요청이 발생할 수 있는 영역은 요구사항, 일정, 원가, 품질, 인력 등 다양하다.

■ 기간과 자원 산정을 위해

적응형 방식에서는 각 이터레이션을 시작하기 전에 해당 이터레이션에서 수행할 백로그를 결정한다. 이를 위해서는 이전 단계까지의 프로젝트 팀의 생산성(속도, velocity)을 파악해야 한다.

■ 프로젝트 팀의 학습을 위해

프로젝트 팀원이 교훈을 얻고 프로세스 개선사항을 파악하기 위해서는 객관적인 데이터가 필요하다. 교훈을 파악하는 방법 중 한 가지가 프로젝트에서 발생한 이슈의 근본원인을 파악하는 것이다. 프로젝트 이슈는 성과지표로 설명할 수 있어야 활발한 토의를 유도할 수 있다.

◎ 결과물 | 메트릭스(Metrics)

메트릭스는 상품이나 프로젝트의 품질목표 및 측정방법을 정의한 것으로 '지표'라고도 한다[정확하게 설명하면 메트릭스(metrics)는 측정식을 의미하고, measurement는 측정값을 의미한다]. 이 책에서는 메트릭스를 '지표'와 같은 의미로 사용한다. 메트릭스는 일정·원가·품질의 성과지표를 포함할 수 있다. 품질 메트릭스의 예는 '일별 결함 수' '시스템 다운시간' '결함밀도' '고객만족 지수' 등이 있다.

메트릭스는 '성과창출을 위한 프로세스를 준수했는지'와 '성과목표를 달성했는지'를 확인하기 위해 활용한다. 따라서 프로젝트 팀과 이해관계자가 사전에 메트릭스에 대해 구체적이고 객관적인 측정기준을 합의하지 않으면 프로젝트 후반부에 논쟁이 생길 수 있다. 메트릭스를 정의할 때는 앞서 섹션 〈8.3 산정〉에서 설명한 정확도(accuracy)와 정밀도(precision)를 고려해야 한다. 정밀한 측정보다 정확한 측정에 집중해야 한다.

소프트웨어 품질 메트릭스의 예시는 그림 11.2와 같다.

구분	품질 요구사항	측정 시기	측정 방법	목표치
기능성	요구사항 반영률	설계구축	설계: 요구사항의 설계서 반영률 구축: 요구사항의 테스트시나리오 반영률 (요구사항 반영률 = 단계 요구사항 반영 수 / 전체 요구사항 수 × 100)	XX% 이상
신뢰성	소프트웨어 결함률	이행	제품검사 수행 결과 케이스 결함률 (결함률 = 결함발생 수 / 테스트 케이스 수)	X% 미만
	시정조치율	분석 설계 이행	검사시, 지적 사항의 시정조치율 (시정조치율 = 조치완료 건수 / 지적 건수)	100%
	절차 준수율	분석/설계 완료시	품질관리 계획서 준수율 (절차 준수율 = 적합 케이스 수 / 심사 케이스 수)	XX% 이상

※ 요구사항 반영률은 요구사항 추적표에 의하여 단계별로 계산함.
　측정대상인 요구사항은 기능적, 비기능적 요구사항을 모두 포함함.
　비기능적 요구사항의 경우, 측정 시점까지 진행상태를 반영함.

그림 11.2 소프트웨어 품질 메트릭스 예시

11.3 성과측정 지표의 선정기준

성과측정 지표를 정의하고 데이터를 수집하기 위해서는 시간과 비용이 발생한다. 따라서 의미 있는 성과지표 선정이 중요하다. 좋은 지표는 다음의 조건을 갖추어야 한다.

■ 지표실적에 영향을 받는 사람이 많아야 한다.

지표에 영향을 받는 사람이 많을수록 좋은 지표다. 지표에 영향을 받는 사람들은 지표실적에 관심이 많고 지표의 실적개선을 위해 노력한다. 이해관계자나 팀원들이 관심 없는 지표를 관리하면 지표관리에 투입되는 비용은 낭비다.

■ 핵심지표에 집중한다.

지표가 너무 많으면 집중력이 낮아진다. 모든 이해관계자와 팀원들이 관심을 가져야 할 대표지표를 선정해야 한다. 예를 들어 프로젝트 일정관리를 위해 공정진척을 대표하는 지표를 1~2개 이내로 선정하여 의사소통할 때 효과가 있다. 관리하는 지표가 많아질수록 부분최적화의 오류에 빠질 가능성이 높아진다.

■ 프로젝트 가치창출에 도움이 되어야 한다.

프로세스 준수를 평가하는 과정지표는 가치창출과 무관할 수 있기 때문에 지표선정에 유의해야 한다. 결과지표라도 부분최적화가 될 수 있는 지표선정은 피해야 한다. 상품개발 프로젝트에서 프로젝트 납기 준수율을 지표로 평가하면 가치창출에 마이너스가 될 수도 있다. 납기준수가 중요하지 않다는 것이 아니라 KPI로 관리할 때 부작용이 있을 수 있다는 것을 의미한다.

■ 단순하고 이해하기 쉬워야 한다.

이해관계자들이 지표를 보고 의문이 들어서는 안된다. 지표명도 직관적이어야 하고, 지표측정 기준도 단순한 것이 좋다.

《PMBOK 지침서》는 'SMART'로 좋은 지표의 특징을 설명한다.

- **구체적(Specific)** 측정 내용을 상세하게 설명해야 한다.
- **유의미(Meaningful)** 목표 달성이나 성과 개선과 관련된 지표를 측정한다.
- **성취 가능(Achievable)** 프로젝트 상황을 고려했을 때 달성 가능한 지표를 선정해야 한다.
- **관련성(Relevant)** 프로젝트 가치제공, 의사결정과 관련되어야 한다.
- **시기 적절(Timely)** 지표제공 시점이 시기 적절해야 한다.

OMTM(One Metric That Matters)

배가 항해할 때 나침반이나 등대 역할을 하는 북극성에 비유하여 신상품의 성장을 확신할 수 있는 지표를 '북극성 지표'라고도 한다.

'요기요의 배달 승인율' '이베이의 거래량' '에어비앤비의 숙박 수'는 성장을 평가하는 대표적인 과정지표이다. 많은 지표를 관리하면 지엽적인 숫자 속에서 방향을 잃기 쉽다. 실제 행동으로 반영되지 않을 숫자를 보고하고 의견을 나누느라 성장을 주도하는 북극성을 잃어버리지 않아야 한다. 린 소프트웨어 개발에서는 가장 중요한 한 가지 지표(OMTM, One Metric That Matters)의 중요성을 다음과 같이 설명한다.

- OMTM은 가장 중요한 질문에 대한 답을 제시한다.
- OMTM을 이용하면 분명한 목표를 가지게 된다.
- OMTM은 조직원들이 한 가지에 집중하게 한다.
- OMTM은 실험문화를 조성한다. (구축 → 측정 → 학습)
- 특정 단계의 OMTM을 최적화하면 다음 단계 OMTM에 집중한다. 예를 들어 상품출시 초기에는 매출확대를 위해 마케팅에 많은 투자를 하지만 시장점유율이 일정 수준 이상 되었다면 고객당 비용절감으로 초점을 이동하는 것이다.

11.4 성과측정 지표의 유형

성과지표의 유형은 지표의 측정 목적에 따라서는 선행지표와 후행지표로 구분하고 측정영역에 따라서는 품질지표, 작업진척 지표, 기준선 성과지표, 비즈니스 가치지표, 이해관계자 지표, 예측지표로 구분한다.

11.4.1 선행지표와 후행지표

선행지표는 미래의 성과를 예측하는 지표(예: 예상 종료일)이고, 후행지표는 과거의 성과를 분석하는 지표(공정 진척률)이다. 선행지표와 후행지표의 상세 내용은 다음과 같다.

■ 선행지표(Leading indicators)

선행지표 대상은 프로젝트 일정, 원가, 품질의 핵심성과를 포함하며, 과거 추이를 바탕으로 미래 성과를 예측한다. 미래 성과를 예측할 때는 과거의 추이가 지속될 것이라는 가정도 하지만 추가 대책을 반영하여 예측하기도 한다. 선행지표를 측정할 때 유의할 사항은 다음과 같다.

– 선행지표의 예측은 힘들다.

미래의 성과는 '과거의 실적+남은 기간의 예측성과'로 구성되는데 남은 기간이 길수록 예측이 어려워진다. 또한 프로젝트 규모가 크고 복잡할수록 예측의 신뢰도는 낮아진다. 미래 성과에 영향을 미치는 가정의 타당성이 선행지표 예측의 신뢰성에 영향을 미친다.

– 정성적인 데이터도 미래 예측에 활용할 수 있다.

이해관계자의 프로젝트 참여 수준, 프로젝트 핵심인력의 유지 등 정량화하기 힘든 데이터가 미래의 성과예측에 중요한 영향을 미칠 수 있다.

– 선행지표는 허용한도를 포함할 수 있다.

성과지표는 조직에서 허용 가능한 한도가 있다. 대부분의 조직에서 결함률, 일정지연률, 예산초과율 등은 허용한도를 미리 설정하고 그 한도를 초과(또는 미달)할 때의 프로세스를 미리 정의한다.

– 선행지표를 관리하는 목적은 미래에 발생 가능한 리스크를 예방하는 것이다.

미래의 성과지표가 나쁘게 예측되면 근본원인을 분석하여 추세를 바꿀 수 있는 조치를 취해야 한다. 조기 경보신호(early warning signal)를 정의하고 모니터링하는 것은 미래의 잠재 리스크를 예방하기 위한 대표적인 활동이다.

■ 후행지표(Lagging indicators)

후행지표는 프로젝트 인도물의 양, 인도물의 품질, 중요한 마일스톤과 같은 과거의 실적을 측정하기 때문에 선행지표보다 측정이 용이하다. 후행지표를 측정할 때 유의할 사항은 다음과 같다.

– 후행지표는 종합적인 판단이 중요하다.

후행지표의 분석할 때 원인과 결과를 분석하는 것이 중요하다. 일정, 예산, 품질 성과와 상관관계가 높은 지표를 분석하면 미래의 성과를 향상시킬 수 있는 요인을 찾을 수 있다.

– 성과 데이터의 신뢰성을 확인한다.

프로젝트 작업 완료기준은 프로젝트 성과 데이터의 신뢰성에 큰 영향을 미친다. 특정 작업을 완료로 평가하면 그 작업의 일정과 예산이 확정되는데, 작업이 완료된 것이 아니라면 성과 데이터의 신뢰성은 낮아진다.

제11장

11.4.2 품질지표

품질지표는 인도물의 품질수준을 평가하는 지표로 기능의 결함, 성능(performance) 수준을 측정한다.

■ **결함지표**

결함의 유형, 결함 발생시점, 결함이 발생한 영역(하드웨어는 부품, 소프트웨어는 서브시스템), 결함 건수, 해결된 결함 건수, 미해결 결함 건수 등이 결함지표의 예이다. 소프트웨어 결함지표의 대표적인 예는 결함률(출시 전)과 장애율(출시 후)이다.

- **결함률** 결함 건수/테스트 시나리오 수
- **평균 무고장 시간(MTBF, Mean Time Between Failures)** 시스템의 고장 발생 평균 시간

■ **성능지표(Measures of performance)**

성능지표는 상품, 서비스, 시스템의 기술적인 성능을 의미한다. 성능지표는 상품의 특성에 따라 많은 차이가 있다. 성능지표의 예는 다음과 같다.

- **동시 사용 가능 인원 수** 시스템에서 동시에 처리 가능한 사용자 수
- **호환성** 다양한 디바이스, 프로그램에서 서비스나 제품이 작동되는 정도
- **응답속도** 사용자 요청에 대해 결과를 제시할 때까지 걸리는 시간

11.4.2
품질지표

소프트웨어 품질 특성

〈ISO / IEC 25010〉은 소프트웨어의 사용 품질과 제품 품질의 품질 특성과 부특성을 표 11.2와 같이 정의하고 있다(품질 부특성에 대한 상세 내용은 검색하면 쉽게 찾을 수 있다). 모든 내용을 정확하게 이해하지 않아도 독자가 개발하는 소프트웨어 상품과 관련된 품질 특성을 체계적으로 정리할 때는 유용하다.

품질 특성	품질 특성 내용	품질 부특성
기능 적합성 (Functional Suitability)	상품(시스템)이 명시된 조건에서 사용될 경우, 명시되거나 암시된 요구를 충족시키는 기능을 제공하는 정도	기능성숙도(Functional Completeness)
		기능정확도(Functional Correctness)
		기능 타당성(Functional Appropriateness)
수행 효율성 (Performance Efficiency)	주어진 조건에서 자원의 양에 따른 성능	시간반응성(Time Behavior)
		자원 활용(Resource Utilization)
		기억용량(Capacity)
호환성 (Compatibility)	다른 상품과 함께 동일한 SW(HW) 환경을 공유하면서 필요한 기능을 수행하는 정도	상호공존성(Co-Existence)
		상호운용성(Interoperability)
사용성 (Usability)	명시된 사용 환경에서 상품(시스템)이 사용자에 의해 유효성, 효율성, 만족의 목적을 달성하는 정도	타당성 식별력(Appropriateness Recognizability)
		학습성(Learnability)
		운용성(Operability)
		사용자 오류 보호(User Error Protection)
		사용자 인터페이스 미학(User Interface Aesthetics)
		접근성(Accessibility)
신뢰성 (Reliability)	상품(시스템, 구성요소)이 명시된 기간과 조건에서 명시된 기능을 유지하는 정도	성숙도(Maturity)
		가용성(Availability)
		오류 허용성(Fault Tolerance)
		회복 가능성(Recoverbility)
보안 (Security)	상품(시스템)이 정보(데이터)를 보호하는 정도	기밀성(Confidentiality)
		무결성(Integrity)
		부인방지(Non-Repudiation)
		책임성(Accountability)
		인증성(Authenticity)
유지보수성 (Maintainability)	상품(시스템)을 효과적이고 효율적으로 의도한 대로 변경할 수 있는 정도	모듈성(Modularity)
		재사용성(Reusability)
		분석성(Analyzability)
		수정 가능성(Modifiability)
		시험 가능성(Testability)
이식성 (Portability)	상품(시스템, 구성요소)이 다른 다양한 환경(sw/hw/network) 등으로의 전환이 용이한 정도	적합성(Adaptability)
		설치 가능성(Installability)
		대체성(Replaceability)

표 11.2 〈ISO / IEC 25010〉제품 품질 특성과 부특성

11.4.3 작업진척 지표

진행 중인 작업의 성과를 측정하는 지표는 적응형 접근 방식(칸반, 린)에서 주로 사용하며 그 내용은 다음과 같다.

■ 진행 중 작업(WIP, Work In Progress)

특정 시간에 진행 중인 작업 수를 나타낸다. 고속도로의 차량처럼 동시에 진행하는 작업이 일정 수준 이상을 경과하면 생산성은 기하급수적으로 낮아진다. 칸반시스템에서는 원활한 작업 흐름 유지를 위해 프로젝트 팀의 진행 중 작업 수를 일정 크기 이하로 제한한다. 작업 수는 프로젝트 팀의 특성에 따라 달라진다.

■ 리드타임(Lead time)

리드타임은 소프트웨어 개발에서는 요구사항이 백로그에 등록된 후 릴리즈까지의 시간을, 제조업에서는 고객의 주문을 받고 상품을 전달할 때까지의 시간을 의미한다. 리드타임을 낮추려면 조직의 딜리버리(delivery) 프로세스 전반을 개선해야 한다.

■ 사이클 타임(Cycle time)

사이클 타임은 리드타임에서 대기시간을 제외한 시간이다. 즉, 요구사항 개발을 착수한 후 릴리즈까지의 시간을 의미한다. 사이클 타임은 프로젝트 팀의 생산성을 의미한다. 사이클 타임이 일정하면 작업속도의 예측 가능성이 높아진다.

■ 대기열 크기(Queue size)

대기열의 크기는 '진행 중 작업 수(WIP, Work in progress)'와 같은 의미다. 리틀의 법칙(심화학습 참조)에 따르면 대기열의 크기는 리드타임과 대기열의 도착속도(단위시간당 처리량)에 비례한다(대기열 크기 = 처리량 × 리드타임). 리드타임을 줄이려면 대기열 크기를 줄이거나 처리량을 늘려야 한다.

■ 배치 크기(Batch size)

배치 크기는 이터레이션에서 처리하는 업무의 규모(스토리 점수)를 의미한다. 배치 크기가 클수록 리드타임은 길어지고 낭비가 발생할 가능성이 높아진다.

■ 프로세스 효율성(Process efficiency)

프로세스 효율성은 작업 흐름을 최적화하기 위해 평가하는 지표이다. 특정 프로세스 리드타임을 고객 관점에서 가치를 창출하는 리드타임과 가치창출과 상관없는 리드타임으로 구분하여, 전체 리드타임에서 가치창출 리드타임이 차지하는 비율을 프로세스 효율성으로 정의한다. 가치를 창출하지 않는 활동의 대표적인 예는 각종 검토를 위한 대기시간이다. 프로세스 효율성이 높을수록 가치창출에 사용되는 시간의 비율이 높다. 프로세스 효율성을 계산하기 위해서는 가치흐름도(value stream map)을 작성해야 한다. ['가치흐름 매핑(방법)' 참조]

11.4.3 작업진척 지표   **리틀의 법칙(Little's law)**

진행 중 작업의 개수가 리드타임에 미치는 영향은 리틀의 법칙(little's law)으로 설명할 수 있다. 리틀의 법칙을 프로젝트 관리 관점에서 정의하면 다음과 같다.

> 진행 중 작업 수 = 단위 시간 당 처리량 × 리드타임

리드타임을 줄이기 위해서는 그림 11.3과 같이 진행 중 작업의 개수를 줄이거나 단위시간당 처리량(throughput)을 늘려야 한다. 리틀의 법칙을 설명하는 가장 좋은 예는 고속도로의 차량 정체이다. 고속도로의 차량 수용량이 일정 수준(예: 65%) 이상 초과하면 교통정체는 기하급수적으로 증가한다. 고속도로 차량의 리드타임을 줄이려면 차선(처리량)을 늘리거나 동시 작업 수(차량 수)를 제한해야 한다.

이해관계자들은 처리량이나 대기열보다 리드타임에 관심이 많다. 리드타임이 길어지면 지연 중인 작업이 많아지기 때문에 직관적으로 타당한 해법은 처리량을 늘리는 것이다(더 많이 일하는 것이다). 대표적인 방안이 잔업 또는 추가인력 투입이다. 그러나 처리량이 증가하는 속도보다 진행 중 작업 수(WIP, Work In Progress)가 증가하는 속도가 커지면 리드타임은 더 길어진다. 더 많이 일하고 더 많이 지연되는 결과를 초래한다. 프로젝트 후반에 납기지연을 줄이고자 더 많은 사람을 투입할수록 프로젝트 납기가 더 지연되는 현상과 비슷하다. 칸반시스템을 옹호하는 사람들이 WIP 제한에 집중하는 이유가 여기에 있다.

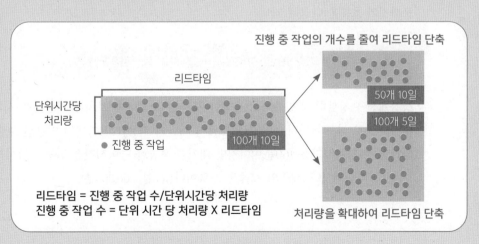

그림 11.3 리틀의 법칙을 적용한 리드타임 단축 방안

리틀의 법칙에 관한 이해를 돕기 위해 '고속도로 차량 주행시간' '대학교 수강신청 응답시간' '상품 요구사항 개발 리드타임'을 단축하는 방안을 설명하면 표 11.3과 같다. 대학교 수강신청 응답시간의 예는 2021년 코로나 백신 예약 대기시간 단축에도 적용한 방법이다.

예시	진행 중 작업의 개수를 줄임	처리 용량 확대
고속도로 차량 주행시간	차량 고속도로 진입통제	고속도로 차선 확대
대학교 수강신청 응답시간	학년별 수강신청	서버 성능 향상
상품 요구사항 개발 리드타임	개발 중인 상품 요구사항의 규모 통제	개발인력 충원, 생산성 향상

표 11.3 리드타임 단축 예시

11.4.3 작업진척 지표

 방법 | 가치흐름 매핑(Value stream mapping)

가치흐름 매핑의 목적은 프로세스에서 '낭비'를 제거하거나 줄여서 프로세스 리드타임을 단축하고, 수행비용을 줄이는 것이다. 예를 들어 소프트웨어 상품개선 요청부터 배포까지의 흐름은 다음과 같다.

상품개선 요청 → 승인 → 기술 검토 → 코딩&테스트 → 검증 → 배포

상품개선 요청부터 배포까지 소요되는 시간은 '고객에게 가치를 제공하는 시간'과 '낭비시간'으로 나누어진다. 《린 소프트웨어 개발의 적용》(2007)에서 인용한 그림 11.4에 의하면 총 가치시간은 160분이이지만 대기를 포함한 낭비시간은 '6주 + 4시간(60,720분)'이다. 따라서 프로세스의 효율은 0.3%이다(160분 / 60,880분).

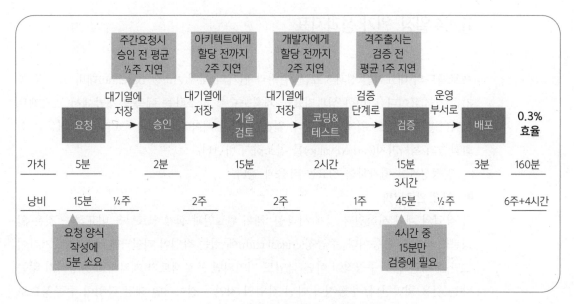

그림 11.4 비효율 프로세스의 가치흐름 매핑

반면 대기시간을 최소화하여 효율을 높이면 그림 11.5와 같이 33%(160분/485분)까지 향상시킬 수 있다. 상품기획부터 최종 배포까지 모든 작업의 비효율을 제거해야 고객 관점의 일정지연을 최소화할 수 있다. 모든 조직에는 상품개발 또는 개선을 요청받아 배포하는 프로세스가 있고, 각 작업을 수행하는 시간과 작업과 작업 사이에 대기하는 시간이 있다. 이를 그림 11.5와 같이 가치흐름 매핑으로 시각화하여 낭비 요소를 제거하면 상품개발 일정지연을 줄일 수 있다.

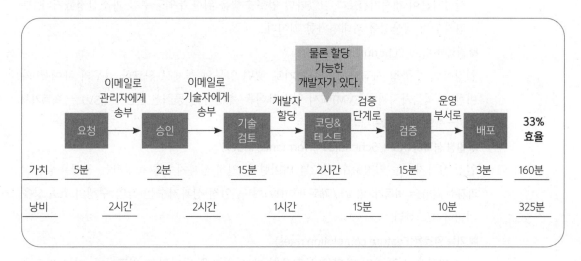

그림 11.5 효율적인 프로세스의 가치흐름 매핑

11.4.4 일정, 원가 성과지표

프로젝트의 대표적인 성과지표는 '일정과 원가의 계획(기준선, baseline)대비 실적'을 평가하는 지표이다. 이러한 성과지표는 계획준수를 강조하는 예측형 개발에서 프로젝트 모니터링 및 통제를 위해 활용된다. 일정, 원가의 계획 대비 성과지표의 상세 내용은 심화학습의 획득가치(earned value)를 참조하기 바란다.

일정성과를 평가하는 지표는 다음과 같다.

■ 시작 및 완료 날짜

각 작업의 계획 시작일과 실제 시작일, 계획 완료일과 실제 완료일을 비교하는 것은 일정관리의 기본 활동이다. 주공정(critical path)에 있는 작업이 지연되면 프로젝트 기간이 그만큼 지연되고, 주공정이 아닌 작업도 지연되면 프로젝트가 계획대로 진행되지 않는다는 것을 의미한다. 주공정이 아닌 작업의 지연이 길어지면 해당 작업이 주공정으로 변경될 수도 있다.

■ 투입공수 및 기간(Effort and duration)

작업 수행을 위한 투입공수와 기간에 대한 계획 대비 실적을 분석하면 다음과 같은 정보를 파악할 수 있다.

- 투입공수는 원가실적과 연계되고, 기간은 일정실적과 연계된다.
- 투입공수 준수율은 업무량에 대한 산정치와 투입자원의 생산성을 판단하는 데 활용할 수 있다. 투입공수가 계획보다 많다면 업무량을 과소산정했거나 투입자원의 생산성을 과다평가한 것이다.
- 실적기간이 계획기간보다 길었다면 업무수행을 위한 투입공수를 과소산정했거나, 투입자원의 생산성을 과대평가한 것이다.

■ 일정차이(SV, Schedule Variance)

일정차이는 특정 시점까지 완료하기로 했던 업무와 실제로 완료한 업무의 차이를 의미한다. 획득가치관리(EVM)에서 일정차이를 측정하는 공식은 일정차이(SV) = 획득가치(EV) −계획가치(PV)이다.

■ 일정 성과지수(SPI, Schedule Performance Index)

일정 성과지수는 일정준수 정도를 의미한다. 일정 성과지수를 측정하는 공식은 일정 성과지수(SPI) = 획득가치(EV) / 계획가치(PV)이다. 일정 성과지수는 작업 수행의 효율성을 의미하기도 한다.

■ 기능 완료율(Feature completion rates)

기능 완료율은 애자일 방법론을 적용할 때 진척률을 평가하는 지표이다. 기능 완료율은 에픽 완료율과 사용자 스토리 완료율로 구분할 수 있다. 기능 완료율을 계산하려면 기능의 규모를 계산해야 한다. 기능의 규모를 계산하는 방법은 개수로 산정하는 방식, 기간으로 산정하는 방식, 투입공수로 산정하는 방식이 있는데 개수로 산정하는 방식은 권장하지 않는다. 그림 11.6의 기능 완료율 계산은 기능의 규모를 기간으로 산정하였다.

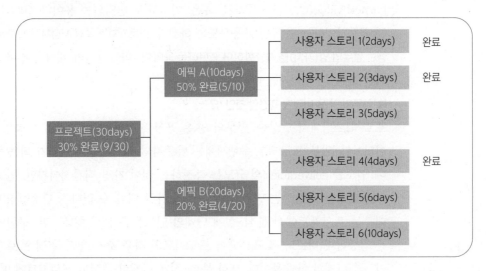

그림 11.6 기능 완료율 계산 예시

■ 계획원가와 실적원가

인적, 물적 자원의 원가산정치와 실제 투입된 실적원가를 비교한다.

■ 원가차이(CV, Cost Variance)

원가차이는 특정 시점까지 완료한 업무에 계획된 원가와 실제 투입된 실적원가 차이를 의미한다. 획득가치 분석에서 원가차이를 측정하는 공식은 원가차이(CV) = 획득가치(EV) − 실제원가(AC)이다.

■ 원가 성과지수(CPI, Cost Performance Index)

원가 성과지수는 원가를 준수하는 정도를 의미한다. 원가 성과지수를 측정하는 공식은 원가 성과지수(CPI) = 획득가치(EV) / 실제원가(AC)이다. 원가 성과지수는 투입원가의 효율성을 의미하기도 한다.

① 획득가치 개요

Earned Value(EV)는 '획득가치' 혹은 '기성고'로 번역되는 용어다. 《PM+P 해설서》에서는 획득가치라는 용어를 사용하도록 하겠다. 획득가치는 특정 시점까지 프로젝트 팀원들이 수행한 업무의 양(가치)을 계량화하여 표현하는 용어다. 획득가치의 개념을 정확하게 이해하기 위한 핵심질문 2가지는 다음과 같다.

■ '업무의 양'을 어떻게 측정할 것인가?

프로젝트 팀에서 달성한 '업무의 양'은 공정 진척률(또는 공정률) 산정을 위한 기초 데이터이며, 외부 프로젝트 수행시에는 발주자의 대가지급의 근거가 되는 중요한 데이터다. 인도물(deliverables)의 규모를 측정하는 것이 가장 직관적이지만, 인도물은 유형에 따라 규모를 측정하는 단위가 달라 그 숫자를 더할 수 없다는 단점이 있다. 예를 들어 대부분 프로젝트에서 분석·설계 단계의 인도물은 문서 형태지만, 구현단계의 인도물은 업종마다 다르다. 소프트웨어 프로젝트의 경우 소스코드, 건설 프로젝트는 시공물이 구현단계의 산출물이다. 또한 분석·설계 단계의 문서도 프로젝트에 따라 내용이 다르므로, 단순히 페이지 수로 업무의 양을 측정할 수 없다. 이처럼 서로 유형이 다르고 단계가 다른 업무의 양을 하나의 측정단위로 표현하고자 한 것이 '획득가치(EV, Earned Value)'의 개념이다.

'획득가치 분석'에서는 업무의 양을 평가하는 가중치로 원가[혹은 투입공수(Man Day, Man Month)]를 채택한다. 업무의 양을 원가(혹은 투입공수)로 평가하면 프로젝트 유형에 상관없이 공통적으로 적용할 수 있을 뿐 아니라 객관성을 확보할 수 있다.

■ 원가절감(혹은 초과)의 판단 기준은 무엇인가?

10개의 업무로 구성된 프로젝트가 2개월 지난 시점에 그림 11.7과 같은 실적을 냈다고 가정하자. 만일 M+2개월까지의 실적 데이터를 기초로 이 프로젝트의 성과를 평가하려면 어떻게 해야 할까?

일정이 지연되고 있다는 것은 명확하게 알 수 있는데, 원가 측면의 성과는 어떨까? 직관적으로 알 수 있듯이 업무 E가 완료되지 않았으므로, M+2개월까지의 실적원가인 $9.5가 계획원가인 $12보다 적다고 해서 원가 측면에서 좋다고 단정지을 수 없다. 문제는 "원가 측면에서 얼마나 나쁜지(혹은 좋은지)를 어떻게 계량화할 것인가"이다. 실제 프로젝트에서는 그림 11.7보다 다양한 현상들이 복잡하게 나타난다.

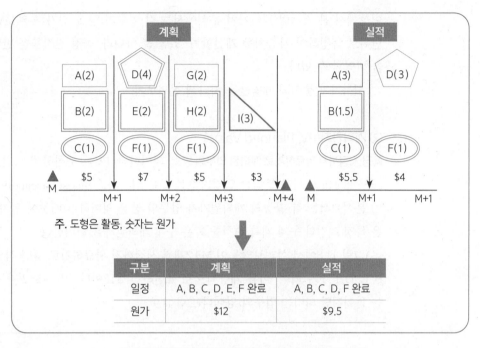

주. 도형은 활동, 숫자는 원가

구분	계획	실적
일정	A, B, C, D, E, F 완료	A, B, C, D, F 완료
원가	$12	$9.5

그림 11.7 획득가치 해석 예제(2개월 시점에서의 계획 대비 실적)

획득가치 분석은 원가와 일정을 따로 보지 않고 이를 통합해서 프로젝트의 성과를 파악하고자 탄생한 기법이다. 획득가치를 상세하게 설명을 하기 전에 2개월 경과한 시점의 원가성과의 힌트를 제공하면 그림 11.8과 같다.

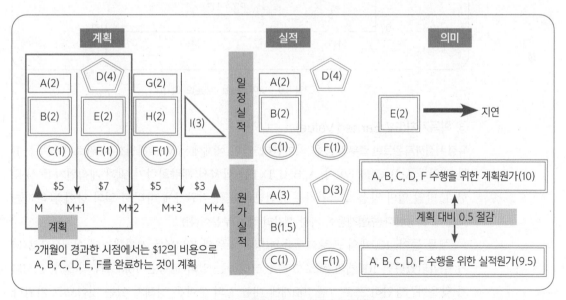

그림 11.8 획득가치 분석 예제에 대한 힌트

이상에서 본 것처럼 획득가치 분석에서는 각 업무의 양을 원가(혹은 MM)라는 통일된 단위로 측정하여 가중치를 계산할 수 있을 뿐 아니라, 공정 진척률을 반영한 원가실적을 파악할 수 있다.

획득가치 분석의 개념들을 하나씩 살펴보자.

② 계획가치(PV, Planned Value)

특정 시점까지 완료하기로 계획된 업무의 양을 의미한다. PV를 누적하여 기간별로 표현하면 S곡선(S-curve)이라 불리는 일정기준선 혹은 원가기준선(cost baseline)이 된다. 획득가치 분석에서는 각 활동의 계획원가가 업무의 양을 의미하기 때문에 원가기준선의 Y축은 특정 시점의 누계 계획 진척률 혹은 누계 계획원가를 의미한다.

그림 11.8에서 살펴보았듯이 M+2개월 시점까지 완료하기로 했던 작업의 실체는 A, B, C, D, E, F가 되며, 이를 계량적으로 표현하면 $12이다. 'PV=$12'가 표현하는 단위는 돈이지만 의미는 업무의 양이다(그림 11.9).

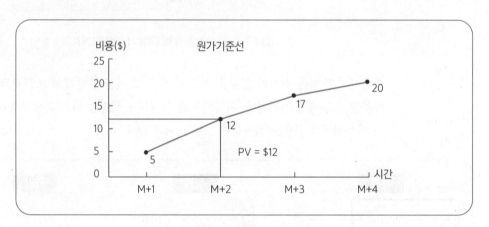

그림 11.9 PV(Planned Value)의 예시

③ 획득가치(EV, Earned Value)

특정 시점까지 완료한 업무의 양을 의미한다. 앞의 예제에서 M+2개월까지 완료된 업무는 E를 제외한 A, B, C, D, F이다. A, B, C, D, F를 합쳐서 계량화하기 위해 계획원가를 사용한다. 만일 일의 양을 실적원가로 표현한다면, 실적원가에 따라서 일의 양이 달라지는 모순이 발생한다(수험생들이 가장 헷갈려 하는 부분이다!).

예를 들어, 100개의 프로그램을 코딩하기 위해 10MM를 계획했는데 실제로 12MM가 투입되었다면 100개의 프로그램을 코딩하는 일의 분량은 10MM가 맞을까, 12MM가 맞을까? 당연히 프로그램 100개에 대한 일의 분량은 정해져 있는 것이므로 가변적인 12MM를 활용해서는 안된다. 2개월까지의 완료된 일의 양, 즉 EV를 PV와 같이 그래

프로 표현하면 그림 11.10과 같다.

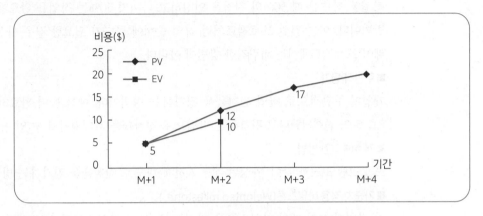

그림 11.10 PV와 EV의 예시

M+2개월에 완료되지 않은 업무 E의 계획원가가 $2이므로 M+2개월까지 계획한 업무 (PV) 대비 M+2까지 완료한 실적업무(EV)의 차이는 그림 11.10의 그래프와 같이 $2가 된다. PV와 마찬가지로 EV 또한 표현은 돈의 단위이지만 의미는 업무의 양이다.

④ 작업 완료의 인식기준

EV를 계산할 때 유의해야 할 사항은 '작업의 완료를 어떻게 인식할 것인가'이다. 앞의 경우에서는 업무 E의 완성률을 0으로 인식하였다. 관점에 따라 업무 E의 완성률을 주관적으로 50%라고 파악할 수도 있고, 코딩과 같이 프로그램 개수와 단위가 있다면 '완성된 개수 / 전체 개수'로 평가할 수도 있을 것이다. 다음의 작업완료 인식기준 중 활동의 성격에 적합한 것을 선택하여 적용할 수 있다.

■ 0, 100

작업을 100% 완료하기 전까지는 작업 진척률을 0으로 인식하는 방법이다. 그림 11.10에서 사용된 기준이 바로 이것이다. 이러한 평가기준은 작업진척을 과다하게 평가할(나쁜데 좋다고 평가할) 리스크를 줄이는 가장 보수적인 방법이다(그림 11.11). WBS가 상세하게 분할되어 있다면 이러한 방법이 바람직하다. 왜냐하면 경험상 80%가 진척되었다고 할 때에는 80%의 업무가 남아있는 경우가 많기 때문이다.

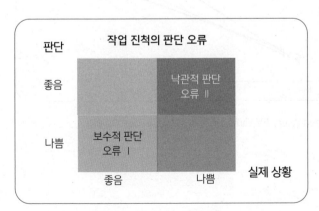

그림 11.11 진척판단 오류의 유형

■ 50, 50

작업을 착수할 때 50%의 진척을 인정하고 나머지 50%는 작업을 완료할 때 인정하는 방법이다. 이는 건설 프로젝트처럼 작업 준비에 공수가 필요한 경우 사용되며 소프트웨어 프로젝트에서는 바람직한 방법이 아니다.

■ 주관적 평가

개인이 주관적으로 작업 진척률을 평가하는 방법이다. 예를 들어 완료하지 않은 작업 E를 50% 진행되었다고 평가하는 방법으로 진척률을 과대평가할 수 있다.

■ 개수에 의한 방법

프로그램 코딩과 같이 '완성된 개수 / 전체 개수'로 진척률을 평가하는 방법이다.

■ 가중치 적용 마일스톤(Weighted milestones)

한 작업이 여러 개의 마일스톤을 가지는 경우, 그 마일스톤이 완료될 때마다 진척률을 평가하는 방법이다(예를 들어 작업 X를 완료하기 위한 마일스톤 A, B, C가 있을 때, 각각 20, 30, 50%로 부여해 A가 끝난 경우 20% 진척률을 부여하는 방법이다).

⑤ 실제원가(AC, Actual Cost)

특정 시점까지 완료된 업무에 투입된 실적원가를 의미한다. EV와 PV가 업무의 양을 의미했다면 AC는 실제 돈을 의미한다. 앞의 예제에서 M+2개월까지 실제로 완료된 작업은 A, B, C, D, F이며 해당 작업을 위해 투입된 실적원가는 $9.5이다. M+2개월까지의 PV, EV, AC를 한꺼번에 표현하면 그림 11.12와 같다.

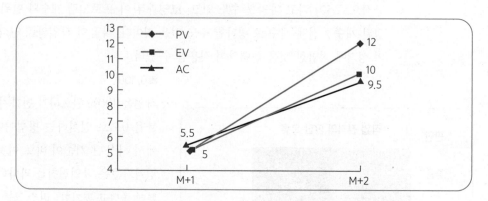

그림 11.12 PV(Planned Value), EV(Earned Value), AC(Actual Cost)의 예시

⑥ 성과분석 지표

■ 일정차이(SV, Schedule Variance) 및 원가차이(CV, Cost Variance)

PV, EV, AC는 획득가치를 구성하는 핵심개념이다. 이를 활용하여 원가와 일정의 계획 대비 차이를 평가하는 개념을 정리하면 그림 11.13과 같다. 원가의 계획 대비 차이를 CV라고 하며, 일정의 계획 대비 차이는 SV다. 이 공식에 따르면 SV가 0보다 크다는 것은 일정이 계획보다 앞서 진행되고 있다는(ahead of schedule) 의미이며, CV가 0보다 크다는 것은 원가가 계획보다 적게 집행되고 있다는(under budget) 의미다. PMP 시험에서 일정성과와 원가성과 용어의 우리말 번역이 헷갈릴 수 있으니 영문을 꼭 확인해야 한다. 일정 지연은 behind schedule, 예산초과는 over budget이다. 예산 준수는 on budget, 일정 준수는 on schedule이다.

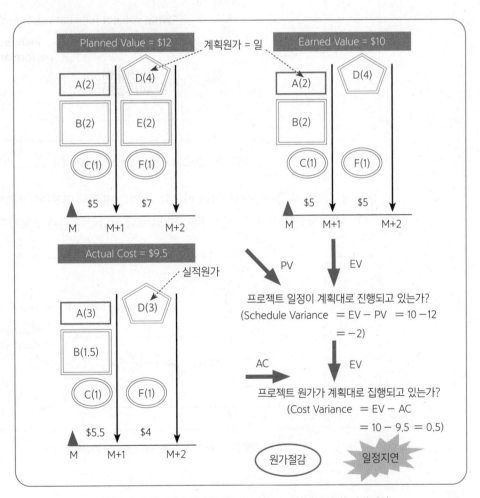

그림 11.13 원가의 계획 대비 차이(CV)와 일정의 계획 대비 차이(SV)의 예시

■ 원가 성과지수(CPI, Cost Performance Index) 및 일정 성과지수(SPI, Schedule Performance Index)

원가 효율성은 '산출물 / 투입물'로 평가할 수 있다. 획득가치 분석에서 산출물은 EV(완성된 일)이고, 투입물은 AC(투입된 원가)다. 따라서 원가의 효율성을 평가하기 위해서는 EV/AC로 평가해야 하며, 이를 CPI라고 한다(그림 11.14). CV가 0보다 클 경우에는, CPI는 당연히 1보다 클 것이다. CPI와 CV는 그 사용 목적이 다른데, CPI는 원가의 효율성을 분석해서 책임자를 평가할 때 사용하며, CV는 전체 원가를 준수하기 위해 우선 관리해야 할 규모가 큰 통제단위(control account)를 식별할 때 사용한다.

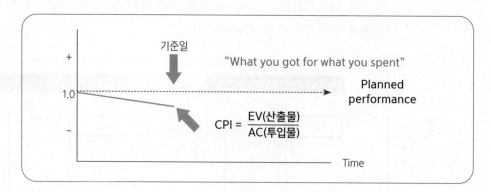

그림 11.14 CPI(Cost Performance Index)의 의미

같은 방법으로 SV를 프로젝트끼리 비교할 수 있는 지표로 전환하면 SPI이며, 계산식은 EV/PV이다. SPI가 1보다 크다는 것은 SV가 0보다 크다는 의미와 동일하다(그림 11.15).

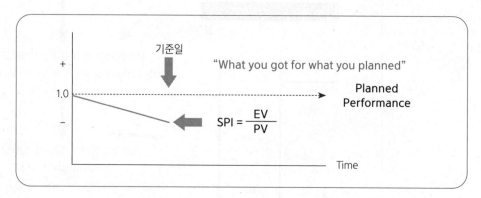

그림 11.15 SPI(Schedule Performance Index)의 의미

■ % Planned, % Done, % Spent

위에서 제시한 3가지 지표(PV, EV, AC)를 모니터링하는 관점은 특정 시점에서 3가지 지표가 비슷한 수준에 있어야 한다는 것이다(물론 EV가 PV나 AC보다 앞선 것은 매우 좋은 상황이다). 한편, CV나 SV를 활용하지 않고 그림 11.16과 같은 지표들을 모니터링해서 직관적으로 원가나 일정의 성과를 파악할 수도 있다.

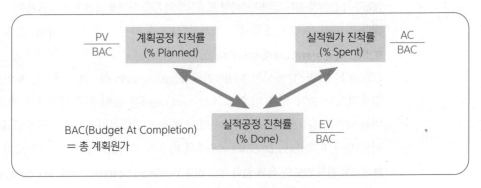

그림 11.16 계획 공정 진척률, 실적 원가 진척률, 실적 공정 진척률 사이의 관계

- 계획 공정 진척률 vs 실적 공정 진척률

계획공정 대비 실적공정이 차이 나는 만큼 공정진척이 지연되거나 앞선다는 것이다. 이를 관리하기 위한 지표로 '실적 공정진척률 / 계획 공정진척률'을 측정하기도 한다.

- 실적 원가 진척률 vs 실적 공정 진척률

실적 공정 진척률보다 실적 원가 진척률이 높으면 그 원인을 분석할 필요가 있다.

11.4.5 자원지표

자원지표는 '자원의 계획 대비 활용수준을 측정하는 지표'와 '자원활용에 투입된 원가를 측정하는 지표'로 구분된다. 자원은 앞서 설명한 원가성과를 구성하는 하위 요소이기 때문에 별도로 구분하지 않고 원가성과에 포함하여 측정할 수도 있다. 자원지표의 측정 대상은 인적 자원, 물적 자원 모두를 포함한다.

■ 계획된 자원 투입량과 실제 자원 투입량

계획된 자원의 투입량과 실제 자원 투입량을 비교하는 지표이다. 자원의 종류별로 등급이 있다면 등급별로 투입량을 비교하는 것이 바람직하다.

■ 계획된 자원 원가와 실제 자원 원가

계획된 자원의 원가와 투입된 자원의 원가를 비교한다.

11.4.6 비즈니스 가치지표

비즈니스 가치지표는 투자에 대한 수익성을 측정하며 프로젝트 착수를 승인할 때 중요한 기준이 된다. 투자 타당성을 평가하는 다양한 지표는 섹션 〈10.3.1 요구사항 정의〉의 심화학습을 참조하기 바란다. 비즈니스 가치지표는 착수할 때 산정하거나 측정하지만, 프로젝트 생애주기 전반에 걸쳐 업데이트하여 프로젝트의 지속 여부를 결정하는 데 활용한다. 성과지표 상세 내용은 섹션 〈10.2.1 프로젝트 가치정의〉의 '투자타당성 평가'〔방법〕를 참조한다.

■ 비용-편익 비율(Cost-benefit ratio)

《PMBOK 지침서》에서는 비용-편익비율(cost-benefit ratio)이라는 용어를 사용했지만 일반적으로 편익-비용 비율(benefit-cost ratio)를 많이 사용하기 때문에 유의해야 한다. 비용-편익비율(cost-benefit ratio)에서 비용이 편익보다 클 경우 측정지표는 1보다 크다. 편익-비용 비율(benefit-cost ratio)에서 비용이 편익보다 크면 측정지표가 1보다 작다.

■ 계획된 편익 인도와 실제 편익 인도 비교(Planned benefits delivery compared to actual benefits delivery)

비즈니스 케이스나 프로젝트 헌장에 정의된 프로젝트 편익을 실제로 달성했는지를 평가하는 지표이다. 실제 달성한 편익은 상품개발처럼 대부분 프로젝트 종료 이후에 발생한다. 프로젝트 진행단계별로 예상편익을 분석하여 경우에 따라 프로젝트를 중단할 수도 있다.

■ 투자수익률(ROI, Return on investment)

투자수익률은 '순이익/투자'로 측정한다. 투자수익률은 높을수록 좋다.

■ 순현재가치(NPV, Net present value)

프로젝트 투자 타당성을 분석하는 대표적인 지표로 투자와 수익을 현재가치 기준으로 계산한다. 순현재가치는 0보다 클 때 순이익이 발생한다.

11.4.7 이해관계자 지표

프로젝트 팀도 이해관계자다. 이해관계자 지표는 이해관계자들이 프로젝트 수행방식 또는 수행 결과에 만족하는 정도를 측정한다.

■ 순 추천고객 점수(NPS, Net Promoter Score)

순 추천고객 지수는 고객에게 다른 사람에게 제품이나 서비스를 추천할 의향을 측정한다. 순 추천고객 지수는 브랜드, 제품 또는 서비스에 대한 고객충성도를 평가하는 대표적인 지표이다. 고객에게 "친구나 동료에게 저희 회사를 추천 하시겠습니까? 0부터 10

까지 평가해 주시기 바랍니다"라는 질문을 한 뒤 고객들을 '추천고객(9~10)' '중립고객(7~8)' '비추천 고객(0~6)'으로 나눈다. 여기서 추천고객 비율에서 비추천 고객비율을 빼면 NPS값을 얻을 수 있다. 지표가 50~60%라면 고객충성도가 높은 축에 속한다.

■ 무드차트(Mood chart)

무드차트는 프로젝트 팀원이 매일 업무를 마감할 때 느끼는 다양한 감정을 색상 또는 이모티콘을 활용하여 표현한 차트이다(그림 11.17). 팀 빌딩을 저해하는 잠재적인 문제를 파악할 때 유용하다.

성명	1/2	1/3	1/4	1/5	1/8	1/9	1/10
홍개발	😊	😊	☹️	😊	😊	😐	😐
이품질	☹️	😊	😊	😐	☹️	😊	😐
나피엠	☹️	😐	😊	😊	😐	😊	😐
김개발	😊	😊	☹️	😊	😊	😐	😐

그림 11.17 무드차트 예시

프로젝트 팀의 기분 또는 개별 프로젝트 팀원의 기분을 추적하면 잠재적인 문제와 개선이 필요한 영역을 파악하는 데 도움이 될 수 있다.

■ 사기(Morale)

무드차트는 개인의 느낌을 주관적으로 표현하기 때문에 5점 척도의 설문조사를 통해 팀원의 사기를 측정할 수도 있다. 지표의 활용목적은 무드차트와 동일하다. 다음은 5점 척도로 팀원의 사기를 측정하는 설문의 예다.

- 나는 프로젝트에 매우 기여한다고 생각한다.(5)~나는 프로젝트에 전혀 기여하지 않는다고 생각한다.(1)
- 나는 프로젝트를 수행하면서 매우 즐겁다.(5)~나는 프로젝트를 수행하면서 매우 힘들다.(1)
- 나는 프로젝트 팀이 일하는 방식에 매우 만족한다.(5)~나는 프로젝트 팀이 일하는 방식에 매우 불만을 느낀다.(1)

■ 팀원의 변경률

팀원의 변경률은 해당 기업에서 퇴사하거나 조직 내 다른 프로젝트로 투입되는 경우 모두를 측정한다. 팀원의 사기를 객관적인 데이터로 파악하는 방법 중 하나가 팀원의 변경률을 측정하는 것이다. 개인의 의지만으로는 조직 내 다른 프로젝트로 이동하는 것은 쉽지 않지만, 프로젝트가 매우 힘들다면 그럴 가능성도 높다. 반대로 프로젝트 업무가 매우 재미있고 팀원들이 좋다면 다른 프로젝트로 이동해야 하는 상황에서도 프로젝트에 머무를 것이다.

11.4.8 예측 지표

이해관계자들이 궁금해 하는 성과지표는 대표적인 '예상 완료일'과 '완료시 예상원가'이다. 신상품을 개발하는 프로젝트는 상품의 매출이나 수익성이 가장 궁금할 것이다. 미래지표를 예측하는 방법은 전문가들의 정성적 평가를 활용하는 방법과 과거의 실적에서 미래를 정량적으로 예측하는 방법이 있다. 이하에서는 미래의 성과를 정량적으로 예측하는 방법을 설명한다.

■ **잔여분 산정치(ETC, Estimate to complete)**
완료시 예상원가를 측정하는 방법은 다음과 같다.

> 완료시 예상원가 = 기 발생원가 + 남은 작업 수행을 위한 예상원가

'남은 작업 수행을 위한 예상원가'를 '잔여분 산정치(ETC)'라 한다. ETC를 계산하는 일반적인 방법은 남은 작업의 양을 그때까지의 생산성으로 나누는 것이다. ETC, EAC, VAC, TCPI의 상세 내용은 심화학습을 참고하기 바란다.

■ **완료시점 산정치(EAC, Estimate At Completion)**
위에서 설명한 완료시 예상원가가 '완료시 산정치(EAC)'이다.

■ **완료시점 차이(VAC, Variance At Completion)**
프로젝트 완료시점의 계획예산과 실적예산의 차이를 '완료시점차이(VAC)'라고 한다.

■ **완료 성과지수(TCPI, To-Complete Performance Index)**
남은 작업을 남은 예산으로 완료하고자 할 때 필요한 생산성을 '완료 성과지수(TCPI)'라고 한다.

■ **회귀분석(Regression analysis)**
회귀분석은 종속변수와 독립변수들의 인과관계를 통계적으로 분석하여 특정 변수(종속변수)의 미래 성과를 예측하는 기법이다. 상품의 매출을 종속변수로 설정한 회귀분석의 수행 순서는 다음과 같다.
❶ 매출(Y)에 영향을 미치는 독립변수들(Xi)을 선정한다. 매출에 영향을 미치는 독립변수는 가격, 광고비, 가처분 소득이다.

❷ 독립변수와 종속변수 간 분석모형을 정의한다(대부분 독립변수와 종속변수의 관계를 선형으로 가정). Y = b0 + b1 × 가격 + b2 × 광고비 + b3 × 가처분 소득

❸ 미래의 독립변수를 대입하여 매출을 추정한다.

■ 처리량 분석(Throughput analysis)

처리량은 정해진 기간 동안 완료되는 업무의 양을 의미한다. 처리량 분석은 적응형 개발방식을 적용할 때 활용한다. 처리량 분석을 통해 미래의 생산성을 예측하여 향후 투입될 추가원가와 예상 완료일을 예측한다. 이전 이터레이션의 속도(velocity)를 분석하여 다음 이터레이션 백로그 규모를 조정하는 것이 그 예다.

11.4.8 예측 지표 방법 | 획득가치 분석(예측지표)

■ 완료시점 산정치(EAC, Estimate At Completion)

앞에서는 특정 시점에서의 누계원가와 일정의 성과를 분석하는 방법에 관해 알아보았다. 프로젝트 관리자의 입장에서는 현재의 상태뿐만 아니라 미래 성과에 대한 예측도 중요하다. EAC는 특정 시점에서 추정한 프로젝트 완료시의 실적원가로, 특정 시점까지 발생한 '실적원가'와 남은 작업을 수행하기 위해 필요한 '예측원가'로 구성된다. 남은 작업에 투입될 원가를 계산하는 가장 정확한 방법은 팀원들과 함께 남은 작업에 투입될 원가를 상향식으로 산정하는 것이다.

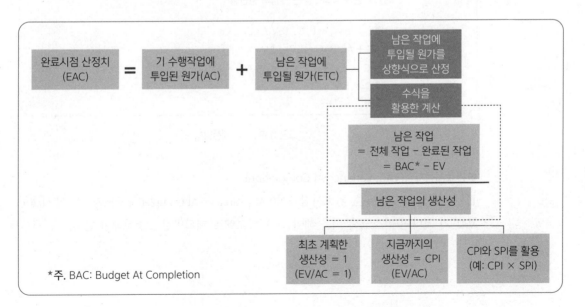

그림 11.18 EAC의 구성요소 및 남은 업무 생산성 결정 방안

수식을 활용하여 남은 업무에 투입될 원가를 계산하고자 한다면 남은 작업을 수행하는 생산성을 결정해야 한다(그림 11.18). 프로젝트 상황에 따라 다음 3가지 생산성을 적용할 수 있다.

BAC(Budget at completion)는 승인된 프로젝트 예산으로 원가기준선의 값과 동일하다.

– 최초 계획시 수립한 생산성을 1로 가정

$$ETC = (BAC - EV) /$$

최초 계획수립시에는 특정 시점까지 AC와 EV가 같도록 가정한다. (즉 CPI=EV/AC=1)

– EAC 예측 시점까지의 생산성이 미래에도 지속될 것이라고 가정

$$ETC = (BAC - EV) / CPI$$

EAC 예측 시점까지의 생산성은 CPI = EV / AC이다.

– 현시점의 CPI, SPI를 같이 반영

$$ETC = (BAC - EV) / (CPI \times SPI)$$

일정과 원가 사이에 상관관계가 높을 경우 유용하다. 이 방식을 따르면 SPI가 1 이하인 경우에는 업무 생산성을 CPI보다 낮게 적용한다. 남은 작업을 수행하기 위한 생산성이 EAC 추정시점까지의 CPI와 일치한다고 가정할 때 EAC의 계산은 그림 11.19와 같다.

$$
\begin{aligned}
&EAC = \text{기 발생 원가(AC)} + \text{남은 작업에 투입될 원가(ETC, Estimate To Complete)} \\
&\quad\quad ETC = \text{남은 작업 / 남은 작업의 생산성} \\
\\
&EAC \quad = AC + (BAC - EV) / (EV / AC) \\
&\quad\quad\quad = AC + AC(BAC - EV) / EV \\
&\quad\quad\quad = (AC \times EV + AC \times BAC - AC \times EV) / EV \\
&\quad\quad\quad = AC \times BAC / EV \\
&\quad\quad\quad = BAC / CPI
\end{aligned}
$$

그림 11.19 . EAC 계산방법

■ 완료시점차이(VAC, Variance At Completion)

EAC와 BAC의 차이를, 완료시점차이(VAC, Variance At Completion)라 한다(그림 11.20). VAC가 크다면 리스크 분석을 해야 하고 프로젝트 계획변경도 검토해야 한다.

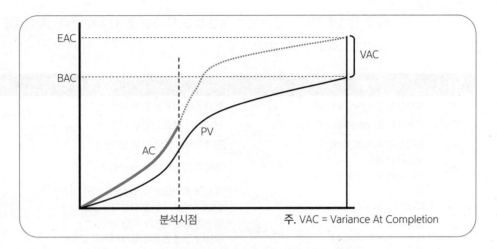

그림 11.20 VAC(Variance At Completion)의 개념

■완료 성과지수(TCPI, To-Complete Performance Index)

완료 성과지수는 남은 예산으로 남은 작업을 달성하기 위한 목표 생산성이다. 남은 예산은 BAC − AC이고 남은 작업은 BAC − EV이다. 따라서 TCPI는 (BAC - EV)/(BAC - AC)이다. 프로젝트 성과가 목표 대비 현저하게 나쁠 경우에는 분모의 BAC(남은 예산) 대신에 EAC를 활용하는 것이 현실적이다. 특정 시점까지 CPI가 기준선 이하로 떨어지면 남은 업무를 수행하기 위해서는 최초 계획(1) 보다 높은 성과(TCPI)를 달성해야 한다(그림 11.21 TCPI의 맨 위 점선 참조).

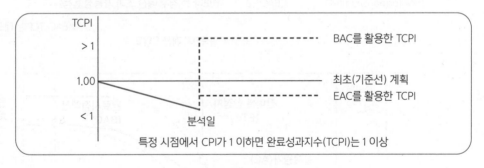

그림 11.21 TCPI

TCPI가 달성 가능한지 여부는 리스크, 일정성과와 원가성과 등을 분석하여 판단한다.

· BAC를 활용한 TCPI = (BAC − EV) / (BAC − AC)
· EAC를 활용한 TCPI = (BAC − EV) / (EAC − AC)

이상 설명한 획득가치 기법의 내용을 요약하면 표 11.4와 같다. 표 11.4를 그래프로 표현하면 그림 11.22과 같다.

약어	이름	계산식	의미 및 해석방법
PV	계획가치(Planned Value)		현재까지 계획된 업무 양은?
EV	획득가치(Earned Value)		현재까지 완료한 업무 양은?
AC	실제원가(Actual Cost)		현재까지 투입된 실제 원가는?
BAC	완료시점 예산 (Budget at Completion)		계획된 프로젝트 총 예산은 ?
CV	원가차이 (Cost Variance)	EV – AC	예산을 초과했는가, 절감하고 있는가? (0보다 크면 예산을 절감하고 있음)
SV	일정차이 (Schedule Variance)	EV – PV	일정이 앞서가는가, 지연 중인가? (0보다 크면 일정이 앞서 나가고 있음)
VAC	완료시점 차이 (Variance at Completion)	BAC – EAC	프로젝트 완료시 얼마 만큼의 예산이 초과 또는 절감될 것인가? (0보다 크면 총 예산을 절감할 것으로 예상됨)
CPI	원가성과지수 (Cost Performance Index)	EV / AC	예산을 초과했는가 절감하고 있는가? 얼마나 효과적으로 예산을 사용하고 있는가? (1보다 크면 예산을 절감하고 있음)
SPI	일정성과지수 (Schedule Performance Index)	EV / PV	일정이 앞서가는가, 지연 중인가? 얼마나 효과적으로 시간을 사용하고 있는가? (1보다 크면 일정이 앞서 나가고 있음)
EAC	완료시점 산정치 (Estimate At Completion)	BAC / CPI	프로젝트 전체 업무를 완료하기 위해 필요한 총 원가는 얼마인가?
ETC	잔여분 산정치 (Estimate to Complete)	(BAC – EV) / CPI	프로젝트 완료까지 잔여업무 완료를 위해 필요한 원가는 얼마인가?
TCPI	완료성과지수To Complete (Performance Index)	(BAC – EV) /(BAC – AC)	프로젝트 완료까지 잔여업무 완료를 위해 달성해야 할 성과는? (1보다 큰 경우 예산 초과 가능성 높음)

※EAC, TCPI는 대표적인 내용만 기술

표 11.4 획득가치 계산 요약표

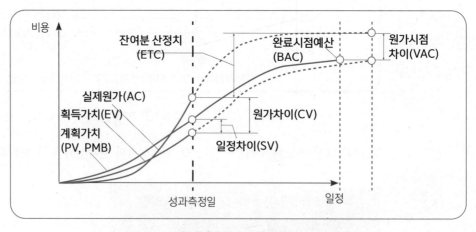

그림 11.22 그래프를 활용하여 설명한 획득가치 지표의 개념

결과물 | 처리량 차트(Throughput chart)

이해관계자들은 업무의 처리량에 관심이 많다. 일정 기간 동안, 일정 규모 이상의 업무를, 안정적으로 완료한다면 계획이 필요하지 않을 수도 있다. 처리량을 높이기 위해서는 리드타임을 줄여야 하고, 리드타임을 줄이는 효과적인 방법이 동시작업 수(WIP)를 줄이는 것이다. 고속도로의 차량 수용량이 65%를 넘어서면 교통정체가 시작된다. 빨리 가는 차, 늦게 가는 차, 끼어드는 차 등 차들의 운전이 예측 불가능하기 때문이다. 개발 팀의 가동률을 높이고자 최대한 많은 사람들에게 프로젝트를 부여하면 개발 팀에게 요청되는 업무가 제대로 진행되지 않는 것도 같은 이치이다.

자원 효율성은 모든 사람이 바쁘게 일하는 것을 추구하고, 흐름 효율성은 많은 업무가 빨리 끝나는 것을 추구한다. 자원 효율성은 '수용량(capacity)'을 강조하고 흐름 효율성은 '처리량(throughput)'을 강조한다. 중요한 것은 수용량이 아니라 처리량이다. '얼마나 많이 일하는지'보다 '얼마나 많은 결과물이 안정적으로 나오는지'가 중요하다. 수용량을 강조하는 것은 고속도로에 빈곳없이 차량을 가득 채우려고 하는 것과 같다.

처리량 분석은 흐름을 중시하는 '칸반시스템'에서 중요한 개념이다. 처리량은 애자일의 '속도(velocity)'와 미묘하게 다르다. 속도는 단위 이터레이션당 완료되는 스토리 점수이고 처리량은 단위 기간당 완료되는 작업의 수다. 처리량을 스토리 점수로 측정하면 속도와 처리량은 같은 개념이 된다(이터레이션 주기는 동일하게 유지한다는 전제). '속도'는 미는(push) 방식으로 작업을 할당할 때의 생산성 지표이고, '처리량'은 당김(push) 방식으로 업무를 수용할 때의 생산성 지표이다. 처리량 차트는 일정기간(주, 월) 동안 완료되는 작업의 양을 표현한 그래프이다. Y축을 백로그 작업수로 하면 처리량 차트이고 스토리 점수로 하면 속도 차트가 된다(그림 11.23).

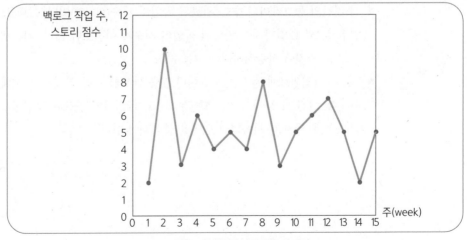

그림 11.23 처리량/속도 차트의 예시

제11장

결과물 | 리드타임 차트, 사이클 타임 차트

리드타임 차트, 사이클 타임 차트는 기간별 작업량의 추세를 분석할 때 활용한다. X축은 시간이고 Y축은 리드타임 또는 사이클 타임이다(그림 11.24).

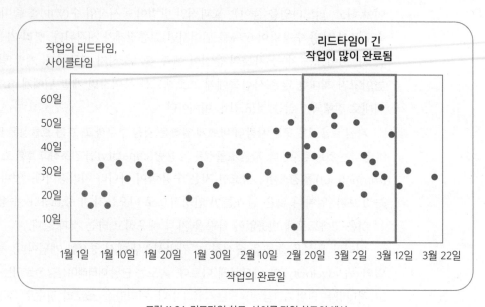

그림 11.24 리드타임 차트, 사이클 타임 차트의 예시

그림에서 파악할 수 있는 정보는 다음과 같다.

■ 그림의 동그라미는 특정일에 완료된 작업(사용자 스토리)을 의미한다. 착수일에 상관없이 완료일 기준으로 리드타임 또는 사이클 타임을 표현한다.

■ 각 기간의 동그라미의 수는 완료된 작업의 개수(처리량)이다. 그림 11.24에서 2월 10일부터 3월 12일까지는 완료된 작업의 개수가 이전보다 많다. 기간별 처리량 산포는 크지 않은 것이 바람직하다.

■ Y축은 작업완료에 걸리는 시간이다. Y축 산포가 크면 작업시간의 예측 가능성이 낮아진다. 그림 11.24에서 2월 20일부터 3월 12일까지 완료된 작업의 리드타임이 길어졌다. 이런 추세가 지속되면 원인을 분석해야 한다.

결과물 | 누적흐름도(Cumulative flow diagram)

누적흐름도는 시간의 경과에 따라 리드타임, 사이클 타임, 진행중 작업수(WIP), 대기업무, 완료된 업무를 종합적으로 보여주는 그래프이다(그림 11.25). 그림에서 처리량은 직관적이지 않을 수 있는데 '처리량=진행 중 작업 수/리드타임' 공식을 기억하면 이해할 수 있다. 그림에서 작업완료 속도가 작업요청 속도를 따라가지 못하면 리드타임은 점점 길어진다.

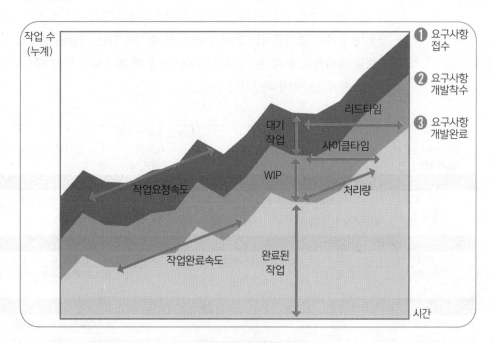

그림 11.25 누적흐름도 예시

11.5 성과측정 지표의 공유

이해관계자들의 의사결정을 지원하거나 행동을 변화시키기 위해서는 이해관계자에게 정보를 공유해야 한다. 이해관계자에게 정보를 공유하는 방법은 엑셀이나 시스템을 통해 구현된 대시보드를 활용하거나 사람들이 많이 지나다니는 벽에 붙이는 프로젝트 정보상황판(information radiators, 프로젝트 진행정보를 방안에 퍼뜨린다는 의미에서 '정보방열기'로 번역하기도 한다)을 활용하는 방법이 있다. 정보상황판은 적응형 개발방식에서 선호하는 방법이다.

11.5.1 대시보드

대시보드(dashboard)는 자동차 계기판에서 유래된 용어다. 차의 시동을 걸면 자동차 계기판이 현재 차 상태를 일목요연하게 보여주듯이 프로젝트 대시보드도 현재 프로젝트의 종합적인 성과를 일목요연하게 보여준다. 대시보드를 구성하는 항목은 앞서 설명한 성과지표에서 선정한다. 대시보드는 각종 그래프로 정보를 제공하며 위험수준을 제시하기 위해 자동차 신호처럼 RAG 차트(RAG, Red/Amber/Green)를 제공한다(그림 11.26).

건강한 조직에서는 대시보드를 활용하여 문제를 파악하고 예방하지만, 대시보드를 잘못 활용하는 조직에서는 문제를 더 이상 숨기기 힘든 시점까지 프로젝트 상태를 녹색으로 속이기도 한다. 보기 좋은(?) 대시보드에 집착하지 말고 대시보드에 표현되는 데이터 신뢰도를 먼저 확보해야 한다.

프로젝트 명	콜레보 솔루션 개발				
프로젝트 스폰서	홍길동	상품관리자	이몽룡	프로젝트관리자	나피엠
프로젝트 기간	22.3.1~22.7.31		프로젝트 예산	12억	
주요 활동	진행상황			인도물	상태(RAG)
MVP 제작	상품 콘셉트를 검증하기 위한 MVP 제작 완료			MVP 평가결과	●
활동 2					
활동 3					
프로젝트 진척정보					
총 이터레이션	10	총 스토리점수	350	완료된 스토리 점수	20
현 이터레이션	2	지연 작업	테스트 환경 구축 지연		
속도	35				
리스크 명	리스크 유형	리스크 대응 전략	리스크 진행현황		
개발자 퇴사	위협	회피	신규개발자 후보 검토 중		

그림 11.26 프로젝트 대시보드 예시

11.5.2 정보상황판

정보상황판(information radiators)은 시스템이 아닌 사무실의 벽에 부착한다. 벽에 큰 상황판을 부착한다는 의미에서 정보상황판을 '큰 시각화 차트(BVC, Big Visible Charts)'라고도 한다. 정보상황판은 프로젝트 팀원 간의 협업을 촉진하기 때문에 적응형 개발을 적용하는 프로젝트에서 많이 활용한다.

정보상황판은 팀원들이 많이 오가는 중앙의 벽에 부착한 뒤, 갱신주기(주, 월)를 준수해야 한다. 정보상황판을 처음 적용할 때에는 핵심정보에 집중하여 주간단위로 갱신하는 것이 바람직하다. 갱신되지 않는 차트는 소중한 공간만 차지하기 때문에 떼내야 한다. 그림 11.27은 정보상황판의 예시다.

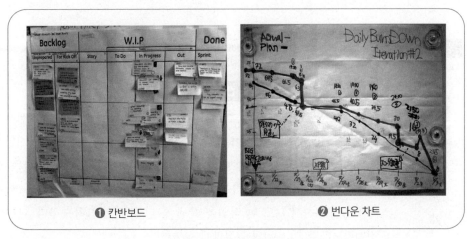

❶ 칸반보드   ❷ 번다운 차트

그림 11.27 정보상황판의 예시
(출처: ❶칸반보드, leadingagile.com, 2017. 11 ❷번다운 차트, Michael Thelin 블로그, 2012. 2)

11.5.3 시각적 통제

작업의 흐름을 중요하게 생각하는 린 소프트웨어 개발에서는 정보상황판을 시각적 통제(visual controls)라고 한다. 특히 칸반시스템을 옹호하는 사람들은 작업의 진행 현황을 칸반보드와 같은 도구를 활용하여 이해관계자들과 공유하고 협의하는 것을 중요하게 생각한다. 다음은 그 예다.

■ 태스크 보드(Task board)
태스크 보드는 시작 준비가 된 작업, 작업 진척, 완료된 작업을 표시할 수 있으며 칸반보드가 대표적이다. 칸반보드에서는 각 작업의 유형을 색깔로 구분하고 작업이 현 단계에서 머무르고 있는 일수를 표현할 수도 있다. 칸반보드에서는 특정 시점에 진행 중인 작업의 수(WIP)를 제한하는 것도 특징이다. 칸반보드의 상세 내용은 다음 심화학습을 참고하기 바란다.

■ 번차트(Burn chart)
번업(burn up) 또는 번다운(burn down) 차트는 프로젝트 팀의 개발속도를 표시할 수 있다. 번차트는 특정 이터레이션을 대상으로 작성할 수도 있고, 전체 프로젝트 수준에서 작성할 수도 있다. 번차트는 프로젝트 계획과 실적을 측정하기 때문에 예측형 개발방식의 획득가치 분석을 적응형 개발방식에 적용하는 것과 유사하다. 번차트의 X축은 시간이고 Y축은 스토리 점수다. 상세 내용은 심화학습을 참고하기 바란다.

11.5.3
시각적 통제

작업 흐름을 중요시하는 칸반 관리

프로젝트를 종료하고 운영으로 전환하면 결함을 우선 조치하고 개선사항은 우선 순위에 따라 개발하는 것이 일반적이다. 따라서 운영단계에서는 개발할 범위를 정한 뒤 이를 이터레이션에 할당하는 것이 아니라, 백로그에 쌓여있는 업무 중 이번 주에 개발할 것을 결정하는 방식이 적합할 수 있다. 칸반(Kanban)에서는 일정 계획은 수립하지 않고 한 작업을 끝낸 후 다음 작업을 착수한다. 칸반에서는 일정계획보다 흐름(flow)의 최적화에 집중한다.

칸반관리의 특징은 다음과 같다.

■ **진행 중 작업 수를 제한한다.**

적정 수준의 리드타임을 유지하기 위해서는 진행 중 작업 수를 적정 수준으로 유지해야 한다. 진행 중 작업 수는 프로젝트 팀의 과거 데이터를 참조하여 결정한다. 또한 운영의 업무 유형을 신규 기능, 오류 및 성능 향상, 기능 개선, 영업지원 등으로 구분하여 적정 비율을 유지할 수도 있다. 업무 중요도 관점에서는 긴급 요청, 고정 일정, 표준, 기타로 구분하여 적정 비율을 유지할 수 있다.

■ **작업진행 현황을 시각화 한다.**

칸반보드는 화이트보드 또는 지라(Jira)와 같은 도구를 활용하며 수행 중인 전체 작업현황을 직관적으로 쉽게 파악할 수 있는 장점이 있다. 칸반보드에 부착하는 것을 신호카드(signal card)라고 하는데 하나의 신호카드는 하나의 요구사항(사용자 스토리)을 의미한다. 신호카드의 상태는 진행 단계별로 구분하기도 하지만 작업의 중요도에 따라 구분하기도 한다. 작업의 중요도에 따라 신호카드의 색깔을 달리하는 것이 바람직하다(그림 11.28).

구분	대기	분석	구현		QA	완료
			대기	개발		
긴급 요청				■		
고정 일정		■ ■	■	■		
표준	■ ■ ■ ■	■ ■	■ ■	■ ■ ■	■ ■	■ ■
기타	■ ■ ■					

그림 11.28 칸반보드 예시

그림 11.28에서 처리 능력(capacity)이 동일하다면 일정지연의 가능성이 높은 단계는 작업의 수가 많은 '개발'이다. 처리 능력이 높을수록 작업을 끝내는 속도가 빨라진다.

■ **개별업무의 계획 준수보다 평균 리드타임을 중요시한다.**

상품운영 단계에서는 일회성의 계획보다 안정적 개발 속도가 중요하다. 합의한 리드타임 이내에 일정 규모의 업무를 릴리즈할 가능성이 일정 수준(예: 80%) 이상이라면 고객이나 상품관리자도 계획과 조정을 위해 시간을 낭비할 필요가 없다.

칸반시스템은 '공정 준수율'이나 '공정 진척률'보다 '평균 리드타임'과 '리드타임 준수율'을 중요시한다. 또한 칸반시스템을 적용하면 프로젝트 팀과 이해관계자가 합의한 서비스 수준 합의(SLA, Service Level Agreement)를 기준으로 성과를 평가하는 것이 바람직하다. 칸반방식은 고객 또는 이해관계자와 신뢰를 기반으로 장기적인 관계를 맺는 개념이다. 따라서 칸반방식을 적용하기 위해서는 적정 수준의 품질을 갖춘 적정량의 결과물을 고객 또는 이해관계자가 지속적으로 제공받을 수 있다는 믿음을 제공해야 한다.

■ **당김(pull) 방식으로 개발할 상품 요구사항을 결정한다.**

개발 방식에서 당김(pull) 방식과 미는(push) 방식은 크게 다르다. 당김 방식은 프로젝트 팀의 처리속도에 맞게 업무를 수용하고, 미는 방식은 프로젝트 팀의 처리속도를 고려하지 않고 업무를 밀어넣는다. 당김 방식을 적용하려면 진행 중 업무

수행 개수를 제한한다는 전제조건이 필요하다. 당김 방식에서는 하나의 요구사항을 완료한 후 다른 요구사항을 추가한다.

■ 변동을 최소화한다.

안정적인 리드타임을 유지하기 위해서는 변동을 최소화해야 한다. 다양한 요구사항을 하나의 유형으로 관리하면 일정과 공수의 변동성이 커진다. 따라서 요구사항 유형을 몇 가지로 구분하여 유형별로 리드타임의 평균과 분산을 예측하고 관리하면, 개발 리드타임의 예측 가능성도 높아진다. 요구사항 유형이 내부변동 요인이라면 시장변동, 직원 이직 등은 외부 변동요인이다. 외부변동은 프로젝트 팀이 통제할 수 없기에 외부변동이 높아지면 업무의 예측 가능성은 낮아진다.

지금까지 설명한 칸반관리의 특징을 요약하면 그림 11.29와 같다.

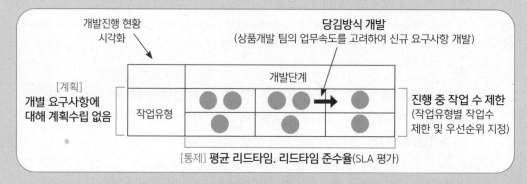

그림 11.29 칸반관리의 특징

결과물 | 번차트(Burn chart)

스프린트	사용자 스토리명	사용자 스토리 점수	사용자 스토리 점수(누계)	목표 완료일	실적 완료일
#1	a1	2	2	01월 01일	01월 02일
#1	a2	2	4	01월 02일	01월 03일
#1	a3	3	7	01월 03일	01월 05일
#1	a4	3	10	01월 04일	01월 06일
#1	a5	3	13	01월 05일	01월 07일
#1	a6	3	16	01월 06일	01월 08일
#1	a7	3	19	01월 07일	01월 09일
#1	a8	5	24	01월 08일	01월 10일
#1	a9	8	32	01월 09일	01월 11일
#1	a10	8	40	01월 10일	01월 12일
#2	b1	2	42	01월 11일	01월 13일
#2	b2	2	44	01월 12일	01월 14일
#2	b3	3	47	01월 13일	01월 15일
#2	b4	3	50	01월 14일	01월 16일
#2	b5	3	53	01월 15일	01월 20일
#2	b6	3	56	01월 16일	01월 21일
#2	b7	3	59	01월 17일	01월 22일
#2	b8	5	64	01월 18일	01월 23일
#2	b9	8	72	01월 19일	01월 24일
#2	b10	8	80	01월 20일	01월 25일
#3	c1	2	82	01월 21일	01월 26일
#3	c2	2	84	01월 22일	01월 27일
#3	c3	3	87	01월 23일	01월 28일
#3	c4	3	90	01월 24일	
#3	c5	3	93	01월 25일	
#3	c6	3	96	01월 26일	
#3	c7	3	99	01월 27일	
#3	c8	5	104	01월 28일	
#3	c9	8	112	01월 29일	
#3	c10	8	120	01월 30일	

스프린트	사용자 스토리 수	사용자 스토리 점수	목표 완료일	실적 완료일	목표 완료일에 완료된 스토리 점수(누계)	목표 완료일에 남은 스토리 점수
#1	10	40	01월 10일	01월 12일	24	96
#2	10	40	01월 20일	01월 25일	53	67
#3	10	40	01월 30일			
계	30	120				

표 11.5 번차트 분석을 위한 프로젝트 사례와 요약

애자일에서 활용하는 번다운(burndown, 소멸) 차트를 설명하기 위해 간단한 프로젝트 사례를 만들었다. 프로젝트는 3개의 스프린트를 수행하며 각 스프린트는 매일 1개씩 완료할 10개의 사용자 스토리로 구성된다고 가정하자. 각 스프린트의 10개 사용자 스토리의 스토리 점수 합계는 40점으로 동일하다. 따라서 프로젝트(릴리즈) 전체의 스토리 점수는 120점이다. 계산 편의상 휴일을 고려하지 않았기 때문에 스프린트 계획 완료일은 1월 10일, 1월 20일, 1월30일이다. 표 11.5에 있는 스프린트 #1과 #2의 계획 대비 실적을 요약하면 다음과 같다.

- **스프린트 #1** 1월 10일까지 '10개 사용자 스토리, 40 스토리 점수' 완료 예정, 1월 10일까지 '8개 사용자 스토리, 24 스토리 점수' 완료
- **스프린트 #2(누계)** 1월 20일까지 '20개 사용자 스토리, 80스토리 점수' 완료 예정, 1월 20일까지 '15개 사용자 스토리, 53 스토리 점수' 완료

번다운(소멸) 차트는 기간별로 남은 작업(remaining work)의 양을 보여준다. 번다운 차트는 프로젝트(또는 릴리즈) 수준에서 작성할 수도 있고, 스프린트 수준에서 작성할 수도 있다. 프로젝트 수준의 번다운 차트의 X축은 스프린트가 되고, 스프린트 수준의 번다운 차트의 X축은 일자가 된다.

번다운 차트를 보면 특정 시점기준으로 완료된 작업의 양, 남은 작업의 양, 팀의 속도[기울기가 가파를수록 속도(생산성)가 높다], 출시 예정일을 파악할 수 있다.

프로젝트 번다운 차트와 스프린트 #1의 번다운 차트는 그림 11.30, 11.31과 같다(실제 그림은 직선이 아니지만 이해를 돕기 위해 직선으로 표현했다).

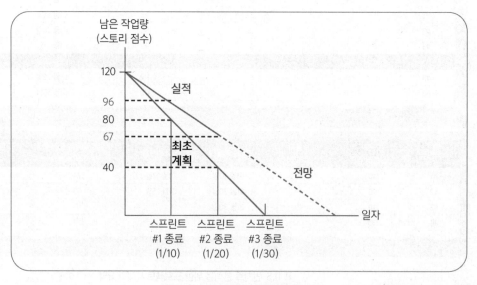

그림 11.30 프로젝트 번다운 차트의 예시

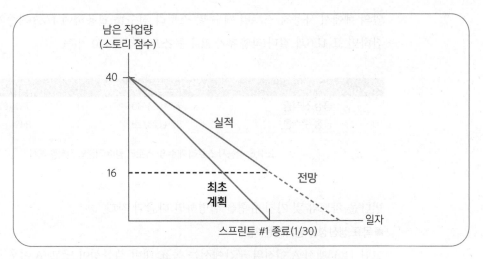

그림 11.31 스프린트 수준의 번다운 차트의 예시

번업(burnup) 차트는 번다운 차트의 반대로 기간별로 완료된 작업의 양을 누계로 보여준다. 번업 차트는 전체 작업의 양을 별도의 선으로 표현할 수 있어 작업량의 증가 또는 감소를 파악하기 용이하다. 그림 11.32는 스프린트 2를 종료한뒤 스토리 점수 20을 추가한 예이다.

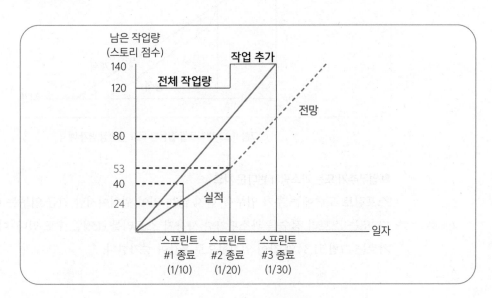

그림 11.32 프로젝트 수준의 번업 차트 예시

앞의 예에서 사용자 스토리 개수 및 스토리 점수를 활용하여 1/28 기준의 진척률을 계산하면 표 11.6과 같다(작업 추가 없이 총 스토리 점수 120 기준).

구분	사용자 스토리 개수 기준	스토리 점수 기준
공정 진척률	77%(23/30)	73%(87/120)
공정 준수율	82%(23/28)	84%(87/104)

표 11.6 사용자 스토리 개수 및 스토리 점수 기준의 진척률 예시

번다운 차트의 몇 가지 유형을 설명하면 다음과 같다.

■ 목표 생산성을 평가하는 차트

그림 11.33에서 A 이전의 구간에서는 목표 대비 생산성이 낮고, A 이후 구간에서는 목표 대비 생산성이 높다. 그래프의 기울기가 가장 낮은 구간이 병목(bottle neck) 구간이다.

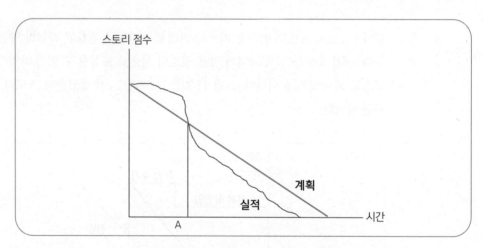

그림 11.33 번차트를 활용한 목표 생산성 평가 예시

■ 업무추가 또는 과소평가 번다운 차트

스프린트 도중에는 추가 업무를 받지 않는 것이 원칙이지만 긴급 업무는 추가할 수 있다. 또는 스토리 점수를 과소평가한 사용자 스토리를 조정할 수도 있다. 이때의 번다운 차트는 그림 11.34와 같이 일시적으로 Y값이 증가한다.

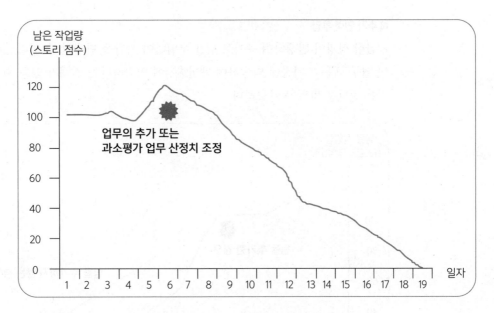

그림 11.34 업무추가 또는 과소평가 번다운 차트

■ 업무축소 또는 과대평가 번다운 차트

업무축소 또는 과대평가는 위와 반대이다. 스프린트 도중 불필요한 업무를 발견했거나 과대평가한 사용자 스토리를 조정할 수 있다. 이때의 번다운 차트는 그림 11.35와 같이 특정 시점에 Y값이 급격히 감소한다.

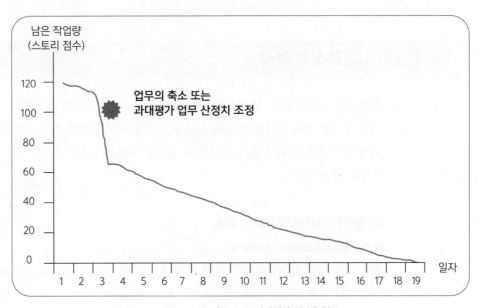

그림 11.35 업무축소 또는 과대평가 번다운 차트

긴급한 상황이 발생하여 추가로 팀을 투입하여 기간을 단축할 수 있다. 추가 인력이 해당 업무 내용과 기술에 익숙하여 개발환경에 익숙하다는 전제가 있을 때 그림 11.36과 같은 번다운 차트가 가능하다.

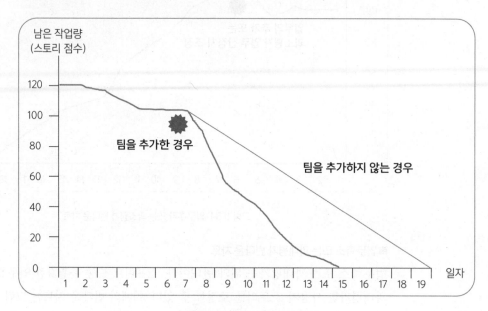

그림 11.36 팀을 추가한 번다운 차트

11.6 잘못된 성과측정의 부작용

성과지표를 측정하고, 분석하고, 공유하기 위해서는 적지 않은 노력이 필요하다. 성과지표 측정을 위해 노력한 만큼의 효과를 얻기 위해서는 성과측정의 부작용을 이해하고 예방해야 한다. 성과측정의 부작용은 잘못된 지표를 설정하는 오류와, 잘못 해석하는 오류로 나누어진다.

① 잘못된 지표를 설정하는 오류
■ 호손 효과(Hawthorne effect)
호손 효과는 1930년대 미국 일리노이주에 있었던 '호손 웍스(Hawthorne Works)'라는 공장에서 수행된 일련의 실험에서 얻어진 결과로, 교수들이 자기(노동자들)를 관찰한다고 느끼면 작업환경에 상관없이 노동자들의 작업생산성이 높아지는 현상을 의미한다. 성과지표로 선정되면 측정을 하게 되고 어떤 경우는 평가의 용도로도 활용된다. 잘못된 성과지표도 평가목적으로 활용하면 해당 성과지표가 높아진다. 조직에서 개발 팀의 가동률을 성과지표로 정의하고 측정하면 조직의 성과가 나빠질 수 있다.

■ 허무지표(Vanity metric)

허무지표는 에릭리스의 저서 《린스타업》(2012)에서 소개된 용어로 가치창출에 도움이 되는 지표를 '실질지표', 도움이 안되는 지표를 '허무지표'로 구분하였다. 실질지표는 성과를 정확하게 파악하게 하는 지표이고, 허무지표는 성과를 착각하게 만드는 지표이다. 욕조로 유입되는 수돗물이 점점 줄어들어도 욕조물의 총량은 계속 늘어나는 것처럼 누적지표는 대부분 허무지표이다. 예를 들어 '사이트 가입자 수'나 '활동 사용자 수'와 같은 누적지표는 허무지표가 될 수 있다. '가입자 중 활동 사용자 비율'은 대표적인 실질지표이다.

■ 사기 저하

프로젝트 팀원이 달성하기 힘든 목표가 주어지면 프로젝트 팀의 사기가 떨어질 수 있다. 경영층이 담대하고 도전적인 목표를 부여하기 위해, 프로젝트 팀원이 제시한 예산의 절반 또는 기간의 절반을 제시하는 것이 그 예가 될 수 있다. 도전적인 목표는 혁신의 기회가 되기도 하지만 아닐 수도 있다. 프로젝트 팀의 역량, 문화, 팀워크를 고려한 도전적 목표를 제시해야 한다.

■ 메트릭스의 오용

잘못 정의된 성과지표를 평가지표(KPI)로 활용하면 부문 최적화를 위해 팀원들이 노력한다. 대표적인 문제점은 다음과 같다.

- 중요하지 않은 지표 또는 달성하기 쉬운 지표에 집중
- 장기적인 지표보다 단기적 지표에 집중

② 성과지표를 잘못 해석하는 오류

■ 확증 편향(Confirmation bias)

사람들은 개인의 믿음을 뒷받침하는 데이터를 선별적으로 선택하고 해석하는 경향이 있다. 의식적으로 그럴 수도 있고, 무의식적으로도 그럴 수 있다. 확증편향에 빠지지 않고 비판적 사고를 유지하려면 다른 사람들의 의견에 귀 기울여야 한다.

■ 상관관계 대 인과관계

현실에서 상관관계와 인과관계를 구분하기는 쉽지 않다. 상관관계는 통계적으로 두 변수가 같은 방향으로(또는 반대 방향으로) 움직이는 현상이다. A가 증가하면 B가 증가하거나 감소하는 것이다. 반면, 인과관계는 원인과 결과에 해당한다. 상관관계에 있는 두 변수는 인과관계일 수도 있고 아닐 수도 있기 때문에 해석에 유의해야 한다. 특히 위의 확증편향이 있다면 상관관계를 인과관계로 믿고 주장하게 된다. 인과관계가 의미 있으려면 통제 가능한 원인변수를 식별해야 한다. 예를 들어, 일정지연이 예산초과를 초래

한다고 생각할 수 있지만 일정지연은 팀원의 역량부족 또는 잘못된 리스크 관리의 결과일 수 있다.

상관관계를 인과관계로 판단하면 잘못된 결정을 내릴 수 있다. 2020년 10월에 독감백신 주사 후 사망기사가 보도되자 시민들은 백신과 사망이 인과관계가 있는 것으로 판단하여 독감백신 접종을 기피한 것이 대표적인 예다(2020년 독감 백신은 맞은 사람 중 3,670명이 사망하였지만 백신을 맞지 않아도 인구수 대비 그 정도 사망 비율은 된다).

11.7 다른 성과영역과의 상호작용

측정 성과영역과 다른 성과영역의 대표적인 상호작용은 표 11.7과 같다.

성과영역	성과측정 성과영역과의 상호작용
이해관계자	- 이해관계자들에게 성과지표를 제공하여 계획수립에 참여하게 함 - 이해관계자들에게 성과지표를 제공하여 의사결정을 하게 함
팀	- 팀원들에게 성과지표를 제공하여 계획수립에 참여하게 함 - 팀원들에게 성과지표를 제공하여 의사결정을 하게 함
개발방식과 생애주기	- 성과지표를 참조하여 개발방식의 효과성을 확인하고, 성과가 나지 않을 경우 개발방식을 변경
기획	- 기획 성과영역은 프로젝트 팀이 달성할 목표를 성과측정 영역에 제공 - 성과지표를 제공받아 프로젝트 계획을 수정함
프로젝트 작업	- 성과지표를 분석하여 프로젝트 교훈을 도출 - 작업성과에 대한 지표를 분석하여 프로젝트 수행 프로세스를 조정 - 성과지표를 활용하여 변경요청에 대한 의사결정을 내림
인도	- 성과지표를 활용하여 요구사항 우선순위 조정 - 인도물의 품질지표를 참조하여 인도물을 이해관계자에게 제공
불확실성	- 성과지표를 기반으로 프로젝트 리스크를 식별 - 리스크가 실제로 발생하면 이에 대응하는 과정에서 프로젝트 성과지표가 변경됨

표 11.7 측정 성과영역과 다른 성과영역의 상호작용

11.8 측정 성과영역 조정

성과영역의 내용을 조정하여 실전 프로젝트에 적용하기 위해서는 성과영역의 주요 결정사항과 결정에 영향을 미치는 요인을 이해해야 한다. 측정 성과영역을 프로젝트에 적용하기 위한 결정사항은 다음과 같다.

- 프로젝트 성과지표를 어떻게 선정할 것인가?
- 측정된 성과지표를 어떻게 공유할 것인가?

각 의사결정을 위해 사전에 파악할 사항 및 고려사항은 그림 11.37과 같다.

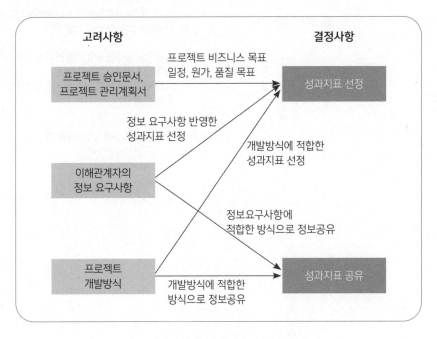

그림 11.37 측정 성과영역 조정을 위한 고려사항

11.9 측정 성과영역의 목표 달성 점검방법

측정 성과영역의 목표와 목표달성을 정검하는 방법은 표 11.8과 같다.

목표	목표 달성 점검방법
프로젝트 상태에 대한 정확한 이해	– 감사보고서(Audit Report)에 기술된 성과지표의 측정 프로세스 준수 여부, 데이터의 신뢰도를 확인
의사결정을 촉진하는 데이터 확보	– 성과지표의 내용이 이슈 또는 의사결정 사항을 명확하게 하는지 확인
시기를 놓치지 않는 의사결정	– 성과지표가 프로젝트의 최신상태를 반영하는지 확인 – 성과지표 업데이트 주기를 확인
목표한 비즈니스 가치를 창출할 수 있도록 성과지표 활용	– 프로젝트 승인문서에 기술된 프로젝트 가치가 프로젝트 관리 계획서에 반영되었는지 확인 – 프로젝트 관리계획서에 정의된 목표를 달성하는지 성과지표를 통해서 확인

표 11.8 측정 성과영역의 목표 달성 점검방법

Uncertainty Performance Domain

불확실성 성과영역

12

Uncertainty Performance Domain

불확실성 성과영역

12.1 불확실성 성과영역 개요

12장의 내용은 〈PMBOK 가이드〉에서 가장 이해하기 어렵다. 불확실성, 변동성, 복잡성, 모호성, 리스크 등 뉘앙스는 다른 것 같지만 구분하기 힘든 개념들을 설명하기 때문이다. 이전 버전의 《PMBOK 지침서》에서는 '리스크'를 설명하는 챕터가 있었다. 그런데 《PMBOK 지침서》 7판에서는 '리스크' 챕터 대신 '불확실성' 챕터가 생겼다. 그렇게 바꾼 PMI의 의도를 이해하기 위해 '리스크'의 정의를 살펴보자.

> 1가지 이상의 프로젝트 목표에 영향을 미치는 불확실한 사건이나 조건
>
> An uncertain event or condition that, if it occurs, has a positive or negative effect on one or more project objectives

위 정의에 따르면 리스크를 관리하기 위해서는 미래의 '불확실성'을 분석하고 이해해야 한다.

프로젝트의 미래는 왜 불확실할까?

프로젝트의 미래가 불확실한 이유는 다음과 같다.

- 프로젝트 내부 및 외부의 구성요소들이 상호작용한다. (복잡성)
- 요구사항 또는 구현 기술을 정확하게 이해하지 못할 수 있다. (모호성)
- 미래는 원래 예측하기 힘들다. (변동성)

간단히 요약하면 변동성·복잡성·모호성은 불확실성을 만들고, 불확실성은 리스크를 만든다(그림 12.1).

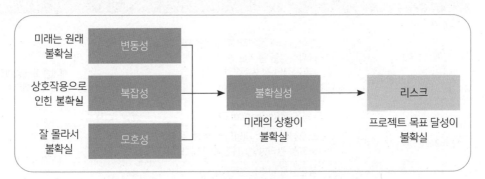

그림 12.1 불확실성의 원인과 결과

앞서 설명한 용어들은 뷰카(VUCA) 즉, 변동성(Volatility), 불확실성(Uncertainty), 복잡성(Complexity), 모호성(Ambiguity)으로 정리할 수 있다. 뷰카는 1990년대 초반 미국 육군대학원에서 처음으로 사용했는데, 지금은 급변하는 경영환경의 특성을 설명하는 대표적인 용어가 되었다. 21세기에는 소프트웨어 기술이 시장의 뷰카를 더욱 심화시키고 있다. 최근에는 혼돈(chaos)을 추가하여 'VUCCA'라는 용어를 사용하기도 한다.

12장의 학습 주제는 다음과 같다.
- 불확실성, 변동성, 모호성, 복잡성의 개념 및 대응방안
- 프로젝트에 기회와 위협이 되는 리스크 특성
- 리스크 관리 프로세스 개요
- 리스크 대응의 우선순위 결정방안
- 기회와 위협에 대응방안
- 리스크 모니터링 방안
- 관리 예비와 우발사태 예비

불확실성 성과영역의 목차와 관련 모델, 방법, 결과물은 표 12.1과 같다.

목차	내용	모델/방법/결과물
12.2 VUCA		
12.2.1 일반적인 불확실성	- 불확실성의 정의와 불확실한 사건과 조건의 예 - 불확실성을 줄이는 방법 · 추가적인 정보수집과 분석 · 여러 가지 결과에 대비 · 세트기반 설계 · 복원력(Resilience) 확보	케네빈 프레임워크 [모델] 스테이시 매트릭스 [모델]
12.2.2 모호성	- 모호성의 유형: 개념의 모호성, 상황의 모호성 - 모호성 관리방안: 점진적 구체화, 실험, 프로토타입	
12.2.3 복잡성	- 복잡성을 낮추는 방안 - 복잡성에 대한 이해수준을 높이는 방안 - 복잡성의 피해를 최소화하는 방안	
12.2.4 변동성	- 변동성 관리방안: 대안분석, 예비비용과 예비기간 확보	
12.3 리스크 관리		
12.3.1 리스크 관리 개요	- 리스크의 정의와 기본개념	리스크 관리계획서 [결과물]
12.3.2 리스크 식별	- 리스크 식별시 유의사항	SWOT 분석 [방법] 리스크 관리대장 [결과물] 리스크 보고서 [결과물]
12.3.3 정성적 리스크 분석	- 정성적 분석의 목적과 분석방안	위험분류 체계 [결과물]
12.3.4 정량적 리스크분석	- 정량적 분석의 목적과 분석방안	시뮬레이션 [방법] 민감도 분석 [방법] 의사결정 나무 분석 [방법]
12.3.5 리스크 대응계획수립	- 리스크 대응계획수립시 유의사항 - 기회에 대한 대응전략 - 위협에 대한 대응전략	리스크 조정 백로그 [결과물] 우발사태 대응 전략 [심화학습]
12.3.6 리스크 모니터링	- 리스크 모니터링의 목적 - 리스크 모니터링을 하는 방안	

표 12.1 불확실성 성과영역의 주제 관련 모델, 방법, 결과물

바람직한 결과

- 프로젝트와 관련된 내부와 외부 환경을 모두 인식한다. (정치, 경제, 사회, 문화, 기술, 경쟁사 등)
- 불확실한 요인을 빠짐없이 식별하고 예방방안을 수립한다.

- 프로젝트에 영향을 미치는 요인들의 상호의존성을 확인하고 대응한다.
- 위협 또는 기회가 프로젝트에 미치는 영향력을 이해한다.
- 식별되지 않는 부정적인 리스크는 없다.
- 프로젝트 성과를 개선할 수 있는 기회를 실현한다.
- 프로젝트 리스크 수준을 반영한 여분의 비용과 일정을 확보하고 효과적으로 활용한다.

활동 예

프로젝트 불확실성 성과영역의 활동은 조직의 표준 프로세스에 영향을 받으며 예측형과 적응형 개발방식에 따라 큰 차이가 없다. 불확실성 성과영역의 활동은 다음과 같다.
- 리스크 관리 양식을 정의한다.
- 프로젝트 리스크를 모니터링하는 회의체, 운영방식, 담당자를 결정한다.
- 이해관계자와 팀원이 모여 프로젝트에 영향을 미치는 내부, 외부 요인 들을 식별하고 프로젝트에 미치는 영향력을 토의한다.
- 식별된 리스크를 취합하여 중복을 제거하고 리스크 유형별로 잠재적인 조치 계획을 수립한다.
- 리스크 대응을 위한 사용자 스토리를 발굴하여 관련된 이터레이션에 배정한다. (적응형 개발)
- 리스크 심각도를 평가하는 기준을 정의하고 식별된 리스크에 적용하여 리스크 대응 우선순위를 결정한다.
- 프로젝트에 기회가 될 수 있는 리스크 관리방안을 협의한다.
- 경영층에게 에스컬레이션할 리스크를 식별하여 경영층에게 보고한다.
- 개별 리스크에 대해 담당자, 실행항목, 일정을 정의한다.
- 프로젝트 월간회의시 기존에 식별된 리스크 진행 현황을 토의한다.

불확실성 성과영역과 관련된 PMI의 시험내용 요약은 다음과 같다.

영역	주제	내용
프로세스	리스크 평가 및 관리	– 리스크 관리 옵션 결정
		– 반복적으로 리스크를 평가하고 우선순위 지정
	프로젝트 이슈 관리	– 리스크가 이슈로 변하는 시점 인식
		– 프로젝트 성공을 달성하기 위한 최적의 조치를 취하여 이슈 공략
		– 이슈를 해결하기 위한 접근방식에 관해 관련 이해관계자와 협업
비즈니스 환경	범위에 미치는 영향에 대한 외부 비즈니스 및 환경의 변화를 평가 및 대응	– 외부 비즈니스 환경에 대한 변경 사항 조사(예: 규정, 기술, 지정학적 요인, 시장)
		– 외부 비즈니스 환경의 변화를 기반으로 프로젝트 범위/백로그에 대한 영향 평가 및 우선순위 지정
		– 범위/백로그 변경 사항에 대한 옵션 권유(예: 일정, 비용 변경)
		– 프로젝트 범위/백로그에 대한 영향을 주는 외부 비즈니스 환경을 지속적으로 검토

표 12.12 불확실성 성과영역의 PMP 시험내용 요약

출제 가능한 시험문제의 유형은 다음과 같다.

문제 유형

Q. 다음은 어떤 유형의 리스크인가?

– 산정치의 신뢰도, 상충되는 제약조건, 가정의 오류

– 부적절한 프로그램 또는 포트폴리오 관리

– 공급자의 낮은 역량

– 정부 규제

A. 보기의 리스크 유형은 순서대로 기술, 관리, 계약, 외부 리스크이다.

Q. 다음은 위협 대응전략의 어떤 유형인가?

– 리스크를 분석하여 예비 일정 확보

– 판단하기 어려워 좀더 모니터링하기로 함

- 기술 리스크가 높아 세트기반 설계를 적용
- 요구사항 변경비용 최소화를 위해 MVP를 적용
- 특정 기술모듈을 외부 전문회사를 통해 확보

A. 완화, 수용, 완화, 완화, 이전

Q. 프로젝트에서 관리하기 힘든 리스크를 스폰서에게 보고(escalation)했다. 그 이후 PM은 어떻게 해야 하는가?

A. 리스크 대응을 스폰서에게 위임한 것이지 리스크가 없어진 것은 아니다. 리스크가 허용 가능한 수준으로 낮아질 때까지 모니터링해야 한다.

Q. 글로벌 반도체 부족 이슈로 부품 수급에 어려움을 겪고 있다. 어떻게 대응해야 하는가?

A. 리스크 대응계획에 있는 계획을 적용한다. 리스크 목록에 없는 신규 리스크라면 리스크 대응계획을 수립하여 이행한다. 현실에서의 결론은 다른 업체를 알아보거나 부품설계를 변경하는 것이지만 시험에서는 절차상 먼저 해야 하는 것을 선택한다.

Q. 애자일 프로젝트에서 적용 가능한 리스크 관리방안은?

A. 스파이크, 세트기반 설계, 리스크 조정 백로그, 리스크 번다운 차트

Q. 정부 지원금을 신청하는 시스템을 오픈하였다. 보기의 동시 접속자 수 증가에 따른 리스크 상태를 뜻하는 용어는?

- ~명 이상이면 주의하여 모니터링한다.
- ~명 이상이면 사전에 준비된 비상계획을 가동한다.
- ~명 이상이면 신규신청 접수를 잠시 중단한다.

A. 리스크, 트리거(이벤트), 이슈

Q. 프로젝트 모호성, 변동성, 복잡성을 낮추는 방안은?

A. 본문 참고

12.2 뷰카(VUCA)

12.2.1 일반적인 불확실성

이번 섹션의 제목에 '일반적인'이라는 단어를 붙인 이유는 불확실성이 변동성, 복잡성, 모호성을 포괄적으로 포함하기 때문이다. 불확실하다는 것은 잘 알지 못하거나 예측하기 힘든 상태이다. 잘 알지 못하는 것은 현재 또는 미래의 조건이고, 예측하기 힘든 것은 미래의 사건(이벤트)이다.

소프트웨어 개발 프로젝트에서 현재 또는 미래의 조건을 잘 알지 못해 발생하는 불확실성의 예는 다음과 같다.
- 요구사항의 정확성 또는 변경 가능성
- 하드웨어, 소프트웨어, 데이터베이스의 복잡성
- 기간과 원가를 산정할 때 가정한 업무규모와 자원의 생산성

미래의 사건을 예측하기 힘들어 발생하는 불확실성의 예는 다음과 같다.
- 경쟁사의 신상품 출시 시기
- COVID-19와 같은 새로운 전염병의 확산
- 시장을 판도를 바꾸는 신기술 또는 비즈니스 모델의 탄생
- 핵심 이해관계자의 변경
- 이상 기후
- 법적 규제사항 또는 정치적 변수 (예: 플랫폼 사업과 관련된 법안 통과)

불확실성에 대비하는 방안은 불확실성을 낮추거나 불확실성으로 인한 부정적인 피해를 줄이는 것이다. 불확실성을 낮추기 위해서는 불확실성의 내용을 정확하게 이해해야 한다.

요구사항 또는 기술과 관련된 불확실성은 추가적인 정보수집과 분석으로 어느 정도 낮출 수 있다. 예를 들어 경험 없는 신기술을 적용하는 프로젝트에서는 불확실성이 높아진다. 또는 기업에서 익숙하지 않은 시장을 타깃으로 신상품을 개발할 때 시장과 고객에 대한 이해가 부족하면 요구사항 관련 불확실성이 높아진다. 이런 경우에는 추가적인 정보를 수집하고 분석하여 불확실성을 낮출 수 있다. 예를 들어 신기술을 적용한 파일럿 과제를 적용하거나, 고객 요구사항 검증을 위한 MVP를 개발하여 고객가치를 확인하는 것이다. 다만, 추가 정보를 수집하여 얻는 혜택(불확실성 감소)이 추가 정보 수집을 위한

시간과 예산의 손실보다 커야 한다.

불확실성을 낮추는 대표적인 애자일 기법이 스파이크(spike) 적용이다. 스파이크는 기술의 검증(기술 스파이크) 또는 사용자 인터페이스를 검증(기능 스파이크)하기 위해 만든 사용자 스토리를 의미한다. 스파이크 적용을 통해 추가적인 정보를 파악하지 않으면 사용자 스토리 규모를 산정할 수 없거나 산정의 신뢰도가 낮아진다. 프로토타입, 개념 증명(proof of concept), 와이어프레임(wireframe)도 스파이크 형태로 수행할 수 있다. 일반 사용자 스토리와 마찬가지로 '스파이크 스토리'도 특정 이터레이션에 속한다. 따라서 스파이크 스토리도 산정 가능하고 완료의 기준이 명확해야 한다. 다만, 스파이크 스토리는 고객에게 제공할 기능은 아니기 때문에 별도로 관리해야 한다.

불확실성으로 인한 부정적인 피해를 줄이는 방안은 다음과 같다.

■ 여러 가지 결과에 대비

미래에 발생 가능한 결과에 대한 대비책을 마련하여 불확실성으로 인한 피해를 줄이는 활동이다. 리스크가 발생할 때를 대비해 비상계획을 수립하는 활동이 대표적이다. 불확실한 미래의 경우의 수를 모르거나 경우의 수가 너무 많다면 대비책을 수립하기 힘들다. 가장 발생 가능성이 높은 경우를 분석하여 그에 대한 대비책을 수립해야 한다.

■ 세트기반 설계(Set based design)

'세트기반 설계'는 여러 가지 설계안을 만든 뒤 검증과정을 거치면서 최종적으로 하나의 설계안을 선택하는 것으로, 반대말은 '단일방안 설계(point based design)'이다. 세트기반 설계는 기술 또는 요구사항의 불확실성이 높을 때 적용하면 효과적이다. 세트기반 설계는 불확실성에 대응하기에 효과적이지만 복수의 설계방안을 만들고 검증하기 위해 투입되는 '시간과 비용'이 문제이다. 만일 세트기반 설계의 장점이 추가로 투입되는 시간과 비용을 상쇄하고도 남는다면 세트기반 디자인을 적용할 수 있다. SAFe(Scaled Agile Framework)에서 설명하는 세트기반 설계의 개념은 그림 12.2와 같다.

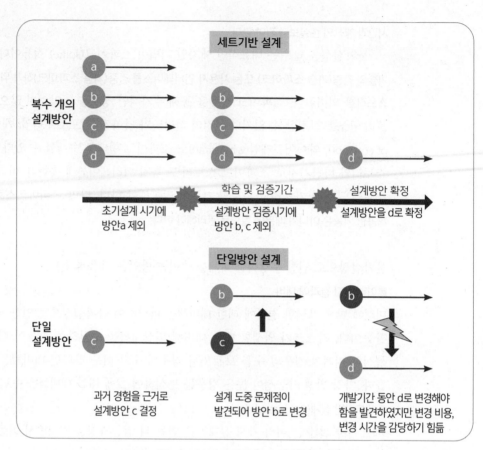

그림 12.2 세트기반 설계와 단일방안 설계의 비교

세트기반 설계는 복수의 안에 대해 일정, 품질, 예산을 종합적으로 고려하여 의사결정 하기 때문에 사전에 알기 힘든 프로젝트의 제약조건에 대응하는 장점이 있다. 세트기 반 설계의 개념은 토요타에서 창안한 '집합기반 동시공학(SBCE, Set-Based Concurrent Engineering)'에서 유래했다. (집합기반 동시공학이라는 용어는 토요타의 생산시스템을 연구 한 MIT가 1995년 명명했다)

■ 복원력(resilience) 확보

복원력은 리스크가 발생하여 이슈가 되었을 때 빠르게 대응하는 능력이다. 리스크가 발생했을 때는 이전 상태로 빨리 복원하는 것이 중요하다. 서비스 장애를 초래할 수 있 는 리스크가 발생해도 백업시스템이 잘 가동되어 서비스를 차질 없이 제공하는 것이 대표적인 예다.

　일반적으로 복원력은 운영업무를 대상으로 적용되지만, 프로젝트를 수행할 때에도 적용 가능한 개념이다. 앞서 설명한 세트기반 디자인 설계도 일종의 복원력을 고려한 것이다.

모델 | 케네빈 프레임워크(Cynefin framework)

케네빈 프레임워크는 IBM에 재직했던 스노든(Dave Snowden)이 2007년 하버드 비즈니스 리뷰에 게재한 후 널리 알려진 개념으로, 불확실성을 5가지 유형으로 나누어 그에 적합한 의사결정 방안을 제시하고 있다(그림 12.3). 케네빈 프레임워크에 의하면 조직이 학습할수록 같은 내용의 불확실성이 '혼돈 → 복잡 → 복합 → 단순'으로 전환된다. 이는 암묵지가 형식지로 전환되는 과정과 유사하다. (Cynefin은 스노우덴의 고향인 웨일스의 단어로 '우리가 이해할 수 없는 방법으로 우리에게 영향을 미치는 환경과 경험'을 의미한다)

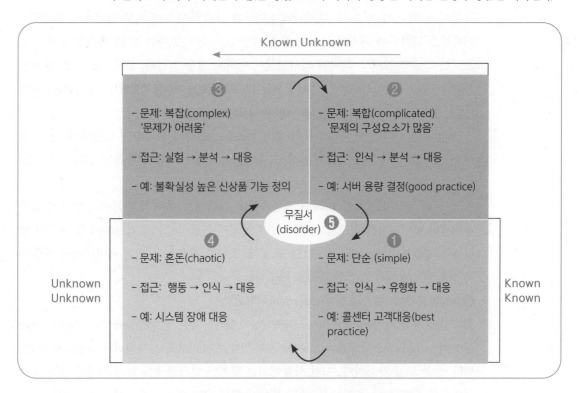

그림 12.3 Cynefin 프레임워크(출처: 《하버드 비즈니스 리뷰》, 2007)

5가지 유형의 불확실성과 대응방안은 다음과 같다.

❶ 단순한 문제(Simple): 모범사례의 영역

불확실성이 거의 없는 known known(불확실성이 있다는 것도 알고, 불확실성의 내용도 안다는 의미)의 상황이다. 이런 유형의 문제는 정해진 매뉴얼에 따라 모범사례(best practice)를 적용하면 된다. 그러나 과거의 성공 경험에 안주하면 그림의 좌측에 있는 '혼돈'으로 이어질 수 있다. 나심 탈레브(Nassim Nicholas Taleb)는 이를 '검은 백조(black swan)'에 비유했다. 검은 백조를 보기 전 사람들은 모든 백조가 흰색이라고 굳게 믿고 있었다.

❷ 복합적인 문제(Complicated): 전문가의 영역

복합적(complicated) 문제와 복잡한(complex) 문제는 구분해야 한다. 복합적 문제는 고려할 구성요소와 상호작용이 많아서 불확실해지고, 복잡한 문제는 구성요소의 수나 상호작용에 상관없이 문제 자체가 불확실하다. 자동차의 문제는 복합적이고 생태계의 문제는 복잡하다. 복합적인 문제는 정답을 찾기 어렵지만 답은 존재한다. 앞서 설명한 뷰카(VUCA)에서의 복잡성은 복합적인 동시에 복잡한 상황을 의미한다.

복합적 문제는 전문가가 시간을 가지고 분석하면 만족스러운 의사결정을 내릴 가능성이 높다. 의사, 변호사, 엔지니어의 업무가 그에 해당하며 전문 아키텍트가 서비스 거래량을 고려하여 최적의 서버 용량을 결정하는 것이 그 예다. 반면 복잡한 문제는 겉으로는 간단해 보여도 최적의 의사결정이 어려운 경우가 많다. 불확실성이 높은 신상품의 기능을 결정하는 것이 그 예다. 복합적인 프로젝트는 예측형 개발방식 적용이 가능하지만, 복잡한 프로젝트는 예측형 개발방식을 적용하면 실패할 가능성이 높다.

복합적인 문제는 구성요소들의 상호작용을 신중하게 분석하여 대응해야 한다. 상황을 인식하고, 분석하여 발굴한 우수사례(good practice)를 적용하면 된다. 복합적인 문제는 인공지능을 적용했을 때 성공 가능성이 높다.

그러나 복합적 문제를 대하는 전문가들은 그들만의 자부심 때문에 일반 사람들의 창의적인 아이디어를 거부할 위험이 있다. 문제가 복합적일수록 검토해야 할 사안이 많아 의사결정까지 시간이 오래 걸릴 수 있다. 또한 상황분석을 위한 데이터가 부족할수록 복합적인 문제가 복잡한 문제로 바뀐다.

❸ 복잡한 문제(Complex): 창발(emergence)의 영역

복잡한 문제는 known unknown(불확실성이 있다는 것은 알지만, 불확실한 내용을 모른다는 의미), unknown unknown(불확실성이 있다는 것도 모르고, 불확실한 내용도 모른다는 의미) 상황 모두 가능하다. 이런 상황에서는 명확한 인과관계를 찾기 어렵기 때문에 시행착오를 통해 정답에 가까운 답을 찾아야 한다. 린스타트업의 방법론처럼 '실험하고, 분석하고, 대응하는' 방식이 적합하다. 이 유형의 문제에 대응하기 위해서는 리더가 실패를 수용해야 한다. 복잡한 문제를 통제하려는 리더는 실패하지만, 실패를 수용하는 리더는 문제 해결을 위한 실마리를 찾을 수 있다. 참고로 '창발'은 새로운 기회의 출현을 의미한다.

❹ 혼돈스러운 문제(Chaotic): 신속한 대응의 영역

혼돈스러운 상황에서는 발생한 이슈에 먼저 대응해야 한다. 시스템이나 서비스 장애가 발생한 상황이 대표적이다. 시장에서 대량의 품질불량이 발생한 상황이라면 불량의 원인을 분석하기에 앞서 리콜부터 해야 한다. 문제로 인한 피해를 최소화한 뒤 문제의 원인을 분석하고 해결책을 마련해야 한다. 혼돈의 상황은 대부분 위기와 관련되기 때문에 지시형 리더십을 적용하는 것이 바람직하다. 뛰어난 리더는 위기를 해결하는 팀과 문제를 개선하는 팀을 동시에 가동시켜 위기를 기회로 전환한다. 위기가 끝날 때까지 기다리면 위기는 위기로 끝나고 기회는 사라지기 쉽다.

❺ 무질서한 문제(Disorder)

무질서한 상황에 대응하는 방법은 없다. 주어진 문제를 분할하여 위에서 설명한 4가지 유형 중 하나로 매칭하여 문제를 해결해야 한다.

**12.2.1
일반적인
불확실성**

Ⓜ 모델 | 스테이시 매트릭스(Stacey matrix)

스테이시는(Ralph Stacey)는 케네빈(cynefin) 프레임워크와 유사한 스테이시 매트릭스를 개발했다. 스테이시 메트릭스의 X축은 기술적 관점의 불확실성으로 프로젝트 요구사항의 구현 가능성을 의미한다. Y축은 요구사항의 불확실성을 의미한다. 스테이시 메트릭스는 케네빈 프레임워크와 유사하게 5가지 유형의 불확실성을 제시한다(그림 12.4).

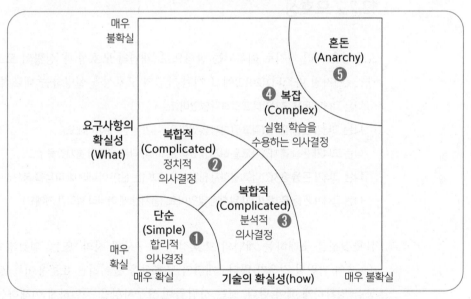

그림 12.4 스테이시 매트릭스(출처: 《Complexity and Creativity in Organizations》, 1996)

❶ 단순(Simple)

기술 관점, 요구사항 관점 모두 확실한 상태이다. 유사 프로젝트 경험이 많아 산정도 용이하다. 예측형 개발방식을 통해 상세계획을 수립하고 통제한다.

❷ 복합적(Complicated)-정치적 의사결정

프로젝트 목표나 요구사항은 불확실하지만 기술적 어려움은 없는 상태이다. 다양한 이해관계자들의 다른 견해를 조정하는 것이 중요하기 때문에 정치적 의사결정이라고 표현했다.

❸ 복합적(Complicated)-분석적 의사결정

프로젝트 목표나 요구사항은 확실하지만 기술적 불확실성은 높은 상태이다. 기술적 불확실성은 프로토타입을 활용해서 낮출 수 있다.

❹ 복잡성(Complex)

요구사항과 기술 불확실성이 낮은 상태이다. 기존의 방식으로는 문제해결이 어렵기 때문에 창의적인 접근이 필요하다. 이런 상황에서는 적응형 개발방식이 효과적이다.

❺ 혼돈(Anarchy)

케네빈 프레임워크의 혼돈과 같다. 혼돈과 복잡성의 경계는 '혼돈의 가장자리(edge of chaos)'로 알려져 있다. 혼돈의 가장자리는 액체가 기체로 변하는 '상전이(phase transition)'와 같이 혁신이 일어나기 쉬운 지점이다.

12.2.2 모호성

모호성은 여러 가지로 해석되는 상황으로 '개념의 모호성'과 '상황의 모호성'이 있다. 아래는 《애자일 마스터》(2012)에 소개된 개념의 모호성을 설명하는 대표적인 문장이다.

> 나는 그녀가 돈을 훔쳐갔다고 말하지 않았어요.
>
> **나는** 그녀가 돈을 훔쳐갔다고 말하지 않았어요. (내가 말한 게 아니에요)
>
> 나는 **그녀가** 돈을 훔쳐갔다고 말하지 않았어요. (아마 다른 사람이 훔쳐갔을 걸요)
>
> 나는 그녀가 **돈을** 훔쳐갔다고 말하지 않았어요. (그녀는 돈이 아니라 내 마음을 훔쳐갔어요)
>
> 나는 그녀가 돈을 **훔쳐갔다고** 말하지 않았어요. (훔쳐간 게 아니라 빌려간 거예요)

불확실성을 초래하는 개념의 모호성은 '요구사항 정의' 또는 '완료정의(definition of done)'와 관련될 경우가 많다. '개념의 모호성'을 줄이려면 표준용어를 정의하고 의사소통을 명확하게 해야 한다. 모든 사람들이 요구사항을 동일하게 이해하는 '명확함'은 좋은 요구사항이 갖추어야 할 첫 번째 조건이다.

　'상황의 모호성'은 현재의 문제를 해결하기 위한 방안이 여러 가지 있거나, 하나의 상황에 대해 미래의 조건이나 사건들이 여러 가지 발생할 수 있을 때 발생한다. 대표적인 것이 업무 규모, 완료 일자, 실적 예산과 같이 산정의 결과와 관련된 모호성이다. 상황의 모호성을 줄이기 위한 방법은 불확실성을 줄이기 위한 방법과 비슷하다. 불확실성을 줄이기 위한 '추가정보 수집'과 '세트기반 설계' 상황의 모호성을 줄이기 위한 방안이기도 하다. 기타 상황의 모호성을 줄일 수 있는 방안은 다음과 같다.

■ 점진적 구체화(Progressive elaboration)

점진적 구체화란 프로젝트를 진행할수록 획득하는 정보의 양이 많아지고 구체화되는 것을 말한다. 프로젝트 계획과 관련된 모호성은 점진적 구체화를 통해 대부분 해결된다. 프로젝트를 완료하는 시점에 프로젝트 계획과 관련된 모호성은 사라진다.

■ 실험

실험은 주로 인과관계를 파악하기 위해 사용한다. 대표적인 실험이 A/B 테스트이다. 버튼을 어떻게 디자인하면 클릭 수가 많을지, 가격을 어떻게 표시하는 것이 구매 전환률을 높이는지 등이다. 하드웨어 제품의 성능목표 달성 여부도 실험을 통해 검증할 수 있다.

■ 프로토타입

프로토타입은 실험과 유사한 개념이다. 실험이 인과관계 규명에 집중한다면 프로토타입은 광범위한 변수들의 관계를 탐색할 때 활용할 수 있다. 하드웨어 제품의 경우 목업(mock up) 제품을 만들어 디자인, 사용성, 품질 등을 종합적으로 파악하는 것이 예다.

12.2.3 복잡성

복잡성은 앞에서 많이 사용한 단어이다. 느낌으로 와닿는 단어인 복잡성을 더 이상 설명하려면 말 그대로 복잡해진다. 모호성과 복잡성을 생각하면 복잡해서 모호한 것 같기도 하고, 모호해서 복잡한 것 같기도 하다. 시험에서 복잡성이라는 단어가 나오면 다음에 유의하자.

■ 복잡함의 정도는 '단순 → 복잡 → 혼돈'의 순서로 커진다. (케네빈 프레임워크, 스테이시 매트릭스)

■ 복합적(complicated)과 복잡(complex)은 다르다. 이 둘의 개념을 물어보는 문제가 아니라면 '복합적+복잡'을 '복잡'으로 이해하면 된다. 즉, 프로젝트의 구성요소가 많고(복합적), 각 구성요소의 변동성이 높으면(복잡) '복잡'한 상태이다.

■ 복잡성과 모호성은 상호 영향을 미친다. 복잡하면 상황의 모호성이 높아지고, 구성요소들의 상호작용이 모호할수록 복잡해진다.

복잡성을 초래하는 원인은 시스템, 인간의 행동, 모호성이며 상세 내용은 프로젝트 관리 원칙 〈3.9 복잡성 탐색〉을 참조하기 바란다. 복잡성을 해결하려면 복잡성을 낮추거나, 복잡성에 대한 이해수준을 높이거나, 이슈 발생으로 인한 피해를 최소화하는 방안 등이 있다. 〈PMBOK 가이드〉는 복잡성을 해결하기 위한 방안으로 '시스템, 재구성, 프로세스' 3가지를 제시한다. 아래에서 설명하는 복잡성 해결방안들의 괄호 안에

〈PMBOK 가이드〉의 해결방안을 표현했다.

① 복잡성을 낮추는 방안

■ 분리 (시스템)

구성요소 간의 연결을 끊으면 상호작용이 줄어들어 변수가 줄어든다. 자체적으로 작동하는 구성요소들이 많을수록 복잡성은 낮아진다. 이러한 방식은 프로젝트 설계단계에 반영되어야 한다.

■ 이해관계자 참여 (프로세스)

이해관계자들로 인한 복잡성을 줄이는 방안이다. 이해관계자들의 긍정적인 참여를 높이면 예상하지 못한 상황을 줄일 수 있다.

■ 풀 프루프(Fool proof) (프로세스)

생산이나 운영 업무에서 사람의 실수를 예방하는 설계를 의미한다. 인간이나 시스템의 잘못을 원천적으로 방지할 수 있다면 예측하지 못했던 사건을 조금이라도 예방할 수 있다.

② 복잡성에 대한 이해수준을 높이는 방안

■ 반복적 구축 (프로세스)

프로젝트 구성요소(예: 기능)를 하나씩 추가하여 구성요소 추가로 인한 변화를 파악하는 방법이다. 예를 들어 기능을 하나(또는 일부)씩 추가하면 해당 기능이 다른 기능들과 어떤 상호작용을 하는지 파악할 수 있다. 반복·점증적으로 개발하면 프로젝트 팀원의 이해수준도 높아진다. 한꺼번에 통합할 때 보이지 않던 것들도 하나씩 통합하면 변경 내용을 쉽게 파악할 수 있다.

■ 다양성 (재구성)

복잡한 시스템을 다른 각도에서 이해하고 분석하는 활동을 의미한다. 브레인스토밍, 델파이 같은 프로세스를 적용하면 다양한 관점에서 시스템을 파악할 수 있다.

■ 시뮬레이션 (시스템)

시뮬레이션은 시스템의 다양한 구성요소들이 어떻게 상호작용하는지 이해할 수 있게 하는 도구이다. 다른 시스템의 구성요소들이 상호작용하는 시나리오에서도 유용한 정보를 얻을 수 있다. 프로젝트 관리 도구를 사용하는 고객들에게서 협업도구 개발을 위한 인사이트를 얻거나, 협업도구를 사용하는 고객들에게서 프로젝트 관리도구 개발을 위한 인사이트를 얻는 것이 그 예다.

■ 다양한 데이터 사용 (재구성)

확보하기 쉬운 데이터만 활용하여 분석하지 않고 다른 관점의 데이터를 사용하면 다른 관점의 복잡성을 이해할 수 있다.

③ 복잡성의 피해를 최소화하는 방안

■ 페일 세이프(Fail safe) (프로세스)

핵심적인 시스템 요소는 장애가 발생해도 그 피해를 최소화하는 복원력을 확보하는 것으로, 이중화 장치가 대표적인 예다.

12.2.4 변동성

변동성은 속성 자체가 예측 불가능한 것을 의미한다. 대표적인 것이 프로젝트 투입물(하드웨어 개발 프로젝트는 부품, 소프트웨어 개발 프로젝트는 상용 패키지)의 변동성이다. 변동성을 줄이기 위해서는 '대안분석'을 실시하여 더 좋은 방안을 찾고, 변동발생시 대응을 위한 예비 비용이나 기간을 확보한다.

■ 대안분석

프로젝트에서 사용하는 기술, 투입물, 개발 주체의 다양한 조합을 만들어 최적안을 찾는 방법으로 다음과 같은 분석을 할 수 있다.

– 비즈니스 목표를 충족시키는 대안 분석 (문제를 해결하는 방법은 여러 가지)

– 선정된 해결방안의 구현을 위한 대안분석 (개발 방식, 개발 주체, 적용기술 등)

■ 예비(Reserve)

변동성은 예방이 힘든 것이 특징이다. 따라서 변동성이 발생할 경우에 대비하여 예비 원가, 예비 일정을 확보해야 한다. 상세 내용은 리스크 관리에서 설명하겠다.

12.3 리스크 관리

지금까지 복잡한 내용의 뷰카를 설명한 이유는 프로젝트 리스크 관리를 설명하기 위해서다. 프로젝트 리스크는 하나 이상의 프로젝트 목표에 긍정적 또는 부정적 영향을 미치는 불확실한 사건이나 조건이다. 이하에서는 리스크 관리 프로세스를 설명하겠다.

12.3.1 리스크 관리 개요

프로젝트 리스크 관리 프로세스는 '리스크 식별 → 리스크 분석(정성, 정량) → 리스크 대응계획수립 → 리스크 모니터링'으로 구성된다.

리스크 관리 프로세스를 설명하기 전에 리스크 관리의 중요한 개념을 정리하면 다음과 같다.

■ 개별 프로젝트 리스크와 전체 프로젝트 리스크(Individual project risk vs. Overall project risk)

전체 프로젝트 리스크는 개별 프로젝트 리스크들을 종합적으로 고려했을 때 프로젝트 전반에 미치는 불확실한 영향을 의미한다. 전체 프로젝트 리스크는 프로젝트에 영향을 미치는 변동성, 모호성, 복잡성 등을 종합적으로 고려한다. 전체 프로젝트 리스크가 너무 높으면 프로젝트를 중단할 수도 있다.

■ 리스크 관리의 목적

부정적 리스크(위협)는 회피 또는 완화하고 긍정적 리스크(기회)는 활용하는 것이 목적이다.

■ 리스크와 가정 및 제약사항

가정 및 제약사항은 리스크에 영향을 줄 수 있기에 프로젝트 전 단계에 걸쳐 감시해야 한다.

■ 리스크 한계선(Risk thresholds)

리스크 한계선은 프로젝트 목표 달성 관점에서 수용할 수 있는 리스크 노출도(risk exposure)를 의미한다. 리스크 한계선을 넘으면 사전에 정의된 비상대책을 적용해야 한다.

■ 리스크 선호도(Risk appetite)

조직이나 이해관계자가 리스크를 추구하거나 리스크를 회피하는 정도를 의미하며, 리스크 회피, 리스크 중립, 리스크 추구의 3가지 유형으로 구분한다.

■ 리스크와 이슈

리스크가 실제로 발생하면 이슈가 된다. 따라서 이슈는 발생한 리스크이고, 리스크는 발생하지 않은 이슈이다.

■ 리스크 원인, 리스크, 리스크 영향력

- **리스크 원인** 리스크를 인식하게 하는 요인

- **리스크** 프로젝트 목표 달성에 긍정적, 부정적 영향을 끼치는 사건이나 조건

- **리스크 영향력** 프로젝트 목표에 미치는 영향의 정도

■ 식별된 리스크와 식별되지 않은 리스크(Known risk vs Unknown risk)

리스크를 예방하려면 불확실한 이벤트나 상황을 확실하게 인식해야 한다. 어떤 리스크가 있는지 모를 때는 이를 '식별되지 않은 리스크'라고 한다. 예를 들어 예측하지 못한 기상 이변, 스폰서의 교체, 갑작스러운 국가의 경제위기 등이 식별되지 않은 리스크다. 반면, 어떤 불확실성이 있는지를 확실하게 알고 있다면 이를 '식별된 리스크'라고 한다. 예를 들어 특정 사업에 정부 승인이 있어야 하는 것, 아직 검증되지 않은 기술을 적용

하는 것 등은 어떤 불확실성이 있는지 확실하게 인지한 상태이다.

■ **리스크 대응비용**

섹션 〈10.4.2 변경비용〉에서 설명한 변경비용과 마찬가지로 리스크 대응비용도 프로젝트 후반부로 갈수록 커진다. 프로젝트 생애주기에서 초기 단계는 리스크 수준이 높은 반면, 대응 비용이 낮다. 반대로 프로젝트를 진행할수록 리스크 수준은 낮아지고 리스크 대응 비용이 크게 증가한다(그림 12.5).

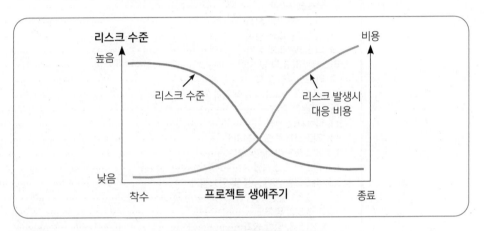

그림 12.5 프로젝트 생애주기와 리스크

12.3.1
리스크 관리
개요

◉ 결과물 | 리스크 관리 계획서(Risk management plan)

리스크 관리계획서(그림 12.6 참고)의 구성요소는 다음과 같다.

■ **방법론 또는 전략** 리스크 관리의 접근 방법, 절차, 도구 및 기법을 정의한다.
■ **역할과 책임** 리스크 관리 활동별 역할과 책임을 정의한다.
■ **자금조달** 리스크 관리 활동 수행을 위한 자금, 우발사태 예비(contingency reserves) 및 관리 예비(management reserves)의 사용기준을 정의한다.
■ **시기** 리스크 관리 활동 수행 시기와 빈도, 프로젝트 일정에 반영할 리스크 관리 활동을 정의한다.
■ **리스크 범주** 리스크 식별 또는 식별된 리스크를 분류할 때 활용하는 리스크 분류체계(RBS, Risk Breakdown Structure)로, 프로젝트 유형에 따라 리스크 분류체계를 다르게 하는 것도 가능하다.
■ **이해관계자 리스크 선호도** 이해관계자의 리스크에 대한 선호 정도, 리스크 한계선을 정의한다.
■ **확률–영향 정의(Definitions of risk probability and impacts)** 리스크 확률–영향 수준 정의는 리스크 노출도나 심각도를 결정할 때 활용한다.

- **확률-영향 매트릭스(Probability and impact matrix)** 리스크 노출도를 계산하여 리스크 대응의 우선순위를 결정시 활용한다.
- **보고 형식** 리스크 관리대장 및 리스크 보고서 형식을 정의한다.
- **추적** 리스크 관리 프로세스의 이행 여부를 감시하는 방법을 정의한다.

그림 12.6 리스크 관리계획서 목차 예시

위험관리의 각 프로세스별 주요 내용은 다음과 같다.

12.3.2 리스크 식별

리스크 식별은 리스크 관리의 시작이다. 리스크를 식별할 때 유의할 사항은 다음과 같다.

■ 리스크의 조기식별 (빨리!)

리스크는 빨리 식별할수록 좋다. 리스크 식별이 늦어질수록 리스크에 대응하기 위한 예방계획이나 비상계획을 위한 비용이 높아지기 때문이다. 예방계획은 리스크의 발생 가능성을 줄이는 데 초점을 두며, 비상계획은 발생한 리스크가 상품개발에 미치는 영향력을 줄이는 데 초점을 둔다.

■ 효율적인 리스크 식별 (싸게!)

체크리스트를 활용하면 짧은 시간에 적은 비용으로 리스크를 식별할 수 있다. 조직에서 축적된 리스크 식별 체크리스트가 있다면 유용하다.

■ 효과적인 리스크 식별 (정확하게!)

리스크를 정확하게 이해해야 의사결정 포인트를 분명하게 구분할 수 있다. 이론적인 리스크는 '발생할 수 있는' 리스크이고, 실질적인 리스크는 '발생할 것 같은' 리스크다. 효과적인 리스크 식별을 위해서는 실질적인 리스크를 많이 식별해야 한다.

■ 지속적인 리스크 식별 (업데이트!)

리스크 식별은 프로젝트 전 단계에 지속적으로 수행해야 한다. 프로젝트 단계별로 신규 리스크가 발생할 수도 있고, 기존에 식별한 리스크의 내용이 변경될 수도 있기 때문이다.

12.3.2
리스크 식별 | 방법 | SWOT 분석(SWOT analysis)

프로젝트 수행과 관련된 조직의 강점과 약점을 분석한 후, 강점에서 창출되는 프로젝트 기회를 식별하고 약점에서 기인하는 위협을 식별한다. 나아가 조직의 강점이 위협을 상쇄하거나 약점이 기회를 방해하는지도 검토한다. SWOT 분석을 리스크 식별에 활용하는 방안은 '기회'와 '위협'에 대해 '극복' 또는 '활용' 방안을 검토하는 것이다.

- **SO** 강점을 살려서 기회를 활용하는 전략 → 공격적 성장 전략
- **ST** 강점을 살려서 위협을 극복하는 전략 → 공격적 경쟁력 강화 전략
- **WO** 기회를 이용해 약점을 극복하는 전략 → 방어적 성장 전략
- **WT** 약점, 위협 극복 → 방어적 경쟁력 강화 전략

※ S: 강점(Strength), W: 약점(Weakness), O: 기회(Opportunity), T: 위협(Threat)

◎ 결과물 | 리스크 관리대장(Risk register)

리스크 관리대장에는 개별 프로젝트의 식별된 리스크에 관한 상세 정보를 기록한다. 리스크 관리대장은 리스크 관리를 하는 과정에서 지속적으로 갱신된다(그림 12.7). 리스크 관리대장에 포함될 수 있는 내용은 다음과 같다.

- **식별된 리스크 목록** 개별 프로젝트 리스크는 고유한 식별자가 부여되며, 리스크 내용, 원인, 영향력으로 구분하여 설명한다.
- **잠재적 리스크 담당자** 리스크 식별 프로세스에서 잠재적으로 결정한 리스크 담당자는 대응방안 수립 시점에 확정된다.
- **잠재적 리스크 대응 목록** 리스크 식별 프로세스에서 잠재적으로 결정한 리스크 대응 방안은 리스크 대응방안 수립 시점에 확정된다.
- **리스크 명칭, 리스크 범주, 현재 리스크 상태, 관련 WBS, 리스크 인식시점, 조치기한** 리스크 관리계획서에 정의된 템플릿에 따라 리스크 식별의 결과를 갱신한다.

리스크 관리대장			
프로젝트 명	PMIS의 모바일 연계	**리스크ID**	CM-001
리스크 식별자	김피엠	**리스크 식별일**	20XX-01-23
업무명	모바일 연계	**리스크 상태**	진행 중
제목	안드로이드폰 외 모바일 연계요청		

리스크 내용
현 PMIS 기능을 안드로이드폰에 연계하는 것으로 프로젝트 착수시 보고했지만, 영업 부서에서 애플폰에도 PMIS정보의 연계를 요청함

리스크 분석			
리스크 유형	범위변경	**리스크 금액**	원
발생 원인	범위변경	**리스크 레벨**	High / (Medium) / Low

영향력 분석 이력						
일자	**구분**	**내용**		**가능성 0.1~0.9**	**영향력 1~5**	**노출도**
20XX. 01.25	원가	애플폰에 연계하는 경우 10MM 추가 예상		0.8	4	3.2
	일정	애플폰으로 연계하는 경우 2개월 지연 예상				
	품질	품질에 영향을 미치는 요인 없음				

리스크 완화활동					
순번	**완화계획**	**담당자**	**목표 일정**	**수행 결과**	**완료일**
1	금번 프로젝트 범위는 안드로이드폰에 한정하고 기타 폰은 단계 프로젝트로 진행	김피엠	XX		

그림 12.7 리스크 관리대장 예시

12.3.2
리스크 식별

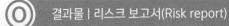 **결과물 | 리스크 보고서(Risk report)**

리스크 보고서에는 개별 프로젝트의 리스크 요약 정보와 함께 전체 프로젝트의 리스크 원인에 관한 정보가 기록된다(그림 12.8). 리스크 관리대장과 마찬가지로 리스크 보고서도 리스크 관리 과정에서 지속적으로 갱신해야 한다. 리스크 보고서에 포함될 수 있는 내용은 다음과 같다.

- 전체 프로젝트 리스크에 영향을 미치는 주요 원인(예: 기술적 이슈, 인적 자원 이슈 등)
- 식별된 리스크의 유형별 분포, 리스크 지표, 추세 등의 요약정보
- 리스크가 이슈로 전환되는 내용

구분	전체	등록	진행	완료	지연	취소	중지	완료(%)	지연(%)
이슈	39	29	8	2	0	0	0	5%	0%
리스크	21	4	7	4	2	4	0	24%	12%
계	60	33	15	6	2	4	0	11%	4%

그림 12.8 리스크 보고서 예시

12.3.3 정성적 리스크 분석

리스크 분석은 리스크 대응의 우선순위를 결정하는 프로세스로 정성적 리스크 분석과 정량적 리스크 분석으로 구분할 수 있다. 리스크 대응의 우선순위를 평가하는 항목은 '발생 가능성'과 '영향력'이다.

정성적인 리스크 분석은 개별 리스크의 영향력과 발생 확률을 분석하여 프로젝트 팀원들이 대응할 리스크의 우선순위를 결정하는 활동이다. 정량적 리스크 분석은 전체 리스크들이 프로젝트 납기와 원가에 미치는 영향력을 분석하여 예상 납기나 예상 원가를 추정하는 활동이다. 프로젝트의 리스크는 프로젝트 기간 내내 역동적으로 변화하기 때문에, 정성적 리스크 분석은 지속적으로 수행해야 한다.

제12장

	확률(Probability)		위협(Threats)			
발생 가능성	0.90	0.05	0.09	0.18	0.36	0.72
	0.70	0.04	0.07	0.14	0.28	0.56
	0.50	0.03	0.05	0.10	0.20	0.40
	0.30	0.02	0.03	0.06	0.12	0.24
	0.10	0.01	0.01	0.02	0.04	0.08
		0.05	0.10	0.20	0.40	0.80
				영향력		

그림 12.9 확률-영향 매트릭스 예시

그림 12.9에서 리스크 A의 발생 가능성이 0.70이고 영향력이 0.20일 때, 리스크 노출도는 0.14이다. 그림에서는 영향력의 5개 구간을 0.2, 0.4, 0.6, 0.8과 같은 선형 관계가 아니라 0.05, 0.10, 0.20, 0.40, 0.80 등의 비선형 관계로 정의했다. 비선형적으로 점수를 부여하는 이유는 영향력이 높은 리스크에 가중치를 부여하기 위해서다. 이는 확률은 높지만 영향력이 낮은 리스크보다, 확률은 낮지만 영향력이 높은 리스크에 리스크 노출도 점수를 높게 부여한다는 의미다. 프로젝트 목표에 미치는 영향력을 결정하는 예는 표 12.3과 같다. 발생 가능성은 0에서 1 사이의 값을 가지지만, 영향력은 범위, 원가, 일정, 품질 등에 따라 다양한 형태의 값이 존재하기에 사전에 평가기준을 정의해야 한다.

프로젝트 목표	매우 낮음 0.05	낮음 0.1	보통 0.2	높음 0.4	매우 높음 0.8
원가	원가 초과 없음	원가 초과 10% 이하	원가 초과 10~20%	원가 초과 20~40%	원가 초과 40% 이상
일정	일정 지연 없음	일정 지연 5% 이하	일정 지연 5~10%	일정 지연 10~20%	일정 지연 20% 이상
범위	범위에 영향 없음	일부 범위 영향	많은 범위 영향	고객에게 수용되지 않는 범위 축소	최종 납품물의 가치가 없음
품질	품질에 영향 없음	일부 품질에 영향	품질목표 변경시 고객 승인 필요	고객이 수용할 수 없는 품질저하 예상	최종 결과물이 사용 불가할 정도로 품질이 낮음

표 12.3 프로젝트 목표에 미치는 리스크 영향력의 정의 예시

리스크 노출도 점수에 대한 신뢰도가 부담되는 경우에는 발생 가능성이나 영향력을 상, 중, 하와 같이 몇 개의 단순한 척도로 구분해 평가하는 방법도 많이 이용한다. 그림 12.10은 전체 리스크를, 리스크 노출도 등급에 따라서 4개 그룹으로 관리하는 예시다.

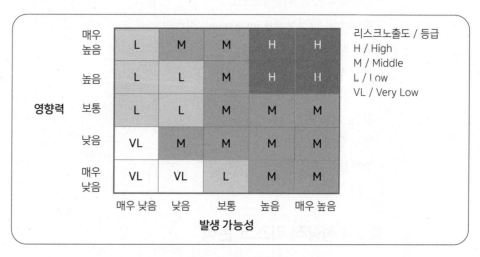

그림 12.10 리스크 노출도 등급분류 예시

<table>
<tr><td rowspan="6" style="text-align:center">영향력</td></tr>
<tr><td>매우
높음</td><td>L</td><td>M</td><td>M</td><td>H</td><td>H</td></tr>
<tr><td>높음</td><td>L</td><td>L</td><td>M</td><td>H</td><td>H</td></tr>
<tr><td>보통</td><td>L</td><td>L</td><td>M</td><td>M</td><td>M</td></tr>
<tr><td>낮음</td><td>VL</td><td>M</td><td>M</td><td>M</td><td>M</td></tr>
<tr><td>매우
낮음</td><td>VL</td><td>VL</td><td>L</td><td>M</td><td>M</td></tr>
</table>

리스크노출도 / 등급
H / High
M / Middle
L / Low
VL / Very Low

<table>
<tr><td>매우 낮음</td><td>낮음</td><td>보통</td><td>높음</td><td>매우 높음</td></tr>
</table>

발생 가능성

12.3.3 정성적 리스크 분석

결과물 | 위험 분류체계(Risk breakdown structure)

전사 차원의 효과적인 리스크 관리를 위해서는 해당 조직에서 자주 발생하는 리스크의 유형(범주)을 정의하고, 이를 리스크 식별이나 대응전략 수립에 활용할 수 있다. 리스크 유형은 주로 리스크 발생 원인에 따라 분류한다. 원인이 같은 리스크는 대응전략도 같을 수 있다. 다음은 PMI가 발간한 〈리스크 관리 표준〉에서 제시하는 리스크의 유형들이다.

■**기술 리스크(Technical risk)**

– 범위/요구사항 변경 리스크

– 산정치의 신뢰도, 상충되는 제약조건, 가정의 오류

– 기술적 구현 가능성 또는 성능목표 불확실성, 기술요소간 연동이슈

■**관리 리스크(Management risk)**

– 낮은 프로젝트 관리 역량, 부적절한 프로젝트 관리 리스크

– 부적절한 프로그램 또는 포트폴리오 관리 리스크

– 낮은 운영 역량 리스크(운영을 잘못하면 프로젝트 가치실현이 안됨)

– 조직의 문화, 프로세스. PMO 역량으로 인한 리스크

– 인적 자원의 역량, 물적 자원의 품질 리스크

– 부적절한 의사소통

■ **계약 리스크(Commercial risk)**

– 부적절한 계약 내용 또는 조건 리스크

– 공급자의 낮은 역량 리스크

– 파트너십, 합작투자(joint venture) 리스크

■ **외부 리스크(External Risk)**

– 환율 변동 리스크

– 공사현장의 리스크

– 환경, 기후 리스크

– 정부 규제 리스크

– 경쟁상황 변경 리스크

12.3.4 정량적 리스크 분석

정량적 리스크 분석은 전체 리스크 분석을 통해 프로젝트 목표 달성 가능성을 분석하는 활동이다. 모든 프로젝트가 정량적 리스크 분석을 실시할 필요는 없다. 전략적 중요도가 높은 대형 프로젝트이거나, 계약서에 명시된 경우에 정량적 리스크 분석을 실시하는 것이 바람직하다. 왜냐하면 정량적 리스크 분석을 위해서는 많은 시간과 비용이 필요하기 때문이다. 정성적 리스크 분석만으로 리스크 대응계획수립에 문제가 없으면 정량적 리스크 분석을 생략해도 무방하다.

정량적 리스크 분석을 통해 예비 원가와 예비 일정을 계산할 수 있다. 예를 들어, 프로젝트 팀에서 통제 불가능한 리스크를 식별했다면 리스크가 원가와 일정에 미치는 영향력을 계산하여 예비원가와 예비일정을 프로젝트 계획에 반영해야 한다.

방법 | 시뮬레이션(Simulation)

일정이나 원가의 불확실성 분석시 몬테카를로 시뮬레이션을 적용한다. 몬테카를로 시뮬레이션 순서는 다음과 같다(그림 12.11).

❶ 개별 확률변수의 확률분포 결정(이하는 베타분포 가정)

항목	비관치	최빈치	낙관치	평균	표준편차
용역비	100	60	30	61.7	11.7
재료비	500	300	200	316.7	50.0
경비	80	60	30	58.3	8.3

❷ 시뮬레이션 모델 결정 (총원가=용역비+재료비+경비)

❸ 시뮬레이션 횟수(N) 결정

❹ 확률변수별 시뮬레이션 및 결과분석

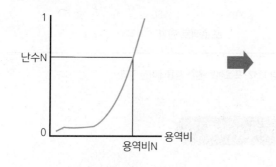

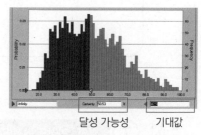

달성 가능성을 설정한 뒤 기댓값을 구하거나
기댓값을 설정한 뒤 달성 가능성을 구함

그림 12.11 몬테카를로 시뮬레이션 순서

❶ 개별 확률변수의 확률분포 결정

원가는 원가 구성요소가 확률변수고, 일정은 주공정(critical path)을 구성하는 활동이 확률변수다. 축적된 과거 자료 혹은 관련 정보가 부족한 경우, 삼각분포(triangular distribution)를 주로 사용한다.

❷ 시뮬레이션 모델 결정

원가 시뮬레이션 모델은 원가 구성요소의 합(총원가=용역비+재료비+경비)이고, 일정 시뮬레이션 모델은 주공정을 구성하는 활동기간의 합이다.

❸ 시뮬레이션 횟수 결정

컴퓨터로 시뮬레이션을 실시할 횟수를 결정한다. 보통 1,000회 이상을 실시한다.

❹ 확률변수별 시뮬레이션 결과 분석

컴퓨터에서 생성된 0과 1사이의 난수(random number)를 개별 확률변수의 분포와 매핑하여 각 확률변수의 시뮬레이션 값을 결정한다. 개별 확률변수의 시뮬레이션 값을 시뮬레이션 모델에 대입하여 원가 또는 일정의 기댓값이나 달성 가능성을 분석한다. 몬테카를로 원가 리스크 분석의 S-곡선 예는 그림 12.12와 같다.

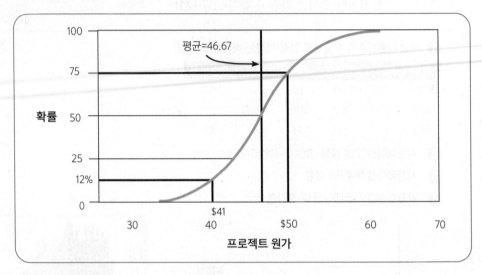

그림 12.12 프로젝트 원가 시뮬레이션 결과

<table>
<tr><td>12.3.4
정량적
리스크 분석</td><td>(T) 방법 | 민감도 분석(Sensitivity analysis)</td></tr>
</table>

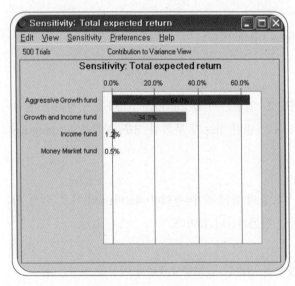

그림 12.13 토네이도 다이어그램 예시

여러 가지 원인변수 X1, X2, X3, …… Xn 중 임의의 한 변수를 제외한 다른 변수의 값은 고정해두고, 그 변수의 값을 한 단위씩 변경하면 결과변수 Y가 어떻게 변하는지 분석하는 기법이다. 예를 들어, 애플리케이션, 서버 용량, 사용자 수, 네트워크 등 다양한 정보시스템 다운 요인 중에서 서버 용량이 시스템 다운에 어떤 영향을 미치는가를 분석하기 위해서, 나머지 조건은 고정하고 서버 용량을 한 단위 씩 증설해보는 것이 민감도 분석의 개념을 적용한 예이다.

'민감도 분석'은 여러 리스크 중 프로젝트 목표에 가장 큰 영향을 미치는 리스크를 식별하는 기법이며, 특정 리스크를 제외한 나머지 리스크들을 일정 수준에 고정한 뒤, 특정 리스크가 납기와 원가에 미치는 영향을 분석한다. 특히 영향력이 큰 리스크부터 높은 순서로 배열한 그래프 모양이 마치 회오리 바람을 뜻하는 토네이도의 모양과 비슷해서, '토네이도(tornado) 다이어그램'이라고 한다(그림 12.13).

12.3.4
정량적
리스크 분석

(T) 방법 | 의사결정 나무 분석(Decision tree analysis)

의사결정 나무 분석은 발생 가능한 모든 경우의 금전적 가치를 평가하여 최적의 방안을 선택하는 방법이다. 실제 프로젝트에서는 여러 가지 리스크가 상호복합적으로 작용하지만 단순한 예로 그림 12.14를 살펴보자. 그림은 소프트웨어 프로젝트를 수행할 때 컴포넌트를 재활용하는 경우와 그렇지 않은 경우를 비교한 것이다. 재활용을 고려한 프로젝트는 그렇지 않은 경우보다 개발 원가는 많지만, 유사 프로젝트에 대한 시장 수요가 있을 때 후속 프로젝트의 개발 생산성이 높아져서 결국 개발 원가가 낮아질 것이다. 즉, 그림 12.14에서는 재활용 컴포넌트를 고려한 개발방식의 금전적 기댓값(EMV, Expected Monetary Value)이 더 높기 때문에 이를 채택해야 한다.

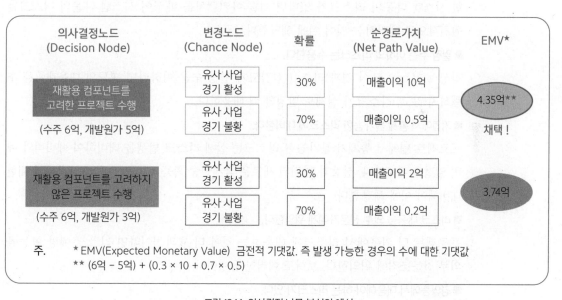

그림 12.14 의사결정 나무 분석의 예시

12.3.5 리스크 대응계획수립

리스크 대응계획수립시 유의할 사항은 프로젝트 관리 원칙 〈3.8 리스크 대응 최적화〉에서 설명하였다. 프로젝트 팀이 대응할 리스크는 긍정의 리스크인 '기회'와 부정의 리스크인 '위협'이 있다. 리스크 대응계획수립은 기회와 위협 모두의 대응전략을 수립하는 것이 핵심이다. 이하는 부정적 리스크(위협) 대응전략을 수립할 때 고려할 원칙이다.

① 리스크 대응전략의 원칙

■ 식별된 리스크의 분석정보가 충분하지 않으면 의사결정을 미룬다.

리스크에 대한 정보가 충분히 파악되지 않은 상태에서 성급하게 리스크에 대응하는 것은 설익은 과일을 따거나 충분히 곪지 않은 상처를 치료하는 것과 같다. 너무 빨리 리스크를 해결하려다 리스크를 더 크게 만들 수도 있다. 리스크에 대한 분석정보가 부족하면 대응계획수립이 가능할 때까지 별도의 목록으로만 관리하며 지켜본다.

■ 심각한 리스크는 리스크의 발생 가능성을 원천적으로 제거한다.

심각한 리스크는 계획 자체를 변경하여 발생 가능성을 제거한다. 특정 아키텍처로 인한 시스템 다운의 리스크가 있다면 기술 아키텍처를 바꾸어 시스템 다운의 리스크를 원천적으로 제거하는 것이 이에 해당한다.

■ 일정 수준 이하의 리스크는 수용한다.

정성적 리스크 분석 결과 리스크 심각도가 일정 수준 이하라면 별도의 대응계획을 수립하지 않고, 리스크가 실제로 발생할 때 대응한다.

■ 기업에서 통제 불가능한 리스크에 대비한다.

프로젝트 팀에서 통제가 불가능한 리스크는 실제 리스크 발생을 대비하여 예비비와 예비 일정을 확보한다. 상품과 관련된 새로운 국제인증 획득, COVID-19의 장기화에 대한 대비책이 이에 해당한다.

■ 리스크 대응을 외부 전문가에게 위임한다.

프로젝트 팀 외부에서 리스크에 대응하는 것이 더 효과적이라면 리스크 예방 활동을 외부 전문조직에 위임한다. 보험도 이러한 유형이다.

■ 경영층에서 대응해야 하는 리스크가 있다.

프로젝트 관리자의 통제범위를 벗어나 경영층이 대응해야 하는 리스크가 있다. 이러한 리스크는 식별되는 즉시 경영층에게 보고하여 경영층이 대응하도록 해야 한다.

이상의 내용을 정리하면 그림 12.15와 같다.

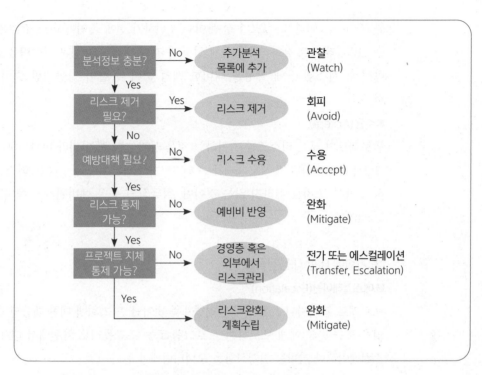

그림 12.15 위협에 대한 리스크 대응계획수립의 순서

② 위협에 대한 대응전략

■ 에스컬레이션(Escalation)
프로젝트 관리자나 스폰서의 관리 한계를 벗어난 리스크에 대응하는 방법이다. 상위 경영층 또는 PMO에게 보고하여 프로그램 또는 포트폴리오 차원에서 대응해야 한다. 에스컬레이션한 위협에 대해서는 진행상황을 모니터링해야 한다.

■ 회피(Avoid)
심각한 리스크인 경우, 프로젝트 계획변경을 통해 리스크의 발생 가능성을 제거한다. 일정 연장, 프로젝트 중단, 초기 요건 명확화 등이 해당한다.

■ 전가(Transfer)
리스크 전가는 리스크 자체를 외부로 전가하는 것이 아니라 리스크 예방이나 리스크 관리의 책임을 전가하는 것이다. 재무 리스크 관리에 가장 적합하다. 리스크를 이전하기 위해서는 비용을 부담해야 하며, 이를 리스크 프리미엄(risk premium)이라고 한다. 공급자의 계약 내용 이행을 구매자에게 보증하기 위한 이행보증(performance bond), 조달계약 등이 해당한다.

■ 완화(Mitigate)
리스크의 발생 가능성이나 영향력을 줄여서, 허용할 수 있는 수준으로 리스크 노출도를 줄이는 것이다. 리스크가 실제 이슈로 변하기 전에 줄여야 리스크 대응 비용을 줄일 수 있다. '테스트 강화' '적격 업체 선정'과 같이 발생 가능성과 영향력을 동시에 줄이는 방법과 '시스템 장애 발생을 대비한 백업 준비'와 같이 영향력만 줄이는 방법 등이 있다.

■ 수용(Accept)

프로젝트의 모든 리스크를 제거하는 것은 불가능할 뿐 아니라 바람직하지도 않다(만일 그렇게 하려고 하면 그 시도 자체가 큰 리스크가 된다). 소극적 수용은 리스크를 문서화만 하고 아무 조치를 취하지 않는 것이며, 적극적 수용은 예비원가와 예비일정을 편성하는 것이다.

③ 기회에 대한 대응전략

■ 에스컬레이션(Escalation)

프로젝트 관리자나 스폰서의 관리한계를 벗어난 큰 기회에 대한 대응방법이다. 상위 경영층 또는 PMO에게 보고하여 프로그램 또는 포트폴리오 차원에서 대응해야 한다. 에스컬레이션한 기회는 진행상황을 모니터링해야 한다.

■ 활용(Exploit)

기회의 발생확률을 100%까지 올리기 위해 불확실성을 제거하는 것이다. 목표 달성을 위해 우수 팀원을 프로젝트에 투입하거나, 신기술을 채택하여 원가나 일정을 줄이는 방법이 '활용'에 해당한다.

■ 공유(Share)

기회로 인한 보상을 다른 조직(사람)과 나누어 가지는 것으로 기회를 공유할 담당자나 조직의 선택이 중요하다. 조인트 벤처, 파트너 계약체결이 '공유'에 해당한다.

■ 증대(Enhance)

기회가 발생할 가능성과 효과를 높이는 것이다. 프로젝트 조기 종료를 위해 더 많은 자원을 투입하는 것이 예다. PMP 시험에서 활용과 증대의 차이를 구분하기 힘들 수 있다. 발생확률을 100%로 올릴 수 있는 적극적이고 구체적인 계획의 유무가 판단기준이 된다.

■ 수용(Accept)

기회가 실현될 수 있는 조치를 취하지 않는 것이다. 이 전략은 우선순위가 낮은 기회나, 비용면에서 효과적이지 않은 경우에도 채택할 수 있다.

위협과 기회에 대한 대응전략을 정리하면 표 12.4와 같다.

위협	에스컬레이션 (Escalate)	회피(Avoid)	전가(Transfer)	완화(Mitigate)	수용 (Accept)
기회		활용(Exploit)	공유(Share)	증대(Enhance)	

표 12.4 위협과 기회에 대한 대응전략 요약

**12.3.5
리스크
대응계획수립**

◎ 결과물 | 리스크 조정 백로그(Risk-adjusted backlog)

리스크 조정 백로그란 프로젝트 백로그에 위험대응 활동을 사용자 스토리 형태로 반영한 것이다. 앞서 설명한 스파이크(spike)가 대표적인 예다. 리스크 대응 활동도 프로젝트 팀원들이 수행해야 할 작업이기 때문에 관련 이터레이션에 리스크 대응을 위한 활동(스파이크)을 반영하는 것이 바람직하다.

그림 12.16의 사례로 리스크 조정 백로그를 설명하면 다음과 같다.

❶ 릴리즈 계획

프로젝트는 A, B, C 3가지의 이터레이션으로 구성되며 사용자 스토리 8개를 도출했다. 각 이터레이션별로 리스크 대응을 위한 스파이크를 하나씩 정의했다. (3개 스파이크의 위험노출도는 $ 17,000)

❷ 이터레이션 A 종료

스파이크 A의 위험노출도가 $ 5,000 에서 $ 2,000으로 줄어들었고, 이터레이션 B와 관련된 스파이크 B2를 추가로 식별하였다. (위험노출도 계: $ 15,000)

❸ 이터레이션 B 종료

스파이크 A와 스파이크 B2의 위험노출도가 $ 0으로 되었고, 스파이크 B1의 위험노출도는 $ 5,000으로 줄어들었다. (위험노출도 계: $ 7,000)

❹ 이터레이션 C 종료

모든 스파이크의 위험노출도가 $ 0이다.

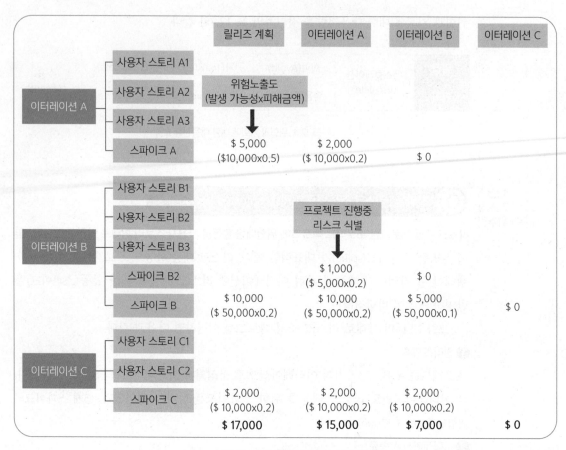

	릴리즈 계획	이터레이션 A	이터레이션 B	이터레이션 C

이터레이션 A
- 사용자 스토리 A1
- 사용자 스토리 A2
- 사용자 스토리 A3
- 스파이크 A

위험노출도
(발생 가능성x피해금액)

| | $ 5,000 ($10,000x0.5) | $ 2,000 ($ 10,000x0.2) | $ 0 | |

이터레이션 B
- 사용자 스토리 B1
- 사용자 스토리 B2
- 사용자 스토리 B3
- 스파이크 B2
- 스파이크 B

프로젝트 진행중
리스크 식별

| | | $ 1,000 ($ 5,000x0.2) | $ 0 | |
| | $ 10,000 ($ 50,000x0.2) | $ 10,000 ($ 50,000x0.2) | $ 5,000 ($ 50,000x0.1) | $ 0 |

이터레이션 C
- 사용자 스토리 C1
- 사용자 스토리 C2
- 스파이크 C

| | $ 2,000 ($ 10,000x0.2) | $ 2,000 ($ 10,000x0.2) | $ 2,000 ($ 10,000x0.2) | |
| | **$ 17,000** | **$ 15,000** | **$ 7,000** | **$ 0** |

그림 12.16 리스크 조정 백로그 예시

각 이터레이션의 잔여 위험노출도를 표현하면 리스크 번다운 차트가 된다(그림 12.17).

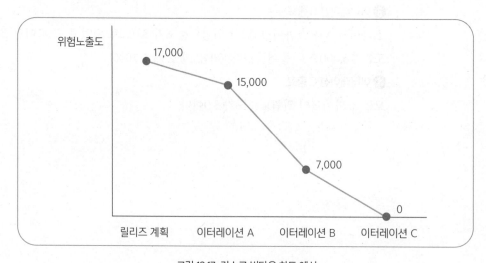

그림 12.17 리스크 번다운 차트 예시

12.3.5
리스크
대응계획수립

우발사태 대응전략(Contingent response strategies)

특정 조직에서만 발생하는 리스크는 대응계획을 사전에 정의하는 것이 좋다. 대응계획은 우발사태 계획(contingency plan), 대체계획(fallback plan)으로 구분할 수 있다(그림 12.18). 완화계획은 리스크가 발생하기 전의 대응, 우발사태 계획은 리스크 노출도가 일정 수준 이상인 경우, 대체계획은 리스크가 발생하여 이슈가 된 경우를 위한 계획이다.

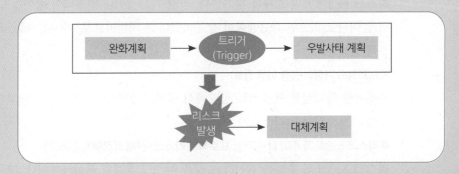

그림 12.18 우발사태 대응전략

■ **우발사태 계획**

완화계획을 이행했지만 리스크 노출도가 줄어들지 않으면 현재의 리스크 완화계획 대신 다른 계획을 수립해야 한다. 암 치료를 위해서 처방대로 이행했지만 차도가 없다면 다른 처방을 고려하는 것과 같다. 이와 같이 리스크가 특정 수준 혹은 조건에 도달했을 때 가동하는 계획이 우발사태 계획이다. 우발사태 계획 적용을 위해서는 사전에 특정 수준 혹은 조건을 정의해야 하는데 그것이 힘든 경우, 리스크 관리를 진행하면서 리스크 현황을 판단하여 우발사태 계획을 적용할 수 있다.

■ **대체계획**

완화계획과 우발사태 계획은 리스크가 이슈로 전이되기 이전을 대비한 계획이다. 여러 가지 사전 준비를 통해서 리스크가 발생하지 않도록 했지만 리스크가 실제로 발생한 경우, 이를 수습하기 위한 계획을 추가로 수립해야 한다. 보통, 조직에서 '위기관리 매뉴얼'이라고 하는 것이 대체계획에 해당한다. 예를 들어 한전의 전원 중단에 대비하여 비상전원을 준비했지만 비상전원도 가동되지 않은 경우에 대한 대비책이 대체계획이다.

12.3.6 리스크 모니터링

리스크 모니터링은 또는 리스크 감사(audit)의 목적은 다음과 같다.

■ 리스크 대응계획의 이행 여부를 평가

아무리 좋은 대응계획도 실행하지 않으면 의미가 없다. 복잡하고 바쁜 프로젝트 상황에서는 계획만 수립하고 실행을 소홀히 하기 쉽다.

■ 리스크 대응계획의 효과성 평가

리스크 대응계획의 효과를 평가한다. 발생 가능성이나 영향력이 줄어들지 않거나 오히려 늘어나고 있으면 대응계획이 잘못되었다는 의미이므로, 새로운 대응계획수립을 검토해야 한다.

■ 프로젝트 가정의 변경 여부 검토

가정이란 불확실한 프로젝트 상황에서 임의로 설정한 사항이며, 그대로 되지 않을 경우에는 프로젝트의 리스크가 된다.

■ 리스크 노출도의 추이 감시(개별 프로젝트 리스크+전체 프로젝트 리스크)

리스크 노출도의 추이를 감시하는 것은 리스크 통제의 핵심사항이다. 대응계획의 효과성을 판단하기 위해서는 리스크 노출도를 지속적으로 감시해야 한다.

■ 리스크 관리 프로세스의 준수 여부 평가

팀원들이 리스크 관리 프로세스를 준수하는지 지속적으로 평가한다.

■ 신규 리스크의 발생 여부 모니터링

리스크 식별은 프로젝트 착수 때 한 번만 하는 것이 아니다. 언제든지 새로운 리스크가 발생할 수 있기 때문에 지속적으로 신규 리스크를 모니터링해야 한다. 신규 리스크를 식별할 때 일정과 원가의 우발사태 예비 적정성도 검토해야 한다.

그림 12.19는 건설 프로젝트를 예시로 작성한 월별 리스크 모니터링 현황이다. 3월에 자재 확보와 도로 결빙의 리스크는 줄어들지만, 노동자 확보와 다른 공사의 리스크가 크가 증가하여 총 리스크가 가장 높다.

리스크 명	1월			2월			3월			4월		
	영향력	확률	위험 노출도	영향력	확률	위험 노출도	영향력	확률	위험 노출도	영향력	확률	위험 노출도
자재 확보	20	0.5	10	20	0.3	6	20	0.2	4	20	0.1	2
다른 공사 간섭	60	0.2	12	60	0.4	24	70	0.6	42	70	0.4	28
도로 결빙	70	0.6	42	30	0.3	9	30	0	0	30	0	0
노동자 확보	10	0.2	2	30	0.4	12	100	0.7	70	60	0.6	36
계			66			51			116			66

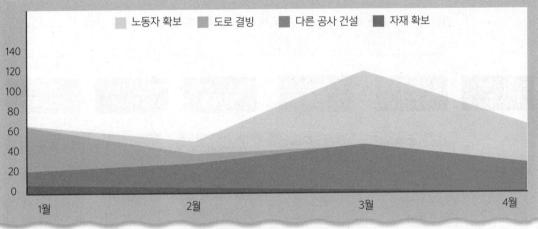

그림 12.19 월별 리스크 모니터링 결과 예시

프로젝트 수행 도중 리스크를 모니터링하고 검토하는 회의체는 다음과 같다. 리스크만 토의하는 회의체를 운영할 수도 있지만, 다른 회의체에서 리스크도 함께 토의하는 것이 바람직하다.

■ 일일 스탠드업 회의(Daily standup meetings)

일일 스탠드업 회의에서는 어제 한 일, 오늘 할 일, 문제점 들을 간단히 공유한다. 따라서 일일 스탠드업 회의에서 프로젝트 리스크를 식별할 수 있다. 일일 스탠드업 회의에서는 간단한 내용만 공유하기 때문에 리스크 해결을 위한 방안 수립과 사후관리는 별도로 진행해야 한다.

■ 쇼케이스(Show case)

쇼케이스는 각 이터레이션 결과, 개념증명(PoC, Proof of Concept), 단계 말 검토를 위한 시연을 총칭한다. 프로젝트 팀은 쇼케이스를 통해 동작하는 소프트웨어를 이해관계자에게 보여주고 이해관계자의 피드백을 받을 수 있다. 또한 이전 단계에서 이해관계자들의 피드백이 반영되어 있는 것을 설명할 수도 있다. 쇼케이스를 통해 이해관계자들과 관련된 리스크를 지속적으로 모니터링할 수 있다.

■ 주간/월간 정기 회의

주간/월간보고서에 리스크 현황을 포함하여 정기적으로 리스크 진행상황을 모니터링하고 신규 리스크를 식별하는 것도 효과적이다.

■ 회고 및 교훈 회의

프로젝트 진행 중에 실시하는 회고나 교훈 회의에서 프로젝트 생산성을 낮추는 프로세스와 팀워크와 관련된 리스크를 식별할 수 있다. 이전 단계에서 식별된 리스크 사항에 대한 조치사항은 다음 단계에 적용해야 한다.

지금까지 설명한 리스크 관리 프로세스를 정리하면 그림 12.20과 같다.

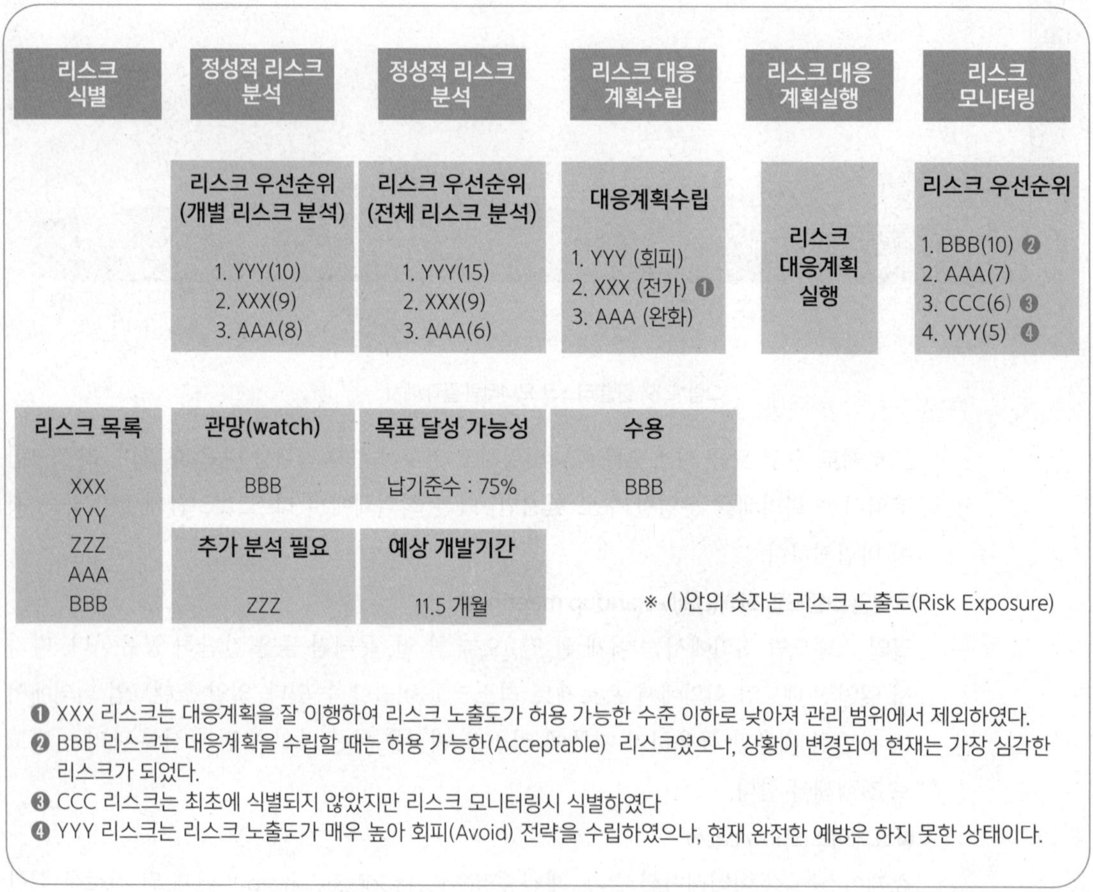

리스크 식별	정성적 리스크 분석	정성적 리스크 분석	리스크 대응 계획수립	리스크 대응 계획실행	리스크 모니터링
	리스크 우선순위 (개별 리스크 분석) 1. YYY(10) 2. XXX(9) 3. AAA(8)	리스크 우선순위 (전체 리스크 분석) 1. YYY(15) 2. XXX(9) 3. AAA(6)	대응계획수립 1. YYY (회피) 2. XXX (전가) ❶ 3. AAA (완화)	리스크 대응계획 실행	리스크 우선순위 1. BBB(10) ❷ 2. AAA(7) 3. CCC(6) ❸ 4. YYY(5) ❹
리스크 목록 XXX YYY ZZZ AAA BBB	관망(watch) BBB 추가 분석 필요 ZZZ	목표 달성 가능성 납기준수 : 75% 예상 개발기간 11.5 개월	수용 BBB		

※ ( )안의 숫자는 리스크 노출도(Risk Exposure)

❶ XXX 리스크는 대응계획을 잘 이행하여 리스크 노출도가 허용 가능한 수준 이하로 낮아져 관리 범위에서 제외하였다.
❷ BBB 리스크는 대응계획을 수립할 때는 허용 가능한(Acceptable) 리스크였으나, 상황이 변경되어 현재는 가장 심각한 리스크가 되었다.
❸ CCC 리스크는 최초에 식별되지 않았지만 리스크 모니터링시 식별하였다
❹ YYY 리스크는 리스크 노출도가 매우 높아 회피(Avoid) 전략을 수립하였으나, 현재 완전한 예방은 하지 못한 상태이다.

그림 12.20 리스크 관리 프로세스 요약

12.4 다른 성과영역과의 상호작용

불확실성 성과영역과 다른 성과영역의 대표적인 상호작용은 표 12.5와 같다.

성과영역	불확실성 성과영역과의 상호작용
이해관계자 팀	– 프로젝트 팀원과 이해관계자들이 리스크를 제대로 식별할 수 있도록 필요한 정보를 제공하고 리스크 모니터링 회의체를 운영
개발방식과 생애주기	– 프로젝트 불확실성 수준을 고려한 개발방식 결정(불확실성 수준이 높을수록 적응형 개발방식 적용, 규모 가 크고 중요한 프로젝트는 불확실성이 높아도 예측형 개발방식 적용) – 개발방식은 리스크 대응전략 결정에 영향을 미침(예측형 개발방식에서는 예비일정, 예비원가 중요)
기획	– 프로젝트 기획과정에서 리스크를 식별하고, 식별된 리스크 대응전략을 기획에 반영
프로젝트 작업	– 리스크를 줄이기 위한 작업 수행
인도	– 인도물의 품질수준에 따라 리스크를 식별 – 리스크를 줄이기 위한 작업 수행
측정	– 프로젝트 진행 단계별로 리스크 노출도를 측정하여 모니터링

표 12.5 불확실성 성과영역과 다른 성과영역의 상호작용

12.5 불확실성 성과영역 조정

성과영역의 내용을 조정하여 실전 프로젝트에 적용하기 위해서는 성과영역의 주요 결정사항과 결정에 영향을 미치는 요인을 이해해야 한다. 불확실성 성과영역을 프로젝트에 적용하기 위한 결정사항은 다음과 같다.

■ 리스크 관리 활동에 얼마나 많은 시간과 자원을 투입할 것인가?

리스크 식별 방안, 리스크 분석방안, 정량적 리스크 분석 여부, 리스크 모니터링 방안 등 의사결정을 위해 사전에 파악할 사항과 고려사항은 그림 12.21과 같다.

그림 12.21 불확실성 성과영역 조정을 위한 고려사항

12.6 불확실성 성과영역의 목표 달성 점검방법

불확실성 성과영역의 목표와 목표 달성을 점검하는 방법은 표 12.6과 같다.

목표	목표 달성 점검방법
프로젝트와 관련된 내부 외부의 환경을 모두 인식 (정치, 경제, 사회, 문화, 기술, 경쟁사 등)	- 환경요소별 불확실성, 리스크 점검 및 통합 결과 확인
불확실 요인을 빠짐없이 식별하고 예방방안 수립	- 리스크 대응 우선순위와 프로젝트 제약조건(일정, 예산, 품질 등)을 고려한 리스크 대응방안 수립 점검
프로젝트에 영향을 미치는 요인들의 상호의존성 확인 및 대응	- 프로젝트 리스크 요인들의 상호작용 또는 상호의존성이 프로젝트 불확실성에 미치는 영향력 분석 결과 확인(변동성, 모호성, 복잡성)
위협 또는 기회가 프로젝트에 미치는 영향력을 이해	- 리스크 식별, 분석, 대응계획수립 프로세스의 적정성 , 이해관계자들의 참여도 평가
식별되지 않는 부정적인 리스크는 없음	- 프로젝트 핵심 성과지표(품질, 일정, 예산)의 계획 달성 여부와 달성 전망을 확인
프로젝트 성과를 개선할 수 있는 기회 실현	- 실효성이 검증된 리스크 관리 프로세스를 적용하는지 확인 - 위협뿐만 아니라 기회에 대해서도 해당 프로세스를 적용하는 지 확인
프로젝트 리스크 수준을 반영한 여분의 비용 및 일정을 확보하고 효과적으로 활용	- 예비원가와 예비일정을 확보한 근거의 타당성 확인 - 예비원가와 예비일정을 집행하는 프로세스의 적정성 확인

표 12.6 불확실성 성과영역의 목표 달성 점검방법

Appendices

부록

예측형 개발방식과 적응형 개발방식에 따라 정리한 《PMBOK 지침서》
모델, 방법, 결과물 요약

찾아보기

WATER FALL

AGILE

모쪼록 한번에 좋은 결과를 얻길 바랍니다.

〈저자의 글〉 중에서

Appendix1

예측형 개발방식과 적응형 개발방식에 따라 정리한《PMBOK 지침서》

수험생들은 《PMBOK 지침서》의 내용을 개발방식과 연관 지어 이해해야 한다. 대부분의 내용들은 개발방식과 상관없지만 특정 개발방식에만 적용되는 내용도 있기 때문이다. 시험문제에서도 "애자일 프로젝트를 진행 중"이라는 문제가 많이 출제되는데 실제로 애자일 방법론 관점에서 정답을 골라야 하는 경우도 있지만, 예측형 개발방식에도 공통으로 적용되는 정답을 선택해야 하는 경우도 있다. 예측형 개발방식과 적응형 개발방식에 따라 시험에서 유의할 내용은 다음과 같다.

1. 애자일 도입을 위한 변화관리

마키아벨리의 어록 중 "새로운 제도를 도입하는 것은 어렵고 그것을 성공시키기는 더욱 어렵다"는 내용이 있다. 애자일 방법론도 마찬가지다. 애자일 방법론이 성공하기 위한 조건들을 갖추지 않은 상태에서 무리하게 애자일을 추진하면 하지 않은 것보다 못한 결과를 초래한다.

애자일을 적용하기 위해서는 팀원의 자질, 애자일에 대한 팀원과 관리자의 올바른 이해가 필수적이다. 이 조건을 갖추지 못한 상태에서 애자일을 도입하면 도입하기 전보다 성과가 나빠질 수 있다. 낭비를 제거하기 위해 적용한 프로세스가 또 다른 낭비를 만드는 형국이다. 따라서 애자일을 도입할 때 프로젝트 관리자가 유의할 사항이 시험에 많이 출제된다.

애자일 조직으로 전환하기 위한 고려사항을 PMI의 변화관리 모델인 《조직의 변화관리(Managing Change in Organizations)》에 따라 5단계로 정리해 보았다.

❶ 변화 공식화(Formulate change)

전체 조직 또는 일부 팀에 애자일을 도입하기로 결정하기 전에 다음을 수행해야 한다.

■ 애자일 도입이 필요한 이유를 명확하게 정의한다.

다른 기업이 애자일을 적용하니 따라하기 식으로 애자일을 도입해서는 안 된다. 애자일 도입을 통해 해결하고자 하는 구체적인 문제에 대해 조직원들이 공감하는 것이 우선이다. '유연한 조직문화 구축을 통한 업무 스피드 향상'과 같은 모호한 구호로는 조직원들의 공감을 얻기 힘들다. 톱다운 방식의 일정 결정, 많은 재작업, 맞지 않는 추정, 불합리한 과제 심의, 잦은 요구사항 변경, 고객이 사용하지 않는 기능 개발, 잔업 과다 등 조직원들이 해결하기를 갈망하는 문제점을 명확하게 정의해야 한다.

■ 조직에 애자일 적용이 적합한지 평가한다.

애자일은 만병통치약이 아니다. 애자일 방법론이 적합하지 않는 조직에 애자일 방법론을 적용하면 잘못 처방한 약을 먹는 것과 같다. 내 조직이 애자일 적용이 적합한지 평가하는 도구는 섹션 〈7.4 개발방식을 결정할 때 고려사항〉에서 설명한 '애자일 적용 적합성 평가기준'을 참조한다.

■ 애자일 적용에 따른 거부감을 최소화한다.

애자일 적용에 대한 조직원의 거부감을 없애는 가장 좋은 방법은 애자일을 적용한 팀의 사례를 가감없이 공유하는 것이다. 조직 내에서 마땅한 사례가 없다면 경쟁사의 성공사례를 참조하거나 외부 컨퍼런스에서 발표된 사례를 참조하는 것도 좋다. 여의치 않다면 애자일 전환을 도와주는 전문 컨설턴트(코치)의 도움을 받을 수도 있다.

조직이 이전에 애자일을 적용하여 실패한 경험이 있다면 프로젝트 관리자는 애자일 적용에 신중해야 한다. 이전에 실패했던 요인의 근본원인을 해결하지 않은 상황에서 경영층의 지시 또는 프로젝트 관리자의 의지로 애자일을 다시 적용하면 실패하기 쉽다.

■ 조직 또는 팀이 애자일을 도입할 준비가 되었는지 평가한다.

애자일을 적용하겠다는 의지만으로 충분하지 않다. 애자일의 원칙, 프랙티스에 대한 조직원들의 기본지식이 있어야 한다. 이를 위해서는 외부 전문가를 초빙하여 교육을 받아야 한다.

❷ 변화를 위한 계획수립(Plan change)

애자일 도입 계획을 수립하기 위해서는 다음을 결정해야 한다.

■ 애자일 적용대상

애자일은 작은 규모로 시작해서 확산하거나, 빅뱅(big bang) 방식으로 전체 조직에 일괄적으로 적용할 수 있다. 조직의 역량, 조직문화, 조직이 처한 상황에 따라 적합한 적용대상은 달라지지만 일반적으로 작게 시작해서 확산하면 변화로 인한 부작용이 적다. 작게 시작하면 역량을 집중하여 성공사례를 만들기 용이하고, 조직을 개편하지 않아도 되고, 직원 교육도 용이하기 때문이다.

조직 전체를 대상으로 빅뱅으로 적용하는 방식은 적용 기간이 짧고, 기존 방식과 새로운 방식의 충돌이 없고, 이전 방식으로 돌아가지 않겠다는 경영층의 의지를 명확히 하는 장점이 있다. 빅뱅 방식으로 애자일을 적용하여 성공한 대표적인 기업으로는 세일즈포스닷컴(salesforce.com)이 있다.

■ 애자일 확산방식

《경험과 사례로 풀어낸 성공하는 애자일》(2012)은 애자일을 확산하는 3가지 방식을 설명한다.

– 흩어져서 씨 뿌리기

예를 들어 10명으로 구성된 애자일 팀이 프로젝트를 종료했을 때 새로운 애자일 적용팀(경험 인력 5명+미경험 인력 5명)을 2개 만드는 방식이다. 세포 분할처럼 빠른 속도로 팀을 늘릴 수 있고, 각 팀마다 경험자가 있는 장점이 있다.

– 성장시켜서 나누기

성장시켜서 나누기 방식은 '흩어져서 씨 뿌리기'의 변형이다. 프로젝트 팀을 두 팀으로 나눌 수 있을 때까지 팀원의 규모와 역량을 키워서 2개의 팀으로 분할하는 방식이다. 새로 만들어진 팀도 마찬가지로 성장시켜 또 다른 2개의 팀을 만드는 방식으로 애자일을 확산한다. 기존 팀을 해산하지 않아도 되기 때문에 팀워크를 유지할 수 있고, 팀원들에게 지속적으로 애자일을 적용한다는 느낌을 제공할 수 있다.

– 내부 코칭

내부 코칭은 주로 대기업에서 적용하는 방식이다. 애자일 적용을 지원하는 코치(예: 스크럼 마스터)를 양성한 뒤 각 팀에 투입한다. 애자일 코치는 특정 팀에 전담 투입될 수 있지만, 2~3개의 애자일 적용 팀을 맡을 수도 있다. 내부 코칭 방식은 팀과 호흡이 잘 맞는 코치를 투입할 수 있다는 장점이 있지만, 코치의 역량에 따라 애자일 적용 결과가 달라지는 리스크가 있다.

❸ 변화 실행(Implement change)

모든 조직변화 프로그램과 마찬가지로 애자일도 변화를 실행하는 과정에서 많은 장애물에 직면한다. 변화를 실행하는 과정에서 유의할 사항은 다음과 같다.

■ 성과를 내는 팀에 집중한다.

많은 팀을 대상으로 애자일을 적용할 때에는 높은 성과를 창출하는 조직을 집중적으로 지원하여 성공사례를 확보한다. 초기 애자일 확산을 위해서는 10명의 한 걸음보다 1명의 열 걸음이 중요하다.

■ 변화에 대해 두려움을 가지는 이해관계자들의 참여도를 높인다.

애자일 적용으로 인해 기존의 권한이 축소되는 개인이나 부서가 있을 수 있다. 이러한 유형의 이해관계자는 변화로 인한 저항이 클 수밖에 없다. 이러한 이해관계자들의 참여 수준을 높일 수 있는 방안을 수립해야 한다. 개발 팀뿐만 아니라 예산 관리부서, 품질부서, 상품기획부서도 애자일 적용을 위한 중요한 이해관계 부서이다. 빅뱅식으로 애자일을 도입하고자 한다면 지원부서와 관리부서도 초기부터 변화관리 대상에 포함시켜야 한다.

■ 프랙티스 적용에 집착하지 않는다.

애자일 프랙티스 적용에만 집착하면 수단과 목적의 혼란이 생길 수 있다. 특정 프랙티스(일일 스탠드 미팅, 회고, 사용자 스토리 등) 적용을 애자일 적용으로 착각해서는 안 된다. 애자일 적용의 본질은 팀의 상황에 맞게 프로세스를 지속적으로 개선하는 것이다. 일하는 방법을 지속적으로 개선하지 않는 조직은 애자일을 적용하는 조직이 아니다.

■ 책임과 원칙이 있는 애자일을 적용한다.

'애자일한 마음'을 '각자 편한 대로'로 오해하면 안 된다. 이를테면 미리 계획을 세우지 않고 임기응변 식으로 대응하는 것을 애자일하다고 이야기하거나, 형식이나 절차가 없이 일하는 것을 애자일하다고 생각하는 것이다. 애자일을 잘못 이해하는 대표적인 예는 다음과 같다.

- 요구사항 변경을 당연하게 여긴다.

필요한 변경은 회피하지 않고 수용해야 하지만 모든 요구사항 변경은 신중하게 결정해야 한다. 상품관리자나 고객이 요구사항을 추가하거나 변경하면서 애자일은 원래 그렇다고 주장해서는 안 된다. 모든 프로젝트는 신중하게 요구사항 변경을 결정해야 한다. 상품백로그에 한 줄 추가하거나 수정하는 것처럼 요구사항 변경을 가볍고 쉽게 생각해서는 안 된다.

- 일정을 약속하지 않는다.

모든 프로젝트는 일정을 약속하고 일정을 지키기 위해 헌신해야 한다. 애자일을 적용하는 프로젝트도 예외가 아니다. 주어진 기간에 할 수 있는 만큼 릴리즈하는 애자일 방식을 일정에 대해 헌신하지 않는 것으로 오해해서는 안 된다. 약속을 준수하는 것이 어렵지 일정과 예산을 약속하는 것은 어렵지 않다. 어떤 방법론을 적용해도 약속을 지키는 것은 힘들다. 약속을 지키기 위한 '헌신'과 '집중'은 방법론의 영역이 아니다. 그것은 그 조직의 문화이다.

- 애자일은 속도를 중시한다.

애자일은 같은 양의 일을 빨리 하는 것을 추구하지 않는다. 애자일은 일의 양을 반으로 줄여 속도를 높이는 것을 추구한다. 애자일은 속도보다 방향을 중요시한다. 방향에 상관없이 속도를 강조하는 것은 애자일에 대한 대표적인 오해이다.

■ 스크럼 마스터(또는 애자일 코치)가 제대로 활동할 수 있도록 지원한다.

스크럼 마스터는 애자일을 적용할 때 발생하는 장애물을 제거하는 사람이다. 스크럼 마스터는 생산성이 낮은 사람보다 다음과 같이 애자일 원칙이나 프랙티스를 잘못 이해하는 사람에게 관심을 가져야 한다.

- 해당 스프린트에서 계획되지 않은 사용자 스토리를 개발하거나 리팩토링을 주장하는 팀원

- 개인적인 선호도에 따라 특정 도구, 코딩 방식을 강조하는 팀원
- 팀의 협업을 저해하는 팀원
- 애자일에 대해 이해도가 낮은 외부의 이해관계자
- 팀 헌장의 내용에 대해 동의하지 않는 팀원

■ **다른 조직과 생산성을 비교하지 않는다.**

애자일의 지표는 같은 팀을 대상으로 생산성 추이를 측정하는 용도로는 적합하지만 팀들을 비교하는 지표로는 적합하지 않다. 개발업무 규모를 측정하는 '스토리 점수'는 기능점수(function point)와 같이 비교 가능한 절대적인 기준이 있는 것이 아니라 팀 내부에서 정하는 상대적인 기준이기 때문이다.

■ **과거 부정, 편 가르기, 계몽식의 캠페인을 하지 않는다.**

변화관리를 한답시고 과거 프랙티스를 부정하고, 과거에 집착하는 사람을 폄하하는 방식의 캠페인은 도움이 되지 않는다.

■ **애자일에 적합한 프로젝트 거버넌스 체계를 구축한다.**

예측형 방식의 프로젝트를 지원하는 PMO의 관리체계와 적응형 방식의 프로젝트를 지원하는 PMO의 관리체계는 달라야 한다. ACoE(Agile Center of Excellence)는 조직 내 애자일을 적용하는 PMO 역할을 하는 사무국이다. 애자일을 작게 시작하여 확대하는 조직에서 애자일 프로젝트 거버넌스 체계가 준비되지 않았다면 프로젝트 팀이 자율적으로 프로젝트를 관리하도록 하는 것이 바람직하다.

❹ **전환관리(Manage transition)**

애자일을 적용하는 변화관리는 시작 시점에 끝을 알 수 없다. 애자일을 적용하는 과정에서 조직이 어떤 문제에 직면하고 그 문제를 어떻게 해결하고 그 결과 조직이 어떻게 발전할 것인지 미리 예측할 수 없기 때문이다. 다만 목표로 했던 조직에 애자일 적용을 끝낸 뒤에는 애자일 변화관리에 대한 매듭을 짓는 것이 바람직하다. 혁신 프로그램을 장기적으로 유지하면 조직원들의 피로도가 증가할 수 있다.

❺ **변화 지속(Sustain change)**

우주선은 목표했던 우주 궤도에 성공적으로 진입하면 에너지가 많이 없어도 운행이 가능하다. 다만 지구의 중력을 벗어나기까지 많은 에너지가 필요하다. 애자일도 성공궤도로 진입하기 전까지는 많은 중력을 견뎌야 한다. 그 중력은 개발 팀에도 있지만 프로젝트 외부 조직의 중력이 더 크다. 애자일을 적용하기 이전으로 돌리려는 조직과 이해관계자가 만들어내는 중력을 이겨내기 위해서는 경험과 지혜를 바탕으로 애자일 적용하는 과정에서 발생하는 문제점을 지속적으로 개선해야 한다.

애자일 적용의 비극적인 결말은 실천하기 쉬운 몇몇 애자일 프랙티스만 유지되는 것이다. 별 의미 없이 관성적으로 시행하는 일일 스탠드 미팅이 대표적인 예이다. 애자일 적용의 행복한 결말은 프로젝트 팀과 조직이 자발적으로 개선활동을 지속적으로 수행하고 그 속에서 팀원들이 즐거워하는 것이다.

2. 이해관계자 성과영역과 개발방식

이해관계자 성과영역의 핵심은 이해관계자 참여를 관리하는 것이다. 부정적인 이해관계자의 영향력은 최소화하고, 긍정적인 이해관계자의 적극적인 참여를 유도하는 것은 개발방식에 상관없이 중요하다. 이해관계자 참여관리는 개발방식에 영향을 받는 것이 아니라 프로젝트 상황(예: 이해관계자 유형과 영향력)에 따라 영향을 받는다.

다만 애자일이 추구하는 '작은 개발, 잦은 릴리즈, 스프린트 리뷰, 협업'이 의도한 대로 잘 적용되면 이해관계자 참여 횟수도 늘어나고 피드백을 자주 할 수 있어 이해관계자의 참여수준을 높일 수 있다.

3. 팀 성과영역과 개발방식

프로젝트 관리자는 개발방식에 상관없이 팀원들에게 동기를 부여하고, 높은 성과를 창출하는 팀 문화를 만들어야 한다. 개발방식을 고려한 팀 개발과 리더십은 다음과 같다.

예측형 프로젝트는 수직적 의사소통을 많이 하고 적응형 프로젝트는 수평적 의사소통을 많이 한다. 자율구성 팀(self-organizing team)은 팀은 수평적 의사소통을 추구하는 대표적인 조직유형으로 일정, 우선순위, 개발방식 등을 팀이 자율적으로 결정한다. 자율구성 팀에서는 신규 팀원을 충원하는 것도 팀원들이 결정한다. 현실에서는 성공적인 자율구성 팀을 만들기 힘들지만 PMP 시험에서는 특별한 언급이 없는 한 자율구성 팀은 애자일에 적합하고 잘 적용하면 효과가 높다는 생각으로 문제를 풀기 바란다.

예측형 개발방식을 적용하는 프로젝트에서는 상황적 리더십이 적합하지만, 애자일을 적용하는 프로젝트에서는 팀원을 존중하는 서번트 리더십이 적합하다. 예측형 개발방식에서 서번트 리더십을 적용하면 안 되는 것은 아니지만 애자일 프로젝트에서는 서번트 리더십이 더 효과적이라고 생각하면 된다.

4. 예측형 개발방식과 적응형 개발방식의 결정 요인

프로젝트에 적용할 개발방식을 결정할 때 고려할 내용은 7장에서 자세하게 설명했다. 그 내용을 요약하면 표 A.1과 같다. 조직이나 프로젝트에 적용하기 위한 방법론의 조정 (tailoring)은 한번에 끝나는 것이 아니라 지속적으로 수행해야 한다.

구분		예측형 방식	적응형 방식
케이던스		단일 인도	정기 인도
상품	혁신성	낮은 혁신성 (익숙한 업무)	높은 혁신성
	요구사항 명확성	명확한 요구사항	불명확한 요구사항
	범위 안정성	안정적인 프로젝트 범위	불안정한 프로젝트 범위
	(인도물)변경 용이성	인도물의 변경이 어려울 경우(예: 건축물)	인도물의 변경이 비교적 용이한 경우
	리스크	리스크 높고 치명적인 경우	일정 수준 리스크
	안전 요구사항	중요한 안전 요구사항 있음	중요한 안전 요구사항 없음
	규제	중요한 규제 있음	중요한 규제사항 없음
프로젝트	이해관계자	프로젝트 실행과정에서 이해관계자 참여가 힘듦	프로젝트 실행과정에서 이해관계자 참여가 가능
	일정제약	프로젝트 종료시점에 한 번만 인도	프로젝트 실행과정에서 복수의 인도 필요
	예산 가용성	예산 확보가 용이	예산 확보 어려움(MVP 적용)
조직	조직구조	계층적 조직구조, 엄격한 보고체계	수평적 조직, 팀에 의사결정 위임
	문화	수직적 의사결정 및 지시	수평적 의사결정
	조직역량	애자일/적응형 전환을 위한 종합적인 준비가 되지 않았을 때(조직정책, 조직구조, 프로세스, 마인드셋)	애자일/적응형 전환을 위한 종합적인 준비가 되었을 때(조직정책, 조직구조, 프로세스, 마인드셋)
	프로젝트 팀 위치와 규모	글로벌 프로젝트, 대형 프로젝트 근무장소가 떨어진 경우	- 팀 규모: 7±2(피자 두 판으로 식사가 가능한 인원) 대규모 팀에 애자일 적용을 위한 모델도 있음(SAFe) - 근무장소: 같은 장소 근무

표 A.1 개발방식을 결정할 때 고려사항 요약

5. 기획 성과영역과 개발방식

프로젝트 계획수립과 프로젝트 통제는 개발방식에 따라 적용할 내용이 크게 달라진다. 프로젝트 계획항목별 예측형 개발방식과 적응형 개발방식의 차이는 다음과 같다.

① 산정

예측형 개발방식에 적용했던 전통적인 산정기법은 적응형 개발방식에 적용할 수 있다. 그러나 반대로 적응형 개발방식에 적용하는 산정기법은 예측형 개발방식에 적합하지 않다. 산정과 관련하여 유의사항은 다음과 같다.

- 예측형 개발방식은 측정의 물리적 단위(시간, 일자, 무게, 넓이 등)가 있는 절대산정을 선호하고 적응형 개발방식은 측정의 물리적 단위가 없는 비교산정을 선호한다.
- 개발방식과 상관없이 불확실성을 감안한 산정(3점 산정)을 적용할 수 있다.
- 작게 개발하는 적응형 개발방식에서는 예측형 개발방식에 비해 산정 규모가 작고, 산정 횟수도 많다.

② 일정계획수립

일정계획수립 방식은 예측형 방식과 적응형 방식의 특징을 구분 짓는다고 해도 과언이 아니다. 예측형 방식과 적응형 방식의 중요한 차이점은 다음과 같으며 상세 내용은 섹션 〈8.4 일정계획수립〉을 참고하기 바란다.

- 예측형 개발방식에서는 주공정법(CPM, Critical Path Method)를 활용하여 전체 일정을 상세하게 수립한다. 적응형 개발방식에서는 릴리즈 계획을 통해 이터레이션 횟수, 이터레이션 기간, 이터레이션별 주요 기능을 계획한 뒤 프로젝트를 진행하면서 이터레이션(스프린트) 계획을 상세화한다.
- 예측형 개발방식에서는 수행할 범위를 고정하고 일정과 자원을 조정하여 일정을 확정한다. 적응형 개발방식에서는 주로 일정과 자원에 맞는 범위를 계획한다.
- 예측형 개발방식에서는 일정을 단축해야 하는 경우 자원을 추가 투입하거나 작업을 병행하지만, 적응형 개발방식에서 일정을 단축해야 하는 경우 요구사항의 우선순위를 고려하여 범위를 조정하는 것을 선호한다.

③ 예산책정

- 예측형 개발방식에서는 프로젝트 전체 예산을 한꺼번에 확정한다. 적응형 개발방식에서는 특정 주기별(월, 분기, 반기)로 프로젝트 진행상황에 따라 주기별 예산을 확정한다.

■ 예측형 개발방식에서는 우발사태 예비(contingency reserve)와 관리예비(management reserve)를 편성하지만 적응형 개발방식에서는 예비비를 편성하지 않는다. 적응형 개발방식에서 예비비를 편성하지 않는 이유는 예산을 확정하여 통제하지 않거나, 예산에 맞게 범위를 조정하기 때문이다.

④ 팀 구성

팀 구성 절차는 예측형 개발방식과 적응형 개발방식의 차이가 없다. 개발방식과 상관없이 책임과 역할은 명확하게 정의해야 하고 이를 위해 책임배정 매트릭스(RAM, Responsibility Assignment Matrix)를 활용할 수 있다.

⑤ 의사소통 계획수립

의사소통 계획도 예측형 개발방식과 적응형 개발방식의 차이가 없다. 분산된 지역(국가)에서 프로젝트를 수행한다면 착수 초기에 오프라인에서 서로 친해질 수 있는 기회를 만들어야 한다. 분산된 지역에서 프로젝트를 수행할 때는 의사소통이 중요하기 때문에 의사소통을 더 자주하는 것이 바람직하다. 분산된 팀은 화상회의를 많이 할수록 의사소통 이슈가 줄어든다.

6. 작업 성과영역과 개발방식

프로젝트 작업의 주제별 예측형 방식과 적응형 방식의 차이는 다음과 같다.

① 프로젝트 프로세스 관리

개발방식에 상관없이 프로젝트에 적합한 프로세스를 정의하여 낭비나 부작용을 최소화해야 한다. 다만 린이나 애자일에서는 낭비를 줄이는 프로세스를 더 강조한다. 프로젝트 프로세스의 실행력을 높이기 위해서는 프로젝트 프로세스를 정의할 때 프로젝트 팀원들이 참여해야 한다. 특히 적응형 방식에서는 팀이 자율적으로 프로세스를 정의하는 것이 중요하다.

② 프로젝트 팀 학습

적응형 개발방식을 적용하면 경험과 학습을 기반으로 프로젝트 수행방식을 지속적으로 조정한다. 애자일이나 린 스타트업에서는 다음과 같이 학습을 중요하게 생각한다.

■ 상품기획과 상품개발은 고객가치를 학습하는 과정이다.

상품개발은 고객을 학습하는 과정이다. 상품을 출시한 후 고객에 관해 충분히 학습하지 않고 다음 상품을 출시해서는 안된다. 예산과 시간이 부족한 스타트업에서는 고객가치를 빨리, 싸게, 정확하게 학습하는 것이 특히 중요하다. 이러한 학습을 유효한 학습(validated learning)이라고 한다. 유효한 학습을 위한 대표적인 도구가 MVP이다.

■ 스프린트 주기를 짧게 하는 것도 빨리 학습하기 위함이다.

예측형 개발방식에서는 프로젝트를 종료하고 1회 인도하기 때문에 이해관계자 피드백을 받기까지 긴 시간이 걸린다. 적응형 개발방식에서는 짧고 잦은 인도를 통해 프로젝트 수행 도중 이해관계자의 피드백을 얻을 수 있다. 스프린트 리뷰는 이해관계자의 피드백을 받는 활동이다.

■ 프로젝트 수행 기술과 프로세스에 대해서도 학습한다.

프로젝트 팀의 다양한 역할자들이 한 장소에서 프로젝트를 수행하면 프로젝트 수행 방법이나 기술에 관해 많은 것을 학습한다. 회고는 프로젝트 수행 프로세스의 개선방안을 찾는 대표적인 활동이다.

■ 상품개발 팀을 지속적으로 유지하면 학습에 도움이 된다.

상품개발과 운영을 담당하는 조직을 변경하지 않고 지속적으로 유지하면 그 팀은 암묵적 지식을 유실하지 않고 팀 내부에 축적할 수 있다.

③ 프로젝트 변경관리

변경은 계획이 있어야 발생한다. 계획이 없으면 변경도 없다. 따라서 많은 내용을 상세하게 계획하는 예측형 개발방식에서는 적응형 개발방식보다 변경 가능성이 높다. 애자일 선언 중 하나인 '프로젝트 계획 준수에 앞서 변화에 대한 대응'을 잘못 이해하여 애자일에서는 변경통제를 하지 않는 것으로 이해해서는 안 된다. 애자일 선언의 내용은 프로젝트 계획이 잘못되었다는 것을 알았을 때 프로젝트 계획변경을 적극적으로 수용하라는 의미로 이해해야 한다(물론 계획변경을 수용할 때 프로젝트 팀이 피해를 보지 않아야 한다). 애자일 프로젝트에서도 변경통제 절차를 적용해야 한다. 다만 예측형 개발방식에 비해 변경통제 프로세스의 복잡하고 엄격한 정도가 낮을 뿐이다.

프로젝트에서 변경의 대상은 범위, 일정, 원가, 자원, 품질 중 어떤 항목의 제약이 더 큰가에 따라 달라진다. 애자일을 적용하는 프로젝트는 범위조정에 대해 예측형 개발방식보다 유연하다. 고객에게 높은 가치를 제공하는 기능들을 지속적으로 인도해 왔기 때문에 우선순위에 따라 범위를 조정하기 용이하기 때문이다. 물론 애자일을 적용한다 해도 범위를 고정하고 다른 항목들을 조정해야 할 수도 있다. 그러나 예측형 개발방식에서는 범위를 고정하고 일정, 원가, 자원을 조정하는 것이 일반적이다. 참고로 품질은 특수한 상황이 아니면 조정의 대상이 아닌 것으로 이해하고 시험문제를 풀기 바란다.

변경항목별로 개발방식별 접근방법을 정리하면 다음과 같다.

■ **요구사항 변경 또는 추가 요청**

예측형 개발방식에서는 요구사항 변경요청을 접수하면 변경 요구사항 구현을 위한 일정, 예산에 미치는 영향력을 분석하여 변경을 요청한 이해관계자와 함께 협의한다. 반면 적응형 개발방식에서는 변경 요구사항과 미개발된 요구사항 전체를 대상으로 개발 우선순위를 먼저 조정한다. 그 결과 예산이나 일정을 변경할 수도 있고 기존의 예산이나 일정 내에서 개발범위를 조정하기도 한다.

■ **일정단축 요청**

일정단축이 필요한 이유는 개발방식과 무관하다. 예를 들어, 프로젝트 진행 도중 경쟁상품 출시일정이 변경된다면 개발방식에 상관 없이 프로젝트 완료일을 앞당길 수 있다. 일정단축을 위해 자원을 추가 투입하거나 작업을 병행하여 수행하는 것도 개발방식과 무관하게 적용할 수 있다. 다만 적응형 개발방식에서는 고객에게 제공하는 가치를 고려하여 단축된 기한 내에 개발 가능할 수 있는 기능만 포함하는 방안도 고려한다.

■ **예산삭감 요청**

개발방식에 상관없이 예산삭감을 위해서는 개발범위를 조정해야 한다. 개발범위를 조정하지 않고 예산을 삭감할 수 있는 마술은 없다. 삭감된 예산 내에서 최대한의 가치를 창출하는 것이 중요하다. 적응형 개발방식을 제대로 적용했다면 이미 일부의 기능들은 인도했기 때문에 개발범위를 줄이는 것이 더 용이하고 개발범위 조정에 따른 리스크도 작다.

■ **팀원 변경 요청**

팀원 변경의 원인은 내부 또는 외부원인으로 구분된다. 내부원인은 특정 팀원이 프로젝트 팀에 잘 적응하지 못하거나 개인 사정으로 다른 팀으로 이동을 원하는 경우다. 내부원인으로 인한 팀원 변경은 프로젝트 관리자가 해당 팀원과 협의하여, 팀원을 존중하고 팀워크를 해치지 않는 범위에서 의사결정을 내린다.

외부원인은 이해관계자가 특정인을 프로젝트에 투입하기를 요청하거나 특정인이 프로젝트에 함께하기를 원하는 경우다. 예측형 개발방식에서는 프로젝트 관리자가 팀원의 의견을 들어 결정하면 되지만, 적응형 개발방식에서는 팀원들이 신규 팀원 투입 여부를 결정하도록 유도하는 것이 바람직하다.

④ 계약 유형

예측형 개발방식에서는 확정가 계약을 적용할 수 있지만 적응형 개발방식에서는 확정가 계약이 적합하지 않다. 적응형 개발방식에서는 프로젝트가 중단될 때의 보상규정을 포함하고 스프린트 기반으로 대가를 결정하는 방식이 적합하다.

7. 인도 성과영역과 개발방식

인도 성과영역에서 다루는 주제는 프로젝트 가치관리, 인도물 관리, 품질관리 활동이다. 개발방식에 따라 고려할 내용은 다음과 같다.

① 프로젝트 가치관리

프로젝트 가치구현은 프로젝트를 수행하는 이유이기 때문에 개발방식에 상관없이 중요하다. 적응형 개발방식이 예측형 개발방식보다 가치를 중요시한다고 생각해서는 안 된다. 가치를 정의하고, 가치를 실현하는 방식이 다를 뿐이다. 예측형 개발방식에서는 '비즈니스 케이스' '프로젝트 헌장'과 같은 형식으로 프로젝트 가치를 정의하지만, 적응형 개발방식에서는 '비즈니스 모델 캔버스' '린 캔버스'와 같은 형식으로 가치를 정의하기도 한다. 예측형 개발방식에서는 1회성으로 가치를 제공하지만 적응형 개발방식에서는 가치를 여러 번 나누어 제공한다.

② 인도물 관리

인도물 관리에서는 요구사항을 정의하고 변경을 통제하는 것이 핵심이다. 요구사항 변경통제는 앞서 설명했기 때문에 요구사항 정의에 대해서만 살펴보겠다. 예측형 개발방식에서는 상세 요구사항을 문서로 정의하는 것을 선호한다. 그 문서명을 일반적으로 상품 요구사항 문서(PRD, Product Requirement Document)라고 한다.

반면 적응형 개발방식에서는 요구사항 문서를 의사소통을 할 수 있는 수준으로 간략히 정의한다. 애자일에서 요구사항 문서는 '상품 백로그'와 '사용자 스토리'이다. 적응형 개발방식에서는 요구사항을 문서로 만드는 것보다 문서를 활용한 요구사항 소통을 더 중시한다. 전체 사용자 스토리를 펼쳐서 계층적·순차적으로 정리한 결과물을 '사용자 스토리 맵'이라고 한다.

좋은 요구사항 문서의 특징은 개발방식에 상관없이 유효하다. 작업 완료기준(DoD, Definition of Done)은 애자일에서 사용하는 용어이지만 적응형 개발방식에서도 완료기준을 명확하게 하는 것은 중요하다. 이를 뜻하는 용어(exit criteria)만 다를 뿐이다.

③ 품질관리

품질관리의 중요한 원칙은 결함을 조기에 파악하고 제거하는 것이다. 예측형 방식과 적응형 개발방식 모두 사후에 결함을 제거하여 품질을 높이기보다 결함을 만들지 않는 방식으로 품질을 높여야 한다.

다만, 적응형 개발방식은 적게 개발하고 빨리 릴리즈하기 때문에 프로젝트 결함을 더 빨리 파악하여 조치할 수 있다. 애자일 개발에서는 '테스트 주도 개발'과 같이 테스트를 완료할 때 개발을 완료할 만큼, QA활동과 개발활동을 별개로 보지 않고 개발과 QA의 시간 차이도 짧다. 예측형 개발에서는 별도의 QA조직이 품질에 대한 책임을 지는 경우가 많지만, 적응형 개발에서는 프로젝트 팀이 품질에 대한 책임을 지는 경우가 많다. 개발방식과 상관없이 결함을 줄이기 위한 근본원인 분석은 중요하다.

8. 측정 성과영역과 개발방식

성과측정은 계획달성을 평가하는 활동이기 때문에 계획이 달라지면 성과측정 방식도 달라진다. 성과측정은 계획만큼이나 개발방식에 따라 많은 차이가 있다. 예측형 개발방식에서는 획득가치 측정이 핵심이고, 애자일 방식에서는 스크럼과 칸반 방식의 성과측정이 핵심이다. 성과지표 차이를 요약하면 그림 A.2와 같다.

측정지표의 상세내용은 11장을 참조하기 바란다.

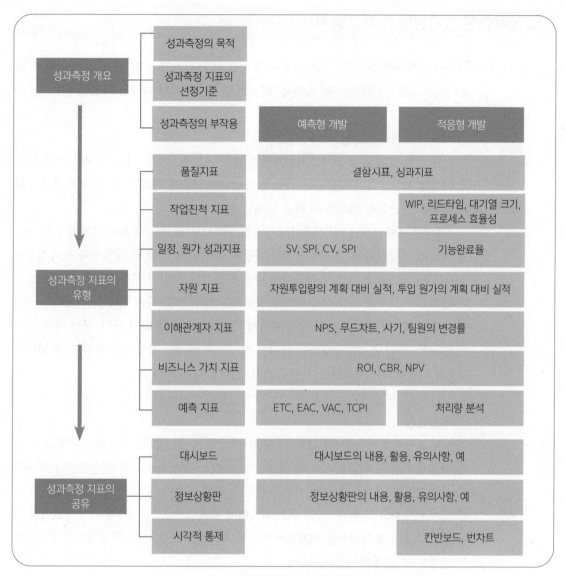

그림 A.2 예측형 개발과 적응형 개발의 성과지표

9. 불확실성 성과영역과 개발방식

불확실성 성과영역에서는 리스크 관리가 중요하다. 리스크 식별, 분석, 대응계획 수립, 모니터링 활동은 개발방식에 따라 큰 차이가 없지만 유의할 사항은 다음과 같다.

① 리스크 크기와 개발방식

우주선 제작, 고층빌딩 건축, 신약 개발과 같이 프로젝트 규모가 크고 리스크가 클수록 예측형 개발방식이 적합하다. 예측형 개발방식 적용을 통해 분석, 설계 단계에서 많은 내용들을 충분히 검토한 후 다음 단계를 진행한다.

'케네빈 프레임워크'나 '스테이시 매트릭스'에서 프로젝트 내용이 복잡할수록 적응형 개발이 적합하다고 설명하는 것과 헷갈리지 말아야 한다. 복잡할수록 불확실성이 높아지고 그 결과 리스크가 높아지는 것은 사실이다. 그러나 우주선 개발처럼 복잡성이 높아도 프로젝트가 조직에 미치는 영향력이 매우 크고 작게 나누어 인도하는 것이 불가능하다면 리스크 관리를 위해 예측형 개발방식을 적용해야 한다. 반면 작게 나누어 인도할 수 있고, 그 결과물이 조직에 미치는 부정적인 영향력을 감당할 수 있다면 적응형 개발방식을 적응하는 것이 리스크 관리에 적합하다.

② 기술검증

기술적 불확실성이 높은 하드웨어 상품을 개발할 때에는 해당 기술을 적용했을 때 발생 가능한 이슈를 확인하기 위해 개념증명(proof of concept)을 먼저 수행한다. 이처럼 본 프로젝트를 진행하기 전에 기술 검증만을 위해 수행하는 프로젝트를 '선행기술 검증 프로젝트'라고도 한다. 이는 주로 하드웨어 제품을 만드는 예측형 개발방식에서 적용한다. 기술적 불확실성을 제거하지 않으면 제품개발 또는 출시 후 치명적인 품질이슈가 발생할 수 있기 때문이다.

적응형 방식에서는 프로젝트를 수행하면서 불확실성을 검증한다. 대표적인 활동이 '스파이크 사용자 스토리' 또는 '세트기반 설계'이다. 자세한 내용은 섹션 〈12.2.1 일반적인 불확실성〉을 참조하기 바란다.

지금까지 설명한 예측형 개발방식과 적응형 개발방식의 차이를 요약하면 그림 A.3와 같다. 그림 A.3에서 언급되지 않은 내용들은 예측형 개발방식과 적응형 개발방식에 공통으로 적용된다.

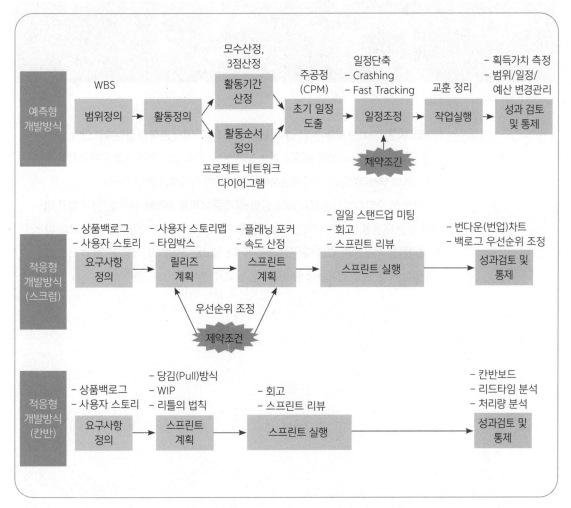

그림 A.3 예측형 개발방식과 적응형 개발방식의 차이 요약

Appendix2

모델, 방법, 결과물 요약

《PMBOK 지침서》는 모델·방법·결과물을 별도의 챕터에서 간략히 설명하고 있다. 그러나 본 수험서에서는 시험에 출제될 가능성이 높은 모델·방법·결과물을 관련성이 높은 성과영역의 섹션에서 상세하게 설명하여 수험생들이 학습하기 편하게 했다.

이하는 본 수험서에서 설명한 모델·방법·결과물 목록을 정리한 것이다. '상세 설명 위치'란 관련 내용을 설명한 성과영역의 섹션을 의미한다. '기타 성과영역'은 해당 모델·방법·결과물을 적용할 수 있는 다른 성과영역이다. 참고로 '프로젝트 작업'은 '작업'으로 요약하였다. 모델·방법·결과물은 영어로 익힐 필요가 있어 영어로 표현하였다.

1. 모델

모델	상세 설명 위치	기타 성과영역
Situational Leadership® II	6.2 프로젝트 관리와 리더십	작업
OSCAR	6.2 프로젝트 관리와 리더십	작업
Cross-cultural communication	5.2.4 이해관계자 참여	팀, 기획, 작업
Effectiveness of communication channels	5.2.4 이해관계자 참여	팀, 기획, 작업
Gulf of execution and evaluation	5.2.4 이해관계자 참여	인도
Hygiene and motivation factors	6.5.3 동기부여	기획, 작업
Intrinsic versus extrinsic motivation	6.5.3 동기부여	기획, 작업
Theory of needs	6.5.3 동기부여	기획, 작업
Theory X, Theory Y, and Theory Z	6.5.3 동기부여	기획, 작업
Managing Change in Organigation	5.2.4 이해관계자 참여	기획, 작업
ADKAR®	5.2.4 이해관계자 참여	기획, 작업
8-Step Process for Leading Change	5.2.4 이해관계자 참여	기획, 작업
Virginia Satir Change Model	5.2.4 이해관계자 참여	기획, 작업
Transition	5.2.4 이해관계자 참여	기획, 작업
Cynefin framework	12.2.1 일반적인 불확실성	개발방식, 기획, 작업, 인도
Stacey matrix	12.2.1 일반적인 불확실성	개발방식, 기획, 작업, 인도
Tuckman Ladder	6.4.2 고성과 팀의 특징	작업
Drexler/Sibbet Team Performance	6.4.2 고성과 팀의 특징	작업
Conflict	6.5.4 3 갈등관리	이해관계자, 작업
Negotiation	6.5.4 3 갈등관리	이해관계자, 기획, 작업, 인도
Salience	5.2.2 이해관계자 분석	기획, 작업

표 A.2 《PM+P 해설서》의 모델 목록

2. 방법

방법	상세 설명 위치	기타 성과영역
Assumptions and constraints analysis	8.12 프로젝트 계획의 정합성 유지	인도, 불확실성
Business justification analysis	10.2.1 프로젝트 가치정의	기획, 측정
Payback period	10.2.1 프로젝트 가치정의	기획, 측정
Internal rate of return	10.2.1 프로젝트 가치정의	기획, 측정
Return on investment	10.2.1 프로젝트 가치정의	기획, 측정
Net present value	10.2.1 프로젝트 가치정의	기획, 측정
Cost-benefit ratio	10.2.1 프로젝트 가치정의	기획, 측정
Cost of quality	10.4.1 품질비용	기획, 측정
Decision tree analysis	12.3.4 정량적 리스크 분석	기획
Earned value analysis	11.4.4 일정, 원가 성과지표	기획
Expected monetary value	12.3.4 정량적 리스크 분석	기획
Life cycle assessment	10.2.1 프로젝트 가치정의	
Make-or-buy analysis	8.9 조달계획수립	작업
Probability and impact matrix	12.3.3 정성적 리스크 분석	기획
Regression analysis	11.4.8 예측 지표	
Root cause analysis	10.4.1 품질비용	작업
Sensitivity analysis	12.3.4 정량적 리스크 분석	기획, 작업, 인도
Simulation	12.3.4 정량적 리스크 분석	기획, 측정
SWOT analysis	12.3.2 리스크 식별	기획
Value stream mapping	9.2 프로젝트 프로세스 관리	기획, 인도
Analogous estimating	8.3 산정	
Multipoint estimating	8.3 산정	
Parametric estimating	8.3 산정	
Story point estimation	8.3 산정	
Wideband Delphi	8.3 산정	
Backlog refinement	8.4.2 적응형 개발의 일정계획수립	이해관계자, 작업, 인도
Bidder conference	9.8 프로젝트 조달관리	기획

방법	상세 설명 위치	기타 성과영역
Change control board	8.10 변경관리 계획수립	작업, 인도
Daily standup	9.5 프로젝트 팀 관리	기획
Iteration review	9.3 프로젝트 팀 학습	이해관계자, 인도
Iteration planning	8.4.2 적응형 개발의 일정계획수립	이해관계자, 작업, 인도
Lessons learned	9.3 프로젝트 팀 학습	이해관계자, 기획, 인도
Release planning	8.4.2 석응형 개발의 일정계획수립	이해관계자
Retrospective	9.3 프로젝트 팀 학습	팀, 기획
Net Promoter Score®	11.4.7 이해관계자 지표	이해관계자
Prioritization schema	5.2.3 이해관계자 대응 우선순위 결정	작업

표 A.3 《PM+P 해설서》의 방법 목록

3. 결과물

결과물	상세 설명 위치	기타 성과영역
Business case	10.2.1 프로젝트 가치정의	이해관계자
Business model canvas.	10.2.1 프로젝트 가치정의	
Project charter	10.2.1 프로젝트 가치정의	이해관계자
Backlog	8.4.2 적응형 개발의 일정계획수립	작업, 인도
Lessons learned register	9.3 프로젝트 팀 학습	
Risk-adjusted backlog	12.3.5 리스크 대응계획수립	기획
Risk register	12.3.2 리스크 식별	기획, 작업, 인도
Stakeholder register	5.2.1 이해관계자 식별	기획
Communications management plan	8.7 의사소통 계획수립	이해관계자, 작업
Iteration plan	8.4.2 적응형 개발의 일정계획수립	
Procurement management plan	8.9 조달계획수립	작업
Project management plan	8.12 프로젝트 계획서 정합성 유지	이해관계자, 작업
Quality management plan	10.4.1 품질비용	기획, 작업
Release plan	8.4.2 적응형 개발의 일정계획수립	인도
Risk management plan	12.3.1 리스크 관리 개요	기획, 작업
Stakeholder engagement plan	5.2.4 이해관계자 참여	기획
Resource breakdown structure	8.8 물리적 자원계획수립	팀, 작업, 측정
Risk breakdown structure	12.3.3 정성적 리스크 분석	작업
Work breakdown structure	10.3.2 범위 정의	인도, 측정
Performance measurement baseline	8.5 예산책정	기획, 작업, 인도
Scope baseline	8.12 프로젝트 계획의 정합성 유지	작업, 인도, 측정
Burn chart	11.5.3 시각적 통제(Visual Controls)	기획, 인도
Cause-and-effect diagram	10.4.1 품질비용	작업, 불확실성
Cycle time chart	11.4.8 예측 지표	인도
Cumulative flow diagram	11.4.8 예측 지표	인도
Dashboard	11.5.1 대시보드	작업
Flow chart	10.4.1 품질비용	기획, 작업

결과물	상세 설명 위치	기타 성과영역
Information radiator	11.5.2 정보상황판	작업
Lead time chart	11.4.8 예측 지표	인도
Project schedule network diagram	8.4.1.1 활동순서 배열	작업
Requirements traceability matrix	10.3.3 요구사항 관리	기획, 작업, 측정
Responsibility assignment matrix	8.6 팀 조직구성	작업
S-curve	8.5 예산책정	측정
Stakeholder engagement assessment matrix	5.2.5 이해관계자 모니터링	기획, 작업
Story map	10.3.1 요구사항 정의	기획
Throughput chart	11.4.8 예측 지표	인도
Value stream map	9.2 프로젝트 프로세스 관리	인도, 측정
Velocity chart	11.4.8 예측 지표	인도
Risk report	12.3.2 리스크 식별	작업
Fixed-price	9.8.3 계약	이해관계자, 기획, 인도, 측정, 불확실성
Cost-reimbursable	9.8.3 계약	이해관계자, 기획, 인도, 측정, 불확실성
Time and materials	9.8.3 계약	이해관계자, 기획, 인도, 측정, 불확실성
Indefinite time indefinite quantity(IDIQ)	9.8.3 계약	이해관계자, 기획, 인도, 측정, 불확실성
Other agreements	9.8.3 계약	이해관계자, 기획, 인도, 측정, 불확실성
Bid documents	9.8.2 입찰 프로세스	이해관계자, 기획, 인도, 측정, 불확실성
Requirements documentation	10.3.1 요구사항 정의	이해관계자, 기획, 인도, 측정, 불확실성
Project team charter	6.4.2 고성과 팀의 특징	이해관계자, 기획, 인도, 측정, 불확실성
User story	10.3.1 요구사항 정의	이해관계자, 기획, 인도, 측정, 불확실성

표 A.4 《PM+P 해설서》의 결과물 목록

Index

찾아보기

PM+P 해설서(*PMBOK 지침서 7판 해설서*)

초판 펴낸날 | 2022년 4월 9일
3쇄 | 2024년 8월 29일
지은이 | 김병호·유정근

펴낸곳 | 소동
등록 | 2002년 1월 14일(제 19-0170)
주소 | 경기도 파주시 돌곶이길 178-23
전화 | 031·955·6202   070·7796·6202
팩스 | 031·955·6206
전자우편 | sodongbook@gmail.com

펴낸이 | 김남기
편집 | 시옷공작소
디자인 | 시옷공작소

ISBN 978 89 94750 97 2 13320
값 35,000원

소동출판사는 꼭 필요한 프로젝트 관리서를 출간하는 동시에,
질 높은 실용서의 새 지평을 열어가겠습니다.